육두구의 저주

The Nutmeg's Curse

육두구의 저주
지구 위기와 서구 제국주의

초판 1쇄 인쇄일 2022년 12월 15일 **초판 1쇄 발행일** 2022년 12월 20일

지은이 아미타브 고시 | **옮긴이** 김홍옥
펴낸이 박재환 | **편집** 유은재 | **관리** 조영란
펴낸곳 에코리브르 | **주소** 서울시 마포구 동교로15길 34 3층(04003) | **전화** 702-2530 | **팩스** 702-2532
이메일 ecolivres@hanmail.net | **블로그** http://blog.naver.com/ecolivres
출판등록 2001년 5월 7일 제201-10-2147호
종이 세종페이퍼 | **인쇄 · 제본** 상지사 P&B

ISBN 978-89-6263-245-3 03300

책값은 뒤표지에 있습니다. 잘못된 책은 구입한 곳에서 바꿔드립니다.

육두구의 저주

아미타브 고시 지음 | 김홍옥 옮김

지구 위기와 서구 제국주의

에코리브르

안잘리 고시(Anjali Ghosh),

바버라 버내치 베이커(Barbara Bernache Baker),

그리고 제프리 J. W. 베이커(Jeffrey J. W. Baker)를 추모하며

차례

그림 목록 009

01 램프가 떨어지다 013
02 "그들의 거주지를 싸그리 불살라라" 033
03 "육두구 열매가 죽었네" 047
04 테라포밍 071
05 "우리 모두는 머잖아 사라질 것이다" 091
06 대지의 속박 105
07 괴물 같은 가이아 123
08 화석화한 숲 143
09 초크 포인트 151
10 모든 것의 아버지 173
11 취약성 187
12 숫자의 모호함 205

13 또 다른 이름의 전쟁 227
14 "성스러운 불만의 천사" 239
15 야수들 253
16 "하늘의 추락" 285
17 유토피아 303
18 생기론적 정치 327
19 숨은 힘들 341

감사의 글 359
주 363
참고문헌 421
옮긴이의 글 455
찾아보기 463

그림 목록

그림 1 동인도(1689) 010
그림 2 반다제도(1749~1755년경) 012
그림 3 '반다제도 육두구'(1619) 020
그림 4 정향을 떠받치고 있는 기념물 162
그림 5 구능아피 342
그림 6 반다인 기념비 344

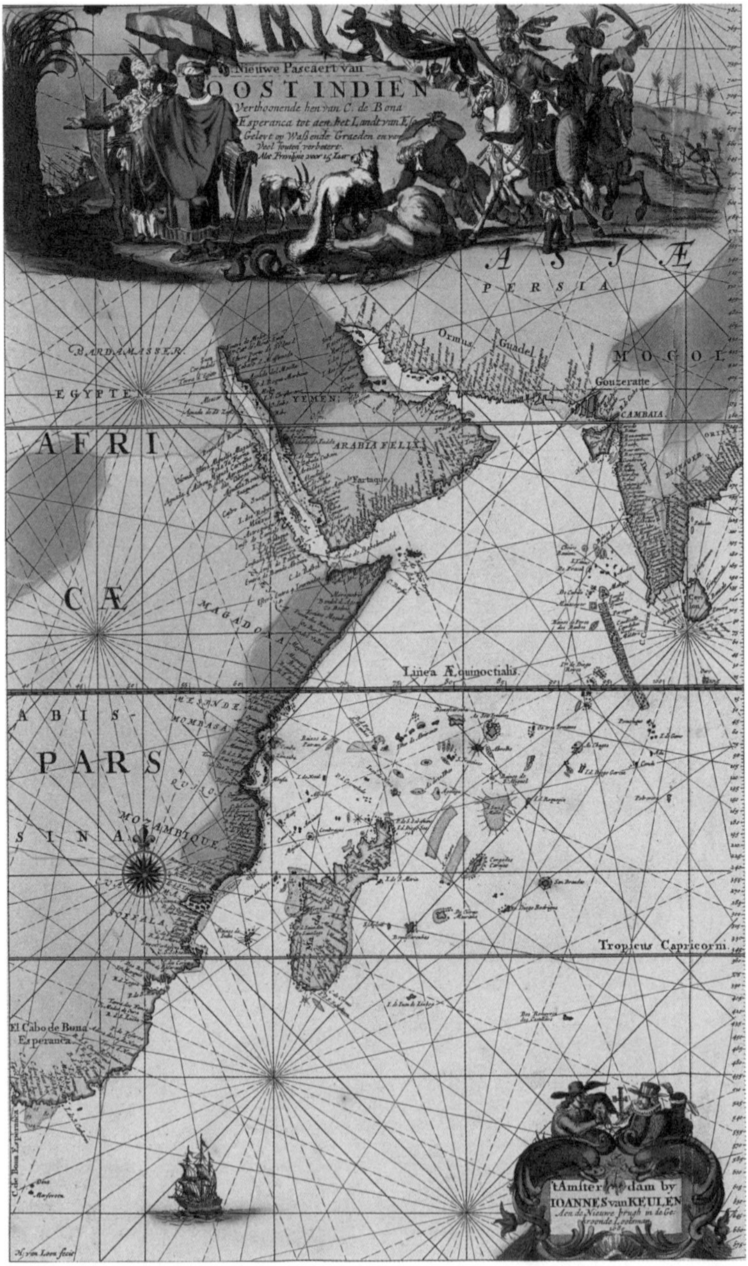

그림 1 요하네스 판쾰런(Johannes van Keulen: 1654~1715), 동인도(1689). Biblioteca Digital Hispánica. 사진: Wikimedia Commons. 반다제도는 흰색 원으로 표시되어 있다.

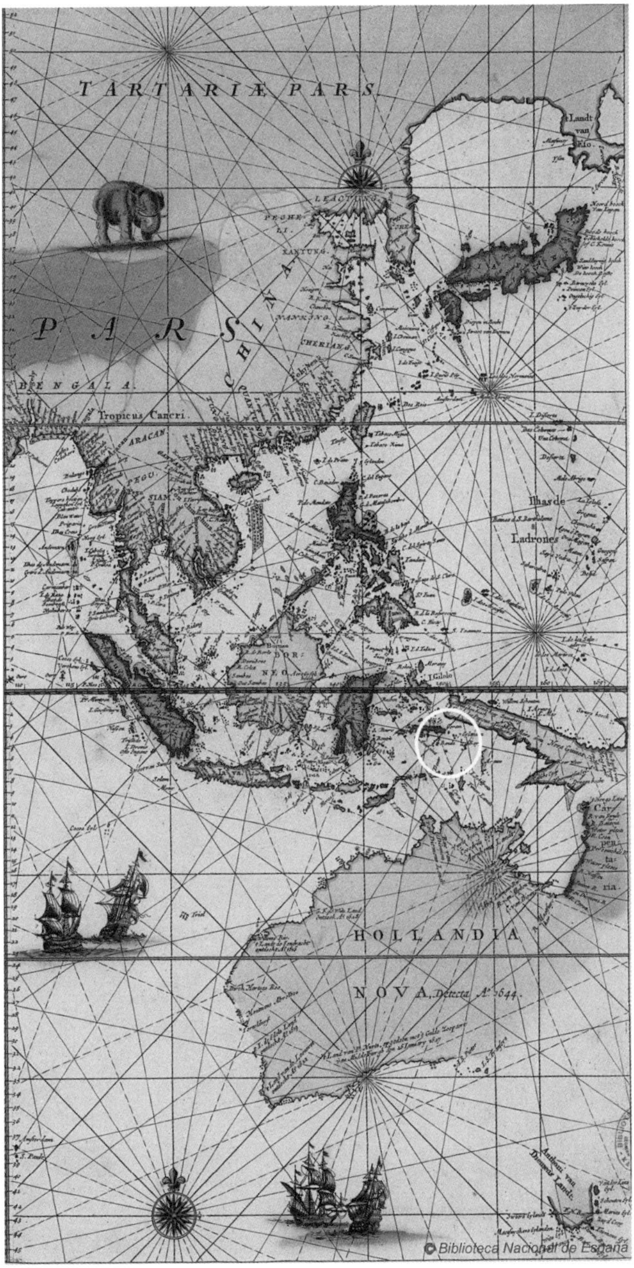
TARTARIÆ PARS
PARS
BENGALA
Tropicus Cancri
CHINA
NANKING
ARACAN
PEGU
Ilhas de Ladrones
Landt van Eso
BORNEO
HOLLANDIA
NOVA, Detecta Aº 1644.

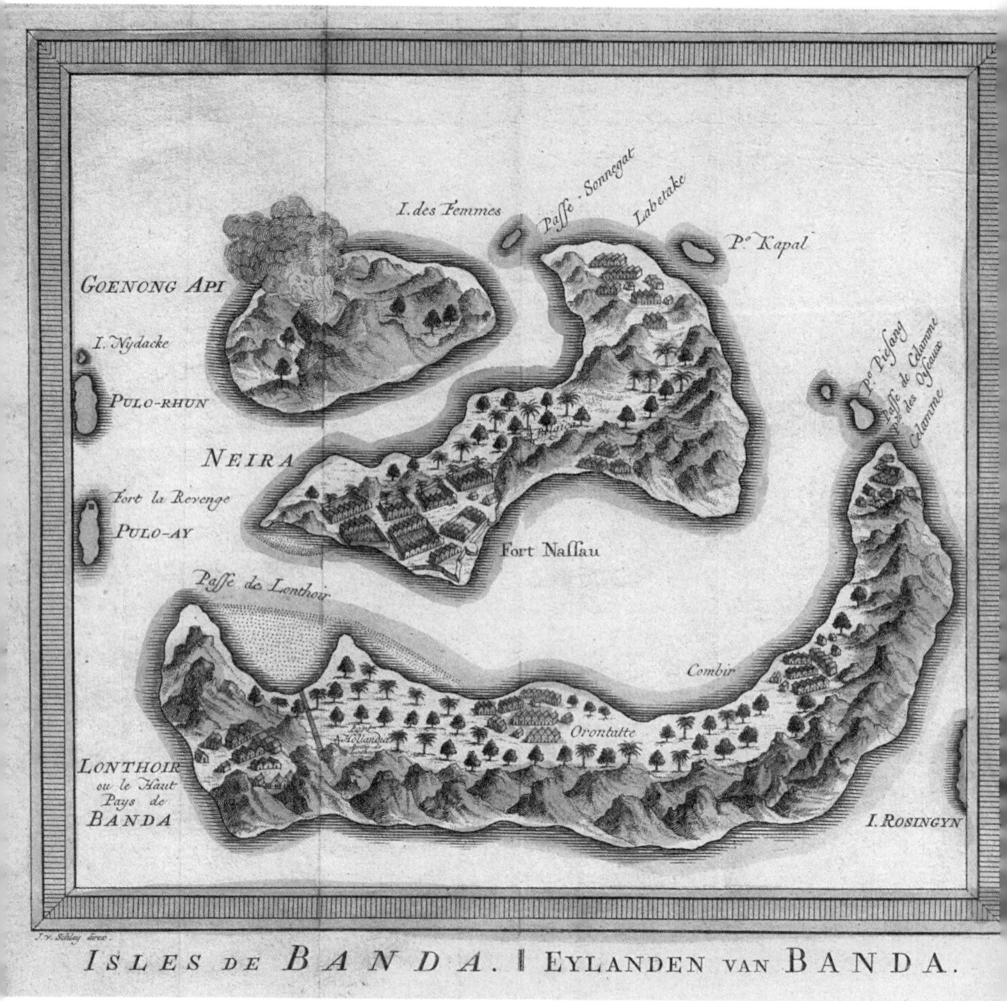

그림 2 니콜라 벨랭(Nicolas Bellin: 1703~1772), 반다제도(1749~1755년경). 동판화

01

램프가 떨어지다

1621년 4월의 그날 밤 셀라몬(Selamon)에서 정확히 무슨 일이 벌어졌는지는 오늘날까지도 베일에 싸여 있다. 네덜란드인 관리 마르테인 송크(Martijn Sonck)가 임시 거처로 삼고 있던 건물의 바닥에 램프가 떨어졌다는 사실을 빼고는 말이다.

셀라몬은 인도양의 남동쪽 끝 작은 섬들이 운집해 있는 반다제도(Banda Islands)에 자리한 마을이다.[1] 그 정착촌은 반다제도에서 가장 큰 섬이라서 더러 그레이트반다〔Great Banda, 즉 반다베사르(Banda Besar)〕라고 부르기도 하는 론토르섬(Lonthor) 북단에 들어서 있다.[2] 길이가 4킬로미터, 너비가 800미터에 불과한 섬을 가리키는 호칭치고는 '그레이트'가 다소 호들갑스러운 것일지도 모르겠지만 말이다. 어쨌거나 대부분의 지도상에 그저 산재한 점들로 표시될 만큼 작은 제도에서 그것은 하찮은 크기가 아니다.[3]

그러나 1621년 4월 21일 본국의 지구 정반대편 셀라몬의 발레발레(bale-bale), 즉 회의장에는 마르테인 송크가 있었다. 그 회의장은 송크가 제 자신과 그의 고문들을 위한 임시 거처로 징발한 장소였다.[4] 송크는 또한 그 정착지에서 가장 유서 깊은 이슬람 사원을 점령하기도 했다. 그 아름다운 시설은 흰 돌로 지어졌고, 내부는 바람이 잘 통하고 깨끗했으며, 입구에는 회중이 들어가기 전에 발을 씻을 수 있도록 2개의 커다란 물 항아리가 놓여 있었다. 마을 원로들은 그들의 사원 장악을 달가워하지 않았지만, 송크는 원로들의 저항을 퉁명스레 일축하면서 종교 생활을 이어갈 수 있는 다른 장소는 얼마든지 있지 않느냐고 쏘아붙였다.

이것은 송크가 론토르섬에 머문 짧은 기간 동안 저지른 수많은 악행 가운데 하나에 불과하다. 그는 자신의 군대가 기거하도록 가장 좋은 주택들을 장악했으며, 군인을 떼 지어 마을로 내보내서 주민을 공포에 떨게 만들기도 했다. 하지만 이런 조치들은 송크가 염두에 둔 일의 기틀을 다지려는 의도를 지닌 전초전에 불과했다. 그가 셀라몬에 온 이유는 다름 아니라 숲이 울창하고 반짝이는 푸른 바다로 둘러싸인 이 목가적인 섬에서 마을을 파괴하고 주민들을 추방하라는 명령을 이행하기 위해서였다.

그 계획은 너무나 잔인해서 마을 주민들은 그걸 아직 완전히 이해할 수 없었을 것이다. 하지만 그 네덜란드인은 제 의도를 굳이 숨기려 들지도 않았다. 그러기는커녕 마을 원로들에게 자기 의도를 똑똑히 전달했다. 정착지 파괴와 마을 주민 추방에 적극 협조해주길 기대한다고 선언하면서 말이다.

그런가 하면 송크는 이런 메시지를 셀라몬에 전달한 최초의 네덜란드인 관리가 아니었다. 마을 주민과 그들의 동료 반다인은 이미 몇 주일 동안 늘 같은 요구를 동반한 위협과 무력 과시에 시달려온 것이다. 마을의 벽을 부수고, 무기와 장비—심지어 선박의 키까지—를 넘겨주고, 섬을 즉시 떠날 채비를 하라는 요구 말이다. 이 요구는 너무 지나치고 너무 이상해서, 마을 주민들은 필시 그 네덜란드인들이 제정신인지 의아했을 것이다. 하지만 송크는 자신은 진지하다는 것을 그들에게 알리기 위해 각별히 노력했다. 그의 지휘관, 즉 총독 자신도 인내심이 바닥났다. 셀라몬 사람들은 그의 명령에 사소한 마지막 하나까지 복종해야 할 것이다.

✦ ✦ ✦

만약 당신의 세상을 끝장낼 수 있는 힘을 가졌으며, 기어이 그렇게 할 생각임을 분명히 밝힌 누군가와 마주하고 있다면, 당신은 과연 어떤 심정이겠는가?

지난 몇십 년 동안 셀라몬 사람들과 그들의 동료 반다인은 제 능력이 닿는 한도 내에서 네덜란드인에게 항거해왔다. 가끔은 심지어 그 유럽인들을 몰아낼 수도 있었다. 하지만 송크가 거느리고 온 것과 같은, 대규모인 데다 무장이 잘된 세력에 맞서기에는 역부족이었다. 열세였던 그들은 이번에도 그들의 능력이 미치는 범위 내에서 송크를 달래느라 애썼다. 일부 마을 주민은 숲으로 도망치기도 했지만, 대다수는 아마 뭔가 착오가 있었을 거라고, 자신들이 어떻게든 저항하면 네덜란드인은 떠날 거라고 희망하면서 마을에 남아 있었다.

남은 이들은 대다수가 여성이거나 아이들이었는데, 네덜란드인에게 폭력의 빌미를 제공하지 않으려고 살얼음판을 걷듯 조심했다. 그러나 송크에게는 수행해야 할 임무가 있었다. 군인이 아니라 국세청 관리인 그가 떠맡기에 특별히 적절한 임무는 아니었다. 어쨌거나 그는 열패감에 시달리고 있었던 것 같다. 마을 사람들의 침묵 속에서 그는 소용돌이치는 분노를 감지했고, 아마도 그들이 자신에게 무슨 핑곗거리를 제공해주길 은

근히 기다리고 있었을 것이다. 그가 다음 단계로 넘어갈 모종의 구실을 말이다.

송크가 셀라몬의 회의장으로 자신의 고문들과 함께 돌아온 4월 21일 밤, 그의 심리 상태는 더없이 불안정했다. 주위에 감도는 침묵은 금방이라도 크게 폭발할 것 같은 팽팽한 긴장감을 머금고 있었다.

분위기가 그러했던지라 아마 송크의 심리 상태를 알고 있는 이로서는 누구도 어떤 물건이 떨어지는 일을 그저 일상적인 하찮은 사고로 흘려 넘길 수 없었을 것이다. 그것은 사악한 의도의 전조인 다른 무언가의 신호가 되어야 했다. 그래서 램프가 떨어졌을 때, 송크는 곧바로 그것이 그 자신과 그의 병사들에 대한 기습 공격을 촉발하려는 목적을 지닌 신호라는 결론으로 비약했다. 그와 공포에 떨던 그의 고문들은 각자의 무기를 집어 들고 닥치는 대로 쏘아대기 시작했다.

칠흑 같은 밤이었다. '오직 달빛 없는 인도의 밤만이 그에 필적할 수 있을 만큼' 그렇게 어두운 밤이었다. 아무것도 보이지 않는 그와 같은 상황에서는 유령 군대가 들끓고 있다고 넘겨짚기 쉽다. 송크와 그의 고문들은 눈에 보이지 않는 적들을 향해 연신 총격을 퍼부음으로써, 아무 공격의 징후도 보지 못한 그들 자신의 경비병들마저 놀라게 만들었다.

✦ ✦ ✦

반다제도는 지구가 가장 생생하게 살아 있음을 보여주는 단층선들 가운데 하나에 자리하고 있다. 그 섬들, 그리고 거기에서 분화한 화산은 동쪽의 칠레에서 서쪽의 인도양 가장자리까지 펼쳐져 있는 불의 고리(Ring of Fire)가 낳은 자식이다. 활화산인 구눙아피〔Gunung Api: '불의 산(Fire

Mountain)']는 반다제도 위에 우뚝 솟아 있는데, 그 정상은 소용돌이치는 구름 기둥과 솟아오르는 수증기에 항구적으로 둘러싸여 있다.

구능아피는 그 해역에서 볼 수 있는 많은 화산 가운데 하나다. 그 화산을 둘러싼 바다에는 파도 위로 장엄하게 솟아오른 아름다운 모양의 원뿔형 산들이 점점이 흩뿌려져 있다. 그중 어떤 것은 높이가 1000미터 넘게 치솟아 있기도 하다. 바로 그 지역의 이름인 말루쿠[Maluku: 영어 지명 '몰루카제도(Moluccas)'가 여기에서 왔다]는 '산' 또는 '산악 섬'이라는 의미를 지닌 단어 몰로코(Molòko)에서 유래했다고 알려져 있다.[5]

말루쿠의 산악 섬들은 흔히 치명적 위용을 과시하며 폭발함으로써 근처에서 살아가는 사람들에게 파괴와 폐허를 안겨준다. 하지만 그 화산들의 분화에는 출산의 고통을 닮은 어떤 마술적 기운이 서려 있기도 하다. 말루쿠 화산들의 분화는 지표면에서 그 지역의 날씨 및 바람과 상호 작용하는 물질을 신비롭게 뒤섞어버림으로써 희소함과 경이로 가득 찬 숲을 빚어놓기 때문이다.

반다제도에서 자연이 구능아피에 선사한 선물은 다른 어떤 곳과도 다르게 이 작은 군도에서만 번성한 하나의 생물 종이었다. 바로 육두구(nutmeg, 肉荳蔻)와 메이스(mace: 육두구 씨의 선홍색 껍질—옮긴이)를 생산하는 나무다.

말루쿠에서만 볼 수 있는 육두구나무와 달리, 육두구 열매는 모험을 즐기는 여행자였다. 세계의 모든 육두구가 18세기 전에는 반다제도, 혹은 그 주변에서 유래했기 때문에 지도를 만들기는 무척이나 쉽다. 따라서 1700년대 이전의 어떤 문헌에서 육두구에 대한 모종의 언급이 나온다면, 그것은 자동적으로 반다제도와 연관이 있다는 결론에 이른다. 중국 문헌에서 육두구에 대한 언급은 기원전 1세기로 거슬러 올라간다. 라틴 문헌에서는 육두구가 그 100년 뒤에 등장한다.[6] 하지만 육두구는 아마도 작가들이 문헌에서 그에 대해 언급할 생각을 하기 훨씬 전에 이미 유럽과 중국에 당도했을 것이다. 분명 이는 기원전 400~300년 시기까지 거슬러 올라가는 고고학적 유적지에서 탄화한(숯이 된) 육두구가 발굴된 인도의 경우도 마찬가지였을 것이다. 그것(실제로는 '육두구'가 아니라 '메이스'에 대해서이긴 하지만)을 언급한 최초의 신뢰할 만한 시기는 2~3세기 이후였다.[7]

어쨌거나 육두구가 최초의 유럽인이 말루쿠에 당도하기 한참 전에 바다를 가로질러 수천 킬로미터를 여행했다는 데에는 의심의 여지가 없다.[8] 결국에 가서 유럽 항해자들을 말루쿠로 불러들인 것이 바로 그들의 여행이었다. 즉, 유럽 항해자들이 찾아온 것은 육두구 같은 식물 제품이 그들보다 훨씬 앞서 거꾸로 다른 지역들을 돌아다니고 있었기 때문이다.[9]

육두구·메이스 등 여러 향신료는 알려진 세계 전역으로 퍼지면서, 인도양을 가로질러 아프리카와 유라시아로까지 뻗어나가는 무역 네트워크를 형성했다.[10] 이들 네트워크의 교차점과 루트, 그리고 그 안에서 활약하는 사람들은 시간의 흐름과 더불어 여러 왕국의 흥망성쇠를 거치며 커다란 변화를 겪었다. 하지만 육두구의 항해는 1000년이 넘는 기간 동안 놀라울 정도로 일관성을 유지했으며, 양과 가치 양면에서 꾸준한 성장을 거듭했다.

육두구, 정향(clove), 후추를 비롯한 여러 향신료는 요리 용도 외에 의료적 특성 때문에도 가치를 발휘했다.[11] 16세기에 엘리자베스 1세 여왕 시대(1558~1603. 이하 연대 표기는 모두 옮긴이) 잉글랜드에서는 의사들이 육두구가 당시 유라시아 전역을 휩쓸던 유행병을 치료하는 데 쓰일 수 있다고 판단하면서 그 가치가 껑충 치솟았다.[12] 중세 말기에, 육두구는 유럽에서 어찌나 귀하신 몸이었던지 한 줌이면 집 한 채, 혹은 선박 한 척을 거뜬히

살 수 있을 정도였다.[13] 이 시기에 향신료 가격은 그렇게나 어마어마해서 그 가치를 비단 쓰임새의 관점에서만 논할 수는 없었다. 실제로 육두구는 원시적인 상품 형태로 맹목적 숭배의 대상이었다. 즉, 그것은 부러움을 유발하는 사치와 부의 상징물로 자리 잡았기에 가치를 지녔다. 그리고 "부란 물질적 만족을 가져다주기 때문이 아니라 다른 사람들이 탐내기 때문에 추구하는 것"[14]이라는 애덤 스미스(Adam Smith)의 통찰에 완벽하게 부합했다.

16세기 이전에 육두구는 수많은 환승 지점에서 여러 소유자의 손을 거친 끝에 유럽에 당도했다. 여정의 후반부는 이집트, 혹은 레반트(Levant: 동부 지중해 및 그 섬과 연안 제국—옮긴이)를 지나 베네치아로 그들을 안내했다. 베네치아는 크리스토퍼 콜럼버스(Christopher Columbus)와 바스쿠 다가마(Vasco da Gama)의 항해로 이어진 수 세기 동안, 유럽의 향신료 무역을 엄격하게 통제하는 독점권을 행사했다.[15] 콜럼버스 자신은 베네치아의 최대 라이벌 도시 제노바(Genova) 출신이었는데, 그 도시에서는 동방 무역에 대한 베네치아공화국의 독점을 향한 분노가 오랫동안 들끓고 있었다. 초기 유럽 항해자들이 결국에 가서 북미 대륙과 인도양으로 이어지는 여행에 나선 것이 바로 그 무역에 대한 베네치아의 지배를 분쇄하기 위해서였다.[16] 그들이 노린 목표 가운데 가장 중요하게 꼽히는 일은 육두구가 서식하는 섬을 찾아내는 것이었다. 항해자에게도, 그들한테 자금을 대준 군주에게도 엄청난 위험이 따르는 일이었다. 향신료를 손에 넣기 위한 경쟁은 마치 그 시대의 우주 전쟁이나 다를 바 없었다.[17]

그러한지라 그 육두구나무가 송크 같은 네덜란드인을 지구 반대편인 론토르섬으로 데려온 것은 하나도 놀랄 일이 아니다.

✦ ✦ ✦

육두구나무 열매에서 육두구를 꺼내는 것은 작은 행성을 발견하는 데 비견되는 일이다.

육두구는 마치 행성처럼 일련의 좀더 큰 구체들에 둘러싸여 있다. 맨 먼저 일종의 외부 구체인 그 과실의 무광 갈색 표피가 보인다. 그 속에 행성의 외기권처럼, 심 쪽으로 갈수록 밀도가 단단해지는 연한 색의 향내 나는 과육이 둘러싸여 있다. 과육을 모두 벗겨내면, 불타는 진홍색 구름으로 이루어진 성층권 같은 것에 둘러싸인 구형을 손에 넣을 수 있다. 메이스라고 알려진 것이 바로 그 구의 향기로운 외부층이다. 메이스를 벗겨내면 또 하나의 싸개가 드러난다. 보호용 대류권처럼 안에 견과를 보유하고 있는, 이랑 모양에 윤나는 초콜릿 빛깔의 껍질이다. 이 껍질을 깨면 손

그림 3 작가 미상, '반다제도 육두구'(1619). 판화. Rijksmuseum. 사진: Wikimedia Commons.

바닥 위에 견과를 얻을 수 있다. 견과 표면은 무광 갈색과 상아색이 조밀하게 어우러진 어두운 구름 문양이다.

만약 육두구 견과를 부순다면 그 안에 지질학적 구조를 연상시키는 뭔가가 담겨 있음을 확인할 수 있다. 단, 그것이 향기를 만들어내는 물질과 그 견과 자체의 초능력인 향정신성 효과가 어우러진 독특한 혼합물이라는 점만 빼면 말이다.

그리고 행성과 마찬가지로 육두구도 결코 그것의 전체 모습을 한꺼번에 볼 수 없다. 달, 또는 다른 어떤 구형이나 준(準)구형 물질처럼, 육두구도 2개의 반구를 지니고 있다. 한쪽이 낮이면 다른 쪽은 필시 밤이어야 한다. 인간이 한쪽을 보면 다른 한쪽은 반드시 감춰져 있어야 한다.

✦ ✦ ✦

부메랑처럼 생긴 론토르섬은 2개의 섬, 즉 구농아피와 1621년에 이미 두 곳의 거대한 네덜란드 요새가 들어선 작은 섬 반다나이라(Banda Naira)에 인접해 있다. 이 3개 섬은 모두 폭발한 화산의 잔재로서, 이제는 물에 잠긴 그 화산의 분화구를 중심으로 모여 있었다.[18] 그 섬들 사이로 해양을 항해하는 선박을 수용할 만큼 충분히 깊은, 비바람을 피할 수 있는 해역이 드넓게 펼쳐져 있다. 4월 21일 밤, 마르테인 송크를 반다제도로 데려온 함대가 그곳에 정박해 있었다.

고요한 밤에는 소리가 그 해역을 가로질러 쉽사리 전달되었다. 세상을 뒤흔드는 론토르섬의 소총 사격 소리는 이 함대를 반다제도로 이끌고 온 지휘관, 즉 총독 얀 피터르스존 쿤(Jan Pieterszoon Coen: 1587~1629, 네덜란드 동인도회사의 4대, 6대 총독—옮긴이)이 타고 있는 기함(旗艦) 니우홀란디아호

(Nieuw-Hollandia)에서도 똑똑히 들을 수 있었다.

회계를 전공한 쿤은 33세에 이미 3년 동안 동인도의 총독으로 봉직하고 있는 상태였다. 엄청난 에너지와 역량 그리고 결단력을 갖춘 그는 화산에서 화산재가 분출하듯이 네덜란드 동인도회사에서 승진을 거듭했다. 남들이 쉬쉬하면서 '데 슈랄(De Schraale: 피골이 상접한 늙은이)'이라고 부르는 그는 무뚝뚝하고, 무자비하고, 돌려 말할 줄 모르는 남자였다.[19] 그 회사를 관장하는 '17인의 신사(Seventeen Gentlemen: 네덜란드 동인도회사의 이사회—옮긴이)'에게 띄운 편지에서 쿤 총독은 "우리에게 권력보다 더 나은 권리를 주는 것은 세상에 없다"[20]고 말했다.

이제 세계에서 가장 막강한 상업 회사의 가장 강력한 총독으로 군림한 쿤은 반다제도에 대해 익히 알고 있었다.[21] 12년 전에도 네덜란드 파견단의 일원으로 반다인과의 조약을 성사시키고자 이곳을 찾은 적이 있었던 것이다.[22] 당시 협상을 벌이는 동안 그 파견단 가운데 일부가 반다나이라섬 해안에서 기습을 당했고, 대표 격인 관리 한 명을 포함해 46명의 네덜란드인이 반다인의 손에 피살당했다.[23] 쿤은 기적적으로 목숨을 건진 이들 축에 끼어 있었다. 하지만 이 사건에 대한 기억은 반다제도에서 네덜란드가 수행해야 할 임무에 대한 그의 견해에 영향을 끼쳤다.[24]

최초의 네덜란드 선박들이 그 군도를 찾은 이래, 반다인에게 무역 독점권을 강요하는 것이 그 '네덜란드 동인도회사'—Vereenigde Oostindische Compagnie(VOC)—의 목적으로 자리 잡았다.[25] 하지만 이 목적은 달성하기 힘든 것으로 드러났다. 무역 독점이라는 개념이 비록 유럽에서는 보편화했지만, 인도양의 상업적 전통에 비춰볼 때는 도무지 생소한 것이었기 때문이다.[26] 이들 수역에서는 수출입항과 해양 국가들이 가능한 한 많은 외국 상인을 끌어들이기 위해 상시적으로 각축을 벌여왔다. 반다인이 그들의 섬을 방문한 최초의 유럽인 집단, 즉 페르디난드 마젤란(Ferdinand Magellan)을 포함한 소규모 포르투갈 파견대를 환영한 것도 바로 이런 정신에 입각해서였다. 반다인들은 1512년으로 거슬러 올라가는 그 일 이후 몇 년 동안 혼쭐이 나고서야 비로소 섬 연안에 당도한 유럽인들이 어느 나라 출신이든 한결같이 같은 것을 염두에 두고 있음을 알아차렸다. 섬에서 생산되는 육두구와 메이스에 대한 독점적 권한을 그들에게 허락하는 조약을 체결하고 싶어 한다는 것을 말이다.[27]

하지만 반다인으로서는 그들에게 그런 권리를 허락한다는 게 불가능했다. 가깝거나 먼 곳에서 온 종전 사업 파트너들의 무역을 그들이 어떻게 거부할 수 있겠는가? 섬 거주민들은 식량을 비롯한 다른 많은 것을 그 사업 파트너들에게 의존하고 있었다.[28] 게다가 반다인들 자체도 숙련된 무역업자였으며, 그 다수는 인도양의 다른 상인 공동체와 긴밀한 관계를 맺고 있었다. 그들은 도저히 제 친구들을 빈손으로 돌려보낼 수 없었다.[29] 유럽인이 아시아 구매자만큼 돈을 지불하지 않기 일쑤였던 만큼 그것은 상업적 관점에 비추어서도 사리에 닿지 않는 일이었다. 그뿐만 아니라 반다인은 대부분의 아시아인과 마찬가지로 유럽 제품이 딱히 탐나지도 않았다. 가령 기후가 따뜻한 지역에 사는 그들에게 모직 옷은 아무짝에도 쓸모가 없었다.[30]

반다인이 강력한 지배자를 두고 있었다면, 즉 말루쿠의 다른 섬들에서 그랬던 것처럼 순순히 따르도록 강요할 수 있는 술탄이 있었다면, 네덜란드인으로서는 한결 손쉬웠을 것이다.[31] 하지만 반다제도에는 단일한 지배자가 없기에, 그를 위협하고 겁주어서 백성들에게 외국인의 요구에 무릎을 꿇도록 강제할 수 없었다.[32] 반다제도를 방문한 최초의 포르투갈 항해자들은 "그들은 왕도 군주도 없다"며 "그들의 통치는 원로들의 조언에 기

대고 있다. 조언은 어긋나기 십상이고, 원로들은 서로서로 싸운다"고 결론 내렸다.[33]

물론 이것이 진실의 전모는 아니다. 반다제도에는 막대한 부와 수많은 하인을 둔 상인 가문뿐 아니라 귀족 가문도 있었다. 반다제도는 벽으로 둘러싸인 정착촌으로 분리된 호전적인 사회로서 이따금 서로를 상대로 총력전을 벌이곤 했다.[34] 하지만 그 어떤 단일 정착촌도 가문도 그 섬들 전체를 장악한 적은 없었다. 섬 주민들은 중앙 집권적이고 일원화한 통치에 대해 뿌리 깊은 혐오감을 품고 있었던 것 같다.

반다제도에 전해 내려오는 말에 따르면, 이 섬들은 한때 4명의 왕이 통치한 적이 있었다.[35] 하지만 최초의 네덜란드 선박이 도착했을 때는 그곳에 권위자라고는 '부유한 남성'이라는 의미의 오랑카야(orang-kaya)와 원로 수십 명이 전부였다.[36] 이 연장자들 가운데 일부는 샤반다르(Shahbandar), 즉 항만관리소장이라는 직함을 가지고 있었지만, 그들은 물론 오랑카야 중 어느 누구도 (비록 규모가 작긴 하지만) 제도 전체에 관한 조약을 집행할 수 있는 정치적 권한은 지니고 있지 않았다.[37]

하지만 유럽인, 즉 처음엔 포르투갈인과 에스파냐인, 이어서 네덜란드인은 그 섬 주민의 가장 중요한 상품인 육두구와 메이스에 대한 독점권을 확보하려는 목적을 100여 년 동안 집요하게 추구해왔다.[38] 그들 중 단연 무자비한 것은 네덜란드인이었다. 그들은 주민에게 조약을 강요하기 위해 몇 번이고 섬에 함대를 보냈다.[39] 섬 주민은 더러 다른 유럽인의 도움까지 받아가면서 할 수 있는 만큼 한껏 저항했다.[40] 하지만 반다인은 다 합쳐봐야 약 1만 5000명에 불과해서 세계 최강인 네덜란드 해군에 맞서 싸우기에는 수적으로 너무 열세였다.[41] 원로들은 더없이 마지못한 상태에서 몇몇 조약에 서명하기도 했다. (문서가 네덜란드어로 쓰여 있는지라) 때로 그들이 무슨 말을 하는지도 모르는 채 말이다.[42] 하지만 그들은 은밀히 다른 나라 상인과도 무역을 이어갔으며, (훗날 총독 자리에 오를 얀 피터르스존 쿤이 포함된 일단의 네덜란드인을 기습적으로 매복 공격한 1609년처럼) 상황이 허락할 때마다 무기를 들고 항거하곤 했다.[43]

1609년의 살해 사건 이후, 쿤은 그의 선조들 가운데 일부가 그랬던 것처럼 반다인은 구제 불능이라고, 반다 문제에는 오로지 집단 학살로 대처할 수밖에 없다고 믿게 되었다. 즉, 섬에서 거주민을 몽땅 제거해야 한다고, 만약 그 일을 성사시키지 못하면 네덜란드 동인도회사는 결코 육두구와 메이스에 대한 독점권을 확보하지 못할 거라고, 일단 반다인을 없애면 정착민과 노예를 데려와서 그 제도에 새로운 경제를 구축할 수 있다고 말이다. 이것은 무역에 집중하고 영토 획득은 피하는 네덜란드의 통상적 관행에서 벗어나는 일이 될 터였다.[44] 하지만 육두구 무역이 반다제도와 동의어인 까닭에 그 일은 부득이해졌다.[45] 빠를수록 좋았다. 남북 아메리카에서 동인도(인도와 말레이제도를 포함한 아시아 동남부 지역—옮긴이)에 이르기까지 네덜란드인을 맹렬히 추격해온 영국인이 최근 반다제도에 교두보—룬(Run)이라는 이름의 작은 섬—를 마련했다.[46] 쿤은 영국이 그 제도에서 영향력을 키워가는 모습을 좌시하지 않기로 마음먹었다.

네덜란드 동인도회사의 이사들에게 띄운 편지에서 쿤은 "제 생각에 반다인을 모조리 이 땅에서 쫓아내는 게 최선일 것 같다"고 밝혔다. 그리고 정확히 그 점을 염두에 두고 지금 다시 반다제도를 찾은 터였다.[47] 그 일을 가능한 한 가장 효과적으로 해치우기 위해, 쿤은 일본인 용병 80명으로 이루어진 파견대를 자신의 부대에 추가했다. 그들은 낭인(浪人), 즉 주인 없는 사무라이였다. 일본인 용병은 유럽인 병사보다 저렴하고 강인할 뿐 아니라, 참수와 시신 절단술에 통달한 고도로 숙련된 전문 검객들이었다.[48]

✦ ✦ ✦

만약 인간 행위 주체성(agency)의 형태와 비인간 행위 주체성의 형태 간 불가사의한 교차점이 없었더라면, 셀라몬 램프의 수수께끼가 그렇게까지 강렬하게 내 마음을 사로잡지는 못했을 것이다.

나는 미세한 신종 코로나바이러스가 삽시간에 지구상에서 가장 거대하고, 가장 위협적이고, 가장 무시하기 힘든 존재로 떠오른 2020년 3월 초에 이 글을 쓰기 시작했다. 내가 살고 있는 브루클린 거리에서 자동차와 사람들이 종적을 감추자 기이한 전치감(sense of dislocation)이 밀려들었다. 2016년 11월 반다제도를 방문했을 때 작성해놓은 메모를 찾아 읽으면서 나는 이따금 내 영혼이 그 섬들로 돌아간 것 같은 으스스한 느낌에 젖곤 했다.

그곳을 방문했을 당시, 나는 한때 반다제도의 통치자로 알려진 적이 있던 데스 알위(Des Alwi)라는 사람이 지은 호텔에서 묵었다. 그 제도에서 가장 유명한 가문 가운데 하나의 일원이던 알위는 2010년에 사망했는데, 그를 아는 모든 사람에게 카리스마가 남다르고 실제보다 더 큰 존재로 기억되고 있었다. 저술가이자 외교관이던 그는 그 섬의 유산을 보존하는 데 헌신하는 재단을 건립했다. 그 재단은 식민지 시대의 부서진 건물 다수를 복원했을 뿐 아니라 소책자와 서적을 출간하기도 했다. 그중에는 데스 알위의 친구 윌러드 A. 해나(Willard A. Hanna)라는 미국인 역사학자가 그 섬의 역사를 소개하는 내용이 담긴 책도 포함되어 있었다. 내가 1621년 4월 21일 밤 셀라몬에서 떨어진 램프 이야기를 처음 접한 것이 바로 그 책《인도네시아 반다: 육두구 제도에서의 식민주의와 그 여파(Indonesian Banda: Colonialism and Its Aftermath in the Nutmeg Islands)》에서였다.

자세한 사항은 그저 지나가는 말로만 언급되었지만, 어쩐 일인지 그 이야기가 내 뇌리에서 떠나지 않았다. 왜 그처럼 단순하고 일상적이고 시시한 사고가 네덜란드 병사들로 이뤄진 송크의 파견대에 그토록 커다란 공황 상태를 불러일으켰을까?

황급히 달리는 구급차의 사이렌 소리만 간간이 밤의 정적을 깨뜨리는 브루클린에서는 다음과 같은 상상이 얼마든지 가능했다. 뜻하지 않은 급작스러운 소리는 모든 이에게 (우리를 둘러싸고 있으면서 평범한 사건들의 의미를 완전히 달라지게 만드는 식으로 나날의 삶에 개입하는) 비가시적인 비인간 존재를 떠오르게 할 수 있다는 상상 말이다.

우리 집에서 그리 멀지 않은 곳에 브루클린의 가장 큰 병원 가운데 하나가 있다. 당시 코로나19가 숱한 목숨을 앗아가는 바람에 시체들이 병원 밖 냉동 트럭에 쌓여 있었다. 집 밖으로 나온 나는 주위의 거리에서 들끓는 두려움을 감지할 수 있었다. 이는 각자의 집에서 몸을 웅크리고 누운 채 램프의 추락이 더 나쁜 일이 다가오고 있음을 말해주는 전조일까 봐 공포에 떨던 셀라몬 마을 사람들을 향한 동류의식을 불러일으켰다.

나는 램프 사건에 대해 더 많은 것을 알고 싶었다. 하지만 어떻게? 수백 년 전의 한순간을 조명하는 작업의 어려움은 그 배경이 반다제도처럼 외지고 잊힌 장소일 때 한층 더 커진다. 실제로 반다제도에 대해 글을 쓴 학자는 거의 없으며, 따라서 1621년의 사건은 모호함에 싸여 있었다. 심지어 그 지역을 다룬 대다수 역사서나 민족지학에서조차 그 일은 피상적으로 언급되어 있을 따름이다.[49] 그렇다면 해나는 대체 어떻게 그날 일어난 일을 그토록 소상히 알 수 있었을까? 그의 책을 뒤져본 끝에 나는 주요 출처가 《반다제도에 대한 네덜란드 통치 체제의 구축 1599~1621(De Vestiging van het Nederlandsche Gezag over de Banda-Eilanden 1599~1621)》이라는 연구서임을 확인했다. 저자는 J. A. 판데르헤이스(J. A. van der Chijs)이고, 1886년 바타비아(Batavia: 자카르타의 옛 지명—옮긴이)에서 출판한 책이었다.

뉴욕시 봉쇄 당시, 나는 다른 많은 사람과 마찬가지로 약간 멍했으며, 해리성 둔주(자신의 과거나 정체감에 대한 기억을 상실해 가정과 직장을 떠나 방황하거나 예정에 없는 여행을 하는 장애—옮긴이) 상태에 빠져 있었다. 코로나19가 닥치기 전 몇 개월간 나는 마치 가속도가 붙은 듯 쉴 새 없이 여행을 다녔다. 흡사 속도를 더하던 자동차가 고속도로에서 끼익 소리를 내며 멈춘 것처럼 갑자기 이동이 가로막히자 숨 막히는 듯한 느낌이 찾아왔다.

독자들에겐 데버라 베이커(Deborah Baker)라고 알려진 나의 아내 데비(Debbie)는 집필 구상을 하고 가족과 시간을 보내기 위해 버지니아주 샬러츠빌(Charlottesville)에 가 있었다. 우리 부부의 30번째 결혼기념일과 같은 달인 2020년 1월에 아내는 90세 노모 바버라(Barbara)를 여의었다. 89세이던 장인어른은 아내를 잃은 상실감 때문에 계속 나쁜 상태로 빠져들었다. 그래서 데비는 당분간 버지니아주에 머물러야 했다. 나는 곧 아내를 따라갈 생각이었지만, 뉴욕에서 갑자기 코로나19 감염률이 치솟기 시작해 마음을 바꿔먹었다. 누군가를 감염시킬지도 모를 위험 때문에 뉴욕을 벗어나는 모험은 무책임한 것처럼 보였다. 한 치 앞도 보이지 않는 때라 아들과 딸이 살고 있는 익숙한 브루클린을 떠나고 싶지 않기도 했다. 때마침 여러 상황이 불가사의하게 어우러진 결과 나는 혼자 남았고, 평소보다 훨씬 더 긴 시간을 서재에서 보냈다.

봉쇄라는 낯선 시간이 없었다면, 나는 내가 다음과 같은 일을 하지 않았을 거라고 생각한다. 판데르헤이스가 쓴 책의 pdf를 구하기 위해 인터넷 검색을 했는데, 놀랍게도 하나가 나타났다! 나는 무심코 그 자료를 내려받았다. 왜 그랬는지 모르겠다. 네덜란드어를 읽을 줄도 모르는데 말이다. 좌우간 이제 귀중한 보물이 내 앞에 놓여 있었다. 내가 할 수 있는 일이라곤 마치 룬(rune) 문자가 새겨진 돌 혹은 유사 이전의 암각화라도 되는 양 그저 그걸 노려보는 것뿐이었다.

어느 날, 박수를 치거나 환호성을 지르거나 (나의 경우) 냄비를 두드리는 식으로 응급 의료 요원들에게 감사를 표하는 뉴욕의 매일 오후 7시 의례를 기다리는 동안, 판데르헤이스의 책 본문을 닥치는 대로 스크롤하기 시작했다. 오래지 않아 몇 개의 낯익은 이름과 단어를 만났다. 내가 발견한 '램프(lamp)'라는 단어는 네덜란드어와 영어에서 같은 의미를 지녔다. 충동적으로, 널리 쓰이는 온라인 번역 앱에 네덜란드어 문장 몇 개를 입력했다. 그러자 놀랍게도 앱은 의미가 통하는 일련의 단어를 생성해냈다. "(1621년) 4월 21일에서 22일로 넘어가는 자정 무렵, 송크와 그의 고문들이 함께 잠자고 있던 회의장에서 램프가 떨어졌다. 하지만 이 대수롭지 않은 사건은 어디서나 언제나 반역 행위를 목격해온 유럽인들 사이에서 공황을 불러일으키기에 충분했다."[50]

그 이후로는 결코 멈출 수 없었다. 냄비를 두드리는 의례는 까맣게 잊고, 대신 네덜란드어 문장을 차례차례 번역 앱에 입력하기 시작했다. 그리고 이따금 이해하기 힘든 결과가 뒤섞여 있기는 했지만, 어렴풋하게나마 그럭저럭 의미를 알아먹을 수 있게 되면서 점점 더 본문 속으로 깊이 빠져들었다.

하지만 이내 내가 초반에 운이 좋았다는 것을 깨달았다. 뒤이어 일부 구절에 대해 번역 앱이 내놓은 결과는 완전한 횡설수설이었다. 그러나 그 같은 허튼소리에는 한 가지 공통점이 있었다. 대부분 인용구와 관련이 있었던 것이다. 현대 네덜란드어를 번역하도록 고안한 그 앱을 어리둥절하게 만드는 듯 보인 것이 바로 그런 구절이었다.

이것저것 종합해서 추측해본 결과, 나는 판데르헤이스의 이야기 상당 부분이 17세기 출처의 직접 인용으로 이루어져 있다는 사실을 깨달았다. 나중에 판데르헤이스가 바타비아에 있는 네덜란드식민지청(Dutch colonial administration)의 수석 문서보관 담당자(landsarchivaris)로 일했다는 사실을 알았다. 따라서 그는 모든 17세기 관련 문서에 직접 접근할 수 있었으며, 그가 자기 책의 기초로 삼은 것이 바로 그 문서들이었다. 참으로 다행스러운 일이었다. 그 문서 상당수가 그때 이후 사라졌기 때문이다.[51]

번역 앱이 연속적으로 쏟아내는 말도 안 되는 문장을 어떻게 해결해야 좋을지 고심하던 나는 평범한 네덜란드어 단어의 철자가 17세기 이후 어떻게 달라졌는지 궁금해지기 시작했다. 예컨대 영어 단어 'hath'와 'has'의 경우처럼 말이다.

나는 운 좋게도 훌륭한 아시아 관련 네덜란드 역사가 디르크 콜프(Dirk Kolff) 교수를 알게 되었다. 17세기 네덜란드 문서, 특히 네덜란드 동인도회사의 문서에 대한 그의 지식은 타의 추종을 불허했다. 나는 그에게 편지를 띄워서 내가 처한 난감한 상황을 들려주었다. 그러자 그는 너무나 친절하게도 내게 달라진 철자 목록을 보내주었다. 그 목록은 마치 마법처럼 효력을 발휘했다. 내가 17세기 단어들에 오늘날의 철자를 부여하자 앱의 번역 결과가 한결 분명해졌다.

그래서 한때 네덜란드 마을이었던 브뢰켈런(Breukelen: 지금의 브루클린—옮긴이)에서 더 많은 구급차가 악을 쓰며 내 서재의 창문 옆을 지나칠 때, 나는 번역 앱에 전체 페이지를 한 문장 한 문장, 한 문단 한 문단 입력해 넣기 시작했다. 이내 그것은 마치 2개의 비인간 실체—즉, 전 지구 차원에서 작동하는 인터넷과 코로나바이러스—가 합세해서 오래전에 죽은 네덜란드인의 영혼을 거쳐 1621년 4월 21일 밤의 반다제도로 나를 실어 나르기 위한 유령 포털을 만들어주는 듯했다.

✦ ✦ ✦

육두구처럼 값싸고 하찮은 무언가에 관한 이야기가 과연 21세기와 어떻게 연관될 수 있을까?

결국 반다제도에서 일어난 일은 식민지화 역사의 한 가지 사례에 불과하고, 그 역사는 지구 반대편인 남북 아메리카에서 훨씬 더 대규모로 펼쳐지고 있었다. 그 역사의 장을 이루는 페이지는 진즉에 넘어갔다고, 21세기는 식물과 식물 물질이 인간 존재의 운명을 좌우하던 오래전과 전혀 닮은 구석이 없다고 말할 수도 있을 것이다. 흔히 현대는 인류를 지구로부터 해방시키고 인공 제품이 자연 제품보다 우위에 있는 새로운 진보의 시대로 인류를 이끌었다고들 말한다.

난감하게도 위에서 언급한 것 가운데 사실은 하나도 없다.

우리는 오늘날 300년 전보다 (아니 500년 전, 심지어 5000년 전보다) 식물 물질에 **훨씬 더 많이** 의존하고 있다. 비단 식량을 위해서만이 아니다. 대부분의 현대 인류는 오랫동안 매장된 탄소로부터 나오는 에너지에 전적으로 의존하는 삶을 살아간다. 석탄·석유·천연가스가 화석화한 식물 물질이 아니면 대체 무엇이란 말인가?

재화의 유통과 관련해서 말하자면, 화석 연료는 인간이 만든 그 어떤 범주의 재화보다 훨씬 더 규모가 크다. 두 에너지경제학자의 말마따나 "에너지는 오늘날 세계에서 가장 중요한 상품이다. 그리고 거의 모든 측정 항목에 비춰볼 때 에너지 산업은 극단적으로 비대하다. 연간 10조 달러가 넘는 에너지 매출액은 다른 모든 단일 상품에 대한 지출을 보잘것없어 보이도록 만든다. 에너지 무역 및 운송은 국제 거래에서 3조 달러가 넘는 방대한 규모로, 200만 킬로미터의 파이프라인과 5억 톤의 상선 운송을 통해 제품 배송을 주도하고 있다. 10대 글로벌 기업 가운데 8개가 에너지 기업이다. 그리고 글로벌 해운 선단의 3분의 1이 석유 수송을 담당하고 있다. 이런 수치를 고려해보건대 세계의 에너지 소비량이 초당 석유 2800배럴에 상당한다는 것은 놀라울 게 없을지도 모른다".[52] 만약 중세의 해상로와 육로를 따라 오가던 모든 상품을 합산한다면 우리는 아마도 도자기나 옷감 같은 공산품이 오늘날보다 당시 무역에서 더 큰 비중을 차지했음을 확인할 수 있을 것이다.

인간이 득의만면하게 지구에 대한 물질적 의존에서 벗어났다는 근대성의 신화 만들기를 잠시 접어두고, 지구 산물에 대한 인간의 예속이 점차 커지는 현실을 인정한다면, 반다제도 이야기가 더는 현재 우리의 곤경과 크게 달라 보이지 않을 것이다. 도리어 둘의 연속성이 너무나 긴박하고 강력해서 반다제도의 운명은 우리가 그 이야기를 어떻게 읽느냐에 따라 오늘을 위한 본보기로 읽힐 여지가 있다고 말할 수도 있다.

02

"그들의 거주지를 싸그리 불살라라"

얀 피터르스존 쿤이 이끌고 온 함대는 반다제도가 그제껏 경험한 것 가운데 최대 규모였다. 함대는 18척의 네덜란드 선박을 포함해 50여 척의 배와 2000여 명의 병력으로 이루어져 있었다.[1] 쿤은 유혈 사태에 철저히 대비하기는 했지만, 반다인이 평화롭게 각자의 집을 떠나도록 설득하고자 애쓰는 식으로 추방 작업에 나섰다. 그러기 위해 네덜란드 병사와 관리들을 마을마다 파견해서 거주민들에게 잠자코 무기를 내려놓고, 방어 시설을 허물고, 순순히 강제 추방에 응하라고 명령했다.

하지만 계획은 순조롭게 진행되지 않았다. 거주민 상당수가 항복하는 대신 숲으로 도망친 것이다.[2] 숨은 이들을 찾아내서 쫓아내는 작업에는 몇 주일이 걸렸고, 이는 원정 비용을 불어나게 만들었다. 계획에 차질이 생기자 극도의 좌절감을 느낀 쿤은 압박 수위를 점차 높이기로 결정했다. 송크를 론토르섬의 관리자로 임명한 쿤은 그를 셀라몬으로 보내 원로들에게 시간이 다 되었다는 설명을 하도록 지시했다. 지금 당장 명령에 응하지 않으면 적으로 취급할 거라고 말이다.

4월 21일 밤, 기함에 머물던 쿤은 거슬리는 총격 소리를 들었을 때, 곧바로 그 자신이 반다제도를 처음 방문했을 당시처럼 송크와 그 일행이 매복 공격을 당했다고 판단했다. 그래서 지체 없이 4개 중대 병사들에게 급히 달려가서 론토르섬의 송크를 도우라고 명령했다.

이튿날 아침 증강 병력이 송크가 있는 셀라몬에 당도했을 때, 그곳에서는 간밤의 긴장감이 다소 누그러든 상태였다. 하지만 머스킷 총을 든 병사들이 느닷없이 들이닥치는 바람에 마을은 공황 상태에 빠졌고 교전이 벌어졌다. 일부 마을 주민은 머스킷 총을 든 병사들의 맹렬한 추격을 받으면서 인근의 비탈길로 도망쳤다. 하지만 그곳의 지형은 울창한 숲속으로 가파른 오솔길이 구불구불 이어져 있어 외부인들로서는 감당하기가 만만치 않았다. 네덜란드인들은 하는 수 없이 되돌아왔다.

그러는 동안 쿤은 반다제도의 원로들을 자신이 직접 설득하기로 마음먹었다. 그들 가운데 몇 명이 그의 기함에 끌려왔다. 쿤은 고래고래 소리를 지르면서 조약의 파기, 1609년의 매복 공격, 그리고 기타 수많은 저항 행위를 그들에게 장황하게 상기시켰다. 그가 말을 마치자 반다제도의 원로 가운데 한 사람, 즉 론토르섬의 샤반다르가 유창한 네덜란드어로 대답했다. 혼혈 조상을 둔 것으로 보이는 용커르 디르크 칼렌바커르(Joncker Dirck Callenbacker)라는 인물이었다.[3] 칼렌바커르는 총독에게 자신과 기타 오랑카야들은 그저 존경받는 사람일 뿐 통치자가 아니기에 모든 반다인에 대해 책임을 질 수 없다고 설명했다. 그리고 총독에게 네덜란드인은 육두구와 메이스에 지불해야 할 액수와 관련한 약속을 지키지 못하기 일쑤였고, 그래서 섬 거주민들은 더러 부득이 다른 파트너와 거래할 수밖에 없었다고 덧붙였다. 유혈이 낭자했던 과거의 적대 행위에 대해서는, 양편이 서로 자신이 옳다고 믿는 것을 위해 싸운 충돌이었노라고 해명했다.

모든 말을 마친 뒤 그 사반다르는 화해 의사를 밝히려 애썼고, 그들 방식의 가장 진심 어린 사과를 전하면서 쿤에게 앞으로 그의 요구를 들어주기 위해 최선을 다하겠노라고 약조했다. 하지만 쿤은 그의 말이 성에 차지 않았고, 더 확실한 것을 주장했다. 즉, 원로들에게 약속의 이행을 보장하는 차원에서 그 아들들을 자기 군대에 넘기도록 요구한 것이다. 원로들은 그 조건을 수락했고, 떠나도록 허락받자마자 그의 마지막 요구를 들어주었다. 자기 아들들을 한배에 가득 태워 론토르섬에서 드라혼호(Dragon)라고 불리는 전함으로 보낸 것이다.

이튿날 칼렌바커르와 다른 원로 몇이 셀라몬으로 돌아가 남성, 여성, 그리고 아이들로 이루어진 많은 이들과 모임을 가졌다. 그들 역시 드라혼호로 보내졌다. 이제 원로들이 마을을 소개(疏開)할 준비가 되었다는 것을 증명하기 위해서였다.

하지만 쿤은 여전히 확신이 서지 않았다. 그는 시종 반다인들이 약속을 지키면서 평화롭게 섬을 떠날 거라고 믿지 않았다. 쿤은 반다제도의 원로들과 만난 날로부터 이틀 뒤인 4월 24일, 본인의 고문위원회에 자신은 론토르섬 사람들이 항복하기보다 죽기로 작정했다는 걸 알게 되었으며, 따라서 이제 "남은 장소를 파괴하고, 그 땅에서 사람들을 몰아내고, 그들을 잡아서 우리가 〔그들에게〕 하고 싶은 건 어떤 일이든 〔해낼지〕"[4] 여부를 고려할 필요가 있다고 발표했다. 고문위원회는 만장일치로 동의를 표시했다. 21명의 고문은 "네덜란드 군대를 파견해 그들의 마을을 싸그리 불사르고, 그들의 남은 배를 빼앗든가 파괴하고, 반다인이 우리에게 올 수밖에 없거나 그 나라를 떠날 수밖에 없도록 만들겠다"[5]고 선언한 결의안을 통과시키고 그에 서명했다.

이 일이 있고 난 뒤 일주일 동안에 대해서는 기록이 남아 있지 않다. 즉, 이어지는 며칠 동안 무슨 일이 일어났는지, 그리고 반다인이 정확히 어떻게 고문위원회의 결의안이 밝힌 대로 "우리에게 올 수밖에 없었"는지에 대해서는 아무런 이야기도 존재하지 않는다. 하지만 이어지는 사건은 쿤과 그의 고문위원회가 밝힌 지시들이 글자 그대로 이행되었음을 증명한다. 네덜란드 군대가 섬 전역에서 마을과 정착촌을 조직적으로 파괴했고, 할 수 있는 한 많은 거주민을 포로로 삼고 나머지는 살해한 것이다. 붙잡힌 포로는 늙은 남성, 여성, 그리고 아이들 가릴 것 없이 노예가 되어 자바로 보내졌다. 오랑카야 가문의 구성원 789명도 예외는 아니었다. 노예가 된 그들 가운데 일부는 결국 스리랑카처럼 먼 곳으로 이송되었다.[6]

✦ ✦ ✦

문서화한 직접적 기록이 없기에 그 운명의 일주일 동안 반다제도에서 일련의 사건이 어떻게 펼쳐졌는지 알 도리는 없다. 하지만 고문위원회의 결의안에 담긴 문구, 즉 "그들이 사는 마을을 싸그리 불살라라"가 모종의 단서를 제공한다. 그것은 당시 네덜란드에서 30년 전쟁 동안 널리 사용된, 농촌 마을을 잿더미로 만드는 전술을 암시한다. 네덜란드어로 브란츠-하팅언(brands-chattingen), 즉 '불에 의한 파괴'는 그 지역의 농민들이 가장 두려워한 군사 작전이었다.[7]

30년 전쟁 기간에 저지대 국가(Low Countries: 북해 연안의 벨기에·네덜란드·룩셈부르크 지역을 일컫는 말—옮긴이)에서 교전을 벌인 병사의 상당수—4분의 1에서 3분의 1—는 영국인 용병이었다.[8] 이들 중 많은 병사가 미 대륙으로 건너가 참전했는데, 그때 '불에 의한 파괴' 전술을 채택한 그들이 그것을 전체 부족을 몰살시키는 수단으로 바꿔놓았다. 예컨대 뉴잉글랜드의 영국 정착민과 지금의 코네티컷주에 살던 앨곤퀸 부족(Algonquian: 캐나다 동부의 토착민인 앨곤퀸족 언어를 사용하는 부족—옮긴이)의 일원인 피쿼트족 간에 맞붙은 피쿼트 전쟁(Pequot War, 1636~1638: 아메리카 인디언과 영국계 청교도 사이에 벌어진 최초의 충돌—옮긴이)에서 방화 공격은 특히 중요한 부분을 차지했다. 그 충돌은 "영국인이 북미에서 자행한 최초의 고의적 제노사이드(genocide: 집단 학살—옮긴이) 전쟁"[9]으로 표현되곤 한다.

반다제도는 코네티컷의 지구 정반대편에 자리하지만, 17세기에 네덜란드 해상 제국의 두 극지(極地)로서 사실상 서로 긴밀하게 연결되어 있었다. 네덜란드인은 피쿼트 전쟁에서 아무 역할도 하지 않았지만, 최악의 대학살 현장—코네티컷의 마을 미스틱(Mystic)—이 (맨해튼섬의 뉴암스테르담을 중심으로 한 네덜란드 식민지인) 뉴네덜란드의 경계에 있었다. 네덜란드인도 피쿼트족과 폭넓게 거래를 하고 있었는데, 무역을 둘러싼 경쟁이 그러한 갈등을 촉발한 요인 가운데 하나였다.[10]

미스틱 대학살은 1637년에 일어났다. 한 영국군 중대와 그들의 인디언 동맹 세력이 야음을 틈타 수백 명의 피쿼트족이 잠들어 있는 사이 요새로 둘러싸인 그들의 정착촌을 습격했다. 이 공격을 지휘한 것은 2명의 영국 군인이었다. 존 메이슨(John Mason)과 존 언더힐(John Underhill)—이 중 후자는 실제로 네덜란드에서 태어났고, 네덜란드 여성과 혼인했다—은 둘 다 네덜란드에서 용병으로 복무한 적이 있었다. 존 메이슨이 공격을 주도했는데, 피쿼트족의 어느 집에서 빼앗은 횃불로 그 정착촌에 불을 지르자고 제안한 것도 바로 그였다.

존 메이슨과 존 언더힐 모두 그 공격에 대해 기록한 글을 썼는데, 그들의 기술이 더할 나위 없이 생생해서 그 운명의 일주일 동안 반다제도에서 무슨 일이 벌어졌을지 상상하기에 충분하다. 아래 구절은 존 메이슨이 쓴 《피쿼트 전쟁 약사(A Brief History of the Pequot War)》에서 따온 것이다.

> 대위〔메이슨 자신〕가 **우리는 그들을 불태워야 한다**고 말했다. 그리고 즉시 그가 전에 가본 적 있는 위그왐(Wigwam: 아메리카 원주민이 기거하는 원형집—옮긴이)에 들어가 불붙은 나무를 꺼내서 그들이 깔고 있던 매트에 던져 불을 질렀다. ……위그왐이 완전히 불타자 인디언들은 가장 끔찍하게 놀란 몰골로 달아났다. ……신께서 그들의 영혼을 실로 무서운 공포에 휩싸이도록 하자 그들은 우리로부터 달아나 그 화염 속으로 뛰어들었고, 수많은 이들이 목숨을 잃었다. ……그들 다수가 바람이 불어오는 쪽으로 모여들어 우리를 향해 화살을 쏘았다. 우리는 약간의 발포로 화답했다. 추측한 대로 40명쯤 되는 가장 강인한 자들이 뛰쳐나왔으나 모두 우리의 칼에 찔려 죽었다. ……그들은 이제 어찌할 바를 몰랐다. 불과 몇 시간 전만 해도 엄청난 오만함으로 기고만장하던 자들이 말이다. ……하지만 신께서 그들 위에 계셔서, 그분의 적과 그분 백성의 적을 비웃었으며, 그들을 불타는 화덕으로 만드셨다. 이렇게 해서 강인하고 용감한 자들은 쓰러져 영면에 들었다. 그들의 부하는 누구도 그들의 손(hands)을 찾을 수 없었다. 주님은 이교도를 심판하고, 그곳을 시체로 가득 채우셨다.[11]

다음은 같은 사건에 대해 존 언더힐이 기술한 내용이다.

> 메이슨 대위가 위그왐에 들어가서 여러 명에게 상처를 입힌 다음 불붙은 나무를 하나 꺼내왔다. 그러고 나서 자신이 들어갔던 그 위그왐의 서쪽에 불을 질렀고, 나는 몇 개의 화약을 가지고 남쪽에 불을 놓았다. 양쪽의 불은 그 요

새 중앙에서 만나 기세 좋게 타올라 30분 만에 모든 것을 잿더미로 만들었다. ……그 요새에는 약 400명이 기거했지만, 그들 가운데 우리 영향권에서 빠져나간 사람은 채 5명도 되지 않았다. 전쟁에 한 번도 참여해본 적 없는 젊은 병사들의 눈에는 그 피비린내 나는 광경이 충격적이고 애절해 보였을 것이다. 너무나 많은 영혼이 어떤 장소에서 겹겹이 포개진 채 바닥에 숨을 헐떡이며 누워있는 광경을 당신은 차마 눈 뜨고 보기 힘들었을 것이다.[12]

거의 비슷한 시기에 일어난 두 대학살—하나는 반다제도에서, 다른 하나는 오늘날의 코네티컷주에서—은 마음을 어지럽히는 연속성으로 연결되어 있다. 둘 다 영국과 네덜란드의 경쟁 관계가 고조되던 상황에서, 그리고 당시 유럽에서 맹위를 떨치던 종교 전쟁이라는 좀더 광범위한 맥락에서 발생했다. 두 경우 모두 수많은 포로들이 노예가 되었고, 해외로 보내져 결국 플랜테이션 농장에서 일하게 되었다. 그리고 두 대학살 모두 한 민족의 존재를 소멸시키기 위한 의도로 저질러졌다.[13] 피쿼트족의 경우, 그들의 말살은 그 전쟁에 종지부를 찍은 조약에 의해 공식적으로 자행되었다. 생존자들은 '피쿼트'라는 이름을 사용하는 게 금지되었다.[14] 한 청교도 역사학자는 이 전쟁의 승리를 축하하기 위해 이렇게 썼다. "피쿼트라는 이름은 〔아말렉족(Amalech)처럼〕 이 세상에서 완전히 사라졌다. 피쿼트의 일원도, (최소한) 스스로를 감히 피쿼트라고 부르는 사람도 존재하지 않게 된 것이다."[15]

만약 승자들이 스스로가 한 부족을 공식적으로 말살할 수 있는 권리를 가졌다고 생각한다면, 그것은 유럽의 제국주의 교리가 실제로 그 방향으로 발전해왔기 때문이다. 이러한 교리는 철학자이자 논객이면서 잉글랜드 대법관을 지낸 프랜시스 베이컨 경(Sir Francis Bacon: 1561~1626)의 저작에 명확하게 표현되어 있다. 반다 대학살이 자행될 무렵, 그리고 피쿼트 전쟁이 일어나기 직전에 출간한 책 《성전에 관한 광고(An Advertisement Touching an Holy War)》에서 베이컨은 기독교를 믿는 유럽인에 의한 특정 집단의 존재 말살이 왜 합법적이라고 생각하는지 그 이유를 소상히 늘어놓았다. "일부 국가에서 민법에 의해 불법화되고 금지된 특정인이 존재하듯 자연의 법 및 여러 국가의 법에 의해, 또는 하나님의 계명에 의해 불법화되거나 금지된 국가들도 있게 마련이다." 베이컨의 주장에 따르면, 이런 방탕한 국가는 기실 국가도 아니요, 그저 자연법칙에 비추어볼 때 완전히 뒤떨어진 "불온한 사람들의 떼거리"일 따름이다. 그런 연유로 "시민정신이 투철하고 치안이 잘 갖춰진 국가가 …… 그들을 이 지구상에서 제거하는 것은 합법적일뿐더러 신의 뜻에도 부합하는 일이다".[16] 이 교리는 18세기 말엽 국제법을 성문화한 스위스 법학자 에메르 드 바텔(Emer de Vattel: 1714~1767)에 의해 공식화되었다. 그는 "그와 같은 야만적인 민족을 처벌하고, 심지어 말살하는 목적을 함께하는 데에서 각국은 정당하다"[17]고 판결했다.

이 주장은 사실상 기독교를 믿는 유럽인에게 그들 눈에 잘못되었거나 괴물처럼 보이는 민족을 공격하고 말살할 수 있는 천부적 권리를 부여했다. 피터 라인보(Peter Linebaugh)와 마커스 레디커(Marcus Rediker)는 이렇게 주장했다. "제노사이드와 신성이 교차하는 것은 바로 이 같은 '결정적 생각'에 힘입은 결과였다. 따라서 성전(聖戰)에 대한 베이컨의 광고는 여러 유형의 제노사이드를 촉구하는 것이나 진배없었다. 《성경》과 고대의 고전적 풍습에서 승인을 구하는 제노사이드 말이다."[18]

베이컨의 추론은 고풍스러워 보일지 모르지만, 오늘날까지도 줄곧 제국의 작동 방식에 영향을 미치고 있다. 근본적으로 그는 잘 통치되는 국가(즉 "시민정신이 투철하고 치안이 잘 갖춰진 국가")는 "뒤떨어지고" "자연의 법 및 여러 국가의 법"을 위반하는 국가들을 침략할 수 있는 절대적 권리를 가진다고 주장한 셈이다. 물론 이것은 '자유주의적 개입주의(liberal interventionism)'의 근본 교리로서, 최근 수십 년간 서구 열강이 일으킨 '선택에 의한 전쟁(war of choice)'을 정당화하기 위해 누차 언급되곤 했다.

✦ ✦ ✦

쿤이 명령한 대량 학살은 어찌나 효과적이었는지 그가 일주일 뒤 자신의 기함에서 열린 고문위원회 회의 때 "신의 은총으로 반다제도의 모든 마을과 요새화한 장소들을 쟁취하고 불태워 없앴으며 약 1200명을 붙잡았다"고 선언할 정도였다.

5월 6일, 쿤은 적잖은 만족감을 드러내면서 그의 군대가 론토르섬의 주요 정착촌들을 "완전히 파괴하고 전소시켰다"고, 아울러 그 섬의 일부 잔존 주민이 산으로 도망쳤는데, 그들이 그곳에서 그 제도의 다른 지역으로부터 온 탈주자들과 합류했다고 상부에 보고했다. "이렇게 해서 반다제도의 모든 마을과 지역을 함락하고 파괴했다"고 말이다.[19]

하지만 수천 명의 반다인이 피신해 있던 론토르섬의 고지대에서는 저항이 계속되었다. 험준한 지형과 악천후 때문에 네덜란드인은 그들을 상대하는 데 어려움을 겪었다. 네덜란드의 공격은 여러 차례 격퇴당했다. 이 일은 쿤을 한층 더 골치 아프게 만들었다. 그는 이제 빨리 돌아가고 싶었지만, 그 섬에 '완전한 평화'를 가져다줄 때까지는 떠날 수가 없었다.

한편 사람들이 섬 전역에서 잔인하게 살해당하고 노예가 될 때, 얀 쿤은 여전히 떨어진 램프가 무엇을 의미하는지 밝혀내는 데 골몰해 있었다.

그 목적을 위해 인질로 잡혀 있던 오랑카야의 아들들이 심문을 받았다. 심문에는 네덜란드 동인도회사 직원들이 적극 찬성한 모종의 고문도 동원되었던 것 같다. 오늘날 물고문(waterboarding)이라고 알려진 것의 원형으로, 용의자의 머리에 천을 덮고 계속 물을 들이부음으로써 거의 질식하게 만드는 고문이었다. 또 다른 방법은 "희생자의 목 주위에 원뿔을 씌운 다음 코와 입에 물을 들이부어 익사를 피하려면 물을 삼킬 수밖에 없게 만드는 고문이었다. 이 방법은 희생자를 질식하게 만들 뿐 아니라 그의 몸에 과도한 물이 들어가 생체 조직을 지나치게 부풀린 결과 극심한 고통에 빠지도록 내몬다. 어떤 경우에는 이러한 고문에 희생자의 겨드랑이·발·손을 양초로 지지는 행위, 손톱 뽑는 행위가 추가되기도 했다".[20]

고문의 의도는 음모를 파헤치기 위한 것이었는데, 그 같은 방법이 얼마간 결실을 얻었다. 디르크 칼렌바커르의 조카인 한 소년으로부터 기대했던 '자백'을 이끌어낼 수 있었던 것이다. 소년은 램프가 떨어지던 날 밤 네덜란드인에 대한 기습 공격에 착수한다는 결정이 이루어진 원로 회의에 자신도 함께 있었다고 말했다. 이어서 그는 기습 공격의 최종 목적은 송크와 쿤을 살해하기 위한 것이었노라고 털어놓았다.

쿤도 송크도 반다인이 그런 계획을 갖고 있었다면 램프를 떨어뜨리는 식으로 의도를 흘림으로써 그 기습 공격을 망쳤을 리 만무하다는 생각은 하지 못한 듯하다. 그뿐만 아니라 그들은 어떻게 멀리서 무생물이 정확히 마침맞은 순간에 떨어지도록 만들 수 있는지도 묻지 않은 것 같다.

일단 그 소년에게서 필요한 증언을 얻어낸 뒤, 얀 쿤은 그 '자백'이 유효한지 아닌지 따져보기 위해 송크를 포함한 세 사람으로 조사위원회를 꾸렸다. 조사위원회의 명령에 따라 수십 명의 원로가 드라혼호, 그리고 자위데르제이(Zuiderzee)라는 이름의 또 다른 전함에 끌려가서 심문을 당했다. 고문이 너무나 '혹독해서' 그들 가운데 2명이 현장에서 목숨을 잃고, 3분의 1이 배에서 바다로 몸을 던져 숨졌다.

나중에 이 사건을 기록한 익명의 네덜란드 관리에 따르면, 반다제도 원로 가운데 음모를 시인한 사람은 아무도 없었다고 한다. 하나같이 자신들은 결백하다고 항변했다. 반면 쿤은 그들이 실제로 공격을 모의했다는 사실을 인정했노라고 주장했다. 어느 쪽이든 진실이 무엇이냐는 중요하지 않았다. 유죄 평결은 예정된 결과였으니까.

원로들은 수감되었고, 대나무 말뚝으로 울타리를 둘러 위리안치하라는 명령이 떨어졌다. 반다나이라에 있는 나사우 요새(Fort Nassau)의 스산한 돌담에서 약간 떨어진 곳이었다. 1621년 5월 8일, 44명의 원로가 손을 결박당한 채 위리안치소로 끌려왔다.[21] 그들 가운데 "재판관들이 가장 죄가 중하다고 판결한" 8명은 서로 떨어져 있었고, 나머지는 "양 떼처럼" 우왕좌왕 서성였다.

그날은 하필 비가 세차게 내렸다. 비가 억수로 쏟아지는 와중에 그 원로들은 음모를 꾀하고 네덜란드와 맺은 조약을 위반했다는 죄목으로 사형 선고를 받았다. 곧바로 6명의 일본 검객이 위리안치소로 들어가 사형을 집행했다.

가장 먼저 처참하게 살해당한 것은 음모의 우두머리로 지목된 8명의 원로였다. 그들은 참수형에 이어 사지가 찢겼다. 아무도 저항하지 않았다. 칼렌바카르로 짐작되는 원로가 네덜란드어로 다음과 같이 한 말이 얼핏 들리긴 했지만 말이다. "당신들은 진정 아무 자비심도 없나이까?"

과연 그들은 아무 자비심도 보이지 않았다. 남은 36명의 원로도 머리가 잘리고 사지를 훼손당했다. 잘린 머리와 토막 난 신체 부위가 아무렇게나 죽창에 찔린 채 방치되었다.

지역에서 전해오는 말에 따르면, 원로 44명의 유해는 나중에 인근 우물에 버려졌다고 한다.

✦ ✦ ✦

얀 쿤은 반다제도에 당도하고 2개월 뒤, 송크 휘하에 많은 병력을 남겨둔 채 그곳을 떠났다. 그들에게 떨어진 명령은 모든 저항을 진압하고, 반드시 남은 반다인을 샅샅이 찾아 해치우라는 것이었다.

다음 몇 달 동안, 네덜란드 병력은 특히 론토르섬의 고지대에서 계속 저항 집단과 맞닥뜨렸다. 거기에서는 반다인으로 이뤄진 여러 집단이 여전히 저항을 이어가고 있었다. 도망자 중 일부는 심지어 세람(Seram)이나 케이(Kei) 같은 이웃 섬에서 보내온 구조선이나 숨겨둔 배를 타고 그곳을 빠져나가는 데 용케 성공하기도 했다. 하지만 수백 명은 도망가려고 안간힘을 쓰는 와중에 바다에 빠져 목숨을 잃었으며, 수천 명은 론토르섬의 숲에서 기아와 질병에 허덕이다가 서서히 죽어갔다.[22]

참혹한 살육이 시작된 때로부터 약 두 달 뒤, 한 반다인 도망자가 네덜란드인에게 항복했다. 그리고 남은 도망자들이 화약도 무기도 없으며 굶어 죽어가고 있다고 귀띔해주었다. 송크와 네덜란드 병사 수백 명이 그 밀고자의 안내를 받아 도망자들이 은거한 산속 야영지에 들이닥쳤다. 스스로를 보호할 수 있는 도구라곤 돌과 창밖에 없던 반다인들은 속수무책으로 패배했다. 이로써 저항은 완전히 끝났다. 나머지 마을은 얌전히 항복했으며, 그곳 거주민들은 포로로 붙잡혀서 노예로 팔려나가기 위해 강제로 이송되었다.

한마디로 그 램프가 떨어진 순간부터 몇 개월 만에 자부심 넘치고 진취적인 무역 공동체였던 반다족은 더 이상 하나의 민족으로서 존재할 수 없게 되었다. 그들의 세계는 10주도 안 되는 기간 사이에 종말을 고했다.

✦ ✦ ✦

반다인이 "지구상에서 제거된" 때로부터 여러 해가 흐른 뒤, 영국과 네덜란드의 경쟁 관계로 인해 반다제도의 운명은 다시 한번 뉴네덜란드와 연결되기에 이른다. 1667년 브레다 조약(Treaty of Breda)은 "네덜란드 식민지 뉴암스테르담(훗날의 뉴욕)을 영국에 넘겨주는 조항을 포함하는 좀더 넓은 합의의 일환으로 룬섬을 항구적으로 네덜란드에 양도했다".[23] 이 협상은 미국에서야 잊혔을지 모르지만, 해가 쨍쨍 내리쬐는 작은 룬섬에서 살아가는 수십 명의 사람들은 여전히 맨해튼과 맞바꾼 섬의 거주민으로서 자부심을 품고 있다.

룬섬의 이양으로 영국이 말루쿠를 제 영토로 귀속시키고자 한 최초이자 최후의 노력은 마침내 종지부를 찍었다. 그때 이후 아시아에서 영토에 대한 영국의 야심은 주로 인도 아대륙에 집중되었다.

03

"육두구 열매가 죽었네"

반다 이야기에서 공포스러운 부분은 그들이 제가 살던 땅에서 제거된 이유가 비교 불가의 가치를 지닌 한 나무 종 때문이었다는 사실에 상당 정도 기인한다. 화산 작용으로 조성된 섬의 생태가 그 거주민들에게 선물로 안겨준 나무 종 말이다.

하지만 관련 역사에서 육두구나무가 담당한 역할에 대해 우리는 어떻게 말할 수 있을까? 그 나무를 언급하지 않은 채 반다제도의 역사에 대해 말할 수 없다는 것은 자명하다. 하지만 바로 그 이유 때문에 육두구나무가 반다인의 운명을 주조하거나 결정했다고 말할 수는 없다. 어쨌거나 비슷한 환경에서 사람들이 말살을 피할 수 있었던 그 지역의 다른 섬들도 없지는 않았으니 말이다. 예컨대 반다제도에서 북쪽으로 수백 킬로미터 떨어져 있는 또 다른 말루쿠제도의 경우가 바로 그랬다. 이 섬들—그중 가장 유명한 것은 테르나테섬(Ternate)이다—역시 엄청난 가치를 지닌 식물 종을 보유하고 있다. 육두구와 메이스에 버금갈 만큼 가치 있는 향신료인 정향을 생산하는 나무 종이다. 육두구와 마찬가지로 정향나무도 테르나테섬 주민들에게 크나큰 시련과 더불어 엄청난 부를 안겨주었다. 하지만 그들은 어떤 이유인지 몰라도 반다인이 겪은 운명을 용케 피해갈 수 있었다.

그 일은 왜 그리고 어떻게 가능했을까? 그것은 테르나테섬과 그 자매격인 티도레섬(Tidore) 모두 술탄이 지배하는 영지로서, 반다제도보다 인구가 훨씬 더 많은 제국에 속해 있었기 때문일까?[1] 아니면 서로 다르게 전개된 일련의 사건이 빚어낸 그저 우연한 결과였을까? 그것도 아니라면 정향나무의 독특한 특성과 그것을 길러낸 화산 또한 이 이야기에서 모종의 역할을 담당했을까?

이런 질문은 과거사를 다루는 특정 방식이 지닌 한계를 우리에게 드러내준다. 경험과 문서에 의존하는 역사학적 방법론—내가 1621년 반다제도에서 일어난 일에 대한 연표를 만들 수 있도록 도와준 방법론—은 결정적으로 언어, 문자 문화, 저술에 의존한다. 이런 방법론에 쓰이는 증거는 주로 문자 기록에서 나온다. 그 방법론이 들려주는 이야기에서, 언어를 갖지 못한 개체들은 오직 인간이 펼쳐가는 드라마의 배경으로서만 등장한다. 육두구·정향·화산은 이 같은 이야기에 등장하지만, 역사학자가 들려주는 이야기에서는 그들 자체가 배우일 수 없다. 또한 자신의 이야기를 들려줄 수도 없다.

반면 말루쿠 거주민에게는, 지진대에서 살아가는 다른 많은 이들의 경우가 그러하듯 화산이 그 이야기의 화자이자 역사의 제작자다. 실제로 인간이 전해주는 가장 오래된 이야기는 오스트레일리아 빅토리아주에 있는 부즈빔(Budj Bim) 화산에서 유래했다. 세계 최초로 양식 어업 시스템을 개발한 그 지역의 토착민 군디츠마라족(Gunditjmara)에게 화산은 건국의 조상이다.[2] 그들의 창조 신화는 그 대륙의 남동쪽 해안을 찾은 4명의 거인에 대한 이야기를 담고 있다. 그중 3명은 대륙의 다른 지역들로 흩어졌지만, 한 명은 몸을 웅크린 채 그 자리에 남았다. 그의 몸은 부즈빔이라는 화산이, 그의 이빨은 그 화산에서 분출한 용암이 되었다.

고고학자 헤더 빌스(Heather Builth)는 이렇게 썼다. "지역의 원주민 집단이 화산 활동의 목격자였다는 데에는 의문의 여지가 없다. 1870년 〈포틀랜드 가디언(Portland Guardian)〉은 화산 활동, 그리고 대부분의 사람을 물에 빠져 숨지게 만든 것으로 전해지는 화산 활동에 따른 쓰나미의 목격담을 실은 군디츠마라 지역의 구술사를 출판했다."[3]

부즈빔이 마지막으로 분출한 때가 약 3만 년 전이라는 사실을 과학자들이 밝혀냈으므로, 그 사건을 목격한 것은 군디츠마라의 선조들이었을 터이다.[4] 그래서 그 일은 약 7000년 전에 일어난 사건들과 연관된 것으로 여겨지는 해수면 상승에 대한 오스트레일리아 원주민의 신화를 제치고, 현재까지 전해지는 가장 오래된 이야기 지위를 차지했다. 과거에 그 신화는 현존하는 가장 오래된 인류의 이야기로 여겨졌다. 그런데 만약 과학자들이 밝혀낸 연대가 정확하다면, 부즈빔은 그보다 훨씬 더 오래된 이야기일 것이다.[5] 하지만 심지어 그처럼 머나먼 과거에서 기원한 것임에도 화산의 마법은 군디츠마라족의 삶과 꾸준히 연관성을 맺어왔다. 수천 년 동안 수 세대를 거듭하면서 전해 내려온 부즈빔 이야기는 2007년 그 공동체가 조상의 땅 일부를 반환하도록 요구하는 데 중대한 역할을 맡았다.[6]

화산에 대한 생생한 구전 지식은 우뚝 솟은 원뿔과 연기 나는 분화구가 수없이 많은 인도네시아 섬들 전역에서 가장 광범위하다. 이 군도에서 화산은 거의 언제나 "지열적 존재이자 영적 존재로서, 복수심에 불타는 성난 지구의 영혼이다".[7] 과학자와 재난 전문가들에게는 이러한 이야기가 골치 아프게 다가올 것이다. 일군의 지구과학자들은 굳이 못마땅한 기색을 숨기지도 않은 채 "흔히 자바섬 사람들은 화산과 대단히 독실한 관계를 맺고 있다"고 투덜거렸다. "자바에서 화산은 사회, 자연 그리고 우주 간의 보편적 조화를 성취하기 위해 인간 사회와 연결된 것으로 여겨지고 있다. ……대부분의 자바인은 자연 현상에 대한 과학적 설명을 알고 있지만, 흔히 자연 사건을 그들의 사회 세계와 연관 짓는 설명 방식에 의존하는 편을 더 선호한다."[8]

인도네시아인의 화산 숭배는 그러한 신념을 혐오스러워하는 이슬람교 및 기독교 근본주의자들에게 좌절감을 안겨준다. 하지만 화산은 시종 인도네시아인의 삶과 문화적·영적으로뿐 아니라 정치적으로도 복잡하게 얽혀 있다. 예컨대 자바의 정치인들은 흔히 선거를 치르기 전에 위험한 활화산 경사면에 있는 메라피산(Mount Merapi)의 영적 수호자를 찾아가곤 한다.[9]

말루쿠의 화산들은 특히 이야기가 풍성하며, 그중 단연 최고봉은 가말라마산(Mount Gamalama)의 거대한 테르나테 화산이다. 그녀 자신도 테르나테 출신인 누킬라 아말(Nukila Amal)의 현대 소설 《원래의 꿈(The Original Dream)》에서, 가말라마산은 "분화구에 올라서 바람에 머리카락을 나부끼며 두 발을 땅에 딛고 선" 샤먼에게 말을 건다. "그녀의 눈은 검은색에 가깝고, 암갈색에 가깝고, 땅의 색에 가깝다. 그녀는 두 눈을 질끈 감은 채 뭔가가 다가오는 것을 감지했다. 발아래에서 무언가가 소리 없이 솟아올랐다. 속삭임에 가까운 말이 그녀의 발바닥을 통해 몸으로 들어와서 점점 더 크고 떠들썩해지더니 머리의 정수리를 통해 비명을 지르면서 빠져나갔다. ……그녀는 바닥에 주저앉아 눈물을 쏟았다. 그리고 눈물을 머금은 채 대지를 느꼈다. 그녀는 손가락으로 발 주변의 땅을 조금씩 조금씩 모아서 두 손 가득 채웠다. 땅을 한 움큼 움켜쥐고 무릎에 올려놓은 채 그 위로 눈물을 떨구었다. 축복이기도 하고 저주이기도 한 눈물을."[10]

반다제도 위로 우뚝 솟은 구눙아피 역시 불길한 징조나 전조를 만들어 내는 재주가 있다고 여겨졌다. 1599년 네덜란드 선박이 처음 그 제도에 상륙한 바로 그날 화산이 오랜 휴지기를 끝내고 폭발했을 때, 그 섬에 그토록 엄청난 불안이 드리운 것도 그 때문이었다. 사람들은 그 직전에 이슬람교도 신비주의자가 들려준 예언을 떠올렸다. 언젠가 먼 곳에서 한 무리의 백인이 섬을 침략하게 될 거라는 예언이었다.

오늘날까지 반다 대학살을 피해 달아난 이들의 후예는 '산'—또는 '반다의 산(Banda Mountain)', 즉 구눙아피—을 뜻하는 포코르(fokor)에서 유래한 단어 포코른단(fokorndan)을 '역사'라는 의미로 사용한다.[11]

이것은 시공(時空)이 서로 공명하는 과거에 대한 사고방식으로서 결코 반다인에게만 특수한 게 아니다. 실제로 이런 사고방식은 지구의 다른 장소에서, 특히 영적인 삶과 역사에 대한 이해를 늘 특정 풍경과 연관 짓는 북미 원주민 사이에서 대단히 정교한 형태로 발견된다. 위대한 북미 원주민 사상가 바인 들로리아 2세(Vine Deloria Jr.)의 말마따나 "토착 북미 원주민이 공유하는 영적 전통의 한 가지 특징은 그들 모두 강이든, 산이든, 고원이든, 계곡이든, 아니면 다른 자연물이든 특정 장소를 그들의 신성한 구심점으로 삼는다는 것이다. 인간에게 장차 어떤 일이 일어나건, 그 신성한 장소는 그들의 문화적이거나 종교적인 이해에서 늘 제자리를 지키는 항구적 존재로 남아 있다".[12]

들로리아는 이 같은 주장을 펼치면서 지상의 장소를 지향점으로 삼는 사고방식과 시간에 특권을 부여하는 사고방식을 비교한다. 후자의 경우, 모종의 사건과 관련해서 중요한 질문은 "그것이 **언제** 일어났는가?"이다.

전자의 경우 중요한 질문은 "그것이 어디에서 일어났는가?"이다. 첫 번째 질문은 그 사건을 특정한 역사적 시기에 위치 지음으로써 확정적 방식으로 가능한 답을 얻는다. 반면 두 번째 질문은 그와는 전혀 다른 방식으로 가능한 답을 구한다. 왜냐하면 그것은 풍경 자체와 온갖 범주의 비인간 존재를 포함해 그 안에 깃든 모든 것에 어느 정도의 '행위 주체성'을 부여하기 때문이다. 들로리아의 말에 따르면 "그 결과 인디언 부족은 자신의 생활 형태뿐 아니라 특정 장소와 대면하고 상호 작용한다". 부족 종교의 임무, 즉 역할은 공동체의 구성원을 서로서로와, 그리고 그들이 경험한 온갖 창조의 측면과 이어주는 것이다.

많은 토착민 집단에게 풍경은 예전에도 그랬듯이 오늘날에도 여전히 생생하게 살아 있다. 애리조나주 서부아파치족(Western Apache)의 인류학자 키스 H. 바소(Keith H. Basso)는 이렇게 썼다. "인디언 남녀는 그들의 삶에 다가와서 사고방식에 영향을 미친, 그들의 땅에 수많은 중요한 형태를 부여해준 대지의 여러 특성에—대협곡과 호수에, 산과 소협곡에, 암석과 빈 들판에—과거가 짙게 드리워 있다고 생각한다."[13] 낯익은 주요 지형지물을 둘러싸고 빚어지는 과거의 이야기들은 아파치족의 온갖 삶의 면면을 들려준다. 이러한 이야기를 통해 풍경을 이루는 특성은 사람들에게 말을 건넨다. 정확히 역사가가 문서로 이루어진 출처를 통해 되살린 인간 목소리만큼이나 우렁차게 말이다.

✦ ✦ ✦

오늘날의 시선으로는 육두구의 두 가지 측면 가운데 한 가지만을 볼 수 있다. 바로 과학과 상업의 대상인 미리스티카 프라그란스〔*Myristica fragrans*: 린네의 이명법(二名法)에 따른 육두구나무의 학명—옮긴이)로서 측면이다. 또 다른 측면은 오직 노래와 이야기 속에서만 모습을 드러낼 것이기에 오늘날의 시선을 비껴간다. 게다가 오늘날의 노래와 이야기에는 육두구를 위한 공간이 없다. 육두구는 아무런 고유한 의미도 없고, 그것을 과학과 상업의 대상으로 만들어주는 특성 외에는 다른 어떤 특성도 없는 하나의 비활성 물체에 불과하다.

반다인에게도 본시 육두구는 원예와 상업의 대상이었는데, 두 가지 공히 상당 수준의 전문적·실용적 기능을 요구했다. 하지만 그들에게 육두구는 오늘날의 시선으로는 보이지 않는 또 다른 특성을 지닌 존재이기도 했다.

반다제도에서 그리 멀지 않은 말루쿠제도의 카이섬(Kai)에는 오늘날에도 1621년의 제노사이드에서 살아남은 이들의 후손이 주로 살아가는 마을 몇 군데가 있다.[14] 이들 마을의 이름은 잃어버린 고향을 떠오르게 만드는데, 그곳 거주민들은 아직까지도 반다의 언어, 즉 투르완단어(turwandan)를 사용한다. 그들의 노래와 이야기는 여전히 '반다의 산'뿐 아니라 그곳의 축복(또는 저주)인 육두구를 되살려놓았다.

우리는 울고 또 울어
당신은 언제, 무슨 요일에
"당신의 길을 떠나는가"
우리, 지혜의 진주
육두구 열매가 죽었네
우리가 말할 수 있도록 그녀는 편지를 띄우네
지혜의 진주

육두구 열매가 죽었네……
지혜의 진주
육두구가 죽었네
여기에는 믿음이 없다네
이 섬 안에는 축복도 없다네.[15]

반다인에게 그들 섬의 풍경은 물질적 방식뿐 아니라 상상적 방식으로 인간의 삶과 얽혀 있는 거주 공간이었다. 그 땅은 오로지 육두구와 메이스를 생산하기 위해서만 존재하는 게 아니었다. 그것은 그저 '소문자 땅(land)'에 그치는 게 아니라 '대문자 땅(Land)'이었다. 토박이 과학자이자 사상가 맥스 리보이론(Max Liboiron)의 말에 따르면 "식물, 동물, 물, 인간, 역사, 그리고 사건 …… 같은 살아 있는 영혼들이 한데 어우러진 독특한 실체"[16]다.

다른 한편 네덜란드 동인도회사와 얀 쿤에게 나무, 화산 등 반다제도의 풍경은 그저 이윤을 낳는 데 소용되는 자원으로서 의미를 지닐 따름이었다.[17] 이러한 관점은 당시 유럽에서 부상하던 형이상학을 반영하고 있었다. 형이상학에서는 질료(matter)를 "야만적"이고 "어리석은" 것으로 간주하고, 따라서 "오직 이윤과 물질적 부만을 목적으로 삼는 가장 파괴적인 기술을 써서" 정복해야 마땅하다고 보았다.[18] 쿤이나 그와 비슷한 부류에게는 반다인의 기억과 노래 속에 새겨진 그 나무가 오로지 효용으로만 다가왔다. 그들은 화산이 의미를 만들어낼 수 있다는 발상에 대해서는 그저 '미신'일 따름이라고, 심할 경우 '우상 숭배'에 불과하다고 폄훼했다. 게다가 네덜란드 식민지 개척자들의 눈에는 반다인과 그들이 거주하는 풍경 사이에 그 어떤 고유한 관련성도 보이지 않았다. 따라서 그들은 그 섬을 육두구 생산 공장으로 탈바꿈시킬 일꾼과 관리자들이 반다인을 가뿐히 대체할 수 있을 거라고 판단했다.

이것은 지구를 "끊임없이 움직이는 비활성 입자들로 이루어진 거대한 기계"[19]로 바라보는 완전히 새로운 시각이었다. 심지어 유럽에서도 이 같은 기계론적 세계관은 이제 막 태동하기 시작했다. 그것도 오직 당시의 두 가지 거대한 유럽의 기획—북·남미 대륙의 정복과 아프리카 노예 무역—에 직간접적으로 참여한 엘리트들 사이에서만 그랬다. 지구와 그 안의 모든 것을 비활성 존재로 환원할 수 있다는 형이상학적 비약은 다름 아니라 인간을 무언(無言)의 자원으로 바라보는 시각 때문에 가능했다. 이런 의미에서 쿤과 송크 그리고 그 전임자들 같은 인간은 식민지 개척자였을 뿐 아니라 철학자이기도 했다. 나중에 그들의 동시대 인물인 데카르트(R. Descartes)와 맨더빌(B. Mandeville), 베이컨과 보일(R. Boyle)이 정립했다고 여겨지는 기계론적 철학의 발판을 다진 것은 바로 '원주민'과 그 원주민이 살아가는 풍경에 가한 폭력이었다.

무엇보다 유럽의 교육받은 상류층 남성으로 하여금 심지어 그들 자신의 나라에서, 그리고 특히 그들이 '자연'—즉, 아메리카 인디언의 것이든 영국·스코틀랜드 농부의 것이든 '개선'을 위해 몰수해야 하는 비활성의 자원 저장고—이라고 여긴 영역에서 스스로를 "그들이 바라보는 모든 것의 정복자〔subduers of everything they surveyed: 본래는 윌리엄 쿠퍼(William Cowper)의 시 〈알렉산더 셀커크의 고독(The Solitude of Alexander Selkirk)〉에 나오는 "I am monarch of all I survey(나는 내가 바라보는 모든 것의 군주다)"에서 기원한 표현—옮긴이〕"로 간주하도록 이끈 것은 북·남미 대륙의 예속과 인구 재배치였다.[20] 하지만 유럽 농부들 역시 울타리와 인클로저(enclosure: 주로 영국에서 볼 수 있던 인클로저는 돌담이나 울타리 같은 경계선을 그음으로써 미개간지나 공유지를 사유화하고 그 재산권을 주장하던 현상—옮긴이)를 통해 공유지를 몰수하는 행위를 흔쾌히 받아들이지 않았다. 또한 지구에 대한 그들 사고방식의 억압에 대해서도 고분고분하지 않았다. 당시에 절대 다수의 유럽인도 다른 모든 곳의 보통 사람들처럼, 우주는 수많은 보이지 않는 힘에 의해 작동하는 살아 있는 유기체라고 믿었다.[21] 가난한 유럽인이 땅에 대한 권리와 그들 풍경의 신성함, 이 두 가지를 향한 억압에 저항할 때, 그들 또한 식민지 정복과 긴밀히 관련된 형태의 폭력에 시달렸다.

이는 특히 마녀사냥의 사례에서 분명하게 드러난다. 마녀사냥에서는 식민지 개척자들이 아메리카 인디언을 악마 숭배자로 인식한 데에서 비롯된 비유를 동원함으로써 대개 가난한 유럽 여성 다수를 문자 그대로 악마화했다. 예컨대 유럽인이 떠올리는 토막 난 신체 부위를 그릴에 굽는 마녀 이미지는 요리 문화에서 그릴이 중요한 부분을 차지하는 카리브해 투피남바족(Tupinamba)의 이른바 식인(食人) 의례 표현에서 직접 따온 것이다.[22]

유럽의 마녀 소탕과 북·남미 대륙에서의 '대죽음(Great Dying)' 간 시간적 중첩은 우연히 발생한 게 아니었다. 이 시기에 유럽의 집단 이성은 나름의 이유로 "인간의 피와 살을 이용하는 등 차마 입에 담을 수 없는 죄를 저지른 아메리카 원주민, 생경한 유대인, 기독교 이교도에 의해 포위당했다"[23]고 알려져왔다. 이런 식으로 서로 어우러진 물리적·지적 폭력은 하나같이 비신성·무생물성의 지구에서 자원을 착취하는 데 기반을 둔 새로운 경제의 출현에 필요한 과정이었다.

수 세기에 걸친 억압의 세월 동안, 서구 문화에서 비기계론적이고 생기론적인(vitalist: '생기론'은 생명 현상은 물질의 기능을 넘어서는 생명 원리를 따른다는 설—옮긴이) 사고방식은 가장자리로 밀려났지만 완전히 사라진 것은 아니었다. 그것은 한편으로 유럽 대륙의 토양·숲·바다 가까이에서 살아가는 사람들에 의해, 다른 한편으로 파라셀수스(A. P. Paracelsus)·스베덴보리(E. Swedenborg)·쇼펜하우어(A. Schopenhauer) 같은 유명 지식인들, 그리고 이른바 '급진계몽주의(radical enlightenment)' 작가들―횔덜린(J. C. F. Hölderlin), 괴테(J. W. Goethe), 블레이크(W. Blake), 셸리(P. B. Shelley), 윌리엄 모리스(W. Morris), 휘트먼(W. Whitman), 소로(H. D. Thoreau) 등―에 의해 명맥을 이어갔다.[24] 많은 유럽의 농업 공동체는 도시 엘리트가 그들을 끊임없이 깎아내리고 부지런히 박해했음에도 불구하고 오늘날까지 자신들의 생기론적 믿음을 고수해오고 있다.[25] 실제로 생기론적 형이상학은 서방에서 그저 생명을 부지한 데 그친 게 아니었다. 심지어 그것은 "지배 집단과 엘리트 정통파에 대해 직간접적으로 반대를 표방하면서" 힘을 축적해왔다고도 말할 수 있다. 늘 억압받지만 그때마다 부활하는 지하의 강으로, "공적인 엘리트 문화를 비로소 온전히 이해할 수 있게끔 해주고, 수많은 대중적 문화 운동의 원천이 되어준" 저항 문화로 거듭나면서 말이다.[26]

엘리트 정통파는 비단 '야만적이고 미개한' 인간뿐 아니라 온갖 종류의 비인간 존재―나무, 동물 그리고 풍경―에 대한 정복이 낳은 산물이었다. 실제로 '진압하다(subdue)'는 인간뿐 아니라 지형과 관련해 되풀이 사용되었으며, 그것들에 대한 정복에서 가장 중요한 단어였다. 진압하고 침묵시키는 과정에서 '자연'을 비활성 존재로 여기는 사고방식이 싹텄다. 바로 "공식적 근대성(official modernity)"[27]이라고 부름 직한 것의 근본 교리가 되는 개념이다. 이 형이상학, 즉 기본적으로 정복 이데올로기는 급기야 서구에서 헤게모니를 장악하며, 오늘날에는 전 세계 모든 엘리트들이 공유하기에 이른다. 그에 비추어보면 화산이 의미를 만들어낼 수 있다는 생각, 혹은 육두구가 역사의 주인공이 될 수 있다는 생각은 그저 망상 내지 '원시적 미신'일 따름이다.

이런 식으로 세상을 이해하는 것은 비활성 자연을 현실로 만들기 위한 중요한 절차였다. 벤 에런라이히(Ben Ehrenreich)의 말마따나 "일단 세계를 죽은 것으로 상상하기만 하면, 우리는 세계를 실제로 그렇게 만드는 데 매진할 수 있다".[28]

✦ ✦ ✦

쿤이 반다제도를 공격했다는 소식이 네덜란드에 전해졌을 때, 가장 깊은 인상을 남긴 일이자 총독이 네덜란드 동인도회사를 관장하는 '17인의 신사'로부터 가벼운 꾸지람을 듣게 만든 일은 반다인 제거가 아니라 원로들 살해였다. 하지만 나중에 '17인의 신사'는 면밀한 조사 끝에 쿤의 조치가 네덜란드 동인도회사를 더없이 부유하게 만들어주었다는 것, 그리고 전리품 가운데 그들 자신의 몫이 탐나는 회화 작품, 튤립, 도자기 등으로 자신들의 집을 한껏 꾸밀 수 있게 해준다는 것을 깨달았다. 그들은 생각을 바꿔먹고 투표를 통해 총독에게 3000길더(guilder: 네덜란드의 화폐 단위—옮긴이)를 사례금 조로 보상했다.[29] 나중에는 네덜란드 전역의 도시와 읍면에 쿤의 동상이 세워졌다.

네덜란드 동인도회사가 동인도에서 나는 향신료를 독점함으로써 네덜란드는 유럽 전역에서 진취성과 상업적 기량을 인정받기에 이른다. 영국 동인도회사(East India Company, EIC)의 창립자 가운데 한 사람이 말했다. "네덜란드의 놀라운 성장은 현세대에게는 부러움을 사는 일이며, 미래 세대에게는 경이로 다가갈 것이다."[30] 프랑스의 백과사전 편집자 드니 디드로(Denis Diderot)도 그와 동일한 감정을 표현했다. "유럽의 나머지 국가들은 자국에 부족한 모든 것을 구하기 위해 네덜란드를 찾는다. 네덜란드는 유럽의 상업 중심지다. 네덜란드인은 갖은 역경에도 불구하고 기발함을 발휘해 온갖 생활필수품을 획득하고자 하는 더없이 좋은 목적을 향해 부지런히 달려왔다."[31]

향신료에 따른 금전적 이득은 천문학적이어서 때로 항해에 쏟아부은 초기 투자금의 4배를 웃돌 정도였다.[32] 이 같은 수익은 나중에 네덜란드 황금기로 알려진 17세기에 그 나라에서 미술이 눈부시게 발달하도록 뒷배를 봐주기도 했다. 향신료는 이따금 그 시대의 미술 작품, 특히 당시 엄청난 인기를 누린 회화 장르인 '정물화'에서 중요한 부분을 차지했다. "먹을 수 있게 준비된 무언의 식품 집합"[33]을 화폭에 담는 정물화는 '자연'을 거대한 비활성의 자원 덩어리로 바라보는 식민지적 시선—그 장르에 붙은 프랑스 이름 나투르 모르트(Nature Morte: '정지된 생명' 또는 '죽은 자연'이라는 뜻—옮긴이)를 통해 한층 더 명확해지는 틀 짓기—을 완벽하게 반영하고 있다.

이처럼 '자연'을 비활성 상태로 치환한 폭력은 네덜란드 황금기의 미술에서 결코 중요하게 다뤄지지 않았다. 예술사가 줄리 버거 호크스트래서(Julie Berger Hochstrasser)는 "역사가 점차 끔찍해짐에 따라 정물화는 호화스러움을 더욱 고집하게 된 듯하다"[34]고 지적했다. 네덜란드 황금기의 미술에 대해 다룬 서적은 셀 수 없이 많지만, 실제로 반다제도의 제노사이드를 언급한 책은 거의 없다.

그러나 1621년에 벌어진 사건은 반다 생존자 후예들의 기억에서도, 유럽의 아시아 식민지 개척자들의 기억에서도 결코 사라지지 않았다. 19세기에 반다제도를 방문한 미국 학자 앨버트 빅모어(Albert Bickmore)는 그를 초청한 네덜란드인들이 그 섬의 역사에 대해 들려준 이야기에 만족한 게 분명했다. 1868년 출간한 책에서 그는 1621년 사건을 무미건조한 몇 개의 짧은 문장으로 요약해놓았다. "당시 네덜란드인이 시작한 말살 전쟁은 18년을 끌었는데, 총독이 직접 지휘한 대규모 원정대가 자바에서 출격하고서야 비로소 끝이 났다. ……살아남은 반다인은 모두 이웃 섬들로 도망쳤으며, 그들의 고유한 관습과 언어 같은 자취는 오늘날 찾아볼 수 없다고 전해진다."[35]

이 구절을 보면 네덜란드인이 반다인을 상대로 벌인 작전이 실제로 말살 전쟁이었음을 서구인들이 똑똑히 알고 있었다는 데에는 의심의 여지가 없다. 빅모어는 자신의 결론을 어떤 식으로든 논쟁적이거나 특이한 것으로서 제시하지는 않았다. 하지만 그의 글을 읽는 독자들에게 '말살 전쟁'이라는 구절은 그 자체의 이야기를 들려주었을 것이다. 그것은 셀 수 없이 많은 서구의 역사, 과학, 그리고 (특히) 문학의 서로 다른 가닥들에 기댄 내러티브였다. 그것은 설명도 내레이션도 필요로 하지 않았다. 그저 스스로 말해주는 이야기였다.

오늘날의 독자들에게 그 이야기는 빅모어가 글을 쓸 당시에는 존재하지 않았던 단어 '제노사이드'로 요약할 수 있다. 하지만 이 맥락에서 그 단어를 사용하려면, 그것이 1621년 반다제도에서 일어난 일에 정확히 들어맞는 표현인지 따져볼 필요가 있다. 어쨌거나 반다인이 최후의 1인까지 제거당하지는 않았으니 말이다. 그들 중 일부는 반다제도에서 영국의 통치를 받는 유일한 지역인 룬섬을 포함해 말루쿠의 다른 섬들로 도망침으로써 목숨을 부지했다. 이어지는 몇 해 동안 반다 생존자들은 네덜란드 동인도회사가 반다제도에 새로 거주하게 하려고 들여온 사람들에게 무력 공격을 감행하기까지 했다.[36]

1621년의 대량 학살에서 얼마나 많은 반다인이 살아남았는지는 확실하게 알려져 있지 않다. 쿤 자신은 반다제도에서 도망친 이들이 몇백 명에 지나지 않는다고 믿었다. 그가 네덜란드 동인도회사의 이사들에게 보낸 편지에서 말했다. "현재까지 우리는 반다 전역에서 탈주한 반다 주민 300여 명에 대한 이야기를 듣지 못했습니다."[37] 하지만 비록 쿤이 짐작한 수치가 틀렸고, 1000명 혹은 그 남짓한 반다인이 어떻게든 살아남아서 그들의 삶을 이어갔다손 쳐도, 그것은 여전히 그 제도의 인구 가운데 90퍼센트 이상이 죽고 붙잡히고 노예로 끌려갔다는 걸 의미한다.[38]

이 정도도 제노사이드에 해당할까? '제노사이드'는 가장 엄격한 정의에 따르더라도, 한 집단의 인구가 한 사람도 남김없이 말살되는 것을 뜻하지는 않는다. 1946년의 유엔 제노사이드 협약은 그것을 "국가적, 민족적, 인종적, 혹은 종교적 집단 등을 전체적으로든 부분적으로든 파괴하려는 의도에서 저질러진 행위"라고 정의했다. 제2차 세계대전 이후 그 용어를 만들어낸 폴란드계 유대인 법학자 라파엘 렘킨(Raphael Lemkin)은 이렇게 적었다. "제노사이드라는 범죄는 국가적, 종교적, 혹은 인종적 집단을 말살하기 위한 음모로서 인식해야 한다." 이것은 분명 얀 쿤과 그의 고문위원회가 1621년 대학살에 앞서 내린 결정에도 고스란히 해당한다.

살해가 어떻게 이루어졌는지에 대해서도 문제를 제기해보아야 한다. 무기에 의해 살해된 반다 주민의 수가 얼마인지는 정확히 알 길이 없지만, 몇 가지 증거는 그들 대다수가 어떻게든 산으로 피신했음을 말해준다. 그들이 굶주림, 질병, 저체온, 집단 자살을 통해 목숨을 잃은 것은 다름 아닌 그곳 산중에서였다. 이러한 결과를 가져올 수밖에 없었던 것은 바로 그들 삶의 물리적 기반인 정착촌, 가옥, 비축 식량, 심지어 선박을 파괴한 일이었다. 가장 넓은 의미에서, 반다 주민의 말살은 인간에 대한 표적 살해뿐 아니라 모종의 생활 방식을 지탱해준 비인간 관계망 전체를 파괴함으로써 자행되었다. 이것이 쿤의 고문위원회가 군대에게 "그들의 마을을 싸그리 불사르고, 그들의 남은 배를 빼앗든가 파괴하고, 반다인이 우리에게 올 수밖에 없거나 그 나라를 떠날 수밖에 없도록 만들라"고 지시했을 때 정확히 의도한 것이었다.

반다 대학살은 대다수 초기 식민지 개척자들의 '말살' 패턴을 충실히 따랐다. 당시의 대학살 기술로는 산업 규모의 대량 살상이 가능하지 않았기 때문이다. 대체로 사람들에 대한 제거는 그들을 지탱해주는 생명 그물망의 주요 요소를 파괴하는 간접적 방식으로 이루어졌다. 이를테면 삼림을 파괴하거나 그들의 식단에 필수적인 동물을 대량 살상하는 식으로 말이다.

많은 것이 이들의 개입 행위에 깔린 의도에 달려 있다. 반다제도의 경우, 얀 쿤이 저지른 일로 보아 그가 실제로 그곳 사람들을 절멸하려는 의도를 품었다는 데에는 거의 의문의 여지가 없다. 이것은 네덜란드의 작가나 역사가들이 일찌감치 인정한 사실이다. 영어권 국가와 프랑스어권 국가의 엘리트들이 제국주의에 대해 만장일치에 가까운 지지를 보내고 있던 때, 그들은 대단히 명예롭게도 자국의 식민지 역사에 대한 비판적 관점을 개발하기 시작했다.[39] '물타툴리(Multatuli: 라틴어로 '고생 많이 했다'는 뜻—옮긴이)'라는 필명으로 활약한 네덜란드 작가 에뒤아르트 다우어스 데커르(Eduard Douwes Dekker: 1820~1887)는 네덜란드가 동인도에서 보여준 식민주의를 신랄하게 고발한 작품 《막스 하벨라르(Max Havelaar)》를 출간했다. 19세기 말경 얀 쿤은 이미 네덜란드에서 혹독한 비판의 대상으로 떠올랐다.[40] 1886년 판데르헤이스가 썼다. "그의 이름은 피로 얼룩져 있다. 만약 그의 동상이 진즉에 세워지지 않았다면 지금 동상이 세워질 수 있을는지는 대단히 의문스럽다."[41]

쿤이 반다의 인구 전체를 제거하려 했다는 사실은 너무나 확실해서, 2012년 〈제노사이드 연구 저널(Journal of Genocide Research)〉에 글을 쓴 2명의 전문가는 "1621년 반다제도 인구에 대한 거의 총체적 절멸은 총독 얀 피터르스존 쿤이 네덜란드 향신료 무역의 독점을 강화할 목적에서 자행한 제노사이드 행위가 분명하다"[42]고 결론 내렸다.

이 모든 것을 감안할 때, 네덜란드의 반다제도 정복과 관련해 '제노사이드'라는 단어를 사용하지 말아야 할 설득력 있는 이유를 생각해내기란 어렵다.

✦ ✦ ✦

얀 쿤은 언젠가 "전쟁 없는 무역도, 무역 없는 전쟁도 있을 수 없다"[43]고 단언한 것으로 유명하다. 말루쿠 지역에서 네덜란드 동인도회사의 거점인 암보이나〔Amboyna, 오늘날의 암본(Ambon)〕는 그의 금언을 구현한 도시였다. 엄격한 인종적 위계질서를 중심으로 정렬된, 자체 법령과 절차를 갖춘 상업 기지이자 군사 기지였던 것이다. 따라서 암보이나는 네덜란드 동인도회사 '기업 도시(company town: 민간 기업이 주도적으로 개발하는 도시—옮긴이)'의 가장 초기 형태였다. 이것의 또 다른 복사판은 지구 정반대편, 맨해튼섬에 위치한 네덜란드 식민지 뉴암스테르담이었다.[44]

네덜란드 동인도회사가 반다제도를 정복하고 2년 뒤인 1623년, 암보이나에서는 유럽 제국주의가 아시아에서 어떤 방침을 취해야 할지 결정짓는 사건이 일어났다. 그해 3월, 네덜란드 동인도회사의 일본 낭인 파견대의 일원이 네덜란드군을 전복하고 암보이나를 점령하려는 영국군의 음모에 가담했다는 혐의로 기소되었다. 고문 끝에 음모를 인정한 낭인은 그 도시에 거주하는 영국인 일부가 연루되었다고 실토했다.[45] 그에 따라 그 영국인들도 재판을 받고 고문을 당했다. 그 후 네덜란드 총독과 그의 고문위원회는 그들에게 반역죄 평결을 내렸다. 이 일은 결국 영국인 10명, 일본 낭인 9명, 그리고 벵골인과 포르투갈인의 혼혈인 것으로 추정되는 유라시아인 1명에 대한 참수형으로 이어졌다.[46]

주로 영국 동인도회사의 노력에 힘입어, 이들의 처형은 이내 영국의 국가적 상상력에서 이례적일 정도로 중요성을 띠었다.[47] 영국 동인도회사는 수 세기 동안 대영제국의 위대한 자산으로 꼽혀온 빼어난 선전 기술을 선보이면서 "거짓말, 절반의 진실, 과장, 발뺌, 중상"으로 점철된 이야기를 "준비 부족의, 타당해 보이지 않는, 순진한, 자기 잇속만 차리는, 그리고 보복성의" 이야기로 둔갑시키는 데 성공했다. 그럼에도 "제국의 기원 신화"가 되어 영국의 팽창과 공격을 위한 보증서로 꾸준히 애용되는 이야기로서 말이다.[48]

그런 신화를 창조하는 데 결정적이었던 것은 영국 동인도회사가 자금을 대서 제작한 〈암보이나의 영국인을 상대로 한 불공정하고 잔인하고 야만적인 소송의 실상(A True Relation of the Unjust, Cruell, and Barbarous Proceedings against the English at Amboyna)〉이라는 제목의 팸플릿이었다. 1624년 영어와 네덜란드어 두 버전으로 출간한 팸플릿에는 네덜란드 동인도회사 요원들에게 고문당하는 피투성이 영국인들의 삽화가 실려 있었다.

영국 동인도회사 편에서 들려주는 암보이나 이야기는 아무 잘못 없는 영국 무역상들이 '대학살(massacre)'을 당했다고, 영국인이 무고하게 희생되었다고 호소하는 내러티브였다. 역사가 앨리슨 게임스(Alison Games)는 "이 이야기는 암보이나의 죽음으로 인해 모든 네덜란드인에게 오명을 남졌다. 300년이 넘는 기간 동안 영국의 팸플릿, 시, 정기 간행물, 연극, 소설, 역사책, 학교 교과서, 에세이, 또는 삽화에 암보이나가 등장하지 않은 채 지나간 10년은 단 한 차례도 없었다"고 썼다. 시인 존 드라이든(John Dryden)은 1673년 《암보이나: 결백 상태(Amboyna: the State of Innocence)》라는 희곡을 썼고 조너선 스위프트(Jonathan Swift), 대니얼 디포(Daniel Defoe), 그리고 셀 수 없이 많은 그 밖의 저자들도 자기 작품의 일부에 그 신화를 포함시켰다.[49] 처음에 그 신화를 날조한 것은 영국 동인도회사였을지 모르지만, 그 이야기가 오랫동안 회자되고 널리 영향력을 끼친 것은 바로 영국 문학의 지독한 쇼비니즘(맹목적 애국주의—옮긴이) 때문이었다.

앨리슨 게임스는 매혹적인 연구서 《영국인 대학살 날조: 역사와 기억 속의 암보이나(Inventing the English Massacre: Amboyna in History and Memory)》를 통해, '대학살'이라는 단어가 그 자체로 신화 창조에서 막중한 역할을 했음을 보여주었다. 최근 프랑스어에서 빌려온 그 단어—본래는 '정육점의 대형 도마'를 의미했다—는 당시 영어에서는 비교적 생경한 것이었다. 하지만 16세기에 그 단어는 1572년 프랑스에서 성 바르톨로메오 축일의 개신교도 대학살(St. Bartholomew's Day Massacre of Protestants) 등 종파 갈등에 따른 대량 학살에 사용되었다. 영국 동인도회사가 '대학살'이라는 단어의 함축적 의미에 기여한 것은 그 관리들의 처형에 종교적 순교의 후광을 덧입혔다는 점이다. 이러한 틀 짓기를 통해 영국 동인도회사는 상업적 경쟁 관계와 종교적 희생자 의식을 한데 버무린 "새롭고도 독특한 유형의 영국인 대학살"을 창조해냈다.

이런 의미에서 '대학살'은 백인·기독교인의 순교를 지칭할 뿐 당시 북·남미를 비롯한 여러 지역에서 자행된, 유럽인이 다른 종족을 살육하는 대량 살상에는 쓰이지 않았다. 비록 몇몇 영국 무역상은 1621년의 반다 살해에 대해 알고 못마땅해했지만, 그럼에도 그 무차별적 살육을 '대학살'이라고 기술하지는 않았다. 그러나 그들은 2년 뒤 암보이나에서 벌어진 자국민에 대한 사법적 처형에 그 단어를 발 빠르게 적용했다. 나중에 9명의 일본 낭인과 1명의 벵골-포르투갈 혼혈도 암보이나에서 함께 처형되었다는 사실은 신화에서 슬그머니 빠졌다. "20세기경 이 비유럽인 공범들은 그 사건을 다룬 영국의 역사에서 완전히 배제되었다."(6)

그리하여 공교롭게도 영어권 국가들의 역사 이해에서 1623년 10명의 영국인이 처형당한 암보이나는 세계사적 중요성을 띠는 사건으로 거듭난 반면, 수천 명에 달하는 반다제도의 남성과 여성 그리고 아이들이 도살된 사건은 기억의 저편으로 사라졌다. 암보이나 처형은 수 세기에 걸친 부단한 반복을 통해 영국의 제국 프로젝트에 대한 그들의 개념화에서 중추적 역할을 맡았다. "암보이나는 제국의 터닝 포인트로서 영국의 결백을, 그들 자체의 제국적 공격의 특징인 폭력을 위장하고 왜곡한 국가 픽션(national fiction)의 핵심으로 삼도록 거들었다."(194)

영국인의 피해자 의식을 피력한 '국가 픽션'에서 암보이나는 일련의 다른 사건에 대한 틀 짓기의 귀감이 되었다. 그중 가장 유명한 사건은 1756년 '캘커타의 블랙홀(Black Hole of Calcutta)'과 1857년 인도 아대륙을 뒤흔들어놓은 봉기(1857년부터 이듬해까지 이어진 세포이 항쟁을 의미한다—옮긴이)였다. '암보이나 대학살'은 심지어 말루쿠와 맨해튼 간의 연결고리를 만들어내는 데 기여하기도 했다. 1664년 그 이야기는 뉴잉글랜드 주민들을 네덜란드 식민지인 뉴네덜란드에 저항하도록 부추기기 위해 사용되었으며, 그들의 분노는 마침내 뉴암스테르담과 그 인근 지역을 영국이 장악하는 결과로 이어졌다.

이 전설의 성공은 상당 부분 새로운 커뮤니케이션 기술의 파괴력에 힘입은 결과였다. 이 경우에는 인쇄술이었다. 서적, 소책자, 그리고 인쇄된 삽화가 유럽의 마녀 열풍—영국 동인도회사의 암보이나 팸플릿이 등장했을 때 최고조에 달했다—을 부채질하는 데 막중한 역할을 했음을 상기해볼 필요가 있다. 훨씬 더 강력한 우리 시대의 커뮤니케이션 기술과 대단히 흡사하게, 인쇄술은 집단 히스테리 물결을 부추기는 막대한 양의 '가짜 뉴스'를 양산하는 데 한몫했다. 이 점에서 이미지와 삽화는 지금이야 그 어느 때보다 더 그렇지만, 그때도 꽤나 효과적이었다.

인쇄술은 또한 암보이나의 신화를 영어권 세계 전역에 퍼트리는 데 결정적 구실을 했다. 암보이나를 다룬 서적과 팸플릿이 캘커타(1995년에 콜카타로 이름을 바꾸었다. 내용상 1995년 이후의 지명일 경우 콜카타로 표기한다—옮긴이)에서 카리브해 연안과 버지니아에 이르는 대영제국 전역의 도서관에 비치되었다. 토머스 제퍼슨(Thomas Jefferson)도 그 사건에 관한 책을 여러 권 보유했다. 1880년대에 역사가 하나의 학문 분야로 부상하고 전문적인 제국 역사가들이 일련의 이른바 영국인 순교를 한참 거슬러 올라간 암보이나와 연결 지으면서 그 신화는 다시 한번 승인을 얻었다.

결백과 순교라는 환상, 이 유해한 유물이 지금보다 더 분명하게 가시화한 적은 없다. 오늘날 백인의 피해자 의식에 관한 신화는 영미의 정치 체제를 뒤흔들 만큼 강력한 형태로 다시금 수면 위에 떠오르고 있다.

✦ ✦ ✦

이어지는 수 세기 동안, 지진에 의한 격변과 사회적 격변에 동시에 시달리면서 암본은 화산이 빚어놓은 풍경의 역설을 구현한 존재로 떠올랐다. 축복과 저주를 한꺼번에 간직한 존재로 말이다. 제2차 세계대전 기간에 암본은 연합군이 대패한 현장이었다. 1000명 넘는 오스트레일리아인·네덜란드인·미국인 병사가 암본에서 일본군에 항복했고, 그들의 절반가량이 그 섬의 포로수용소에 감금되었다. 수용소에서는 끔찍한 잔혹 행위가 저질러졌으며, 329명의 병사—대부분 오스트레일리아인이었다—가 그곳에서 생을 마감했다.[50] 제2차 세계대전이 끝나고 암본은 전범 재판이 가장 많이 일어난 지역 중 하나였다. 93명의 일본인 관리가 재판을 받았고, 4명에게 사형 선고가 내려졌다.

5년 뒤 인도네시아가 독립하기 직전, 암본은 일군의 기독교분리주의자들이 남말루쿠공화국(Republic of South Maluku)이라는 이름으로 독립을 선언하면서 다시 한번 전쟁터가 되었다. 남부 말루쿠 인구의 다수를 차지하고 있던 기독교도는 이슬람교도가 주류인 인도네시아에서 주변부로 밀려날 것을 두려워한 나머지 독립을 선언한 터였다.

몇 달 뒤, 남부 말루쿠는 무력으로 인도네시아에 병합되었다. 하지만 1999년 멀리 떨어진 자카르타의 암흑가에서 벌어진 충돌이 촉발한 폭력 사태가 말루쿠 전역에서 터져 나와 기독교도와 이슬람교도가 격돌하면서 종교적 긴장이 다시금 수면 위로 떠올랐다.[51] 말루쿠 출신 소설가 누킬라 아말은 이렇게 썼다. "시장에서 폭력배들 사이에 빚어진 사소한 실랑이가 끔찍한 결과로 이어졌다. 섬들은 보이지 않는 손이 벌이는 게임의 도미노처럼 차례차례 무너졌다. 종교 분쟁이 불붙고 번져나갔다. ……흰 모래 해변의 섬들이 한밤중의 칠흑처럼 검게 변했다. 해안가와 내륙의 마을들은 화염이 남기고 간 그을음에 뒤덮인 채 황량한 폐허로 바뀌었다. 비가 오래오래 내리고 바람이 할퀴고 지나갔다."[52]

폭력은 수년 동안 이어졌으며 2005년에 이르러서야 간신히 진압되었다. 그 후로도 오랫동안 방문자와 여행객들은 말루쿠에 들어갈 수 없었다. 내가 2016년 그 섬을 방문했을 때는 제약이 풀린 지 얼마 되지 않은 상태였다. 하지만 여전히 폭력을 떠오르게 하는 흔적은 고스란히 남아 있었다. 검게 그을리거나 처참하게 파괴된 건물의 형태로뿐 아니라 대기에 감도는 기운의 형태로 말이다. 그곳의 대기에는 인도의 종교적 폭력에 대한 나 자신의 기억 때문에 내게 너무도 낯익은 팽팽한 긴장감이 드리워 있었다.

04

테라포밍

이름 바꾸기(renaming)는 식민지 개척자들이 제가 정복한 풍경의 옛 의미를 지우는 중요한 도구 가운데 하나였다. 뉴잉글랜드에서 청교도들은 피쿼트족을 말살한 직후, 존 메이슨의 말마따나 "그들을 떠오르게 하는 것을 지상에서" 차단하는 작업에 전념했다. 이를 위해 코네티컷주 총회(General Assembly of Connecticut)는 생존자들이 스스로를 피쿼트라고 부르는 행위를 불허하기로, 피쿼트강을 템스강(Thames)으로 바꿔 부르기로, 그리고 피쿼트라고 알려진 마을을 뉴런던(New London)으로 개칭하기로 결정했다. 뉴런던으로의 개칭과 관련해 입법가들은 "친애하는 우리 고국의 주요 도시를 추억하기 위해서"[1]라고 선언했다.

이 같은 이름 바꾸기 행위에서 형용사 '뉴(new)'는 이례적일 정도의 의미론적·상징적 폭력과 함께 쓰이기에 이른다. 이것은 과거를 지움으로써 백지상태(tabula rasa)를 만들어낼 뿐 아니라 멀리 떨어진 모종의 장소("친애하는 우리 고국")에서 가져온 의미를 새롭게 부여한다.

이따금 북·남미 대륙의 재형성에 뒤따르곤 하는 의미의 소거는 예기치 않은 풍경에서 튀어나온다. 수년 전 내가 포코너스(Four Corners)—미국에서 애리조나·콜로라도·뉴멕시코·유타 이렇게 4개 주가 만나는 유일한 지점을 표시하는 기념물—를 보기 위해 고속도로 갓길에 차를 세웠을 때가 그런 경우다.

그 기념물은 지상에서 가장 아름다운 풍경들 가운데 몇 곳을 가로지르는 160번 도로로부터 약간 떨어진 곳에 세워져 있다. 그 도로가 관통하는 산맥, 협곡, 사막은 너무나 빛나는 풍경인지라 왜 그 풍경이 그곳 원주민 디네족〔Diné: 가장 규모가 큰 북미 인디언 부족인 나바호족(Navajo)이 스스로를 지칭하는 이름—옮긴이〕에게 형이상학적 중요성을 안겨주게 되었는지 쉽게 짐작할 수 있다. 그들에게 그것은 최초의 존재들이 지하 세계에서 올라간 땅인 디네타(Dinétah)였다. 디네족 역사가 제니퍼 네츠 데넷데일(Jennifer Nez Denetdale)은 이렇게 썼다. "하등한 세계에서 오늘날 같은 '빛나는 세계(Glittering World)'가 출현한 것으로 시작되는 창조 내러티브와 관련한 숱한 사건이 발생한 곳이 바로 여기다."[2]

'빛나는 세계'는 포코너스 기념물에서 그리 멀지 않지만, 둘 사이에는 해양이 가로놓여 있을 수도 있다. 그 기념물 부근에는 흥미를 끌 만한 게 아무것도 없었다. 눈길을 사로잡는 바위도 계곡도 협곡도 없었다. 주변 따윈 전혀 아랑곳하지 않는 그 기념물은 별다른 특색 없는 덤불로 뒤덮인 드넓은 사막에 덩그러니 들어서 있다. 마치 "지도 위에 박아놓은 압정처럼"[3] 말이다. 그것은 콘크리트 받침대에 그은 2개의 직선으로 이루어져 있다.

이 구조물보다 더 밍밍한 것은 달리 찾아보기 어려우리라. 하지만 교차하는 두 직선은 불가사의한 힘을 자아낸다. 그것을 보기 위해 줄지어 선

관람객들은 두 직선이 교차하는 정확한 지점과 접촉하는 방법을 찾아내느라 끊임없이 아이디어를 짜낸다. 어떤 이들은 그 위에 서서 사진을 찍기 위해 포즈를 취하기도 하고, 어떤 이들은 그 위에 발끝으로 서서 균형을 잡기도 한다. 또 누군가는 그리스인에게 델포이(Delphi)의 옴팔로스(omphalos: '배꼽'이라는 뜻으로, 델포이의 아폴로 신전에 있는 반원형의 돌—옮긴이)가 그러했듯, 그 지점이 마치 지구의 배꼽을 상징적으로 표시하기라도 하는 양 자신의 배꼽이 정확히 그 교점에 놓이도록 애쓰면서 직교하는 두 직선을 따라 사지를 벌린 채 눕기도 한다.

대기 중에는 모종의 매혹이 서려 있지만, 그것은 풍경과는 아무런 관련이 없다. 그것은 오히려 유클리드 기하학에서, 유럽인이 세계를 정복하기 위해 길을 나서며 지구 위에 그어놓은 선들에서 유래한다. 그 가운데 하나는 멀리 떨어진 잉글랜드 그리니치를 기준점으로 삼아 그 선을 그린 정착민들의 상상 속 고향을 환기시키는 경도선이다. 그들에게 이 풍경의 의미는 궁극적으로 "친애하는 우리 고국"에서 비롯된 것이다. 그것이 제아무리 멀리 떨어져 있다 해도 말이다.

반면 디네족에게는 그 풍경의 모든 측면이 의미로 가득 차 있었다. 19세기의 디네족 지도자 바르본시토(Barboncito)는 언젠가 자기 부족이 땅에 드러내는 애착을 이같이 표현했다. "나바호가 처음 생겨났을 때, 4개의 산과 강이 우리를 위해 선택되었다. 나바호 부족의 첫 여인이 준 것으로, 그 안에서 살아가야 할 우리의 나라였다."[4] 이 이야기, 그리고 그와 관련 있는 주요 지형지물은 나바호족에게 일종의 성전과 같은 역할을 한다. 산은 그들의 대성당이요, 그 안의 암석과 협곡은 스테인드글라스 창문이다.[5]

하지만 자기 삶터에 대한 디네족의 애착은 1864년 그들이 키트 카슨(Kit Carson) 대령과 미국 군대에 의해 그곳에서 쫓겨나는 사태를 막아주지는 못했다. 비축 식량을 불태우고 과수원의 나무를 베어버리고 가축을 몰살시킨 카슨과 그의 군대는 디네족을 지탱해주던 삶의 그물망을 망가뜨림으로써 그들의 패배를 재촉했다.[6] 헐벗고 속수무책인 수천 명의 디네족은 아무것도 자라지 않는 척박한 지역인 뉴멕시코 보스크레돈도(Bosque Redondo)로 강제 행진했다. 그 도중에 수백 명이 숨지고, 수천 명이 구금 상태에서 목숨을 잃었다.[7]

몇 년 뒤, 마침내 디네족이 그들의 삶터 일부로 돌아가도록 허용되었을 때, 그들 족장 가운데 한 명은 문자 그대로 땅에 대고 말하길 갈망했다. "우리는 땅에 대고 말하고 싶었다. 그렇게 하는 것을 더없이 좋아했으니까."[8]

풍경이 살아 있다는 생각은 아메리카 원주민의 역사 전반을 통해 부단히 전승되었다.[9] 예컨대 1855년 지금의 오리건주에 살던 카이유스족(Cayuse)의 지도자인 인디언 추장은 조약에 서명하기를 거부했다. 그 조약이 대지의 목소리를 배제하는 것처럼 느꼈기 때문이다. 그가 말했다. "나는 땅이 무슨 할 말이 있을지 알고 싶다. 땅이 지금 오가는 말을 듣고 있을지 궁금하다."[10]

반다인에게와 마찬가지로 그에게도 대지는 말할 수 있으며, 실제로 말하기도 하는 존재였다.

본인의 이름을 딴 거리며 공원, 기념비를 숱하게 거느리고 있는 키트 카슨은 나바호족에 대해 개인적 악감정을 품지는 않았다. "빛나는 세계"에서 그들을 몰아낸 뒤 그가 말했다. "나는 그들 상당수가 여느 백인처럼 사는 모습을 보았으며, 그들을 가엾게 여기지 않을 수 없다. 어쨌든 그들 모두는 조만간 사라질 테니까."[11]

키트 카슨의 부대 지휘관 제임스 H. 칼튼(James H. Carleton) 장군은 좀

더 고상한 말로 동일한 생각을 표현했다. "한 인간 종족은 그들의 지정된 시간 안에서 신의 뜻에 따라 지상으로부터 사라지고 다른 종족에게 자리를 내줄 것이다. 하등 동물 종족이 그러하듯 말이다. ……매머드, 마스토돈, 그리고 대형 나무늘보 같은 종족은 지상에 등장했다가 사라졌다. 아메리카 레드맨(Red Man: 북아메리카 원주민을 경멸적으로 이르는 용어—옮긴이)도 자취를 감추고 있다."[12]

이는 앨버트 빅모어가 반다인의 말살에 관한 글을 쓰던 것과 같은 시기에 나온 말이다. 두 구절 모두 당시 교육받은 서구인 사이에서 널리 지지받는 감정을 담고 있다. 다시 말해, 매머드나 마스토돈이 그런 것처럼 그 당시 열등한 종족이 사라질지도 모른다고 염려하는 것은 어리석은 감상주의로 치부되었다.

하지만 서구 과학자와 행정가들이 과거에 확실한 것으로 간주한 일은 결코 실현되지 않았다. 요컨대 피쿼트족도 디네족도 반다인도 완전히 사라지지 않았다. 자기 세계의 종말을 이겨낸 그들은 그저 살아남은 데 그친 게 아니다. 심지어 어떤 경우에는 번성하는 방법을 찾아내기까지 했다.

✦ ✦ ✦

'뉴(new)'라는 단어가 북·남미와 오스트레일리아의 지도에 널리 만연한 현상은 유럽의 팽창에서 가장 중요한 측면 가운데 하나를 암시한다. 즉, 생태적·지형적 변화가 그것이다. 선도적인 생태사가 앨프리드 크로즈비(Alfred Crosby)가 오스트레일리아와 북·남미(그리고 뉴질랜드와 카나리아제도)의 지형, 동물군, 식물군, 인구통계학에 가져온 변화를 기술하기 위해 '네오유럽(Neo-Europes)'이라는 용어를 지어냈을 때 강조하려던 것이 바로 유

럽 식민주의의 이 같은 측면이었다.[13]

크로즈비가 글을 쓰던 1980년대에는 육상 풍경의 변화가 지구 전체의 대기에 영향을 미칠 수도 있다는 주장이 억지처럼 들렸을지도 모른다. 하지만 다양한 지구 시스템 간의 복잡한 관련성이 점차 분명해지는 지금, 그럴 가능성은 더 이상 '있음 직하지 않은(improbable)' 게 아니다. 실제로 오늘날에는 그런 규모의 변화가 그 어떤 지구 차원의 결과 **없이** 일어날 수 있다는 생각 자체가 더 믿기 어려운 것 같다.

지구가 1세기 반 동안 냉각을 겪어왔다는 것은 오래전부터 익히 알려진 사실이다. 16세기 말에서 17세기 중반까지 절정을 이룬 이 시기는 흔히 '소빙기(Little Ice Age)'라고 불린다. 그 시기에 대기 중 탄소 농도가 급격하게 하락했다는 사실도 잘 알려져 있다. 하지만 이러한 이상 현상(anomalies)은 일반적으로 태양 활동이나 지진 활동의 변동 같은 '자연적' 요인 탓으로 간주되었다. 그 이상 현상은 유럽이 북·남미에 대한 통제의 고삐를 단단히 죄고 있을 때 일어났는데, 이 사실은 오랫동안 그저 우연의 결과로만 여겨졌다. 그러나 최근의 연구는 또 다른 가능성을 암시한다. 즉, 유럽의 살육으로 시작된 북·남미의 재앙에 가까운 인구 감소가 소빙기의 전 지구적 평균 기온 하락에 얼마간 기여했을지도 모른다는 가능성을 말이다.[14] 16세기와 17세기에 너무나 많은 아메리카 인디언—추정치는 두 대륙 인구의 약 70~95퍼센트까지 조금씩 차이가 난다—이 숨져서 한때 식량 재배 용도로 쓰이던 방대한 경작지가 숲으로 되돌아갔다. 〔이것이 바로 남미와 중미의 정글에서 아직까지도 도시와 사원 단지(temple complexes)가 발굴되는 이유다.〕[15] 북·남미 대륙에서 갑작스럽게 푸른 나무가 늘어나자 엄청난 양의 이산화탄소가 격리되고, 그에 따라 전 지구 차원의 평균 기온 하락에 기여한 역온실가스 효과가 생겨났다는 가설이 있다.

이 가설은 결코 입증된 적이 없다.[16] 하지만 만약 소빙기가 부분적으로나마 인간 활동에 의해 야기된 게 사실이라면, 이는 인류가 기후 변화를 유발한 우리 시대와 17세기 간의 또 한 가지 연관성을 규명하는 것일 수도 있다.

✦ ✦ ✦

'테라포밍(terraforming)'이라는 표현은 일반적으로 공상과학 소설 작가 잭 윌리엄슨(Jack Williamson)이 만들어낸 것으로 알려져 있다. 그는 1942년 출간한 중편소설에서 그 표현을 사용했다. 윌리엄슨의 신조어는 '테라(terra)', 즉 '땅', 그리고 '만들기' 또는 '형성하기'라는 의미의 '포밍(forming)'을 결합한 것이다. 따라서 그것은 '땅 만들기' '땅의 형성'으로 해석할 수 있다. 그런 터라 '테라포밍' 개념을 왜 지구 행성에 적용하면 안 되는지 말해주는 본질적인 이유는 없다. 실제로 라틴어 '테라'는 '땅(land)'이라는 의미에서 정확히 '지구(earth)'를 뜻한다. 하지만 오늘날 영어에서 이 단어는 거의 언제나 다른 행성들과의 관련성 속에서만 쓰인다. 이는 그 용어에 대한 공식적 정의에도 함축되어 있다. 예컨대 《옥스퍼드 영어사전》은 그 단어를 "외계 행성 환경의 생명 유지 능력을 향상하고자 고안된 행성공학"이라고 풀이한다.

하지만 테라포밍 개념은 그 신조어가 탄생하기 훨씬 전부터 존재했다. 외계인이 그들의 사용에 적합하도록 개조할 목적으로 지구를 공격하는 내용을 담은 웰스(H. G. Wells)의 소설 《우주 전쟁(War of the Worlds)》은 테라포밍에 대한 견해를 전제로 한다. 이 소설은 잘 알려진 식민지 시대의 '말살 전쟁' 가운데 하나, 즉 영국인이 태즈메이니아섬(Tasmania: 오스트레일리아 남동쪽의 섬—옮긴이)을 식민지로 만든 뒤 그곳의 토착 부족을 절멸시킨 사건에서 영감을 얻었다고 한다.

《우주 전쟁》에서 웰스가 한 일은 식민지적 관점을 뒤집는 것이다. 세계 최대 지상 제국의 대도시 심장부 자체가 선진적인 외계인 종족의 식민지화 위협에 시달린다. 그 외계인들은 영국인이 무수한 다른 민족에게 저지른 일—즉, 그들을 말살하고, 그들의 땅을 침탈하고, 그 땅을 자기들의 용도에 맞도록 개조한 일—을 지구 행성의 거주민에게 되갚아주려는 의도를 갖고 있다. 역사가 크리스토퍼 M. 클라크(Christopher M. Clark)는 이렇게 썼다. "웰스 소설의 충격 효과는 (유럽의 과거 식민지 시대를 통해 이미 낯익은 것이니만큼) 파괴의 진기함에서 비롯된 게 아니다. 그렇다기보다 뜻하지 않게 파괴의 배경이 백인 거주 대도시로 옮아간 데에서 유래한 것이다."[17]

따라서 공상과학 소설에 녹아 있는 테라포밍 개념은 식민지 시대 역사를 기반으로 추론한 결과다. 그것이 네오유럽 창출 프로젝트를 네오지구(Noe-Earths) 창출 프로젝트로 확장한 것이라는 점만 빼면 말이다. 결과적으로 테라포밍 내러티브는 제국의 수사와 이미지에 크게 기댐으로써 우주를 '정복'하고 '식민지화'해야 할 '미개척 영역(frontier)'으로 삼는다. 이 개념이 정착형 식민주의(settler colonialism: 정부 주도하에 일부 국민이 나라 밖 지역으로 이주해 새로운 정착지를 개척하는 형태의 식민주의—옮긴이) 경험에 깊이 뿌리내리고 있다는 사실은 왜 그것이 영어권 세계에서 공상과학 소설 팬들에게뿐 아니라 테크놀로지 억만장자, 기업인, 엔지니어 등에게도 그토록 폭넓은 호소력을 지니는지 설명해준다.[18] 그것은 다른 인간뿐 아니라 지구 환경을 식민화하고 예속시킨 선조들의 경험을 되풀이하려는, 거의 절실하다고 할 만한 갈망을 암시한다.

물론 식민화와 정복은 인류의 역사 그 자체만큼이나 유구한 것이다. 심지어 정착형 식민주의조차 북·남미에서는 새롭지도 특별하지도 않았다. 그것은 카나리아제도와 아일랜드에서도 행해졌다. 중국 제국의 일부 지역에서도 그와 유사한 형태의 정착형 식민주의가 시행되었다. 하지만 유럽인에 의한 북·남미 식민화가 그것들과 다른 점은 불과 몇백 년 만에 전 지구 지표면의 25퍼센트 이상을 급격하게 바꿔놓은, 그에 수반된 환경적 변화의 엄청난 규모와 속도였다. 이들 변화가 심지어 전 지구 차원의 기후 교란에 기여했을 수도 있다는 것은 발생한 변화의 규모와 속도가 어떠했는지를 짐작케 한다. 이와 관련한 역사에서 영국인에 의한 북미의 식민지화는 다시 한번 중요한 위치를 차지한다. 유럽인이 유럽식 생활 방식에 어울리도록 방대한 면적의 토지를 유럽 모델과 흡사하게 재설계했다는 의미에서, 테라포밍 과정을 가장 집중적으로 구현하고 가장 크게 성공시킨 곳이 바로 북미 대륙이었기 때문이다.

다른 대륙의 생활 방식에 어울리도록 광대한 지역을 재편하기 위해서는 부득이 수천 년 동안 그 땅에서 살아온 이들의 생활 방식을 훼손하고 말살하는 과정이 뒤따라야 한다. 그리하여 테라포밍 프로젝트는 기본적으로 갈등을 수반할 수밖에 없었다. 이것은 그 자체로 독특한 유형의 전쟁이었다.

인류사 대부분에서 전쟁은 인간이 만든 무기로 인간 적들 사이에 펼쳐졌다. 하지만 테라포밍은 환경적 개입과 비인간 존재가 중요한 역할을 하는 상이한 종류의 전쟁을 필요로 했다. 식민지 프로젝트의 이러한 측면은 유럽의 정복을 다룬 초기 설명에서 크게 부각되었다. 1565년 《신세계의 역사(History of the New World)》를 출간한 이탈리아 출신 정복자 지롤라모 벤조니(Girolamo Benzoni)는 원주민이 유럽인을 어떻게 인식하고 있는지를 다음과 같이 표현했다. "그들은 우리가 세계를 망가뜨리기 위해 이 땅에

왔다고 말한다. 그들은 우리가 '모든 것을 닥치는 대로 먹어치우고 지구를 써서 없애버리고 강의 방향을 바꾸고 결코 가만히 있지도 휴식을 취하지도 못하고 금과 은을 찾아 쉴 새 없이 여기저기 뛰어다니고 결코 만족을 모른다고, 게다가 도박을 벌이고 전쟁을 일으키고 서로를 죽이고 훔치고 욕하고 결코 진실을 말하지 않으며, 그들의 생계 수단을 빼앗았다'고 말한다."[19]

따라서 테라포밍 전쟁은 인구 전체가 대규모 생물학적 생태 파괴를 포함한 폭력 형태에 시달리는 생물정치적(biopolitical) 전쟁이었다. 알렉시 드 토크빌(Alexis de Tocqueville: 1805~1859)은 《미국의 민주주의(Democracy in America)》에서 이러한 분쟁 유형의 특성에 대해 주로 총이나 무기로 싸우는 게 아니라 좀더 넓은 환경적 변화의 도움을 받으면서 이루어진다고 정확하게 지적했다.

> 유럽인 정착촌이 인디언 영토 인근에 들어선 날부터 야생 사냥감들은 긴장하며 …… 어딘가에서 유럽인의 산업 활동이 빚어내는 쉴 새 없는 소음이 들려오자 도망가기 시작한다. ……일부 유럽 가족은 한참 동떨어진 장소에 정착함으로써 급기야 그 중간에 있는 모든 토지에서 야생 동물을 영구히 내쫓는다. 나름의 풍요를 누리며 그 순간까지 거기에서 살아온 인디언들은 살아남기 어렵다는 것을, 물물교환을 통해 생필품을 구하기는 더더욱 어렵다는 것을 깨닫는다. 그들의 사냥감을 몰아내는 것은 농부의 논밭을 불모의 황무지로 바꾸는 것이나 다름없다. 이내 그들은 생계 수단을 거의 완전하게 잃어버린다. 이 불운한 사람들이 버려진 숲에서 굶주린 늑대처럼 배회하는 모습을 흔히 볼 수 있다.[20]

드 토크빌은 이런 유형의 분쟁이 노리는 목적을 더없이 예리하게 간파했지만, 그것을 전쟁으로 인식하지는 않았다. 다른 유럽인들과 마찬가지로 그에게도 전쟁은 (정확히 말해) 군대와 무기를 가지고 국가 간에 벌이는 공식적인 일이었으니 말이다. 하지만 위에서와 같은 여타 분쟁은 달랐다. 그것은 공식적인 선언도 없이 시작되었으며, 수십 년 또는 수백 년 동안 펼쳐지면서 결코 진정으로 끝나지도 않았다. 이런 유의 분쟁은 '비정규 전쟁' '작은 전쟁(petites guerres)'으로, 미국에서는 '최초 방식의 전쟁(first way of war)'으로 다양하게 묘사되었다. 이러한 전쟁 형태의 주된 특성은 여성도 아이도 비껴갈 수 없을 만큼 심각한 수준의 폭력이었다. 군사사가이자 현역 공군 장교 존 그레니에이(John Grenier)는 "군인이건 민간인이건 미국인은 대대로 군사적 필요성과 직접적 경험을 통해 인디언 남성·여성 그리고 아이들에 대한 살해를, 그들의 첫 번째 군사적 전통의 주요 요소이자 그에 따라 그들이 공유한 미국적 정체성의 일부로 삼았다"[21]고 썼다.

아메리카 원주민이 식민지 시대 이전에도 전쟁을 벌였다는 것은 두말할 나위가 없다. 수많은 인디언 공동체에서 전쟁과 전사(戰士)는 가치를 널리 인정받았으며, 둘 다 흔히 영적인 의미를 부여받았다. 하지만 북미에서 식민지 시대 이전의 전쟁은 주로 남성들이 벌이는 일종의 의례화한 분쟁이었다. 여성과 아이들은 거의 살해하지 않았으며, 예컨대 피쿼트 전쟁에서 볼 수 있듯이 적의 집단을 몰살시키는 것은 결코 전쟁을 일으키는 목적이 아니었다. 식민지 시대 전쟁에서는 거의 언제나 식민지 개척자들이 다수의 인디언 협력자를 두었다. 하지만 그들은 식민지 개척자들이 저지르는 야만적 폭력에 엄청난 공포를 느꼈고, 그래서 어떻게든 전쟁을 억누르려고 안간힘을 썼다. 하지만 자신들의 노력이 수포로 돌아가면 그저 조용히 사라졌다.[22]

영국 식민지가 인디언 남성·여성 그리고 아이들의 두피를 벗겨올 경우 포상금을 제공하기 시작하면서 민간인에 대한 살인은 점차 정상적인 일로 받아들여졌다. 그들의 두피 사냥 수용은 전쟁의 상업화에 기여했을 뿐 아니라 민간인 살해를 정당화해주기까지 했다. 따라서 그러한 관행은 "식민 개척지 경제와 미국인의 전쟁 방식 모두에서 항구적 특성"으로 자리 잡았다.

이들 전쟁은 변함없는 패턴을 따랐다. 질 르포어(Jill Lepore)가 지적했다시피 "유럽인과 아메리카 원주민은 3세기 동안 거듭해서 불가사의할 정도로 비슷한 전쟁을 치렀다".[23] 게다가 이러한 전쟁은 비단 병사에 의해 행해진 것만도 아니었다. 전체 인구, 인종, 문화, 세계관, 그리고 생태계가 서로 맞붙었다. '전면전'과 '총동원'은 유럽으로 들어오기 훨씬 전에 북·남미에 존재했다.[24]

식민지 시대의 전쟁이 모든 것을 아울렀던지라 참전자들은 거기에 어떤 이름을 붙여야 할지조차 난감하다고 느꼈다. 따라서 17세기 필립 왕 전쟁〔King Philip's War: 1675~1678년 토지 갈등을 둘러싸고 아메리카 원주민 왐파노아그족(Wampanoag: '필립'은 이 부족의 족장 '메타코메트'의 영어식 이름)과 플리머스 식민지(Plymouth Colony)를 구축한 필그림 파더스(Pilgrim Fathers: 영국 성공회에 반대해 북아메리카로 이주한 비국교도) 간에 벌어진 전쟁—옮긴이〕의 연대기 작가 윌리엄 허버드(William Hubbard)는 그 분쟁에 대한 자신의 설명을 역사 대신 '내러티브'라고 칭하기로 했다. 전쟁이라고 부르기엔 너무 '야만적'이었기 때문이다.[25] 오늘날 역사가들 사이에서도 필립 왕 전쟁을 뭐라고 일컬어야 할지에 대해서는 의견이 분분한데, 그것은 질 르포어가 지적했다시피 "1675년과 1676년에 뉴잉글랜드에서 벌어진 일은 '전쟁이라는 이름을 얻을 자격'이 없으리만큼 정녕 너무 참혹했기"[26] 때문이다.

하지만 19세기 작가들은 이런 유의 전쟁을 묘사하기 위한 용어에 부족함을 느끼지 않았을 것이다. 그것은 정확히 서구인들이 '말살 전쟁'이라고 부를 때 염두에 둔 분쟁이었으니 말이다. 말살 전쟁은 다름 아니라 환경의 무기화가 분쟁의 주요소인 생물정치적 전쟁이었다.

정착형 식민주의적 분쟁과 유럽이 아시아와 아프리카에서 벌인 식민지 전쟁 간의 근원적 차이가 바로 여기에 있다. 예컨대 영국인이 인도에서 치른 전쟁은 통상적인 유라시아 전쟁의 패턴을 따랐다. 즉, 병사들은 인간이 만든 무기를 가지고 서로 맞붙었으며, 전쟁은 대개 지속 기간이 정해져 있었다.

정착형 식민주의적 분쟁은 완전히 다른 형태의 전쟁이었다. 토착민은 수많은 형태의 비인간 존재들이 관여하는 항구적 (또는 '끝없는') 전쟁 상태에 돌입했다. 즉, 병원균·강·숲·식물·동물 등이 모두 그 싸움에서 일정한 몫을 담당했다.

이 분쟁에 휘말린 비인간 존재들은 (오늘날의 의미에서 볼 때 전적으로 인간 활동의 영역으로 간주되는) '역사'나 '정치' 같은 낯익은 범주화가 적절치 않을 정도로 더없이 광범위하다. 서구 사고방식의 매우 중요한 부분으로서 자연과 인간 간의 확실한 선 긋기는 비인간 존재들이 역사나 정치에서 주인공으로 등장할 여지를 없애버린다. 그것들은 기껏해야 특정한 생태 환경 속에 놓인 비활성 요소로 취급될 따름이다.[27]

유럽인은 모종의 비인간 존재들을 인간사의 주인공으로 인식하지 않았다. 물론 그럼에도 정착민들은 자기네가 아메리카 원주민과 벌이는 분쟁에서 '자연'이 어떤 역할을 하는지 완벽하게 인식했다. 조이스 채플린(Joyce Chaplin)이 썼다. "자연에 관한 관념은 영국 식민지화의 토대를 이루었다. 영국인이 미 대륙을 정복할 때 믿었던 조건들을 규정했기 때문이다. 그들의 생각으로는 물질적 힘이 원주민에 대한 전치(displacement, 轉置)를 가능하게 해주었는데, 그것은 에스파냐인의 경우보다 치명적인 군사행동을 덜 사용하도록 해주는 자연적 과정이었다."[28]

다시 말해, 영국 정착민들은 자기네가 에스파냐인 상대보다 덜 잔인하다고 믿었다. 토착민의 씨를 말리기 위해 군사적 폭력 대신 '물질적 힘'과 '자연적 과정'에 기댔기 때문이다. 이러한 믿음은 너무나 기이해서 잠시 따져볼 필요가 있다. 실제로 그 믿음은 비인간 힘들이 무기로 쓰이고 있다는 사실을 인정함과 동시에, 그것들이 '물질적 힘'을 통해 '자연'의 영역에서 펼쳐지는지라 정착민들로서는 그로 인한 영향에 아무 책임도 없다는 논리를 펼친다. 이러한 마술적 주문(呪文)은 인간이 환경 변화를 촉발하는 데에서 맡은 역할을 말끔하게 지워준다. 결국 환경 변화는 마치 인간의 의도와는 무관하게 일어나는 양 보인다. 이러한 틀 짓기에 따르면, 생물정치적 전쟁은 다른 인간 분쟁과 뚜렷이 구별된다. 실제로 그것은 전혀 분쟁으로 인식되지 않는다. 아마도 다른 어떤 독립적인 자연적 질서로 분류될 것이다. 따라서 '자연'에 대한 서구적 관념은 생물정치적 전쟁의 진정한 특성을 가능케 함과 동시에 은폐해주는 중요한 요소다. 우리는 이러한 역사의 메아리를 아직도 들을 수 있다. 예컨대 미국의 기후부인론자들이 기후 변동은 '자연적인' 것이며, 따라서 인간의 개입에 휘둘리지 않는다고 주장할 때 말이다.

✦ ✦ ✦

이 같은 구분은 북·남미 식민지 지배 기간에 토착민의 '대죽음'을 초래한 원인이 무엇인지를 둘러싼 학문적 논쟁의 중심에 놓여 있다. 규모가 크고 여전히 주류인 학문 분파는 인간 행위자와 독립적으로 작용한 듯 보이는 힘들—그중 가장 중요한 것이 질병이다—의 역할을 강조한다.[29] 일설에 따르면, 초기 유럽 식민지 개척자는 그들이 함께 들여온 질병에 대해 면역력을 획득한 상태였다. 반면 아메리카 원주민은 면역력이 없었기 때문에, 그 질병이 '미개간지(virgin soil)'를 엄습해 식민지 개척자의 의도와 무관하게 토착민 인구를 크게 줄여놓았다.

다른 학문 분파에 속한 사람들은 "인디언 면역에 관한 기본적으로 직관적인 주장을 지지하는 실질적 증거"[30]는 거의 없다고 강조한다. 실제로 아마존강 유역의 '미개간지' 인구에 대한 연구들은 아메리카 인디언의 면역 체계가 다른 집단들의 그것과 현저히 다른 방식으로 작용하지 않았음을 밝혀냈다.[31] 그렇다면 어째서 그토록 더없이 불균형한 수치의 아메리카 원주민이 그 질병에 굴복했을까? 질병에 대한 그들의 민감성이 크게 증대한 것은 유럽인의 식민지화에 수반된 다양한 형태의 구조적 폭력, 이를테면 "광산에서의 혹사, 빈번하고 노골적인 살육, 원주민 무역망의 붕괴와 생존 식량 생산의 파괴, 토지 상실로 인한 영양실조와 기아, 생존과 생식 의욕의 상실(그리고 그로 인한 자살, 낙태와 영아 살해)"[32] 때문이었다. 1607년 버지니아 제임스타운(Jamestown: 북미 최초의 영국 식민지—옮긴이)에서 발생한 사례가 보여주듯 비슷한 스트레스 상황에 처하면 백인 정착민도 대거 질병의 희생자가 되었다.[33]

데이비드 존스(David Jones)는 〈다시 찾은 미개간지(Virgin Soils Revisitied)〉라는 제목의 글에서 이렇게 썼다. "미개간지의 유행병은 그 광범위함과 심각성에 비춰볼 때 유례가 없긴 하나, 특별한 어떤 것에서 비롯되었다기보다 다른 모든 인구들 사이에서 유행병을 일으키는 것과 같은 낯익은 요인인 빈곤, 영양실조, 환경적 스트레스, 전치, 사회적 격차 따위에 의해야기되었을 가능성이 크다."[34] 그와 비슷하게 역사가 폴 켈튼(Paul Kelton)은 미국 남동부의 16세기와 17세기 유행병을 다룬 소상한 연구에서 "영국인에게 영감을 얻은 원주민 노예 무역은 그 지역 전반의 토착 원주민들이 새로 유입된 질병에 취약하도록 내모는 데 가장 큰 책임이 있는 식민주의 요소였다"[35]고 밝혔다.

그렇다면 어째서 미개간지 이론이 그토록 널리 받아들여졌을까? 존스는 그것의 인기가 그걸 뒷받침하는 연구의 설득력 때문이 아니라 "면역학적 결정론이 역사가들의 의식적 동기에 의해서든, 아니면 그 독자들의 반(半)의식적 희망의 발로에 의해서든 여전히 아메리카 인디언의 인구 감소에 대한 유럽계 미국인의 죄책감을 달래줄 수 있다"[36]는 사실 때문이라고 주장한다.

'대죽음'에는 많은 요인이 작용했을 게 분명하지만, 각각의 정확한 경중이 어떤지는 아마도 끝내 가려지지 않을 것이다. 존스가 말했다시피, 유럽인과 아메리카 인디언 인구는 지난 500년 동안 크게 뒤섞여서 "최초로 접촉한 집단에 관한 추가 연구의 기회는 여전히 요원하다".[37]

하지만 이 논쟁에서 주목할 만한 부분은 그것이 인간-비인간 관계를 그리는 방식의 차이에 달려 있다는 점이다. 한편에서는 질병을 인간의 의도와 무관하게 효과를 발휘하는 것으로 본다. 다른 한편에서는 질병을 다른 형태의 인간 폭력과 뒤엉켜 있는 것이라고 여긴다. 그런 의미에서 학문적 논쟁은 제가 참여한 충돌에 대한 정착민 이해와 토착민 이해 간의 차이를 반영한다.

아메리카 토착민은 자연적인 것과 사회적인 것, 인간과 비인간을 구분 짓는 유럽인의 발상에 동의하지 않았기에, 대기와 풍경 그리고 그 안에 깃든 사람들의 몸이 점차 착란을 일으키는 배경에는 본능적인(visceral) 인간적 갈등이 드리워 있다는 것을 완벽하게 간파했다.

버지니아에 최초의 영국 식민지가 들어선 직후인 16세기에 이미 이 지역의 아메리카 원주민은 질병을 "보이지 않는 탄환"[38]이라고 묘사하며 일종의 전쟁 무기로서 바라보기 시작했다. 일부 이야기에서는 질병이 정착민의 동족이자 부역자로 묘사되기도 했다. 1767년 한 영국 감독관이 들은 말에 따르면, "포타와토미(Potawatomi) 부족민은 1757년 조지 호수(Lake George)에서 그들 대부분이 죽거나 돌아온 이유가 영국인이 럼주에 독을 타고 그들에게 천연두를 퍼뜨렸기 때문이라고 믿으며, 그래서 영국인에게 씻을 수 없는 앙심을 품고 있다".[39] 1770년경 일군의 오지브와족(Ojibwa)은 어떤 무역상들로부터 우정의 징표로 오염된 깃발을 하나 받았는데, 그것을 펼친 뒤 유행병이 발발했다. 이 사건은 오지브와족의 기억 속에 수 세기 동안 아로새겨져 있었다. 1928년 한 의학사학자가 쓴 글에 따르면 "인디언은 오늘날까지 천연두가 매키노(Mackinaw)에 위치한 모피 회사의 외판원이 그들 부족에게 제공한 물품을 통해 퍼져나갔다는 견해를 확고히 고수하고 있다".[40]

키오와족(Kiowa)의 전설에서는, 그 부족의 신화적 영웅이 우연히 선교사 차림을 한 낯선 사람을 만나서 뉘시냐고 묻는다. 그가 답한다. "나는 천연두입니다. 동쪽 바다를 건너 먼 곳에서 왔습니다. 백인들과 함께 말이지요. 키오와족이 당신의 종족인 것처럼 그들은 나의 종족입니다. 나는 때로 그들보다 먼저 오고 이따금 그들 뒤에 숨기도 합니다. 하지만 언제나 그들의 동반자이므로 당신은 그들의 병영이나 집에서 나를 발견할 겁니다."[41]

유럽 정착민에 관해 말하자면, 병원균이 가장 효과적인 협력자였다는 사실을 그들이 똑똑히 알고 있었음을 보여주는 증거는 많다. 1763년 6월

24일, 폰티액의 난(Pontiac's Rebellion: 오대호 지방 통치에 불만을 품은 인디언이 침략자인 영국 백인에 항거해 들고일어난 전쟁—옮긴이)이라고 알려진 인디언 봉기가 가장 격렬했을 때, 2명의 레나페족(Lenape) 사절이 협상을 벌이기 위해 펜실베이니아 피트 요새(Fort Pitt)에 머물고 있었다. 떠나야 할 때가 되었을 때, 그들은 그 요새의 부대 지휘관이 발행하고 서명한 작별 선물을 몇 개 받았다. 나중에 윌리엄 트렌트(William Trent)라는 영국 무역상이 자신의 일기에 적었다. "우리는 그들에게 천연두 병원에서 나온 두 장의 담요와 한 장의 손수건을 건네주었다. 희망하는 효과를 거두었으면 한다." 정말이지 그렇게 되었다. 오하이오에 전염병이 발발했는데, 그것은 "피트 요새를 떠난 두 사람이 오염된 물품을 사용한 시기와 거의 일치했다".[42]

한편 같은 시기에 뉴욕의 영국군 사령관 제프리 애머스트 경(Sir Jeffrey Amherst)에게도 동일한 생각이 떠올랐다. 필라델피아에 있는 헨리 부켓 대령(Col. Henry Bouquet)에게 전달한 메모에서 그가 말했다. "불만에 가득 찬 인디언 부족들 사이에 **천연두**를 퍼뜨릴 묘수가 없을까? 이번 기회에 그들의 수를 줄이기 위해 있는 힘껏 전략을 쥐어짜야 하네." 부켓이 잽싸게 답장했다. "그들 손에 닿을 수 있는 담요를 이용해 인디언들에게 병균을 전파하도록 애써보겠습니다. 다만 제가 그 병에 걸리지는 않도록 유의하면서 말이죠." 이에 애머스트가 화답했다. "대령은 이 형편없는 종족들을 없애는 데 기여할 수 있는 다른 모든 방법을 시도할 뿐만 아니라, 담요를 써서 인디언들에게 병균을 퍼뜨리는 일 역시 잘 해낼 걸세."

역사학자 엘리자베스 펜(Elizabeth Fenn)은 상〔1999년 루이스 펠저 기념상(Louis Pelzer Memorial Award)—옮긴이〕을 받은 논문 〈18세기 북미의 생물전(Biological Warfare in Eighteenth-Century North America)〉에서 애머스트와 부켓 간의 서신 교환은 이례적인 게 아니라고 지적했다. "다른 전쟁터들에서 나온 증거에 따르면, 많은 사람이 천연두가 18세기 말의 전쟁에서 비록 불규칙적이긴 하나 확고한 위상을 차지한다고 믿었다." 펜은 전쟁 무기로서 천연두의 전파는 또 다른 이점, 즉 "가해자의 신원과 의도를 분명하게 밝힐 수 있는 강간, 약탈, 기타 잔혹 행위와 달리, 관련 사실을 부인할 수 있는 이점"을 지녔다고 덧붙였다. 영국인이 질병을 이용한 대상에는 아메리카 원주민만 있었던 게 아니다. 그들은 독립 전쟁이 이어지는 동안 백인 미국인을 상대로도 이 같은 형태의 전쟁 방식을 써먹었다.[43]

19세기에 백인 정착민은 때로 천연두와 우두 유리병(그들은 이것을 예방 접종을 위해 지니고 다녔다)을 그야말로 무기로 활용하곤 했다. 1805년 이후, 그와 관련한 사례가 '루이스와 클라크 탐험대(Lewis and Clark expedition)'에 대해 출판한 글에 등장한다. "수족(Sioux)은 봄에 우릴 죽일 계획을 세웠지만, 우리는 **천연두**를 퍼뜨리겠다고 위협하며 그것이 얼마나 치명적인지 강조함으로써 그들의 공격을 막아낼 수 있었다."[44] 때로 질병은 다른 방식으로 확산하기도 했다. 이를테면 토착민을 야영지에 몰아넣으면 그곳에서 치명률이 치솟았다. 그게 아니면 정착민 공동체가 이웃 원주민의 치료를 보류하고 '자연'이 제 갈 길을 가도록 내버려두었다. 이것은 북·남미에서 수 세기 동안 이어진 패턴으로 자리 잡았다. 오늘날 정부 기관들이 토착민에게 제공하곤 하는 표준 이하의 의료와 불충분한 영양은 그 자체로 '보류'의 한 형태다. 이는 직접적인 행동(action)을 통해 생명을 위협하는 게 아니라 무행동(inaction)을 통해 생명을 위태롭게 만든다.

05

"우리 모두는 머잖아 사라질 것이다"

생태적 개입은 북·남미에서 유럽인의 정착으로 인한 우연한 결과에 그치는 게 아니었다. 그것은 그 프로젝트에서 핵심적 위상을 차지했다. 그 프로젝트가 노린 명확한 목적은 황무지로 인식되던 영토를 유럽인의 생산적 토지 개념에 맞는 영토로 탈바꿈하는 것이었다. 실제로 정착민이 그 영토에 대해 소유권을 주장한 것은 기본적으로 생태적 개념에 기반을 두었다. 그 땅이 경작하는 것도 재산으로 분할한 것도 아니었기에 '야만적이고' 비어 있는 '야생의' 땅이라는 개념이 그것이다. 이를테면 17세기의 청교도 지도자 존 윈스럽(John Winthrop)은 인디언이 그 땅에 대한 소유권을 가지고 있지 않다고 주장했다. "그들이 땅에 울타리를 치지도 그 땅을 유지하기 위해 그 안에서 소 떼를 기르지도 않았으며, 기회가 생길 때마다 거주지를 옮겨 다녔기 때문이다."[1] 정착민이 그 땅에 대한 소유권을 주장한 것은 나무를 심고 '플랜테이션' 농업을 시작하는 방식을 통해서였다. 그러므로 테라포밍의 권리는 정착민의 신분 증명에서 중요한 부분이었다. 그들의 소유권 주장은 자기네가 유럽인이 인정하는 방식으로 땅을 생산성 있게 만듦으로써 그것을 '개선했다'는 개념에 기반을 둔 것이었다.[2] 역사가 윌리엄 크로논(William Cronon)이 지적했다시피 "무엇이 환경을 적절하게 사용하는 것인지에 대한 유럽인의 인식은 …… 따라서 그들의 정복 이데올로기로 자리 잡았다".

하지만 물론 땅은 유럽인이 도착하기 전에는 인간의 개입으로부터 자유로웠다는 의미에서, 비생산적이지도 야생적이지도 않았다. 단지 아메리카 생태계의 잠재력이 유럽과는 완전히 다른 방식으로 활용되었을 뿐이다.[3] 아메리카의 생태계는 더없이 풍요로워서 16세기와 17세기의 유럽인은 아메리카 원주민의 양호한 건강 상태와 신장에 놀라곤 했다. 하지만 그들이 풍요롭게 살아가기 위해서는 농사뿐 아니라 숲도 신중하게 관리할 필요가 있었다. 예컨대 숲의 경우 그들은 덤불을 억제하고 사냥하기 좋은 공원 같은 서식지를 조성하기 위한 중요한 기술로서 산불을 활용했다.[4] 식민지 개척자들의 인식과 달리, 인디언은 땅의 풍요로움을 자유롭게 구가했을 뿐 아니라 "자신들이 의식적으로 도움을 줌으로써 만들어낸 식량을 수확했다". 하지만 정착민은 땅을 돌보는 그러한 방식을 경작이나 '개선'의 형태로 인정할 수 없었다. 게다가 인디언의 사냥 관행에 비추어 그들을 "게으른 야만인"이라고 비난했으며 "그들이 사냥하는 땅에 대한 정당한 소유권을 갖는다"는 사실을 부인했다.[5]

수많은 정착민이 보기에 뉴잉글랜드의 환경은—한 초기 식민지 지도자이자 목사였던 이의 말마따나—"야생 짐승과 야만인이 들끓는 흉측하고 황폐한 황무지였다".[6] 이러한 땅의 정복이란 그를 생태학적으로 바꿔놓는다는 것, 그리고 당시 그 자체로 역사상 가장 광범위한 영토 변화를 겪고 있던 유럽의 이미지에 맞게 재구성한다는 것을 뜻했다.[7] 식민지 개척자들은 이 프로젝트를 확실하게 인정하고 찬양했다. "1653년에 이미 역사가 에드워드 존슨(Edward Johnson)은 '외지고 척박하고 바위가 많고 덤불과 원시림이 우거진 황야 지대'가 한 세대 만에 '비옥한 제2의 잉글랜드'로 변신한 것을 신의 섭리 가운데 하나로 간주할 수 있었다."[8]

땅에서의 삶에 대한 유럽인과 인디언의 인식 사이에 가로놓인 차이를 가장 유려하게 요약한 것은 오글랄라 라코타(Oglala Lakota: 대평원 인디언 부족의 하나—옮긴이)의 족장 스탠딩 베어(Standing Bear)의 말이다. "우리는 탁 트인 드넓은 평원, 구불구불한 아름다운 언덕, 뒤엉킨 채 뻗어나가며 굽이굽이 흐르는 개울을 '야생적(wild)'이라고 생각하지 않았다. 자연은 오직 백인의 눈에만 '황무지(wilderness)'였다. 자연은 오로지 그들의 눈에만 '야생' 동물과 '야만적' 민족이 '우글거리는' 땅이었다. 우리에게 그 땅은 '길들여진(tame)' 것이었다. 지구는 풍요롭고 우리는 거대한 신비라는 축복에 둘러싸여 있었다."[9]

아메리카 원주민 식물학자 로빈 월 키머러(Robin Wall Kimmerer)가 시사했다시피, 서로 상반된 이러한 이해는 하늘 여인〔Skywoman: 하늘 여인 이야기는 뉴욕주 원주민 이로쿼이족(Iroquois)과 오대호 주변 휴런족(Huron)의 창세기 신화다—옮긴이〕과 이브(Eve)의 그것처럼 결국 세계에 대한 전혀 다른 이야기에 기반을 둔 것이었다.

> 세상의 한쪽에 있는 사람들의 경우, 그들이 살아 있는 세계와 맺은 관계는 모두를 위한 동산을 창조해낸 하늘 여인이 만들어준 것이었다. 다른 한쪽에는 동산과 나무를 가진 또 다른 여인이 있다. 하지만 그녀는 과실을 맛보았다는 이유로 그 동산에서 추방되었다. ……그 인류의 어머니는 나뭇가지를 낮게 휘어지도록 만드는 달콤하고 즙 많은 과실을 그저 따먹는 식으로가 아니라, 이마에

땀을 흘리는 식으로 광야를 떠돌면서 일용할 양식을 얻었다. 광야에 던져진 그녀는 먹고살기 위해 그 광야를 정복하라는 지시를 받았다.[10]

아메리카 원주민은 지구를 풍요롭다고 여긴지라, 나무를 자르고 영구 정착촌을 건설하고 울타리 두른 인클로저를 짓는 등의 행위를 통해 정착민이 땅과 관계 맺는 방식이 그들 자신의 생활 방식을 생태적으로 방어할 수 없는 것으로 만든다는 점을 곧바로 알아차리지 못했다.[11] 인디언은 오직 정착민의 생태적 개입이 자신들의 먹이사슬을 교란하기 시작하고서야 비로소 유럽인을 "항구적 불균형의 원천"[12]으로 바라볼 수 있었다.

많은 종류의 비인간이 이런 불균형 상태를 빚어내는 데 단단히 한몫했다. 그중 가장 파괴적인 것이 정착민의 '반려종(companion species)'이었다. 울타리와 목초지를 필요로 하고, 때로 길을 잃은 채 숲속을 떠돌아다니곤 하던 소와 돼지들 말이다. 식민지 개척자들이 키우는 가축이 생태계에 미친 해악은 실로 광범위했다. 그들은 침식의 효과를 악화시켰고 토착 풀을 사라지게 만든 데다 토착 동물군이 의존하는 자원을 먹어치웠다. 미기후(microclimates: 주변과는 다른 특정 좁은 지역의 기후—옮긴이)의 변화를 촉발했을 뿐 아니라 숲이 농경지로 바뀌는 데 기여했다. 한마디로 그들은 식민지화의 결과로 인디언이 맞닥뜨린 문제를 한층 더 악화하는 데 결정적 요소였다.[13]

영국 정착민에게 가축은 유럽식 모델에 따라 토지를 '개선하는' 또 하나의 방법이었다. 하지만 초기에 아메리카 대륙에서의 생존 요구는 정착민이 유럽 농부처럼 가축을 돌볼 수 없게 만드는 그런 것이었다. 그들은 하는 수 없이 동물을 자유롭게 돌아다니도록 놔두었는데, 이는 인디언에게 파괴적인 결과를 안겨주었다. 소와 돼지들은 온 천지를 쏘다니면서 원주민의 옥수수밭을 쑥대밭으로 만들고 경작지를 짓밟았다. 가축이 정착민과 인디언 간에 빚어진 갈등의 반복적 원천으로 떠오른 것은 놀랄 게 없는 일이었다.

17세기 중엽, 앨곤퀸 부족은 그들을 지탱해주던 삶의 그물망 전체가 망가지는 상황과 마주했다. 나라간세트족(Narragansett)의 족장 미안토노미(Miantonomi)가 반(反)식민지 동맹을 결성하고자 힘쓴 1642년에, 그는 다른 앨곤퀸 부족에게 호소하면서 영국 정착민이 영향을 끼친 환경 변화를 핵심 쟁점으로 부각시켰다.[14] 롱아일랜드의 몬톡족(Montauk)에게 그가 말했다. "우리 모두는 머잖아 사라질 겁니다. 여러분이 잘 아시다시피, 우리 선조들은 사슴도 가죽도 풍부했어요. 들판에는 사슴들이, 숲에는 칠면조가, 그리고 작은 만에는 물고기와 가금류가 가득하지 않았습니까? 하지만 우리 땅을 앗아간 영국인은 큰 낫으로 수풀을 베어내고 도끼로 나무를 찍어 쓰러뜨렸습니다. 그들이 키우는 소 떼와 말 떼가 풀을 몽땅 먹어치우고, 돼지 떼는 우리 조개밭을 망가뜨립니다. 우리 모두는 굶어죽을 거예요."[15]

앨곤퀸 부족의 동맹은 1675년이 되어서야 뉴잉글랜드 정착민에 맞서 무기를 들었다. '필립 왕 전쟁'이라고 알려진 분쟁에서였다. 전쟁은 3년간 이어졌으며, 양쪽 모두 적의 주검을 훼손하고 신체 일부를 전리품으로 챙겨가고 여성이든 아이든 가리지 않은 야만적 전쟁이었다. 그 분쟁의 야만성은 흔히 문화적 차이와 종교적 열성 탓이었다. 하지만 그것은 또한 가장 본능적인 방식의 환경 투쟁이기도 했다. 양편 모두에서 폭력은 적들의 신체뿐 아니라 적들의 상이한 생활 방식의 생태적 기반까지 겨냥했다. 앨곤퀸 부족은 특히 막 시작된 영토의 유럽화를 가장 상징적으로 보여주는 건축물을 표적으로 삼았다. 그들은 정착민의 도시, 마을, 그리고 가옥을 공격했다. 그곳을 점령하거나 사용하기 위한 의도가 아니라 그야말로 불을 질러서 그것들을 풍경으로부터 지워버리고 싶은 소망에서였다. 정착민도 공격받는 것이 자기네가 그 땅에서 시도하는 유럽화임을 명확히 인식했다. 조이스 채플린이 쓴 대로 "식민지 개척 시기의 작가들은 자기 집이 파괴된 이유가 물리적 구조물에 대한 타격일 뿐 아니라 풍경의 영국화에 대한 공격이었다는 것을 간파했다".[16] 정착민 역시 앨곤퀸 부족의 정착지를 공격할 때 마치 풍경 속에서 토착적 주거 방식을 삭제하기라도 하려는 듯이 가옥과 곡물 저장고에 닥치는 대로 불을 질렀다.

필립 왕 전쟁이 지닌 환경적 측면의 또 한 가지 두드러진 특징은 앨곤퀸 부족이 가축을 표적으로 삼았다는 점이다. 이는 적어도 1609년으로 거슬러 올라가는 유형을 따른 것이었다. 버지니아에서 정착민과 인디언의 충돌이 돼지 600마리의 도살로 이어진 사건 말이다.[17] 정확히 정착민의 눈에 늑대나 코요테 같은 토착 동물 종이 그래 보인 것과 마찬가지로, 원주민의 관점에서는 소와 돼지가 해로운 야생 동물로 비쳤다. 필립 왕 전쟁 기간에 소들은 무자비한 공격을 받았다. 한 청교도 연대기 작가는 "우리 소들은 잔혹하고 야만적인 야수보다 더한 그들의 무자비함에서 벗어나지 못했다. 그들은 잡아간 소를 좀처럼 곧바로 살해하지 않았다. 설사 그렇게 한다 쳐도 약간만 살점을 떼어먹고 배를 가른 다음 며칠이고 방치했으며, 그들의 창자를 꺼내서 끌고 다니고, 눈알을 파내고, 다리를 한 짝만 자르는 등의 만행을 저질렀다"[18]고 썼다. 그 전쟁 기간에 도륙당한 소는 8000마리에 달했다.[19]

소는 이어지는 수 세기 동안 반복적으로 정착민과 아메리카 원주민 사이에서 빚어진 갈등의 촉매제 노릇을 했다. 18세기에 버지니아의 야마시족(Yamasee)은 영국인과 동맹을 체결한 뒤, 정착민의 소와 돼지가 그들이 기대어 살던 사슴을 몰아내고 있다는 사실을 알아차렸다. 1715년 야마시족은 정착민에 맞서 무기를 들었으나 허무하게 완패당했다. 존 그레니에이가 썼다. "두피 사냥꾼, 무장한 흑인 노예, 그리고 이로쿼이족 대리인들이 숲을 떠돌아다니는 동물이라도 되는 양 야마시족을 먹이로 삼았다." 그는 "이것은 최초의 전쟁 수행 방식을 보여주는 강력한 사례였다"고 덧붙였다.[20]

19세기에 대평원을 지나는 마차 행렬에는 소 떼가 함께했는데, 그들은 수많은 토착민이 의존하고 있던 물소 방목지를 크게 줄여놓았다. 때로 길 잃은 소들은 원주민의 땅을 어슬렁거림으로써 치명적인 폭력 발발의 빌미가 되기도 했다.

소를 둘러싼 분쟁은 오늘날까지도 북·남미의 테라포밍을 특징짓는 지속적인 요소로 남아 있다. 아마존의 삼림 파괴가 여전히 이어지고 있는 주원인 가운데 하나는 정착민, 그리고 거대 애그리비즈니스(agribusiness) 기업들이 브라질에서 소 목축업의 확장을 밀어붙이고 있기 때문이다. 17세기의 뉴잉글랜드에서처럼 오늘날에도 이것은 대규모 삼림 벌채와 목초지 조성을 필요로 한다. 그때와 마찬가지로 오늘날에도 이것은 토착민의 생활 세계 파괴를 수반한다.

1983년 몇몇 아마존강 유역의 토착 부족들 모임에서, 활동가이자 작가 아이우통 크레나크(Ailton Krenak)는 미안토노미와 대단히 흡사한 말을 했다. "우리는 모두 함께 우리 땅을 장악하고자 하는 이들에 맞서서 외쳐야 합니다. 그러지 않으면 이전의 우리 선조들마냥 사라지고 말 겁니다. ……지금 이 파젠데이루(fazendeiro: 무단 점유한 농민)는 우리 조상들이 대대로 살아온 땅을 자기네 것이라고 우기면서 우리를 몰아내려 하고 있습니다. 우리는 그들의 철조망과 소 떼에 에워싸여 있습니다."[21]

이것은 오늘날의 지구 위기가 수 세기에 걸친 테라포밍의 역사 속에 놓여 있음을 보여주는 놀라운 연속성의 또 한 가지 예다.

✦ ✦ ✦

질병, 가축, 토지 개간의 장기적 영향력은 소리 없이, 그리고 눈에 보이지 않게 드러났다. 그 영향력은 말하자면 비인간 존재와 비인간 힘들을 통해 간접적인 방식으로 파괴가 이루어지는 수동적인 갈등 전선이었다. 이 전선에서 핵심 요소는 의도적 행동이 아니라 **무행동**이었다. 그 갈등은 적극적인 생태적 개입이라는 또 다른 전선을 지니고 있었다. 하지만 거기에서도 폭력이 비인간을 통해 간접적인 방식으로 펼쳐졌다. 직접적인 표적이 인간 신체가 아니라 그들을 지탱해주는 생명 그물망의 주된 요소였다는 의미에서 말이다. 이것의 한 가지 예가 대평원에서 물소 떼를 몰살시킨 전략이다. 바로 기동성 높은 '라코타족(Lakota)-샤이엔족(Cheyenne)-아라파호족(Arapaho) 연맹'의 전사들을 재래식 전투를 통해서는 패배시킬 수 없다는 사실이 확연해지자 미 육군이 채택한 전략이었다.[22] 라코타족 학자이자 활동가 닉 에스테스(Nick Estes)가 쓴 대로 "변경군(frontier army)은 주요 식량 공급원을 없앰으로써 저항 의지를 꺾어버리기 위해 물소의 대량 살상을 승인했다". 1865~1883년 미국 병사와 사냥꾼들이 자그마치 1000만~1500만 마리의 물소를 살해한 결과 살아남은 물소는 몇백 마리에 불과했다. 에스테스는 "인디언의 문제는 '물소의 문제'이기도 했으며, 양자는 삶에서와 마찬가지로 죽음에서도 깊이 연관되어 있었던지라 비슷한 절멸 과정에 놓였다. 한쪽을 파괴하려면 다른 한쪽을 파괴해야 했다"고 썼다.[23]

19세기 말, 키오와족의 한 여성은 그녀의 부족이 향유하던 생활 방식의 파괴에 대해 다음과 같이 묘사했다.

> 백인들이 철로를 놓고 싶어 할 때, 혹은 그들이 농사를 짓거나 소를 기르고 싶어 할 때, 물소는 계속해서 키오와족을 보호해주고 있었다. 물소들이 철로와 농장을 망가뜨렸다. 그리고 소 떼를 저 멀리까지 몰아냈다. 키오와족이 물소를 사랑하는 것처럼 물소도 키오와족을 사랑했다. ……물소와 백인 간에 일대 전쟁이 벌어졌다. ……백인들이 오직 물소를 살해할 목적으로 사냥꾼을 고용했다. 그들은 들판 위아래를 누비고 다니면서 어느 때는 하루에 100마리나 되는 물소를 쏘아 죽였다. ……이따금 철로를 따라 1.5킬로미터 정도 거리에 장정 키 높이의 뼈 무더기가 쌓이는 경우도 있었다. ……물소는 자신들의 시대가 저물어가고 있음을 느꼈다. 그들은 더 이상 제 부족을 보호해줄 수 없었다.[24]

이어지는 수십 년 동안 대평원 상부에 남아 있던 토착민의 물질적 토대는 테라포밍 과정, 특히 강의 방향 전환과 댐 건설을 통해 지속적으로 파괴되었다. 디나 길리오휘터커(Dina Gilio-Whitaker)는 이렇게 썼다. "댐의 건설은 역사적으로 원주민 공동체에 가장 파괴적인 치명타를 날렸다. 댐으로 인한 홍수는 전체 마을 주민의 삶터를 빼앗고 어장을 파괴함으로써, 미국의 정책으로 인한 빈곤과 기아를 초래했다."[25]

미주리주 북부에서 이루어진 가장 광범위한 환경 개입은 1940~1950년대의 픽-슬론 플랜(Pick-Sloan Plan)에 의한 댐 네트워크 건설과 더불어 이루어졌다.[26] 댐을 얼마나 대규모로 건설했던지 물소 근절 이후 만들어진 보호 구역에 있는 유일하게 비옥한 일부 지역까지 물에 잠길 정도였다. 바인 들로리아 2세는 이들 댐의 건설을 "미국이 어떤 종족에게 저지른 것 가운데 단일 요소로서 가장 파괴적인 행동임에 틀림없다"[27]고 말했다.

이들 각각, 그리고 숱한 다른 개입 조치는 많은 이를 그들이 살던 터전에서 내쫓았으며, 합법적 배제를 위한 군사 수단과 행동을 통해 관념적 국경 너머의 봉쇄 지대로 그들을 밀어냈다. 하지만 심지어 그런 지대들조차 결코 안전하지 않았다. 더 많은 개입과 배제 행위가 이미 전치된 인구들로 하여금 또다시 삶터를 옮기도록 강제하곤 했던 것이다. 패트릭 울프(Patrick Wolfe)가 말했다시피 "침략은 사건이 아니라 구조였다".[28]

시간이 가면서 이러한 재정착 장소 가운데 일부는, 그들의 조상이 그랬던 것처럼, 거주민들이 크게 파괴된 환경에 대처하도록 강요받는 '희생지대(sacrifice zone)'로 떠올랐다. 따라서 가령 1890년 운디드니(Wounded Knee)에서 대학살이 일어난 때로부터 50년 뒤, 오세티 사코윈〔Oceti Sakowin: 수족(Sioux)〕 부족은 다시 한번 미국 군대의 힘과 맞섰다. 미국 연방 정부가 파인리지(Pine Ridge) 보호 구역의 34만 2000에이커를 점령하고, 그곳을 공군 폭격장으로 바꿔놓았을 때다. 이 땅은 이제 군수품이 여기저기 흩어져 있어 못 쓰게 되었다.[29]

위노나 라듀크(Winona LaDuke)가 썼다. "원주민은 그네들이 예부터 살아온 땅을 빼앗기고 사기와 공격에 시달리고 대학살을 당해왔지만, 오늘날 그들의 땅은 상상할 수 있는 가장 침략적인 산업적 개입에 처해 있다. 월드워치 연구소(Worldwatch Institute: 워싱턴에 본부를 둔 국제적 비영리 환경 조사 감시 단체—옮긴이)에 따르면, 미국에 있는 317개 보호 구역은 독성 폐기물에서 개벌(clear-cutting, 皆伐: 나무를 수종 등의 구분 없이 모두 벌채하는 방식—옮긴이)에 이르는 환경적 위험에 직면해 있다."[30]

예컨대 서부쇼숀족(Western Shoshone)과 남부파이우트족(Southern Paiute)의 신성한 영토였던 남서부 사막의 여러 곳은 핵실험 장소로 전락했다.

군사 지도자들이 그 땅을 "실제로 어쨌든 별로 좋지 않다"[31]고 판단했기 때문이다. 그 장소에서 실험하는 무기에 쓰이는 우라늄의 상당 부분도 아메리카 원주민의 땅에서 왔는지라, 나바호 네이션(Navajo Nation: 미국 남서부 지역에 거주해온 아메리카 원주민 나바호족은 그들 부족을 하나의 자치국인 '나바호 네이션'이라고 부른다—옮긴이)은 오늘날 "1000여 곳의 버려진 우라늄 광산과 4개의 옛 우라늄 공장의 본거지다".[32]

라구나족(Laguna) 작가로 그 지역에서 성장한 레슬리 마몬 실코〔Leslie Marmon Silko: 미국 작가. 문학비평가 케네스 링컨(Kenneth Lincoln)이 '아메리카 원주민 르네상스(Native American Renaissance)'라고 부른 현상의 제1 물결에서 중요한 인물 가운데 하나다—옮긴이〕는 자신의 비망록 《옥색 바위(The Turquoise Ledge)》에서 이렇게 썼다. "그들이 폭탄 '실험'을 할 때마다 네바다주의 원자폭탄 실험장에서 유래한 방사선 입자 구름이 우리 위를 뒤덮었다. 우리는 기니피그(실험 대상—옮긴이)가 된 다른 모든 '소모용(expendable)' 인간들과 마찬가지로, '바람 부는 쪽에 사는 사람들(down-winders)'이다."[33] 그 '소모용' 인간에는 여러 흑인 집단도 들어 있다. 거기에는 "많은 거대 석유화학 공장들이 유해 화학물질을 대기 중에, 강이나 바다에, 땅에 버리는" 루이지애나주의 "케미컬 코리더(chemical corridor: 석유화학 공업 지역—옮긴이)"에서 살아가는 사람들도 포함된다. 그 지역은 주로 과거의 농장 부지 내에 들어섰으며 "전통적인 흑인 마을과 촌락에 둘러싸여 있다".[34] 이들 희생 지대의 상당 부분이 다양한 모습의 지구 위기에 불균형하다 할 정도의 영향을 받아온 것은 전혀 우연이 아니다. 나바호 네이션이 2020년 7월 코로나19 팬데믹이 한창 맹위를 떨칠 때 산불에 휩싸인 것이 그 한 가지 예다.[35]

✦ ✦ ✦

아메리카 인디언은 제 주위에서 펼쳐지는 심각한 환경 변화를 목격하면서, 식민주의적 테라포밍이 어디로 이어질지 그들 나름의 결론을 얻었다. 1855년 두와미시족(Duwamish) 족장 시애틀(Seattle)—도시 시애틀의 명칭이 그의 이름에서 유래했다—이 프랭클린 피어스(Franklin Pierce: 미국의 14대 대통령—옮긴이)에게 띄운 편지에서 말했다. "당신의 침대를 계속 배설물로 더럽히세요. 그러면 어느 날 밤 본인의 오물에 질식하게 될 겁니다. 물소가 몽땅 도살당하고, 야생마가 모두 길들여지고, 숲의 구석구석 인간의 흔적이 짙게 배고, 풍요로운 언덕의 풍경이 철조망으로 얼룩질 때, 숲은 어디에 있습니까? 사라지고 없습니다. 독수리는 어디에 있습니까? 종적을 감춥니다. 삶의 종말과 살아남기의 시작에, 칼새(swift)와 사냥에 우리는 뭐라고 작별 인사를 해야 할까요?"[36]

오늘날 인류는 미래의 삶이 정녕 살아남기 투쟁으로 변모할지도 모를 가능성에 직면해 있다. 따라서 테라포밍에 대한 토착민의 이해가 기실 전문적인 현대 미래학자의 이해보다 훨씬 더 정교했음이 점차 분명해지고 있다. 실제로 한 익명의 오마하족(Omaha) 남성이 오래전에 토해낸 탄식은 현재의 멸종 시대에 관해 오늘날 쓰여지는 많은 상실의 비가(悲歌)와 불가사의하리만치 닮아 있다.

> 내가 어렸을 적에 이 지역은 더없이 아름다웠다. 강가를 따라 펼쳐진 삼림 지대에는 미루나무, 단풍나무, 느릅나무, 물푸레나무, 히코리나무, 호두나무 따위가 늘어서 있었다. 또한 거기에는 수많은 종류의 덩굴 식물이며 관목이 자랐다. 이 식물들 아래로 온갖 약초와 아름다운 꽃식물이 자태를 뽐냈다.
>
> 숲 지대에서도 들판에서도 수많은 종류의 동물이 남겨놓은 자취를 만날 수 있었으며, 숱한 종류의 새들이 지저귀는 쾌활한 노랫소리도 들을 수 있었다. 여

기저기 쏘다니노라면 와칸다(Wakanda: 위대한 영혼)가 깃든 수많은 유형의 아름다운 생명체와 마주할 수 있었다. 그들은 저마다의 방식으로 걷고 날고 뛰고 달리고 놀고 있었다.

하지만 이제 땅의 얼굴은 온통 슬픔으로 달라졌다. 살아 있는 생명체들이 사라졌다. 나는 황량해진 땅을 바라보면서 이루 말로 할 수 없는 슬픔에 잠긴다. 때로 나는 한밤중 잠에서 깨어나 끔찍한 외로움에 짓눌려 질식할 것 같은 기분에 젖곤 한다.[37]

06

대지의 속박

테라포밍 프로젝트는 반다제도의 정복자들이 그곳을 바라본 것과 동일한 방식으로 세계를 규정한다. 그것은 세계를 자원으로 바라보는 틀 짓기로써, 그 틀 속에서 풍경(또는 행성)은 공장으로 간주되기에 이르며, '자연'은 정복의 대상이자 싸구려로 여겨진다.[1]

원칙적으로는 어떤 특정 영토를 자원으로 삼는다고 해서 그것이 그 의미나 생산성 면에서 고갈로 이어질 이유는 딱히 없다. 어쨌거나 수단과 목적을 일치시키면서 영토를 합리적으로 '사용'하는 것도 얼마든지 가능할 테니 말이다.

하지만 일은 그렇게 흘러가지 않는다. 세계를 자원으로 바라보는 시각에는 그 세계를 마구 집어삼키지 않을 수 없게 만드는 불안정성이 내포되어 있는 듯하다. 이것이 정확히 말루쿠에서 일어난 사태다. 네덜란드 동인도회사의 관리들은 그 지역에서 야심을 충족하고 난 뒤에조차 자신들의 향신료 독점에 결코 만족하지 않았다.

여기에는 모종의 불가피성이 존재했다. 일단 육두구·메이스 그리고 정향의 공급이 규칙적이고 예측 가능해지자, 가치의 역설(paradox of value: 물은 인간 생활에 필수적인 재화이지만 가격이 매우 싼 데 반해 다이아몬드는 없어도 무방하지만 가격이 매우 비싼 경우에서 보듯이, 가격과 효용의 괴리 현상을 나타내는 말이다—옮긴이)로 인해 그것을 정당한 권리인 양 주장하기에 이른 것이다. 향신료가 더 이상 희귀하지 않게 되면서 가격이 하락하기 시작했다. 일단 향신료가 멀리 떨어진 마법적인 지역에서 비롯되는 매혹이 아니라 '열등한 종족'이 살아가는 식민지와 연결되자, 향신료의 유래 역시 그 이미지에 이롭게 작용하지 않았다.

그뿐만 아니라 유럽 사람들의 취향도 달라지기 시작했다. 성생활에 대한 우려는 몸을 지나치게 자극하고 '혼자의 악덕(solitary vice: 자위행위—옮긴이)'에 기울게 만드는 것으로 여겨지는 식이 품목을 멀리하도록 이끌었다.[2] 시인 셸리는 향신료 무역뿐 아니라 향신료 자체도 인체와 국가의 "도덕성에 해롭다"고 맹비난했다.[3] 한때 향신료 식품을 즐기던 상류층 유럽인이 이제 자극적이지 않은 요리법에 자부심을 느끼는 쪽으로 방향을 틀었다.

향신료의 가치 하락은 네덜란드 동인도회사에 크나큰 근심의 원천이었던지라 그들은 여러 가지 조치로 그 상황에 대처했다. 그중 하나가 절멸운동이었는데, 이번에는 사람이 아니라 나무를 대상으로 한 것이었다. 그들을 말루쿠로 오도록 이끈 바로 그 나무 말이다. 세계 시장의 향신료 공급을 제한하기 위해 네덜란드 동인도회사는 법령을 통해서 육두구나무는 오로지 반다제도에서만, 정향나무는 오직 암본섬에서만 키우도록 명령했다.[4] 다른 모든 섬—말루쿠에는 1000개가 넘는 섬이 있었다—에서 자라는 정향나무와 육두구나무는 제거될 처지였다.[5] 이렇게 해서 절멸, 즉 제거〔엑스터패티(exterpatie)〕 정책이 시행되었다. 그에 따라 수 세기 동안 정향 무역의 중심지이던 테르나테섬의 술탄(Sultan: 왕—옮긴이)은 1652년 조약에 강제 서명하고 그 섬에 있는 모든 정향나무를 잘라내겠다고 약조했다.[6] 육두구와 마찬가지로 정향도 '자원의 저주(resource curse)'의 담지체가 되었다. 자원의 저주는 이후 수 세기 동안 지구의 상당 지역을 휩쓰는 고통의 원천으로 떠올랐다.

네덜란드 동인도회사는 스스로에게 기념비적 임무를 떠안긴 셈이다. 섬마다 뜻하지 않은 장소에서 자라는 향신료나무를 발견했기 때문이다.[7] 하지만 절멸 정책은 돌이켜보면 분명 불완전해 보이는 강박관념에 짓눌린 채 1세기 넘게 계속되었다.

1686년 네덜란드 총독은 테르나테섬에서 편지를 띄워 암스테르담에 있는 그의 상관들에게 자신이 직면한 고충을 설명하고자 안간힘을 썼다.

> 각하들께서는 이 지역의 섬들 대부분에 얼마나 많은 향신료 나무가 흩어져 있는지 파악하기 힘들다는 것을 깨닫게 될 겁니다. 만약 진정으로 이들 나무를 모조리 근절할 생각이라면, 수백 명의 인부를 몇 개 그룹으로 나누어 숲에 내보내는 식으로 일을 추진할 필요가 있습니다. 그러려면 그 작업을 수행하고자 하는 비상한 의향과 욕구를 갖춘 사람들을 확보해야 합니다. 숲이 너무 울창하게 우거져 있어 고개를 들기조차 힘들기 때문입니다. 더군다나 숲은 흔히 가시와 덤불로 가득 차 있는지라 인부들이 입은 옷을 갈가리 찢어놓고 그들의 다리, 머리, 얼굴에 생채기를 내기 일쑤입니다. ……그런 장소가 부지기수인 데다 향신료 나무를 완전히 뿌리 뽑는 것은 거의 불가능한 과업처럼 보입니다. 그것은 상상할 수 있는 가장 힘들고 진 빠지는 일입니다. 때로 〔향신료 나무는〕 도무지 접근하기가 어려워서 인부들이 그 나무에 다다르기 위해 〔가시투성이〕

라탄 덩굴을 걷어내야 합니다. 또한 다리가 부러질 위험도 도사리고 있습니다. 이따금 향신료 나무는 많은 다른 식물과 덤불에 둘러싸여 있어 아예 보이지 않기도 합니다. ……이 일을 하고 돌아온 사람들 가운데 절반 이상이 병에 걸리거나 더 이상 일을 지속할 수 없는 처지입니다.

분명히 그 영토는 반격을 해오고 있었다.

1697년 또 한 명의 네덜란드 관리는 이렇게 썼다. "향신료 나무에 접근하는 것은 몹시 까다롭고 유쾌하지 못한 일입니다. 흔히 우리는 손과 발로 기어 다녀야 하는데, 그러다 보면 끝내 손에 상처를 입고 가시에 찔려서 심하게 따끔거리기 때문에 선불리 앞으로 나아가지 못합니다. 까다로운 길, 불어난 강물, 매일같이 퍼붓는 비, 그리고 극심한 추위 탓에 7명의 병사 가운데 5명만이 저와 함께 이 성가신 식물의 탐색 작업에 동행할 수 있습니다."[8]

네덜란드 동인도회사는 초기 자본주의의 전형이었다. 그것은 자신의 합리성, 온건성, 상식에 자부심을 가진 둔감한 공민들에 의해 운영되었다.[9] 하지만 그들은 '자원으로서 세계'라는 시각 중심부에 깔린 억제할 수 없는 과욕을 유감없이 드러내는 정책을 추구했다. 결국에 가서 제노사이드뿐 아니라, 모든 것을 파괴하고자 하는 욕망으로서 오직 '옴니사이드(omnicide: 생물의 절멸—옮긴이)'라고 부를 수밖에 없는 충동인 더 큰 폭력으로 이어지는 과욕 말이다. 옴니사이드를 향한 충동은 북·남미 정복 기간에도 종종 드러나곤 했다. 1553년 한 에스파냐 정복자가 썼다. "사람들은 만약 돼지 한 마리가 필요하면 스무 마리를 살해했다. 만약 4명의 인디언이 필요한 경우라면 여남은 명을 잡아갔다. ……그들은 인디언을 쓸모없는 짐승이라 여겼으며 그들을 살해하는 데 대해 깊이 고뇌하지 않았다."[10]

네덜란드 동인도회사의 공민들도 바로 그와 동일한 과욕으로 무장했다. 역사학자 레너드 안다야(Leonard Andaya)는 이렇게 썼다. "18세기 중엽, 네덜란드 동인도회사는 근절 캠페인에 사로잡혀 있었다. 공식 보고서는 거의 전적으로 그 탐험의 성과에 집중되어 있다."[11]

하지만 네덜란드 동인도회사는 가공할 적과 마주했다. 바로 인간과는 전혀 다른 척도로 시간을 측정하는 나무들이었다. 그 나무들은 네덜란드 동인도회사의 추종자들이 휘두르는 낫과 도끼에 굴하지 않은 채 한층 더 강력한 무기를 꺼내 들었다. 바로 번식력이었다. 프랑스와 영국의 식물 사냥꾼들이 밀반출한 그 나무의 종자가 다른 섬들에서 뿌리를 내렸다. 그것들은 거기서 수없이 번성한 나머지 급기야 말루쿠와 관련 있다는 기억이 거의 잊힐 지경이었다. '육두구 섬'이라고 으스댄 것은 다름 아니라 바베이도스(Barbados: 서인도제도 카리브해 동쪽에 있는 섬으로 영연방 내 독립국—옮긴이)였으며, 결국에 가서 '육두구의 주(Nutmeg State)'로 알려진 것은 미국의 코네티컷주였다.

만약 나무들이 샤덴프로이데(schadenfreude: 독일어로, 남의 불운이나 불행을 보면서 느끼는 기쁨—옮긴이)를 맛볼 수 있다면, 말루쿠의 육두구는 그리 오래 기다릴 필요가 없었다. 18세기 말, 네덜란드 동인도회사는 수십 년간의 부정부패로 공동화되었고 지정학적 질서의 변화로 약화를 겪다가 끝내 붕괴했다.[12]

✦ ✦ ✦

반다제도에 기원을 둔 육두구나무는 다른 땅들에서도 번성했을 수 있다. 하지만 사람들이 여전히 육두구에 대해 노래하고 제 선조들과 잃어버린 땅에 대한 기억 속에 그 나무를 엮어 넣는 곳은 이 지상에서 오직 말루쿠뿐이다. 다른 모든 곳에서는 육두구가 기껏해야 하나의 상품이자 자원에 지나지 않는다. 그 효용을 넘어서는 의미는 없다. 바베이도스와 코네티컷주에서는 아무도 육두구에 대해 노래하지 않는다.

이 대목에서도 이 작은 행성 모양의 견과류는 지구에 대해 뭔가를 우리에게 가르쳐준다. 육두구의 여행과 그것의 기이한 이력은 자원으로서 세계라는 시각이 낳은 의미 상실을 잘 보여준다. 이런 식으로 세상을 바라보려면 인간과 영토에 대한 물리적 예속뿐 아니라 정복을 추출의 과정으로 바라보는 특정한 개념이 필요하다. 이것은 유럽의 확장, 특히 그 폭력에 걸맞은 규모의 은유와 이미지를 만들어낸 북미 식민지화가 낳은 또 하나의 유산이다. 역사가 그레그 그랜딘(Greg Grandin)이 썼다. "정착민은 '자연을 속속들이 파헤쳤다'. 그러면서 새로운 일련의 계명을 만들어냈다. '모든 곳이 자연적으로 황야인 이 세상에 권력을 수립하라' '자연을 제압하라' '앞으로 전진하라' '황야를 정복하라' '대륙을 점령하라' '온통 뒤덮어라' '늘려라' '크게 증식시켜라' '샅샅이 뒤져라' '내쫓아라'……."[13]

일단 정복이 이루어지면, 정복당한 대상은 게으르고 무기력하다는 인상을 풍긴다. 지배에 굴복한 피정복자는 더 이상 신비로운 존재가 아니다. 그들이 한때 정복자의 상상력에 부여하던 도전은 고갈된다.

고갈(exhaustion)은 테라포밍을 다룬 공상과학 소설에서 흔히 등장하는 은유다. 외계인 무리가 또 하나의 행성을 정복하기 위해 길을 나서는 것은 그들 자신의 행성이 '고갈'되었기 때문이다. 억만장자들로 하여금 화성 정복 계획을 세우지 않을 수 없게 내모는 것도 바로 지구가 '고갈'되었다는 그와 동일한 가정이다.

하지만 그것은 정확히 지구의 무엇이 '고갈'되었는가, 라는 질문을 제기한다. 지구 행성의 자원은 고갈되었을지 모르지만 완전히 바닥나려면 한참 멀었다. 그리고 어쨌거나 지구의 고갈에 대한 상상은 지구 자원의 완전한 고갈을 하나의 가능성으로 예상하기 훨씬 전부터 있어왔다.

이는 단지 지구에서 실제로 고갈된 것은 지구의 자원이 아니라고 말해줄 따름이다. 지구가 잃어버린 것은 **의미**다. 정복당해서 무기력하고 게으른 지구는 더 이상 품격을 높여줄 수도 기쁨을 안겨줄 수도 새로운 열망을 빚어낼 수도 없다. 지구가 미래 정복자의 마음속에 불어넣을 수 있는 것이라곤 익숙함에서 오는 일종의 경멸뿐이다.

시간이 흐르면서 이러한 경멸은 현대 문화에 깊이 뿌리내렸고, 그 문화의 보이지 않는 토대로 자리 잡았다.

✦ ✦ ✦

예컨대 스스로의 정당한 자격으로 미국의 기념비적 작품이 된 시의 다음 구절을 생각해보자.

> 오, 나는 거친 대지의 속박에서 벗어나
> 웃음기 머금은 은빛 날개로 하늘을 가르며 춤추었다네.

이것은 젊은 캐나다계 미국인 조종사 존 길레스피 머기(John Gillespie Magee)가 1941년에 지은 시 〈고공비행(Hight Flight)〉에서 따온 구절이다. 머기는 〈고공비행〉을 쓴 직후 숨졌지만, 이 시 하나로 하룻밤 사이에 제2차 세계대전의 미국 시인으로 찬양받았다. 위의 구절은 미국 전역의 수많은 묘비에 새겨졌으며, 독특한 방식으로 미국의 대중문화 속에 파고들었다. 오손 웰즈(Orson Welles: 1915~1985, 미국 영화배우 겸 감독—옮긴이)는 1942년 〈고공비행〉을 녹음했고, 의회도서관(Library of Congress)에 따르면 "1950년대, 그리고 최소한 1980년대 초까지만 해도 그 시는 많은 TV 방송국에서 방송을 끝내기 전의 '사인오프〔sign-off: '방송 종료'라는 의미로, '방송 개시'라는 의미인 사인온(sign-on)의 상대어다—옮긴이〕'에 포함되었으며, 여러 세대에 걸친 미국인의 상상력과 기억의 한쪽을 차지하고 있다". 심지어 1971년에는 〈고공비행〉의 복사본을 달에 보관하기까지 했다.

오늘날 이 시는 아마 1986년 우주 왕복선 챌린저호(Challenger) 폭발 사고 이후 로널드 레이건(Ronald Reagan) 대통령이 행한 연설을 통해 가장 잘 기억되고 있을 것이다. 그 연설의 마지막 문장은 〈고공비행〉의 첫 행과 마지막 행에서 따온 것이었다. 레이건 대통령이 말했다. "우주 왕복선 챌린저호의 승무원은 그들 삶의 방식을 통해 우리에게 영광을 베풀었다. 우리는 그들을 결코 잊지 않을 것이다. 오늘 아침 그들이 여행을 준비하고 우리에게 작별을 고하고 '하나님의 얼굴을 매만지기 위해' '거친 대지의 속박에서 벗어났을' 때, 그것이 우리가 본 그들의 마지막도 아닐 것이다."

미국 문화의 중심에 〈고공비행〉만큼 굳건히 버티고 선 시는 다시없을 것이다. 이 시는 의심의 여지 없이 한 편의 감동적이고 아름다운 운문이다. 〈고공비행〉은 위력이 대단한 만큼 반박의 여지가 없는 그 시의 가장 매력적인 이미지, 즉 '거친 대지의 속박'이 지닌 함의를 솜씨 좋게 처리하고 있다. 따라서 다음과 같이 묻기 위해 걸음을 멈추는 사람은 거의 없을 것이다. 대지의 속박과 관련해서 '거친(surly)'이 의미하는 바는 정확히 무엇인가? 또는 왜 그 대지는 인간이 탈출하는 게 다행스러운 장소로 여겨져야 하는가?

그 같은 견해에 대해, 우리는 대지에 대한 단순한 경멸을 그에 대한 적극적 혐오로 바꿔놓는다는 것 외에 달리 무슨 말을 해줄 수 있을까?

〈고공비행〉은 새롭고 흥미로운 테크놀로지인 비행술에 대한 찬미에 불과하다고 말할 수도 있다. 하지만 사실 그 시의 핵심 아이디어는 비행술을 발명하기 전에조차 유럽 문화의 구조 속에 스며들어 있었다. 다양하게 표현된 그 흔적은 19세기 후반의 가장 유명한 영국 시인 앨프리드 테니슨 경(Alfred, Lord Tennyson: 1809~1892) 등 많은 작가와 시인의 작품에서 엿볼 수 있다.

테니슨이 그의 동료들로부터 그토록 존경받은 이유 가운데 하나는 그가 당대에 가장 과학 지식이 풍부한 시인으로 여겨졌기 때문이다. 빅토리아 여왕 시대(1837~1901)의 많은 작가처럼 그는 과학에 조예가 깊었으며, 찰스 라이엘(Charles Lyell: 1797~1875, 근대 지질학을 창설한 영국의 지질학자—옮긴이), 찰스 다윈(Charles Darwin: 1809~1882), 그리고 그가 살던 시대의 다른 저명한 과학 사상가들에게 커다란 영향을 받았다.

테니슨의 작품에서 그에 따른 영향은 진화, 그리고 인류의 탄생과 운명에 관한 명상록인 운문들 속에 잘 담겨 있다. 그중 하나가 바로 그의 가장 유명한 시들 가운데 하나인 《인 메모리엄(In Memoriam)》에서 따온 아래 구절이다.

우리가 딛고 선 단단한 지구는
흐르는 불덩이이던 시기에 시작되어
    겉보기에는 제멋대로인 형상을 띠고
    주기적 폭풍우의 희생물인 듯하다가,
마침내 거기에서 인간이 등장했다.

번성하여 이 나라 저 나라에 가지를 쳤고
　　한층 높은 종족의 전령이며……

시간이 흐르면서 시는 계속되고, 마침내 다음과 같은 일을 하는 인간을 조명한다.

짐승을 몰아내고 위쪽으로 움직여라.
그리고 유인원과 호랑이를 죽게 하라.

단어 선택은 거의 마지막까지 신중한 중립을 유지한다. 인간의 상승은 '시간'의 작용이다. 하지만 더 높은 지위를 부여받은 인간은 스스로가 시간의 흐름을 '형성하고 이용'해서 '위로 올라갈' 수 있음을 증명하며, 자신의 존재에 드리운 온갖 짐승적 요소를 스스로에게서 제거한다. 오직 마지막 구절, 즉 "그리고 유인원과 호랑이를 죽게 하라"에서만 인간이 '위로 올라가기' 위해서는 다른 많은 종(species)을 죽여야 한다는 사실이 드러난다. 테니슨은 이것을 분명하게 찬미하지는 않지만 딱히 통탄하지도 않는다. 그것은 단지 불가피해 보인다.

여기에서 '종'이라는 단어를 사용할 때 나는 비단 동물만을 의미하지 않는다. 빅토리아 시대 작가들이 '인간(Man)'이라는 단어를 사용할 때 꼭 1758년 칼 폰 린네(Carl von Linné)가 창안한 호모 사피엔스(*Homo sapiens*)—지혜로운 유인원—분류 범주 전체를 지칭한 것은 아니었다. 호모 사피엔스 강(class, 綱)의 모든 구성원이 린네식 정의에 비춰볼 때 동일 종임에도, 린네 자신은 그 종을 지리적·신체적 특성 등에 따라 다양한 아종(subspecies)으로 분류했다.[14] 이런 도식에 따르면, 영장류와 문명인 사이에는 고릴라나 '야만인' 같은 수많은 중간 형태가 존재했다. 진화 과정의 작용은 오직 상이한 인간 유형들 사이의 간극을 한층 넓혀주었을 따름이라고 추정되었다. 그에 따라 다윈은 《인간의 유래와 성 선택(The Descent of Man, and Selection in Relation to Sex)》에서 이렇게 썼다. "세기(centuries)로 측정되는 그리 멀지 않은 미래의 어떤 시기에, 문명화한 인간 종족은 전 세계에 걸쳐 야만 종족의 씨를 말리고 그들을 대체할 것이다."[15]

우리는 다윈이 이러한 결과를 옹호하지도, 그것을 어떤 식으로든 바람직한 것으로 바라보지도 않았다는 사실에 유의할 필요가 있다. 잘 알려져 있다시피 그는 자유주의자이자 열렬한 노예폐지론자였다. 상이한 종족은 기원 또한 상이하다고 가정하는 이론이 득세하던 시절에, 다윈은 모든 인간은 단일 기원을 공유한다는 자신의 주장을 결코 굽히지 않았다.[16] 하지만 이론의 운명이 꼭 그 창시자에 의해 결정되는 것은 아니다. 게다가 다윈 사상의 여러 가닥은 오늘날까지 여전히 위세를 떨치는 특정 유형의 인종우월주의 구조에 섞여 들어갔다.[17] 그런가 하면 다윈이 당시 교육받은 서구인들 사이에 널리 만연한 믿음, 즉 특정 인종 집단은 인간 행위 주체성의 시계 밖에 존재하는 모종의 과정에 의해 멸종할 운명에 놓여 있다는 믿음을 공유했다는 것 또한 의심할 나위가 없다.[18]

하지만 다윈의 견해가 어땠느냐는 중요하지 않다. 인간의 상승에 대한 테니슨의 관점과는 아무 관련이 없기 때문이다. 테니슨의 시에서 주목해야 할 대목은 그 시가 다윈이 진화론을 출판하기 **전에** 쓰였다는 점이다. 《인 메모리엄》은 《종의 기원(The Origin of Species)》이 나오기 10년 전인 1849년에 완성되었다. 테니슨은 당시 서구 식자층 사이에서 진즉부터 회자되던 사상들과 씨름하고 있었다. 종은 신의 개입 없이 작동하는 비인격적 자연법칙의 작용에 의해 전환(transmutation)될 수 있다고 주장하는 이룬 말이다. 테니슨은 그의 시에서 과학적 연구 결과가 자구 중심적이고 복음주의적인 《성경》의 해석에 제기하는 도전을 본격적으로 다루었다. 그 시에서는 정확히 전환과 진화라는 개념을 통해 과학과 신앙이 화해를 모색했다. 인간은 낮은 단계의 삶을 '거쳐서(thro)' 다음의 국면에 접어든다.

우리와 최고 종족을
한층 더 긴밀하게 맺어주는

"최고 종족(crowning race)"을 특징짓는 것은 그들이 자연을 마치 "펴놓은 책처럼" 손에 쥐고 있다는 점이다. "더 이상 야수와 부분적으로도 닮은 구석이 없는" 이 종족은 하느님에 한층 더 가까워진 종이다.

항상 살아 계시며 사랑하시는 하느님,
　　하나의 하느님, 하나의 법칙, 하나의 근원,
　　그리고 멀리서 일어나는 하나의 성스러운 사건,
모든 천지 피조물이 그곳을 향해 이동한다.

이 같은 형상화는 그로부터 거의 100년 뒤에 시를 쓴 젊은 비행사 머기가 불러낸 이미지와 놀랍도록 유사하다. 즉 "하나님의 얼굴을 매만지기" 위해 "거친 대지의 속박"에서 벗어난 비행사의 이미지 말이다. 하지만 테니슨은 이 같은 사고방식을 한층 더 확장한다. 그는 '최고 종족'의 상승을 인간이 다른 동물이나 피조물과 맺고 있는 모든 관련성을 극복함으로써, 즉 땅에 연루된 온갖 종류의 유대 관계를 끊어버림으로써 얻는 것으로 바라본다. 그는 심지어 우리가 '역사의 종말' 혹은 '세계의 종말'이라고 부를 수도 있는 것을 제안하기까지 한다.

> 그리고 멀리서 일어나는 하나의 성스러운 사건,
> 모든 천지 피조물이 그곳을 향해 이동한다.

이것이 인간의 최종적 상승이었다. 모든 창조가 끝나고 인간이 신과 하나 되는 순간 말이다.

✦ ✦ ✦

이 같은 개념에 담긴 폭력은 거의 납득하기 어려울 정도다. 빅토리아 시대의 가장 걸출한 서정 시인이 유인원과 호랑이의 멸종을 인류가 '최고 종족'의 종으로 진화하기 위한 적극적 조치로 바라본다는 게 설마 가능한 일일까? 우리는 그저 못 미더운 채로 궁금해할 따름이다.

여기에서 당혹스러운 대목은 그 같은 개념들이 우리의 직관에 반한다는 것이다. 진화론, 그리고 인간이 긴밀한 유연관계로 다른 생명체와 이어져 있다는 지식은 가족적 동류의식을 빚어내야 마땅하지 않을까? 모든 인간이 같은 조상의 후예라는 발견은 형제적 연대 의식을 심어주어야 하지 않을까? 이런 일이 몇몇 사람에게는 일어났지만, 다른 많은 사람에게 진화의 개념은 정확히 그 반대로 작용했다. 즉, 그 개념은 단 한 종류의 인간, 즉 백인 서양인의 절대적 예외주의와 우월주의에 대한 믿음을 더욱 공고히 해준 것이다. 진화는 다른 모든 인간 및 비인간 존재 위로 이 '최고 종족'을 끌어올리는 불가피한 과정으로 간주되기에 이르렀다.

인간예외주의에 대한 믿음은 결코 드물지 않다. 근대 이전의 기독교도, 이슬람교도, 기타 많은 종교인은 인간이 신의 총애를 누리는 종이라고 믿었다. 하지만 그들 중 누구도 인류의 진보가 다른 종들, 그리고 실제로 대부분의 인간에 대한 대대적 말살을 수반한다는 개념은 받아들이지 않았다. 그럼에도 그런 개념은 19세기 말 수많은 자유주의적이고 진보적인 서구인들에 의해 그저 상식으로 받아들여졌다.[19] 이것은 특히 어쩌다가 국가 정책을 통해 자신의 믿음과 이론을 현실 세계에 구현할 수 있는 힘을 쥔 부류들에게 해당되었다.

이 개념들 가운데 일부가 비단 서구에서뿐만 아니라 그 밖의 세계에서도 여전히 널리 만연해 있음을 부인하기란 어렵다. 그 기저에는 세계와 역사적 시간에 대한 이해 방식, 즉 지구를 양육자나 생명 제공자가 아니라 그를 둘러싼 유대 관계라는 무거운 짐으로 바라보는 이해 방식이 깔려 있다. 즉, 인간이 좀더 높은 단계의 존재로 비상하기 위해 필히 벗어던져야만 하는 무거운 짐으로 말이다. 이는 제노사이드와 에코사이드(ecocide: 환경 파괴—옮긴이)를 불가피하다고 여기는 데 그치는 게 아니라 좀더 고차원적인 목적을 위한 수단으로 간주하기까지 하는 시각이다. 실제로 이러한 세계관은 제노사이드나 에코사이드에서 한술 더 뜬다. 요컨대 그것은 모든 것, 즉 인간·동물·행성 자체의 절멸을 뜻하는 '옴니사이드'의 가능성을 상상하고 그것을 적극 반기기까지 한다. 테니슨이 언급했다시피, 세상의 종말은 인간이 온갖 육체적이고 세속적인 속박을 벗어던진 순수한 영혼으로서 진정한 자아를 실현하도록 허락하는 "멀리서 일어나는 사건"으로 여겨진다.

이 개념들은 얼핏 정신 나간 것처럼 보일지도 모르지만, 오늘날까지도 지속적으로 상상계의 필수적 기층을 떠받치고 있다. 그 자취는 우리를 둘러싼 곳곳에서 살펴볼 수 있다. '휴거(Rapture, 携擧)'에 대한 복음주의적 기독교 사상에서, 에코파시스트의 종말론적 비전에서, 인종 '청소된' 세계를 갈망하는 이들의 꿈속에서, 그리고 이 거친 대지와 그곳에서 살아가는 뚱한 거주민에게 넌더리를 내고 다른 모종의 행성을 테라포밍함으로써 좀더 고분고분한 지구 버전을 구축하고자 열망하는 억만장자들의 환상 속에서 말이다.[20] 그들의 꿈은 일견 미래 지향적이고 시대를 앞서는 것처럼 보일는지 모르지만, 실은 정착형 식민주의 주민이 지구 대부분을 '네오유럽'으로 바꿔놓은 테라포밍 과정을 다시 한번 추진하고자 하는 격세유전적(atavistic) 욕망과 다를 바 없다.

✦ ✦ ✦

내가 여기에서 언급한 믿음, 비전, 그리고 프로젝트는 모두 단 하나의 강력한 끈으로 연결되어 있다. 그 끈이란 바로 행성들이 비활성이라는 가정, 그것들이 자유 의지도 없고 행동할 수도 없다는 가정, 행성들이 오직 그것을 정복하기에 충분히 강한 인간에 의해 사용될 수 있는 자원으로서만 존재한다는 가정이다. 또한 이 같은 기초적인 철학적 전제는 많은 학문 분야와 학계 관행의 기저를 이루기도 한다. 그것은 자연의 여러 실체와 '자원'이 기본적으로 비활성이고, 아무런 자체적인 행위 주체성도 지니고 있지 않다고 가정한다. 이 같은 기반의 자취는 심지어 앨프리드 크로즈비의 '네오유럽'이라는 용어에서도 발견할 수 있다. 크로즈비는 유럽 식민지의 생태적 변화가 완성된 프로젝트이며, 재창조된 그들 풍경의 안정성을 무한정 보장받으리라는 것을 당연시한 듯싶다.

하지만 과연 그럴까?

오늘날 지구에서 가장 집중적으로 테라포밍된 일부 지역—플로리다주, 캘리포니아주, 미국 중서부, 오스트레일리아 남동부 등등—에 피해를 안겨주는 홍수·산불·가뭄을 살펴볼 때, 우리는 그 풍경들이 이제 유럽 정착민이 제게 부과한 형태에서 벗어나기로 마음먹은 게 아닌가 궁금하지 않을 수 없다.

오늘날 지구 전역에서 펼쳐지는 환경적·생물학적 재앙을 지켜보노라면, 우리는 지구 행성이 그저 인간에게 자원을 제공하기 위해 존재하는 비활성 존재라는 믿음을 고수하기가 한층 어려워진다. 대신 지구의 반응은 폴란드 공상과학 소설가 스타니슬라프 렘(Stanislaw Lem)이 자신의 빼어난 소설〔《솔라리스(Solaris)》〕의 제목으로 삼은 어느 상상의 행성을 점점 더 떠오르게 만든다. 그의 소설에서 솔라리스는 인간이 도발하자 전혀 예기치 못한 불가사의한 방식으로 인간에게 반격을 가하기 시작한다.

아무튼 지구가 행동할 수 있고 행동하고 있다는 사실은 점차 분명해지는 중이다. 그런데 그 행동은 특이하게도 1621~2021년 사이에 가로놓인 400년의 간극을 그저 일순간으로 만들어버리는 시간 척도에 걸쳐서 전개되고 있다. 산사태가 일어나며 바윗덩어리가 떨어져나가는 것과 같은 시간 척도에 걸쳐서 말이다. 그런 관점에서 보면, 우리 시대의 기후 변화는 다름 아니라 400년에 걸친 테라포밍—즉, 그 기간 동안 전 세계 엘리트들이 보편적으로 채택한 신자유주의의 외피를 두른 프로젝트—이라는 도전에 대한 지구의 응전이다.

이 같은 전개 양상을 보면, 많은 '야만적'이고 '야수 같은' 사람들이 풍경과 지구에 대해 그들의 정복자들은 알아차리지 못한 무언가를 이해했다는 사실이 한층 더 분명해진다. 아마도 이것이 경험적 사고방식을 지닌 빈틈없는 삼림 감독관, 물 전문가, 그리고 경관 공학자들조차 생태계에 대한 토착민의 이해 방식에 기반을 둔 정책을 옹호하기 시작한 까닭일 것이다. 전문가들은 오늘날 이에 테크(Traditional Ecological Knowledge, TEK: 전통적인 생태학 지식—옮긴이)라는 이름을 붙여주기까지 했다.[21] 하지만 안타깝게도 그 이름은 근본적 오류를 드러내고 있다. 토착민의 이해 방식을 노래와 이야기로 만들어지고 지탱되는 인식이라기보다 유익한 '지식'이라고 가정하기 때문이다.

만약 화산이 의미를 빚어낼 수 있다는 것을 **알지** 못한다면, 당신은 구능아피에 대해 결코 반다인이 하는 것처럼 말할 수 없다. 만약 '빛나는 세계'가 당신을 위해서도 빛나지 않는다면, 당신은 디네타에 대해 디네족이 하는 것처럼 말할 수 없다.

당신의 노래와 이야기들이 살아 있는 지구, 즉 가이아(Gaia: 고대 그리스인이 '대지의 여신'에 붙인 이름으로, 지구를 은유적으로 이르는 말—옮긴이)에 거주하는, 눈에 보이거나 보이지 않는 모든 존재에게 생명력을 불어넣지 않는다면, 지구 행성은 결코 당신에게 활기 띤 존재가 아닐 것이다.

07

괴물 같은 가이아

가이아 가설이 이름을 얻게 된 경위에 관한 이야기는 여러 차례 전해졌는데, 다름 아니라 그 이름을 쓰기 시작한 제임스 러브록(James Lovelock)에 의해서였다. 그 이야기의 배경은 윌트셔(Wiltshire)의 바워초크(Bowerchalke)라는 전원적인 영국 마을이었다. 러브록이 그 가설을 여전히 구상 중이던 1960년대 말에 거주하던 곳이다. 그 마을에 사는 러브록의 이웃 가운데 하나가 학생들에게 꾸준히 사랑받는 소설 《파리 대왕(Lord of the Flies)》을 쓴 윌리엄 골딩(William Golding)이었다.

러브록은 때로 마을 우체국으로 가는 길에 그 소설가와 우연히 마주치곤 했는데, 이와 같은 조우는 이따금 오랜 산책으로 이어지기도 했다. 그는 산책하는 동안 자신의 아이디어를 골딩에게 들려주곤 했다. 어느 산책길에서 러브록이 어쩌다가 대기와 바다와 그 밖의 많은 시스템이 역동적으로 상호 작용하는 살아 있는 실체로서 지구라는 자신의 아이디어를 제대로 담아낼 만한 이름을 떠올리느라 고전하고 있다고 토로했다.

골딩은 이 문제를 며칠 동안 고심한 다음 그 가설에 그리스인이 대지의 여신에게 지어준 가이아라는 이름을 붙이면 어떻겠냐고 제안했다. 러브록은, 그 자신의 설명에 따르면, 골딩의 제안을 잘못 알아들었다. 처음에는 골딩이 나선형이나 소용돌이를 뜻하는 '자이어(gyre)'라고 말하는 줄 알았다. 하지만 설명을 듣자마자 러브록은 '가이아'를 냉큼 받아들였다.

이어지는 몇십 년 동안 러브록은 미생물학자 린 마굴리스(Lynn Margulis)와의 긴밀한 협력을 통해 가이아 가설을 발전시켰으며, 그들의 작업은 마침내 지구과학에서의 패러다임 전환을 일으킨다. 하지만 처음에 지구를 '생명체가 생명체를 위한 조건을 유지해주는' 살아 있는 실체라고 보는 아이디어는 과학계 내에서 회의론뿐 아니라 적대감마저 불러일으켰다. 개중 일부는 가이아라는 이름 자체를 못마땅하게 여기기도 했다.

한편 러브록으로서는 아마도 그 같은 반응을 미리 예상한 것 같다. 〈가이아란?(What is Gaia?)〉이라는 제목의 짧은 논문에서 그는 도발을 일으키려는 의도로 그 용어를 사용했음을 분명히 했다.

> 오래전에 그리스인들은 …… 대지에 가이아, 즉 줄여서 게(Ge)라는 이름을 붙여주었다. 당시 과학과 신학은 한 몸이었고, 과학은 지금보다 덜 정확하긴 했지만 영혼을 지니고 있었다. 시간이 흐르면서 이 같은 따뜻한 관계는 희미해지고 스콜라 신학자들의 냉랭함이 그 자리를 대신했다. 더 이상 생명에 관심을 두지 않는 생명과학은 죽은 것들의 분류, 심지어 생체 해부 쪽으로 기울었다. …… 이제는 적어도 변화의 조짐이 일어나고 있다. 과학은 다시 총체론적으로 바뀌고 영혼을 재발견하고 있으며, 세계교회주의적(ecumenical) 힘들에 의해 움직이는 신학은 가이아가 학문적 편리함을 위해 조각조각 쪼개져서는 안 된다는 것, 그리고 '게'가 접두사 이상의 의미를 지닌다는 것을 깨닫기 시작했다.[1]

하지만 러브록의 도발은 비단 과학계만을 향해 의도된 게 아니었다. 그는 물질적 대상과 지상의 힘들에서 '영혼'(라틴어로는 아니마(anima))을 재발견하자고 촉구함으로써, '생기론' 또는 심지어 '애니미즘(animism)'—인간만이 영혼을 지닌 유일한 존재가 아니라고 보는 믿음—이라는 유령을 불러들이고 있었다.[2] 그리고 그렇게 하는 것은 공식적 근대성의 가장 강력한 금기 가운데 하나를 위배하는 것이었다.

물질을 비활성이라고, 즉 죽은 탐구의 대상이라고 보는 근대적 개념은 이를테면 가톨릭 신자와 개신교 신자 간에, 다양한 개신교 종파들 간에, 유럽의 엘리트 남성과 가난한 여성 간에, 그리고 아마도 가장 중요한 것으로, 유럽의 식민지 개척자와 북·남미의 토착 원주민 간에 폭력을 주고받는 과정을 거치면서 등장했다. 북·남미의 토착 원주민 가운데 상당수는 온갖 유의 물질적 실체와 지상의 힘들은 저마다 타고난 권한과 행위 주체성을 지닌다고 믿었다.[3] 이처럼 전혀 다른 견해들 간의 투쟁은 당시 정착민과 원주민 사이에 빚어진 영토 전쟁의 폭력을 고스란히 되비추는 형이상학적 충돌이었다. 따라서 "모든 물질 속에 영혼이 깃들어 있다는 믿음"을 뿌리 뽑겠다는 목표는 "영국이 자연 및 자연에 대해 부적절한 견해를 지닌 이들을 상대로 벌인 정복의 마지막 단계"라고 여겨졌다.[4]

근대성 이데올로기가 우위를 차지하기 시작하면서, 생기론에 맞선 전쟁은 유럽의 식민주의 및 정복 프로젝트의 확대와 손을 잡기에 이른다. 이들 프로젝트의 기본 요소는 오로지 '야만인'과 '원시인'만이 지구—즉, 숲이나 화산 같은 지상의 실체들—가 인간으로서는 지각하지 못하는 특성을 지닌다고 믿는다는 발상이었다. '문명인'이 되려면 지구가 불활성이고 기계와 같다는 것, 그리고 지구의 모든 측면이 원칙적으로는 인간의 지식이라는 우산 아래 놓여 있다는 것을 받아들여야 한다. 다른 한

편 "야만성"을 정의하는 특징은 "자연과 천체가 생명력을 지닌다는 믿음"이다.[5]

유타주와 애리조나주에 걸쳐 있는 포웰호(Lake Powell)에서 이름을 딴 존 웨슬리 포웰(John Wesley Powell)은 19세기 말의 지질학자이자 군인이자 탐험가였는데, 그의 견해는 아메리카 원주민에 대한 미국의 정책에 항구적으로 영향을 미쳤다. 그는 생기론과 문명은 상호 배타적임을 지나치게 확신한 나머지 이렇게 말했다. "그들〔인디언들〕에게 일을 가르치는 것 다음으로 중요한 작업은 영어를 가르치는 것이다. 그들의 언어에는 너무 많은 신화와 마법이 뒤섞여 있어서 …… 그들의 언어로는 도무지 문명화한 삶의 아이디어와 사고를 그들에게 전달할 수 없다."[6]

이 구절에서 분명하게 엿볼 수 있듯 포웰 같은 저명 과학자들이 지구가 무생물 자원 그 이상이라고 믿는 것은 자신이 미신에 휘둘리는 야만인이라고 선언하는 것이나 진배없었다. 그것은 결국 멸종, 즉 절멸의 대기자 목록에 본인 이름을 올려놓는 꼴이었다. 생기론, 야만성, 그리고 멸종은 각 단어가 다음 단어를 암시하는 연쇄 고리를 이루었다. 따라서 1883년 종교의 자유가 기본 교리인 나라에서 미 내무부는 기본적으로 토착민의 종교 활동을 금지하는 '인디언 범죄법(Code of Indian Offenses)'을 도입했다.[7] 원주민의 종교 활동은 1978년 '아메리카 인디언 신앙자유법(American Indian Religious Freedom Act)'이 통과되고서야 비로소 합법화했다.[8]

러브록의 도발은 이 같은 배경에 비추어 평가해야 한다. 왜냐하면 그는 자신의 이론에 가이아라는 여신의 이름을 붙임으로써 수 세기에 걸친 기념비적인 억압 프로젝트를 망치려고 위협하는 열렬한 과학자이자 엔지니어이자 서구인이었기 때문이다.[9]

✦ ✦ ✦

가이아는 누구였나?

그리스인에게 가이아는 우리가 대지의 여신을 상상할 때 그려보는 경향이 있는 그런 유의 인물이 전혀 아니었다. 그녀는 케추아족(Quechua)이 모시는 대지의 여신 파차마마(Pachamama)처럼 어머니 같은 자애로운 신도 아니고 양육자의 면모도 갖추고 있지 않았다.[10] 호머(Homer)와 같은 시대를 산 위대한 서사시인 헤시오도스(Hesiodos: 기원전 8세기경의 그리스 시인—옮긴이)가 쓴, 세계의 시작에 대한 이야기 《신들의 계보(Theogony)》에는 "가슴이 넓은" "길이 넓은" "한이 없는" "한량없이 너그러운" "거룩한" 등 가이아를 묘사하는 형용사가 다수 등장한다. 하지만 흔히 쓰이곤 하는 또 한 가지 형용사는 "괴물 같은(monstrous)"이다.[11] 가이아는 카오스(Chaos: 아주 깊은 틈), 타르타로스(Tartaros: 지구의 깊은 곳), 그리고 "불멸의 신들 가운데 가장 아름다운 신"인 에로스(Eros)와 더불어 최초의 존재들을 이루는 4인방의 일원이다.

가이아는 아들 우라노스(Uranos)를 낳고, 그를 남편으로 맞이해 많은 자녀를 낳았는데, 다들 하나같이 "처음부터 아버지를 극도로 미워했다". 가이아의 자녀들이 그런 이유는 아마도 그들이 태어나자마자 우라노스가 햇빛 아래로 나올 수 없도록 그들을 가이아 속에 숨겼기 때문일 것이다. 가이아는 여기에 신물이 났고, 그래서 마침내 "속으로 신음하다가" "교활하고 사악한 속임수"를 생각해낸다.[12] 그녀는 파괴할 수 없는 단단한 돌로 톱니 모양의 낫을 만든 다음 자식들에게 보여주면서 이렇게 일렀다.

무모한 아비를 둔 내 아이들아.

너희가 내 말을 따르는 데 동의한다면,
우리는 네 아비의 사악한 잔학 행위에 복수할 것이다.
그가 먼저 추악한 일을 꾸몄기 때문이다.

아버지를 화나게 할 수 있는지라 가이아의 자녀들 가운데 단 한 명만 빼고는 모두 두려움에 떨었다. 유일하게 "비뚤어진 조언자" 크로노스(Kronos)만이 나서서 그녀의 공범 역할을 하는 데 동의했다.

어머니, 그 일을 완수할 것을 약속드릴게요.
왜냐하면 저는 악명 높은 아버지를 좋아하지 않으니까요.
어머니 말씀대로 당신께서 먼저 추악한 일을 꾸몄으니까요.

이 말을 들은 "괴물 같은 가이아"는 마음속으로 크게 웃었고, 아버지를 매복 습격할 수 있는 적당한 장소에 돌낫으로 무장한 크로노스를 숨겨놓았다. 우라노스가 가이아와 다음 번 잠자리에 들었을 때 크로노스는 낫을 빼 들어 아비의 성기를 잘라버렸다.

하지만 크로노스는 일단 왕좌에 오르자 아버지를 능가하는 탐욕을 드러냈다. 가이아에게서 아들의 손에 전복당할 운명이라는 말을 들은 크로노스는 아내 레아(Rhea)가 아이를 낳는 족족 잡아먹었다. 마침내 가이아가 다시 개입해서 아이들 중 막내 제우스(Zeus)를 몰래 빼돌릴 때까지 말이다. 제우스는 가이아의 조언에 따라, 진짜로 크로노스를 전복시키고 신들 가운데 가장 강력한 신으로 군림한다.

여기에서 보듯이 가이아는 때로 교활한 책략가의 면모를 드러내기도 했다. 그녀는 꾸민 일들의 규모가 엄청났다는 점만 다를 뿐 거의 협잡꾼

이라 할 만했다. 하지만 다른 한편 가이아는 인간과 신들이 서로 다투는 전쟁터 노릇을 했기에 그로 인해 고통받기도 했다. 그녀는 숲이 불타고 바다가 들끓을 때마다 신음을 토하고 비명을 질렀다.

그리고 괴물 같은 가이아는
엄청난 폭발음을 내면서
온몸이 불타고 있었다.
으르렁거리는 도가니 속에서 장인의 솜씨 아래
가열된 양철처럼 녹아내렸다.
산중 협곡에서 이글거리는 불에 제압당하며
천하 최강인 철이 헤파이스토스*의 손 아래
빛나는 지상에서 녹아내리듯이 말이다.
이렇게 가이아는 활활 타오르는 불길에 휩싸인 채 녹아내렸다.

헤시오도스는 마치 미래에 무슨 일이 닥칠지를 미리 암시해준 것 같다.

✦ ✦ ✦

가이아가 협잡꾼 같은 노릇을 한 것으로 나오는 또 하나의 전설은 황금 사과(Golden Apple: 그리스·로마 신화에서 '헤스페리데스(Hesperides)의 사과'라 불리며, 신의 영역에 속한 금단의 과일—옮긴이) 전설이다.

---

* Hephaestos: 불, 대장장이의 일, 수공예를 담당하는 고대 그리스 신—옮긴이.

전설에 따르면, 제우스가 헤라(Hera)와 혼인했을 때, 가이아가 황금 사과의 가지를 꺾어왔다고 한다. 헤라는 너무나 마음을 빼앗긴 나머지 가이아에게 멀리 서쪽에 있는 그녀의 정원에 그 가지를 심어달라고 간청했다. 일단 사과나무를 심자 헤라는 그것을 보호하기 위해 목소리 맑은 헤스페리데스를 선택했다. 하지만 만일의 사태에 대비해 또 다른 관리인으로서, 용 또는 뱀으로 다양하게 묘사되는 라돈(Ladon)을 임명했다.

가이아의 황금 사과는 갈등의 씨앗을 잉태했다. 그 씨앗들은 끝없는 유혹과 불화의 원천이었다. 그들이 인류사에 개입할 힘을 지니게 된 것이 바로 이 같은 특성 때문이었다. 결국 트로이 전쟁으로 이어지는 일련의 사건을 촉발한 것이 다름 아니라 황금 사과였다.

전설에 따르면, 프티아(Phthia)의 왕 펠레우스(Peleus)가 바다의 님프 테티스(Thetis)와 혼인할 때 제우스가 연회를 베풀었는데, 불화의 여신 에리스(Eris)는 그 자리에 초대받지 못했다. 에리스는 화풀이로 헤라의 정원에서 황금 사과를 한 개 훔쳐낸 다음 "가장 아름다운 이에게"라고 쓰인 문구를 적어 그 연회장에 던졌다.

세 여신—헤라, 아테나(Athena), 아프로디테(Aphrodite)—이 서로 그 사과가 자기 것이라고 다투면서 제우스에게 판정을 요청했다. 하지만 제우스는 그 요청을 거부하고, 대신 공정하기로 이름난 인간인 트로이 왕 프리아모스(Priamos)의 아들 파리스(Paris)에게 판결을 넘겼다. 따라서 세 여신은 헤르메스(Hermes)의 안내를 받아 이다산(Mount Ida) 비탈에 있는 파리스에게 가기 전 목욕을 하기 위해 이다 샘으로 내려갔다. 파리스는 겉모습만으로는 그 여신들 중 한 명을 선택할 수 없었다. 그러자 세 여신은 뇌물을 써서 그를 구워삶으려 했다. 그에게 헤라는 아시아와 유럽의 왕자리를 제의했으며, 아테나는 지혜와 싸움에 필요한 용기를 선물했고, 아프로디테는 세상에서 가장 아름다운 여인인 메넬라오스(Menelaos)의 아내 헬레네(Helene)를 주겠다고 약속했다.

이렇게 해서 트로이를 멸망시키고 트로이 사람들을 고국에서 추방하는 결과로 이어진 일련의 사건이 촉발되었다. 이 모든 것 뒤에는 기적의 과실인 가이아의 황금 사과가 놓여 있었다.

✦ ✦ ✦

《성경》에서 과실—많은 사람이 사과라고 믿는—은 인류가 기품 있는 상태에서 추락하도록 만드는 매개다.

선악과와 황금 사과의 이야기에는 유사한 요소가 있다. 둘 다 정원(동산), 뱀, 그리고 당연히 거부할 수 없는 유혹을 지닌 과실을 특징으로 한다. 《성경》에서도 그 과실과 그것을 맺는 나무는 지구로부터 인류사로 흘러드는 복잡한 관계망을 빚어낸다.

《성경》의 선악과나무와 말루쿠의 나무 간에 유사성이 있다는 사실이 17세기의 에스파냐 역사가 바르톨로메 레오나르도 데 아르헨솔라(Bartolomé Leonardo de Argensola)의 눈에는 분명해 보였다. 그가 적은 바에 따르면 "정향은 …… 왕들에게 권력과 부를 안겨준 귀중한 상품이며, 왕들이 전쟁을 일으키는 원인이다. 이것은 불화의 열매이다. ……지금껏 그것을 얻기 위한 전쟁은 금광을 차지하기 위한 싸움보다 더 치열했고, 지금도 여전히 그렇기 때문이다".[13]

인도의 서사시 전통에서는 과실보다 꽃이 압도적 욕망의 대상이다. 《마하바라타(Mahabharata: 옛 인도의 대서사시—옮긴이)》에서 드라우파디(Draupadi)는 우연히 놀랍도록 아름다운 연꽃을 발견하고, 비마(Bhima)에게 그 꽃을 자신한테 따다 달라고 요구한다. 결국 그 꽃을 찾아 나선 비마는 마법의 간다마다나(Gandhamadana)산에 오르게 되는데, 거기에서 하누마나(Hanumana)와의 조우를 통해 계시를 얻는다. 이것은 《마하바라타》에서 결코 유일한 경우가 아니다. 식물, 꽃, 약초, 나무는 욕망과 찬미의 대상으로 되풀이해 등장한다.

✦ ✦ ✦

이런 이야기에서 공통적인 것은 다들 하나같이 인간을 지구의 산물들과 더없이 밀접하게 얽혀 있어 그것들 없이는 과거를 기억할 수 없는 존재로 바라본다는 것이다. 반면 오늘날의 학문적 역사에서는 정향·육두구·메이스·담배·사탕수수 등이 그저 자원이거나 상품일 뿐이고, 그것들의 운명은 전적으로 인간에게 달려 있다. 다시 말해, 그것들은 비활성이며 세계와 역사를 형성하는 그들 자체의 힘을 가지고 있지 않다.

이런 접근법은 많은 강점을 지닌다. 모든 상품을 비교 가능한 측정 항목으로 환원함으로써, 예컨대 경제사 같은 학문은 가격이나 소비자와 관련한 행동에 대해 많은 것을 드러내줄 수 있다. 하지만 학문적 역사의 여러 절차는 흔히 계시적임에도 더러 비활성으로 보이는 자원들이 인간의 삶 및 인류사와 이례적일 정도로 복잡하게 얽혀 있다는 사실을 모호하게 만들어버리기도 한다. 이에 알맞은 예가 네덜란드인이 정향과 육두구에 대한 독점권을 확보하려 애쓰던 것과 거의 같은 시기에 거래하기 시작한 상품, 즉 아편이다.

아편이 고통을 누그러뜨리고 희열감을 안겨준다는 사실은 오래전부터 익히 알려졌으며, 그 약물은 수천 년 동안 '소량으로' 유통되어왔다. 하지만 아편이 '다량으로' 거래되기 시작한 것은 17세기에 이르러서였다. 이번에도 그 개척자는 네덜란드인이었다. 그들은 말라바르 해안〔Malabar Coast: 인도 남서 해안의 아라비아해와 서고츠(Western Ghats) 산맥 사이 지대—옮긴이〕과 동인도에서 오는 향신료에 대한 비용을 치르는 데 아편을 사용함으로써 그 약물의 상업적 교역을 시작했다.[14] 네덜란드 동인도회사의 아편 사업은 이내 그들의 주 수입원 가운데 하나로 떠올랐고, 그 회사의 고위 관리 상당수와 심지어 네덜란드 왕족까지 돈방석에 앉혔다.[15]

다음 단계를 밟은 것은 영국인이었다. 그들은 인도에서의 아편 재배를 산업적 차원으로 키웠으며, 동인도회사가 중국에서 차를 구매할 때 그것으로 대금을 치렀다. 아편으로 거둔 이윤은 기본적으로 영국의 인도 통치를 위한 자금에 쓰였으며, 결국 보스턴 브라민(Boston Brahmin: 보스턴의 상류층 인사—옮긴이)이라고 알려진 이들의 상당수를 포함해 많은 영국인, 인도인, 그리고 미국인 무역상의 배를 불려주었다.[16]

따라서 대대적인 아편 무역은 분명히 현대적인 산업 시대의 현상이었다. 하지만 아이러니하게도 아편을 거래하는 유럽인 및 미국인 무역상은 그것을 '동양적' 과거의 유물이라고 여겼다. 그들에게 아편은 그들 자신의 빠른 진보의 시대와는 아무 관련이 없는 것이었다. 그들이 보기에 아편 사용은 역사의 뒤안길로 사라져가는 과정에 놓인 '하등하고' '낙오한' 종족의 퇴보를 드러내는 징표였다.

20세기의 상당 기간 동안 아편은 일종의 의고주의(archaism: 고대의 형식을 숭배하고 모방하려는 회고적 주의나 태도—옮긴이)로서, 폐쇄적인 과거 역사의 한 페이지를 장식한 것으로서 낙인찍혀 있었다. 합성 대체물이 그 식물 기반 물질을 대신할 게 확실할 거라고 추정되었다. 그리고 그런 일이 일어나면 아편은 아선약(gambier, 阿仙藥: 식물성 지혈·수렴제—옮긴이)이나 인디고(indigo)

처럼 한때 가치 있었던 기타 자원들과 마찬가지로 시간의 저편으로 영영 사라질 터였다.

하지만 아편 역시 제 나름의 생각이 있는 것 같다. 꾸준히 이러한 기대에 도전해왔으니 말이다. 현재 미국의 오피오이드(opioid: 아편 비슷한 작용을 하는 합성 진통·마취제—옮긴이) 위기는 그 약물이 오늘날까지도 우리와 매우 가까이 있음을 보여준다. 그것은 병에 도로 집어 담을 수 없는 익히 알려진 정령이다. 아편은 바이러스처럼 변화하고 변이를 일으킬 수 있다. 그리고 바이러스가 수용체를 가지는 것처럼 아편 역시 그러하다. 즉, 아편을 역사 속으로 안내하는 문은 인간의 탐욕과 고통, 절망과 비참이다. 모든 아편류에 공통으로 들어 있는 모르핀 분자는 그것을 인체로부터 쫓아내려는 시도에 극력 저항하는 것 같다. 그러려고 시도하는 이에게 극심한 고통을 안겨주기 때문이다. 어느 약리학자가 밝혔다시피 "아편은 규칙을 따르지 않는지라,"[17] 이런 일이 정확히 어떻게 해서 일어나는지는 아직껏 밝혀지지 않았다.

인간의 삶과 얽혀 있는 이 같은 독특한 특성은 아편이 그것의 물질성을 뛰어넘는 위력을 지녔음을, 그것이 역사 속에 들어와서 인간에게 휘둘리지 않는 방식으로 세계에 영향을 미칠 수 있음을 보여준다. 양귀비(poppy)가 인간의 삶과 뒤엉킨 불가해한 측면을 기술하는 데 가장 근접한 단어는 '불가사의하다(uncanny)'뿐이다. 이와 같은 뒤엉킴은 자원에 관한 언어로도, 파파베르 솜니페룸(*Papaver somniferum*)이라는 학명으로 통하는 그 꽃의 화학적 성질로도 결코 설명할 수 없다.

✦ ✦ ✦

아메리카 원주민 식물학자 로빈 월 키머러는 "이름은 우리 인간이 서로서로와뿐 아니라 살아 있는 세계와 관계 맺는 방식"[18]이라고 썼다. 따라서 '이름을 짓는(name)', 더 정확히 말해 '이름을 새로 짓는(rename)' 힘은 제국이 가진 가장 큰 특권 가운데 하나였다. 그 힘이 오늘날 살아 있는 세계에 대한 주도적 설명 방식의 발판을 마련해주었기 때문이다.

모든 것에 새로 이름을 부여하는 작업은 말루쿠가 네덜란드 제국으로 흡수되던 무렵에 본격적으로 시작되었다. 장소에 이름을 짓는 일은 유럽의 탐험가나 항해자들 몫이었지만, 그 밖의 다른 모든 것에 이름을 붙이는 일은 얀 쿤 같은 제국 건설자의 뒤를 바짝 따른 '자연철학자', 명연주자(virtuosi), 의사, 골동품 수집가 등이 잡다하게 섞인 집단에 맡겨졌다.[19] 이 전문가들은 다름 아니라 제국의 환경 자산을 범주화하고 분류했으며, 특히 그에 이름을 붙임으로써 유럽의 제국 정책 입안자들이 어떻게 하면 그 자원을 가장 잘 사용할 수 있을지 결정하도록 안내했다. 역사적으로 "과학과 제국은 서로의 원인이자 결과"[20]라고 말할 수 있는 이유가 바로 이 같은 의미에서다.

말루쿠에 가장 적극적인 지지를 보낸 자연주의자가 반다 대학살이 있고 32년 뒤인 1653년 암본에 도착했다. 그는 독일인과 네덜란드인의 혼혈로, 원래 이름은 게오르크 에버하르트 룸프(Georg Eberhard Rumpf)였다. 비록 그가 불후의 명성을 얻는 것은 라틴어 경칭인 룸피우스(Rumphius)라는 이름으로였지만 말이다.[21]

룸피우스는 고작 26세의 나이로 암본에 왔다. 그는 그곳에서 나머지 인생을 살았으며 병사, 상인, 행정가, 고문, 그리고 마지막으로 자연주의자 등의 다양한 자격으로 네덜란드 동인도회사에 복무했다.[22] 그 시대를 살던 다른 유럽의 자연주의자들과 마찬가지로, 룸피우스의 작업도 지역 학자들과의 협력을 통해 가능했다.[23] 동인도에서 이 학자들은 주로 지역 여성이었는데, 룸피우스의 경우 협력자는 아내 수산나(Susanna)였다. 그는 암본에 도착하고 몇 년 뒤 그녀를 만나서 결혼했다.[24] 수산나는 유라시아계이거나 중국계 혼혈로 추정되는 본토박이 암본인이었으며, 말루쿠의 식물 지식에 조예가 깊었다. 어느 모로 보나 그들의 결혼 생활은 행복했으며, 그들은 슬하에 두 딸과 아들 하나를 두었다.

하지만 룸피우스에게 더할 나위 없이 행복한 시절은 그리 오래가지 않았다. 결혼하고 얼마 안 되어 그의 인생을 괴롭히는 숱한 불행 가운데 첫 번째 불행이 닥쳤다. 그는 43세의 나이에 실명했다. 아마도 협우각녹내장(narrow-angle glaucoma) 때문으로 추정된다.[25] 그로부터 4년 뒤인 1674년 중국 춘절(春節: 음력 설날—옮긴이)에, 수산나와 막내딸이 암본을 덮친 참혹한 지진으로 목숨을 잃었다. 모녀는 그 도시의 중국 지구에서 열리는 축제를 구경하러 나들이를 나선 참이었다. 땅이 흔들리기 시작했을 때 지인 집에 머물던 모녀는 빠져나오려고 안간힘을 썼지만 끝내 무너진 벽에 깔려 숨지고 말았다. 암본의 빅토리아 요새(Fort Victoria) 공식 기록물에는 이렇게 적혀 있다. "그 남성〔룸피우스〕이 시체 두 구 옆에 앉아 있는 모습을 지켜보며, 그가 이 사건과 자신의 실명에 대해 한탄하는 이야기를 듣고 있자니 무척이나 애처로웠다."[26] 룸피우스는 나중에 아내의 이름을 따서 한 난(蘭)에 플로스 수산나에(Flos susannae)라는 이름을 지어준다. 이 난은 훗날 린네에 의해 펙테일리스 수산나에(*Pecteilis susannae*)라는 학명을 얻었다.[27]

룸피우스가 살아간 시기에는 아직 린네의 이명법 체제가 존재하지 않았고, 따라서 그는 저만의 독특한 명명 체제를 따랐다. 이렇게 해도 그가 행한 작업의 과학적 가치가 손상되었던 것 같지는 않다. 그가 말루쿠의 꽃, 식물, 바다 생물에 대해 묘사한 내용의 정확성은 몇 번이고 입증되었다.[28] 실제로 전문 용어의 부족 때문에 룸피우스의 작업은 이례적이리만치 시적인, 심지어 마술적인(즉, 생기론적인) 특성을 띠었다. "그의 저술에는 린네 이후의 색인 작성자에게서는 보기 힘든 유대감과 공감 정신이 깃들어 있다."[29]

만약 룸피우스가 살아 있는 동안 린네의 명명법이 도입되었더라면, 그는 기꺼이 그 체제를 받아들였을까? 당연히 그랬을 거라고 볼 수는 없다. 오늘날 그 체제는 '자연' 자체와 동의어로 받아들여지지만, 그것이 주도적으로 부상한 것은 결코 자연적이거나 논란 없이 매끄러운 과정이 아니었다. 실제로 그 체제에 대한 가장 신랄한 비판자 중 일부는 룸피우스의 경우처럼 제국의 주변부에 기반을 둔 학자들이었다.[30]

린네의 체제가 거의 기적에 가까운 확장성을 지닌 놀랍도록 멋진 분류법이라는 데에는 의심의 여지가 없다. 하지만 그것이 경쟁자들을 제치고 승리를 거둔 이유는 린네의 체제가 자연을 잘 담아냈기 때문이 아니다. 에스파냐 제국의 결정적 개입 때문이었다. 에스파냐 제국은 18세기 중엽 공통의 용어와 일관된 언어를 갖게 하려고 린네의 이명법 체제를 채택하도록 제국의 식물 탐험대에 명령했다.[31] 모든 것은 일관된 '유용 자원'으로 바뀔 수 있게끔 이름 짓기 과정을 통해 비교 가능해져야 했다.[32]

제국의 축복을 누린 린네의 체제는 일찌감치 다른 모든 지식 체제와 그들의 방법론을 억누르며 진실에 관한 독점권을 주장함으로써 앎의 방식에 관한 토대로 자리 잡았다. 하지만 서구 과학이 다른 앎의 방식들에 슬그머니 기대는 경우도 드물지 않았다. 육두구나무의 역사에는 그 같은 협업 이야기가 다수 담겨 있다.

육두구나무의 학명 미리스티카 프라그란스 하우트(*Myristica fragrans*

Houtt.)는 룸피우스가 아니라 또 다른 네덜란드 식물학자가 선택한 것이었다. 바로 그의 성(姓)이 오늘날까지도 그 학명과 관련된 채 남아 있는 마르티뉘스 하우타윈(Martinus Houttuyn)이다. 하지만 그런 이름을 얻은 뒤에도 품종이 16개가 넘는 육두구나무의 정체는 꾸준히 유럽 식물학자들을 혼란스럽게 만들었다.[33] 1754년 육두구나무 표본이 말루쿠에서 프랑스 식민지 모리셔스(Mauritius: 아프리카 동쪽의 섬나라—옮긴이)—당시에는 아일드프랑스(Isle de France)라고 알려져 있었다—로 밀반출되었을 때, 그 나무들이 '진짜' 육두구나무인지를 두고 경쟁 관계에 놓인 프랑스의 두 식물학자와 그들 패거리 간에 극적인 충돌이 빚어졌다. 심지어 멀리 떨어진 파리의 대도시 당국조차 그 문제를 해결할 수 없었다.[34] 또한 모리셔스의 식물학자들은 그 식물을 계속 살아 있게 만드는 데도 곤란을 겪었다. 육두구나무는 자웅 이주인데, 그 시대에 프랑스 식물학자들은 식물의 성에 대해 복잡한 감정을 품고 있었다. 결국 그 나무를 살린 것은 유럽의 빼어난 식물학 지식이 아니라, 샤를 라마(Charles Rama)라는 이름의 벵골인 노예 정원사의 실용적 지식이었다.[35]

샤를 라마와 프랑스 식물학자들의 협업은 (유럽의 자연주의자들과 비유럽의 학자 및 숙련자들 간에 이루어진 그와 유사한 수많은 협업에서처럼) 서로 다른 형태의 전문 지식과 상이한 앎의 방식이 상호 배타적일 필요는 없다는 것을 보여준다. 실제로 둘은 서로를 보완하고 심지어 보강할 수 있다. 위대한 인도 수학자 스리니바사 라마누잔(Srinivasa Ramanujan: 1887~1920)—'무한을 알았던 사람〔the man who knew infinity: 로버트 카니겔(Robert Kanigel)이 1991년 그에 관해 쓴 책의 제목. 우리나라에서는 《수학이 나를 불렀다》는 제목으로 번역·출간되었다—옮긴이〕'—은 수학에 관한 초기 교육을 거의 받지 못했고, 전통적인 숫자 점술가였던 그의 어머니로부터 상당 부분 수학을 배웠다. 이것이 숫자에 대한 그의 불가사의한 친화력에 기여했을지도 모른다.[36] 오늘날까지 인도의 물리학자와 수학자들은 과학적 연구에서 전통적 의례로, 혹은 그 반대로 전환하는 데 아무 어려움을 느끼지 않는다. 키머러 같은 아메리카 원주민 과학자들의 경우도 마찬가지다. 그가 쓴 《향모를 땋으며(Braiding Sweetgrass)》는 (과학적 탐구 대상임과 동시에 노래와 이야기의 주제로서) 식물에 관해 이야기하는 상이한 방식들을 솜씨 좋게 버무려놓은 책이다.

키머러는 토착민 가이드를 동반하고 열대 우림으로 들어간 어느 식물 과학자에 대한 이야기를 들려준다. 수많은 식물을 정확하게 식별하는 가이드의 능력이 몹시 인상적이었던 과학자는 큰 감동을 받고 그의 지식에 대해 칭찬한다. "'젊은이, 자네는 많은 식물의 이름을 확실하게 알고 있군.' 가이드는 고개를 끄덕이더니 눈을 내리깐 채 대꾸한다. '맞아요. 그런데 모든 잡목의 이름은 배웠지만, 노래는 아직 배우지 못했어요.'"[37]

이 이야기는 과학자가 그들이 관찰하는 것의 경이와 시에 무관심하다는 걸 암시하려는 의도는 아니다. 정확히 그 반대다. 키머러에 따르면 "진정한 과학적 행위란 우리가 인간 너머 세계의 신비를 이해하고자 노력할 때 경이와 창의성으로 가득한 자연에 비길 데 없는 친근감을 느끼도록 질문자를 안내하는 것이다. 우리 자신과는 전혀 다른 존재, 혹은 전혀 다른 시스템의 생애를 이해하려고 애쓰는 것은 흔히 우리를 낮추는 것이다. 많은 과학자에게 그것은 지극히 영적인 활동이다".[38]

하지만 심지어 가장 감수성 있는 과학자들조차 학문적 관습의 방해로 인해, 자기 연구 대상을 여러 형태의 내러티브와 의미를 창출하는 충분한 능력과 정당한 자격을 갖춘 주인공으로 여기지 못한다. 의미가 부재하면, 인간과 그들을 둘러싼 세계 간의 생산적 관계를 상상하는 일이 때로 불가능해진다. 심지어 그렇게 하고 싶은 마음이 간절한 사람이라도 말이다.

키머러가 들려준 또 하나의 이야기는 그녀가 자신이 수강한 일반생태학 수업에서 오염, 기후 변화, 그리고 서식지 파괴 등에 대해 많은 것을 알고 있는 고급 단계 학생 집단을 대상으로 수행한 조사에 관한 것이다. 그들 중 다수는 심지어 환경 보호와 관련한 이력을 선택하기까지 했다. 하지만 그들 대부분은 인간과 대지 간의 (부정적이 아닌) 긍정적 상호 작용의 예를 들어달라는 요청을 받았을 때, 단 한 가지도 떠올리지 못했다.

키머러가 썼다. "나는 커다란 충격을 받았다. 20년 동안 교육을 받았으면서 인간과 환경 간의 그 어떤 이로운 관계도 생각해낼 수 없다니 그게 어떻게 가능한가? 아마 그들이 매일 접하는 부정적인 예들—오염되고 버려진 산업 부지, 공장식 축산 농장, 무분별한 도시 외곽 지역의 난개발—때문에 인간과 땅이 맺고 있는 좋은 점을 볼 수 있는 능력이 줄어든 것 같다. 땅이 피폐해지자 그들의 시야 역시 그렇게 된 것이다."

이를 돌아보면서 키머러가 말했다. "우리가 만약 그 길이 어떤 느낌인지 상상조차 할 수 없다면, 대체 무슨 수로 생태적·문화적 지속 가능성을 향해 나아가기 시작할 수 있겠는가?"[39] 그리고 이렇게 덧붙였다. "우리가 땅과 맺고 있는 관계는 땅의 이야기를 들을 줄 알아야 비로소 치유될 수 있다. 그런데 누가 그들의 이야기를 들려줄까?"

✦ ✦ ✦

이를테면 육두구 이야기를 들려주는 데 필요한 첫 번째 단계는 모든 것을 비교 가능하도록 만들기 위한 단일 명명 문화에서 벗어나는 것이다. 주요 등장인물이 미리스티카 프라그란스 하우트라 불리는 이야기는 결코 멀리까지 나아갈 수 없다.

모든 벵골어 화자들의 경우와 마찬가지로 노예 신세였던 정원사 샤를 라마에게, 육두구를 뜻하는 단어는 산스크리트어 자티-팔라(jâti-phala)의 축약형인 자야팔(jâyaphal)이었을 것이다. jâti의 정확한 의미는 불확실하지만 일부 학자들은 그것이 '재스민', 또는 좀더 일반적으로 '향기로운 꽃'을 지칭한다고 믿고 있다.[40] 하지만 두 번째 부분인 phala가 '과실'을 뜻한다는 것은 분명하다. 따라서 자티-팔라는 '향기로운 과실'이라는 의미인 셈이다. 산스크리트어 phala는 반다어, 인도네시아어, 그리고 기타 말레이어에서 육두구를 뜻하는 팔라(pala)의 기원이 되는 단어이기도 하다. 이와 대조적으로 육두구를 위한 네덜란드어 노트뮈스카트(nootmuskaat)는 영어 단어와 마찬가지로 '견과류(nut)'와 '사향(musk)'을 뜻하는 라틴어에서 왔다. (따라서 '향기로운 견과류'라는 의미다.) 반다어와 말레이어를 거쳐 산스크리트어 phala에서 유래한 것은 다름 아니라 '메이스'를 뜻하는 네덜란드어 풀리(foelie)다.

내 손바닥에 놓여 있는 팔라(pala)를 보고 자야팔이라고 생각할 때면, 그것을 작은 행성으로, 또는 역사를 빚어내는 존재로, 또는 축복하거나 저주하는 힘을 부여하는 생기를 그 안에 숨긴 무언가로 여기는 게 전혀 지나친 확대 해석이 아니다. 이 같은 가능성은 심지어 내가 그것을 '너트메그(nutmeg)'나 '노트뮈스카트'라고 생각할 때조차 배제되지 않는다. 그러한 생각이 증발하고, 그 견과류가 제압당해 목소리를 잃고—린네의 체제가 의도한 대로—그저 비활성 자원의 처지로 전락하는 것은 오로지 내가 그것을 미리스티카 프라그란스 하우트라고 생각할 때뿐이다. 이렇게 되면 그를 상품이 아닌 다른 무언가로 생각하는 것은 유치하고 기이하며, 거의 야만적인 일처럼 보인다.

노래와 이야기의 주인공이자 강력한 힘으로서 역사에 등장하는, 팔라

(pala)라는 존재의 또 다른 측면을 상상하려면 육두구에 항시 눈을 피하는 감춰진 이면이 있음을 기억할 필요가 있다. 바로 노래와 시와 이야기가 깃들어 있는 측면이다. 그 절반이 시들어간다면, 다른 절반 역시 끝내 인류를 지탱하는 생명의 그물망에서 이 작은 행성에 자리를 내주는 의미를 잃게 될 것이다.

08

화석화한 숲

상품들 가운데 '자원'으로 간주하기에 가장 적절한 것으로는 우리가 '화석 연료'라고 부르는 원시림의 압축적 잔존물을 따를 만한 게 없다. 이는 상당 부분 화석 연료가 양적 측면에서뿐 아니라 그것이 에너지를 생산하기 때문에 이례적이리만치 목록화(enumeration)하기 쉽다는 특징 덕분이다. 특정 양의 석탄·석유·천연가스로 정확히 얼마만큼의 전력을 생산할 것인지는 더없이 정밀하게 결정할 수 있다. 그만큼을 생산할 때 정확히 얼마만큼의 이산화탄소가 배출될지도 그와 마찬가지의 정밀도로 계산해낼 수 있다. 더군다나 비슷한 양의 온실가스를 배출하지 **않고도** 동일한 전력량만큼 생산할 수 있다는 사실 또한 알려져 있다. 과학이 온실가스가 의심할 나위 없이 인간에게 끔찍한 위협을 제기한다는 사실을 입증했으므로, (나에게, 그리고 이 위협에 대해 우려하는 다른 모든 이들에게) 가능한 한 가장 긴박하게 화석 연료에서 재생 가능 에너지원으로 전환하기 위해 노력을 다해야 한다는 것은 자명해 보인다.

또한 재생 에너지로의 전환은 달성 불가능해 보이지도 않는다. 이 같은 전환으로 가는 수많은 경로가 잘 정리되어 있으며, 오늘날 재생 가능 원천에서 얻는 에너지는 전 지구적 온실가스 배출량을 상당 폭 줄이고자 하는 세계의 필요를 충족하고도 남는다는 사실 역시 더없이 명확하다. 그러한 전환은 기술적으로 실현 가능할 뿐 아니라, 새로운 일자리 창출 같은 다른 많은 이점을 안겨줄 수 있다. 그것이 지구 친화적인 새로운 산업혁명으로 이어질 수 있다는 주장까지 나왔다.

하지만 우리에게는 그 같은 전환을 향한 진보가 고통스러우리만치 더디고 일정하지 않다는 현실이 남아 있다. 실제로 새 천 년의 처음 20년 동안 화석 연료의 소비는 기후 위기가 요청하는 방향과 달리 감소하는 게 아니라 되레 (이따금 일시적으로 하락할 뿐) 꾸준히 증가해왔다. 큰 폭의 감소가 이루어진 것은 2020년에 이르러서였는데, 이러한 하락도 정책이나 경제적 고려 때문이 아니라 무한한 가이아 내에 자리한 외딴 요새의 숲 가장자리에서 발원한 바이러스 때문이었다.

분명 세계는 화석 연료를 단계적으로 폐지하고 '좀더 환경친화적인(greener)' 경제로 전환하고자 하는 숱한 동기를 지니고 있다. 그렇다면 그 길로 나아가는 일은 왜 그토록 더디고 지난할까?

수많은 중요한 사상가들은 세계의 미래에 더없이 중요한 이 질문을 본격적으로 상세히 다루어왔다. 일반적으로 그들의 답변은 경제 제도, 특히 자본주의와 이윤 동기를 가리키는 경향이 있다. 즉, 화석 연료로부터 막대한 이득을 거머쥐는 소수의 기업과 개인이 비록 세계의 파괴를 수반한다 할지라도 자신들이 계속 돈을 벌어들이기 위해 덜 탄소 집약적인 경제로의 전환을 가로막기로 결정했다는 주장이다. 나오미 오레스케스(Naomi Oreskes), 에릭 콘웨이(Erik Conway), 마이클 C. 만(Michael C. Mann)을 비롯한 많은 이들은 에너지 기업들이 기후 변화에 관한 과학 연구를 약화하기 위해 막강한 재정적·정치적 힘을 휘둘러왔음을 보여주었다.[1] 너새니얼 리치(Nathaniel Rich)도 그와 유사하게, 미국의 환경 운동이 점차 강력해지던 1970년대와 1980년대에, 석유 기업들은 정치적 힘을 이용해 미국 정부가 화석 연료 산업의 성장을 저해할 수 있는 정책을 채택하지 못하도록 막았음을 밝혀냈다.[2]

나오미 클라인(Naomi Klein)은 거기에서 한 걸음 더 나아가 문제는 특히 신자유주의로 구체화한 세계 체제로서의 자본주의라고 주장했다.[3] 그녀를 비롯한 많은 이가 자유 시장은 그 자체에 맡겨놓으면 결코 재생 가능 에너지의 채택을 합심해서 추진할 수 없으리라는 것을 실제로 증명해 보였다. 즉, 화석 연료의 이익은 거대 석유 기업(Big Oil)과 거대 석탄 기업(Big Coal)이 그러한 변화에 저항하고자 하는 강력한 동기를 만들어낼 만큼 너무나 막대하다.

이러한 주장은 설득력이 있으며 근거도 충분하다. 자본주의와 신자유주의가 에너지 전환을 가로막는 막강한 걸림돌이라는 사실이 내 마음속에서는 전혀 의심의 여지가 없다. 하지만 내게는 오로지 경제에만 주목하면 쉽게 목록화할 수도 수량화할 수도 없는지라 확인하기 어려운 또 한 가지 분명한 에너지 전환의 장애물을 간과할 수 있다는 것 또한 분명하다. 이러한 장애물을 인식하려면 화석 연료를 원칙적으로 에너지를 생산하는 다른 자원들과 유사한 자원으로 간주하는 틀에서 빠져나와야 한다. 다시 말해, 화석 연료가 생산하는 1킬로와트를 태양전지판이나 풍차가 생성하는 동일한 양과 **다르게** 만들어주는 속성에 대해 따져볼 필요가 있는 것이다. 왜냐하면 화석 연료가 오늘날 삶의 중심으로 자리 잡은 것은 비단 화석 연료가 에너지를 생산해서만은 아니기 때문이다. 그것은 화석 연료로 생산한 에너지가 그에 특유한 방식으로 권력 구조와 맞물려 있기 때문이기도 한 것이다. 바로 여기에 그들의 불가사의한 생명력이 놓여 있다.

✦ ✦ ✦

19세기에 화석 연료가 다른 에너지원을 상대로 승리를 거둔 까닭은 정확히 그것이 권력 구조를 강화하는 속성을 지녔기 때문이다. 이 사실은 역사가 안드레아스 말름(Andreas Malm)의 연구를 살펴보면 분명하게 확인할 수 있다. 그는 산업혁명에 관한 표준적인 내러티브—1776년 제임스 와트(James Watt)가 석탄을 화력으로 삼는 증기 기관차를 발명함으로써 영국에서 탄소 경제로의 전환이 가속화했다—가 전혀 사실이 아님을 보여주었다. 산업혁명의 상당 기간 동안, 물은 여전히 영국과 미국에서 주요 에너지원으로 남아 있었다.

19세기 초엽 석탄-화력 제분소가 물로 움직이는 그 경쟁자들을 서서히 몰아내기 시작한 이유는 석탄이 더 저렴하고 한층 효율적이어서가 아니었다. 물을 동력으로 삼는 제분소는 석탄-화력 제분소만큼이나 생산적이었고, 운영 비용은 그보다 훨씬 더 낮았다. 증기로 움직이는 기계들이 득세한 까닭은 기술적인 이유에서라기보다 **사회적인** 이유에서였다. 이를테면 석탄-화력 제분소는 그 소유주들에게 인구 밀도가 높고 값싼 노동력을 손쉽게 이용할 수 있는 도시에 그들의 공장을 세울 수 있도록 해주었다. 말름은 이렇게 말했다. "증기 기관은 노동자 계급으로부터 잉여의 부를 추출할 수 있는 빼어난 도구였다. 물레바퀴와 달리 거의 어디에든 설치할 수 있었기 때문이다."[4]

✦ ✦ ✦

석유의 물질적 특징은 그것이 권력 구조를 강화하는 능력에서 석탄을 한층 능가하도록 만들어준다. 지배 계급이 보기에 석탄은 한 가지 중대한 결점을 지니고 있었다. 다름 아니라 석탄은 다수의 광부가 추출해야 하는데, 이는 그들이 급진화하기 십상인 조건에서 작업한다는 의미다. 이게 바로 19세기 말과 20세기 초에 광부들이 세계 노동 운동의 선봉에 섰던 이유다. 티머시 미첼(Timothy Mitchell)이 보여주었다시피, 이것이 영국계 미국인 엘리트들이 석탄 대신 석유를 세계의 주요 에너지원으로 삼기로 작정한 이유 가운데 하나였다. 석탄과 달리 석유의 추출과 운송은 많은 수의 인부를 필요로 하지 않는다.[5] 석유는 자본이 지역에 얽매이지 않은 채 세계를 마음껏 떠돌아다니도록 허락해주었다.

한마디로, 화석 연료는 시작부터 지배 계급의 권력을 강화하는 방향으로 인간의 삶과 얽혀왔다. 이러한 역학을 완벽하게 드러내주는 것이 바로 '파워(power)'라는 영어 단어다. 파워는 "자연적 힘으로서" 에너지 개념과 "인간관계 속에서 권력·지배 구조"라는 두 가지 의미를 동시에 지니는 단어다.[6]

다른 한편 태양, 공기, 그리고 물 같은 대안적 출처에서 비롯된 에너지는 커다란 해방적 잠재력으로 가득 차 있다. 원칙적으로는 모든 가정, 농장, 공장이 자체적으로 전력을 생산함으로써 전력망에 대한 의존에서 벗어날 수 있다. 더 이상 에너지 운송을 위해 길디긴 송전선과 유출되기 쉬운 대형 유조선이 필요하지 않다. 그리고 더는 작업자들이 지하 광산이나 외딴 사막, 그리고 험준한 바다에서 고생할 이유도 없다. 화석 연료가 요구하는 긴 공급망도 필요하지 않다.

이러한 장점은 19세기 초에조차 분명했다. 1824년 선견지명 있는 수력 공학자 로버트 톰(Robert Thom)은 스코틀랜드의 도시 그리넉(Greenock)을 위한 수력 생산을 다음과 같이 지지했다. "이렇게 되면 연기를 토해내고 주변 몇 킬로미터 반경 내의 공기와 대지를 오염시키는 증기 기관이 사라질 것이다. 그와 반대로 깨끗한 '산 개울'은 쉴 새 없이 풍부하게 흘러가면서 신선함과 건강과 활력을 가져다줄 것이다."[7]

오늘날의 많은 환경론자에게 그렇듯이 톰에게도 그린(green) 에너지는 유토피아적 꿈의 대상이었는데, 결국 정확히 그게 문제였음이 드러났다. 안드레아스 말름의 연구는 증기 기관이 물을 동력으로 삼는 기계를 상대로 승리를 거둔 이유 가운데 하나가 수리권(water rights)이 공유재이므로 공장주들이 그 권리를 획득하려면 복잡한 협상에 돌입해야 했기 때문임을 보여준다. 이러한 거래는 "증기력 사용자들에게는 전혀 필요치 않은 **감정 에너지**"[8]를 요구했다. 그와 달리 "엔진과 보일러를 갖춘 공장주는 사실상 아무 방해도 받지 않은 채 제가 하고 싶은 대로 할 수 있었다".[9]

따라서 공장 소유주들에게 수력을 이용한 기계를 능가하는 증기 기관의 중요한 이점 하나는, 물로는 불가능한 방식으로 그들의 에너지원—석탄—을 획득해 독점적으로 사용할 수 있다는 것이었다. 강과 바람은 풍경 전반에서 영구히 순환하고 있기에 그것을 일부 취해서 운반하고 사유재산으로 저장할 수 없다.[10]

한마디로 증기, 그리고 그에 따라 석탄이 물을 제압한 것은 정확히 그것이 지배 계급에 권능을 부여한 데다 그들이 선호하는 재산 체제에 한층 부합했기 때문이다.

✦ ✦ ✦

또한 재생 가능 에너지의 해방적 잠재력은 더없이 중요한 국제적 차원도 지니고 있다. 그것은 만약 충분한 정도로 채택된다면 오늘날의 전 세계적 질서를 사실상 혁명적으로 변화시킬 수 있다. 각국은 더 이상 예측 불가능한 석유 국가들에 의존하지 않아도 된다. 석유 가격을 지불하기 위해 연간 예산 가운데 상당액을 따로 떼어놓을 필요가 없다. 그리고 더는 멀리 떨어진 국가들에서 일어난 혁명이나 전쟁으로 에너지 공급이 끊길까 봐 우려하지 않아도 된다. 그리고 아마도 가장 중요한 점으로, 각국은 유조선이 통과해야 하는 해수로를 계속 사용하기 위해 초강대국에 의존할 필요도 없다.

그렇다면 세계가 이 같은 전망을 수용하길 그토록 꺼리는 까닭은 무엇일까? 이러한 전개를 달가워하지 않을 법한 사람들은 과연 누구인가?

사우디아라비아나 브루나이 같은 석유 국가들은 필시 전 지구적인 화석 연료 경제의 지속에 분명한 이해관계를 지니고 있을 것이다. 자국 경제가 그에 묶여 있다는 단순한 이유에서다. 하지만 석유는 석탄과 마찬가지로 본래의 속성상 더 이해하기 어려운 방식으로 국제적 권력 위계와 뒤엉킴으로써 경제적이지도 목록화할 수도 없는 기득권을 만들어냈다. 이는 석유가 지닌 물질성의 또 다른 측면 때문에 불거졌다. 그것이 배나 송유관을 통해 추출 지점에서 다른 장소로 운송되어야 한다는 단순한 사실 말이다. 이로부터 정향과 육두구를 둘러싸고 펼쳐진 분쟁들로 곧바로 돌아가는 지정학적 역학이 생겨난다.

09

초크 포인트

괴물 같은 가이아가 지구 전역에 화석 연료를 더없이 불균등하게 배분하기로 작정한 사실이야말로 오늘날의 세계 지정학 질서가 출현한 데 결정적으로 기여한 점이다. 생기론의 관점에서 보면, 20세기에 벌어진 전쟁들에서의 승리는 특정 인간 집단뿐 아니라 화석화한 식물 물질 에너지가 일군 것이었다.

제1차 세계대전 기간에 독일의 석유 부족은 그 나라를 연합국보다 한층 불리하게끔 내몰았고 얼마간 그 나라의 패배에 기여했다. 석유 결핍은 전쟁을 시작할 때만 해도 독일이 구가하던 기술적 이점을 효과적으로 무력화시켰다. 예컨대 그 나라는 거대한 함대를 보유했지만 해군을 효과적으로 활용할 수 없었다. 석탄을 태워서 움직이는 선박은 11일마다 연료를 새로 보급해야 했기 때문이다. 반면 안정적인 미국의 석유 공급은 영국과 프랑스에 얼마나 커다란 이점을 안겨주었는지 "전쟁에서의 서방 연합국 승리는 유조선 덕분이었다고 말해야 공정할 지경"[1]이었다. 제1차 세계대전에 대해 영국, 프랑스, 그리고 미국이 "석유의 바다에서 승리"[2]했다고 말한 데에는 충분한 이유가 있었다.

제2차 세계대전 기간에 석유 부족은 추축국(Axis powers: 독일, 이탈리아, 일본 등 연합국에 맞선 국가 연합—옮긴이)의 패배에 훨씬 더 결정적인 기여를 했다. 독일 공군은 석탄에서 유래한 합성 연료에 의존해야 했는데, 그 연료는 고압축 항공 엔진이 요구하는 고옥탄가 에너지를 공급해줄 수 없었다. "독일 공군이 브리튼 전투(Battle of Britain: 1940년 런던 상공에서 벌어진 영국과 독일의 전투—옮긴이)에서 패배한 것은 주로 독일 항공기의 엔진이 열악했기 때문이다."[3] 또한 석유 부족은 독일의 전쟁 전략에 영향을 끼치기도 했다. 독일 군대가 1942년 소련을 향해 동진한 것은 다름 아니라 캅카스(Kavkaz) 유전을 장악하기 위해서였는데, 이는 결국 스탈린그라드에서의 패배로 이어졌고, 독일은 그 실패로부터 끝내 회복하지 못하고 말았다. 일본이 네덜란드령 동인도를 침략한 것도 그와 마찬가지로 그 나라의 석유 부족이 강제한 결과였다.[4]

간단히 말해, 20세기 전반에 걸쳐 석유에 대한 접근은 세계 지정학 전략의 중요한 핵심으로 떠올랐다. 강대국에 석유의 흐름을 보장하거나 가로막는 능력이 있다는 것은 적국의 급소를 가격할 수 있다는 의미였다. 20세기 상반기에 석유의 흐름을 보증한 국가는 영국이었다. 제2차 세계대전 이후 그 바통은 여러 개의 영국 해군 기지와 더불어 미국으로 넘어갔다. 세계 에너지 흐름의 보증 수표로서 역할은 지금도 여전히 미국의 전략적 지배와 세계 패권국이라는 지위에 결정적이다.

엘리자베스 들러리(Elizabeth DeLoughrey)가 지적한 바와 같이, 오늘날 "미국의 에너지 정책은 점차 군사화하기에 이르렀는데, 지구상에서 최대 규모인 미 해군이 그것을 단단히 뒷받침해주고 있다".[5] 역사학자 마이클클레어(Michael Klare)의 말에 따르면, 2003년 이라크 전쟁은 미군이 "송유관, 정유소, 그리고 중동 및 기타 지역의 적재 시설을 보호하는 세계적인 석유 보호 서비스"[6]로 변모하는 계기가 되었다.

석유 흐름의 통제가 지니는 전략적 가치가 미국의 에너지 요구와는 별다른 관련이 없다는 데 유념할 필요가 있다. 미군이 "세계적인 석유 보호 서비스"로 거듭난 시기는 미국이 수입 석유에 대한 의존도를 낮추는 방향으로 나아가던 때였다. 오늘날 미국이 화석 연료를 자급자족하고 있다는 사실은 권력 투사(projection, 投射) 도구로서 석유의 전략적 중요성을 결코 약화시키지 않았다. 전략적으로 가장 중요한 것은 다름 아니라 경쟁국에 대한 에너지 공급을 거부할 수 있는 능력인 것이다.

✦ ✦ ✦

석유의 지정학적 구조는 또 한 가지 중요한 미국의 자산, 즉 석유달러(petrodollar: 산유국이 석유 수출로 획득한 달러—옮긴이) 체제를 밀어주고 있다. 석유달러는 세계에서 미국의 우위를 지탱해주는 "두 번째 기둥"으로, 그리고 "미국 패권의 감춰진 손"으로 묘사되어왔다.[7]

석유달러는 전후 시대의 지정학적 혼란과 냉전의 전략적 투쟁으로부터 출현했다. 1974년 일군의 아랍 국가가 욤 키푸르 전쟁(Yom Kippur War)에서 미국이 이스라엘을 지원한 데 따른 보복으로 석유 금수 조치를 취했다. 리처드 닉슨(Richard Nixon) 대통령은 그에 대응해 재무장관 윌리엄 사이먼(William Simon)에게 더없이 중요한 임무를 맡겨서 사우디아라비아에 파견했다. 사이먼은 사우디아라비아가 모든 석유 거래를 달러로 하기로 약속한다면 그 보답으로 안보를 보장해줄 뿐 아니라 미국 재무부 채권에 우선적으로 접근할 수 있도록 조치하겠노라고 제의할 예정이었다. 그는 임무 달성에 성공했고, 사우디아라비아가 국제 석유 시장에서 발휘하는 영향력 때문에, 그때부터 다른 모든 산유국도 석유 거래를 달러로 하지 않을 수 없었다. 그 결과 석유를 구매하는 나라는 다들 먼저 달러를 사야 했는데, 이런 시스템은 오늘날 미국 경제를 이루는 여러 기반 가운데 하나가 되었다.

석유달러 체제는 또 한 가지 대단히 중요한 방식으로 미국 경제를 지탱해주고 있다. 즉, 사우디아라비아가 막대한 양의 재무부 채권을 사들임으로써 연방 정부 부채에 자금을 대주는 일을 거들고 있는 것이다. 1974년 협상 과정에서 파이살 왕(King Faisal)이 그 수치를 비밀에 부치겠다는 약속을 이끌어내는 데 성공했기 때문에, 사우디아라비아의 수중에 들어간 미국 부채가 정확히 얼마인지는 아직까지도 베일에 가려 있다. 하지만 그 액수는 아마 대략 1조 달러에 달할 것이다. 2016년 사우디아라비아 정부는 만약 미 의회가 그 왕국에 2001년 9월 11일의 공격에 대한 책임을 지우는 법안을 통과시킨다면 7500억 달러 상당의 재무부 채권을 팔겠노라고 으름장을 놓았다. 두말할 필요도 없이 그 법안은 무산되었다.

석유달러 체제는 "여러 면에서 미국의 군사적 우월성보다 더 중요하다"[8]고 알려져왔다. 따라서 미국 정부가 석유달러 체제를 적극적으로 방어하겠다는 걸 되풀이해서 보여준 것은 하등 놀랄 일이 못된다. 심지어 사담 후세인(Saddam Hussein)의 범죄 가운데 상당 부분은 그가 달러 말고 다른 통화로 석유를 거래하기 시작했다는 것이다. 우고 차베스(Hugo Chavez) 치하의 베네수엘라도 석유달러 체제에서 벗어났다. 그게 미국이 그 나라에서 그토록 끈덕지게 정권을 교체하고자 애쓴 이유를 설명해줄지도 모른다.

한마디로 석유달러 체제의 약화는 대체 불가능한 미국의 전략 자산 및 금융 자산의 손실을 의미할 터이다.

✦ ✦ ✦

석유가 불균일하게 분배되며 해양을 거쳐 운송되어야 한다는 사실은 몇 개의 해양 초크 포인트(choke point: 물자 수송이나 군사 작전 등에서 전략상 중요한 의미를 갖는 주요 길목—옮긴이)에 압박을 가함으로써 그 흐름을 비교적 손쉽게 통제할 수 있다는 것을 뜻한다. 그리고 공교롭게도 이들 초크 포인트 가운데 가장 중요한 곳은 다들 인도양에 위치해 있다. 말루쿠에 화산과 숲을 선사한 것과 마찬가지로, 가이아의 기벽이 식물 물질의 퇴적에 적합한 방식으로 페르시아만 일대의 상당 지역이 주기적으로 불었다 줄었다를 되풀이하는 천해(淺海)에 잠기도록 해주었기 때문이다.[9]

그 결과 이 지역은 오늘날 세계 최대의 석유 및 천연가스 매장량을 보유하고 있다. 정확히 인도양 유역의 숲이 현대 초기의 가장 값나가는 상품 몇 가지를 생산한 것과 마찬가지로, 화석화한 형태의 그 선배들은 오늘날까지도 내내 세계 경제를 지탱하고 있다. 세계의 10대 석유 수출국 가운데 다섯 국가가 이 지역에 몰려 있다. 그들은 에너지를 최종 소비자에게 수출하려면 필히 몇 개 안 되는 해상 초크 포인트를 경유해야 한다. 이 가운데 가장 중요한 두 곳이 (세계 석유 수출 물량의 40퍼센트가 거쳐 가는) 호르무즈해협(Strait of Hormuz)과 (유럽이나 북미보다 세계 경제에서 더 큰 비중을 차지하는 지역인 중국·한국·일본·대만으로 운송하는 데 중요한) 말라카해협(Strait of Malacca)이다. 주요 해상 항로들을 가로지르는 위치 덕에 전략적으로 중요한 다른 두 지역은 아프리카의 뿔(Horn of Africa: 아프리카 대륙 북동부의 소말리아공화국과 그 인근 지역—옮긴이)과 아프리카 남단이다.

인도양에서 가장 중요한 상품이 정향·육두구·후추였을 때 유럽의 여러 식민지 강대국이 초크 포인트를 서로 차지하려고 다툰 것은 결코 우연이 아니다. 포르투갈인은 인도양의 정맥들이 맥점(pulse points, 脈點)으로 모이는 해협을 장악한다면 이 지역의 무역을 통제할 수 있다는 사실을 일찌감치 간파했다. 그들은 16세기 중엽에 호르무즈, 말라카, 소코트라(Socotra), 아프리카 남단, 그리고 〔전략적으로 중요한 또 하나의 해협인 주장강(Pearl River) 하구를 굽어보는〕 마카오(Macao)에 기지를 두고 그 지역 인근을 그들의 영향권 아래 두었다. 포르투갈의 아시아 수도 고아(Goa: 인도 중서부 아라비아해에 면한 주—옮긴이)가 보이지 않는 끈으로 모든 전초 기지를 연결하는 거미줄의 중심 같은 곳이었다.

네덜란드인은 17세기에 이러한 토대를 기반으로 말라카와 호르무즈를 장악했으며, 희망봉(Cape of Good Hope: 남아프리카공화국 최남단의 곶—옮긴이)에 주요 식민지를 구축했다. 이어지는 200년 동안에는 영국인이 인도·아덴·말레이반도·남아프리카공화국·홍콩을 식민지로 삼음으로써 인도양에 대한 서구 지배의 고삐를 한층 더 단단히 죄었다. 변화를 꾀할 때마다 다소간 위치 조정이 이루어졌다. 싱가포르가 말라카를, 홍콩이 주장강을 통제하는 항구 마카오를 대체했다. 하지만 전반적으로 괴팍스러운 가이아의 인도양 형성으로 창출된 지정학적 연속성은 시간이 흘러도 놀랍도록 일관되게 남아 있었다.

오늘날에는 인도양의 초크 포인트 가운데 어느 것도 서구의 직접적 통제 아래 놓여 있지 않다. 홍콩이 그들 가운데 마지막이었다. 하지만 더 이상은 그것이 절대적으로 필요하지 않다. 다름 아니라 미군이 괌(Guam)과 디에고가르시아(Diego Garcia)로부터 중동 곳곳에 촘촘히 들어선 시설들에 이르기까지 펼쳐진 '군사 기지의 제국(Empire of Bases: 미국이 전 세계에 걸쳐 셀 수 없이 많은 군사 기지를 보유하고 있는 또 다른 유의 '제국'이라는 의미—옮긴이)'을 통해 그 지역의 초크 포인트들을 감시하고 있기 때문이다.[10]

이 제국은 비록 오늘날에는 미국의 지배 아래 놓여 있을지 몰라도, 1500년대부터 수 세기에 걸쳐 여러 서방 국가가 함께 기울여온 노력의 결실이다. 만약 전 세계가 해양을 가로질러 운송하지 않아도 되는 에너지 형태로 빠르게 전환한다면, 이 광대한 전략적 구조는 어떻게 달라질까? 답은 자명하다. 그 가치는 이내 땅에 떨어질 것이다. 중국, 인도, 일본, 그 밖의 다른 거대한 아시아 경제는 호르무즈해협이나 말라카해협에 대해 걱정하지 않아도 좋다. 즉, 그들은 자체적으로 자국이 필요로 하는 전력을 생산한다. 생태적 관점에서 본 재생 가능 에너지의 커다란 축복 가운데 하나는 바다를 가로질러 그것을 수송할 필요가 없다는 점이다. 하지만 그러한 물질성 측면은 전략적 관점에서 보면 정확히 그것의 최대 단점이기도 하다. 재생 가능 에너지는 해상 강국들에게 취약해지는 방식으로 작동하지 않기 때문이다.

인도나 중국이 그들의 에너지 수요 전부를 재생 가능 에너지에서 충당할 가능성은 좋게 말해서 낮다. 하지만 분명 두 나라는 될수록 빠르게 그 방향으로 전환해야 하는 경제적 이유뿐 아니라 전략적 이유를 가지고 있다. 이것이 바로 중국이 그토록 기민하게 스스로를 이 부문의 세계적 리더로 자리매김한 까닭이다. 지금의 상황은 오늘날 단연 세계 최대 석유 수입국인 중국에 장기적으로 엄청난 전략적 취약성을 안겨줄 테니 말이다.[11]

같은 논리는 거꾸로 세계의 주도적 해상 강국들—말하자면 미국 및 그와 긴밀한 우방인 영어권 국가들—에도 적용된다. 석유 경제의 지정학적 함의가 인도·중국을 비롯한 여러 나라에는 재생 가능 에너지로 전환하고자 하는 유인을 부여했지만, 다른 한편 세계의 주도적 강국들에는 화석 연료 경제에 대한 특별히 전략적인(경제적인 게 아니라) 기득권적 이해를 창출하기도 했다. 간단히 말해 화석 연료는 영어권 국가들의 전략적 패권이 기대고 있는 기반이다.

이로 인한 결과가 바로 물구나무를 선 세계다. 500년에 걸친 역사—정향, 육두구, 그리고 후추를 통제하기 위한 지정학적 경쟁으로 거슬러 올라가는—는 세계의 가장 '선진적인' 국가들이 전 지구적 화석 연료 체제를 영속화하는 데 전략적 관심을 기울이도록 이끌었다. 다른 한편 이 역사는 중국이나 인도 같은 신흥 강대국들에는 재생 가능 에너지원으로 전환하도록 내모는 중요한 전략적 동기를 부여했다.

✦ ✦ ✦

수천 년 동안 세계 정향 무역의 중심지였던 테르나테섬과 티도레섬은 둘 다 1000미터 넘게 치솟은 아름다운 원뿔형 화산이 풍광을 주도한다. 테르나테섬과 티도레섬은 둘을 가르는 좁은 해협 위를 비행기로 날면서 내려다보면 옥색 푸른 바다 위로 나란히 솟아 있는 두 화산의 우뚝한 분화구가 구름에 둥글게 둘러싸인 채 숨 막히게 아름다운 풍광을 선사한다. 화산 중턱에는 울창한 수목들 사이로 간간이 몇 가닥의 검은색 굳은 용암 줄기들이, 그리고 화산의 자락에는 그림 같은 작은 정착촌의 녹빛 지붕들이 보인다.

이 섬들의 목가적 풍광을 바라보노라면 그곳이 세계 역사에서 중요한 의미를 차지하는 장소였다는 사실을 도무지 실감하기 어렵다. 언뜻 그 섬들은 추악한 시간의 작용에 아무 영향도 받지 않은 것처럼 보인다.

그것들이 멀리 동떨어져 있다는 것도 문제다. 지금은 거리가 점차 좁혀지고 있는 시대인데도 테르나테섬과 티도레섬은 여전히 접근하기가 어렵다. 두 섬은 인도네시아 수도와 시간대가 2시간이나 차이 나고, 거기에서 3500킬로미터 정도 떨어져 있다. 자카르타에서 배를 타고 그 섬들에 도착하려면 몇 주가 걸린다. 비행 편은 거의 없다시피 하고, 그마저도 대부분 북부 술라웨시(Sulawesi)의 마나도(Manado)나 남부 술라웨시의 마카사르(Makassar)에서 갈아타야 한다.

만약 세계 역사의 중심부에서 멀리 동떨어진 주변부라는 게 존재한다면, 바로 여기가 그런 곳일 것이다.

하지만 이 향신료 섬들은 서구인의 상상력에 막강한 영향력을 행사했는지라 근대 초기에 활약한 모든 유럽 항해사들의 시선이 그곳으로 쏠렸다. 포르투갈인은 테르나테섬에 1512년 도착했으며, 그들이 1522년에 말루쿠 최초의 유럽 요새를 건설한 것도 바로 그 섬이었다. 원래는 상 주앙 바프티스타 드 테르나테(São João Baptista de Ternate)라고 불리다가 오늘날에는 카스텔라 요새〔Benteng(Fort) Kastela〕라고 알려진 요새가 그것이다.

16세기 내내 상 주앙 바프티스타 드 테르나테 요새는 세계 지정학의 중심축 가운데 하나였다. 일군의 유럽 전문가들이 그 요새를 거쳐 갔다. 성 프란시스코 사비에르(St. Francisco Xavier: 1506~1552)는 1547년 고아를 경유해서 그곳에 도착했다. 그의 개종자 가운데 하나인 누킬라(Nukila)라는 반란군 여왕은 몰루카제도〔거기에서 그녀는 라이나 부키 라자(Rainha Buki Raja)로 알려져 있다〕에서뿐 아니라 유럽에서도 전설적 인물로 떠올랐다. 그에 고무받은 자코비언 드라마〔Jacobean Drama: 잉글랜드의 제임스 1세 시대(1603~1625)를 배경으로 한 드라마—옮긴이〕 작가 존 플레처(John Fletcher)는 1647년 그녀를 기리며 《섬의 공주(The Island Princess)》라는 제목의 희곡을 쓰기도 했다. 고아를 거쳐서 테르나테섬을 찾아온 또 한 명의 방문객은 포르투갈의 민족 서사시 《루지아드스(The Lusiads)》를 쓴 루이스 드 카몽이스(Luis de Camões: 1524~1580)였는데, 그 서사시에는 두 섬의 이름이 다음 행에 언급되어 있다.

티도레여, 보라!
(검은 밤에 횃불을 든) 숱 많은 명성의 깃털들이 뒹구는 테르나테를![12]

16~17세기에 정향의 위력과 말루쿠의 지정학적 중요성이 어떠했는지는 테르나테섬과 주변 섬들에 흩어져 있는 그 요새의 잔해 속에서도 분명하게 확인할 수 있다. 근대 초기의 축성(築城)과 관련한 자취가 그토록 밀집해 있는 장소는 분명 지구상에 달리 없을 것이다.[13] 포르투갈인, 에스파냐인, 네덜란드인이 축조한 그 요새의 잔재는 과거 향신료를 얻기 위한 경쟁으로 촉발된 믿기 힘들 정도의 에너지를 웅변적으로 증언한다.

이 유적은 애초에 그것들을 지은 목적, 즉 그 섬들을 조르조 아감벤(Giorgio Agamben)이 말한 '예외 상태(state of exception)'로 만들려던 목적을 떠올리기 힘들 만큼 그림처럼 아름답다. 수 세기에 걸쳐 이 요새로부터 끊임없이 폭력의 물결이 이어지면서 섬 주민을 괴롭혔다. 테르나테섬의 카스텔라 요새는 1570년에 일어난 살생을 떠오르게 하는 흔적을 오늘날까지도 간직하고 있다. 포르투갈인이 당시 그곳을 지배하던 테르나테섬의 술탄을 요새로 유인해 살해한 사건이다. 그에 격분한 섬 주민들은 그 요새를 5년 동안 포위했고, 포르투갈인들은 하는 수 없이 철수해야 했다.

오늘날에는 파괴된 요새 중앙에 놓인 기념물이 그 사건을 기념하고 있다. 기념물을 떠받친 초석은 4면으로 이뤄져 있는데, 각 면마다 벽화가 새겨져 있다. 한 면에는 포르투갈 병사가 국왕의 등에 칼을 꽂는 장면이 담겨 있고, 또 다른 면에서는 한 줄로 늘어선 포르투갈 병사들이 섬 주민의 검을 앞에 둔 채 머리를 조아린다.

하지만 그 기념물에서 단연 눈에 띄는 부분은 높은 초석 위에 올려져 있는 형상이다. 그것은 다름 아니라 분홍색과 노란색으로 표현한 정향 조각상이다.

그 구조물은 처음에는 기이해 보인다. 역사적 기념물의 주인공이 식물적 아이콘인 경우는 극히 드물기 때문이다. 하지만 바로 뜻밖이라는 점에서 그로 인한 전반적 효과는 묘하게 감동적이다. 그 기념물은 인간에 관한 장면을 묘사한 초석 위에 정향을 올려놓음으로써 비인간 존재를 테르나테섬 역사의 정중앙에 배치한다. 이것은 인도양의 역사를 형성하는 데에서 식물 상품들이 맡은 역할을 인정한 결과다.

✦ ✦ ✦

인도양 유역의 지정학적 중요성은 상당 부분 그 주변에 많은 인구가 모여 살기 때문에 생겨난다. 세계 인구 가운데 약 5분의 3이 이들 수역에 인접한 지역에서 살아간다. 이런 정황은 아마 16세기와 17세기에도 비슷했을 것이다. 실제로 전 세계의 인구 분포가 그와 달라진 유일한 시대는 19세기에 유럽이 경이적인 인구 팽창기를 지나오던 때뿐이었다.

인도양 유역은 역사적으로 세계 경제 활동의 주요 무대이기도 했다. 다시 한번 (인구 분포의 경우와 마찬가지로) 이것은 세계 경제의 중심이 대서양으로 옮아간 19세기 및 20세기의 상당 기간에는 사실이 아니었다. 하지만 20세기 말부터 상황이 서서히 바뀌기 시작했고, 인도양은 오늘날 다시금

그림 4 정향을 떠받치고 있는 테르나테섬 카스텔라 요새의 기념물. 저자가 찍은 사진.

세계 경제 활동의 중심지로 떠오르고 있다. "세계 산적 화물의 3분의 1, 세계 컨테이너 물동량의 50퍼센트, 그리고 원유 및 석유 제품의 70퍼센트가 인도양의 해상 항로를 경유하고 있다."[14]

하지만 제조업은 역사적으로 이 지역에, 특히 인도와 중국에 집중되어 있었다. 여기에서도 세계는 지금 역사적으로 일반적이던 종전 상황으로 돌아가는 중이며, 이로써 특히 지정학 및 무역과 관련해 근대 초기와 오늘날 사이에 현저한 유사성이 몇 가지 드러났다. 가령 '물류 혁명(logistics revolution)'이라고 알려진 현상에 대해 생각해보자.[15]

원래 병참(兵站)이라는 군사적 개념으로 쓰이던 물류(logistics)는 이제 무역과 전쟁 간의 융합을 완전히 새로운 국면에 올려놓을 만큼 사업의 핵심으로 떠올랐다. 물류 혁명은 제2차 세계대전 기간에 미국이 일구어낸 군사적 혁신인 선적 컨테이너의 발명 덕에 시작되었다. 1950년대에 상업적 용도로 전환한 컨테이너는 이어지는 몇십 년 동안 해상 횡단 무역이 믿기지 않을 규모로 확산하는 데 결정적으로 기여했다. 1973년에 선박들은 표준화한 컨테이너 400만 개를 운송했다. 반면 2010년에는 그 수치가 5억 6000만 개로 껑충 불어났다. 오늘날 총 세계 무역의 90퍼센트, 그리고 미국행 화물의 95퍼센트가 선박에 의존한다.

이처럼 극적인 상황 전개는 그와 마찬가지로 극적인 생산 공정의 변화를 수반했다. 오늘날 공장들은 더 이상 한 장소를 고집하지 않으며, 지구 전역에 걸쳐 뻗어 있는 공급망으로 구성되어 있다. 그에 따라 수요 변동에 즉각적으로 대응할 수 있도록 물류를 분 단위로 조정한다. 선도적인 택배 회사가 "물류는 현대 경제를 가능케 하는 힘"이라는 슬로건을 자랑스럽게 내세우는 데에는 다 그만한 이유가 있는 것이다.

하지만 이 같은 긴 공급망은 오늘날 경제를 붕괴에 훨씬 취약하도록 내몰기도 한다. 결과적으로 이것은 두바이(Dubai)가 개척한 모델에 뒤이은 이른바 '물류 도시'를 중심으로 보안상의 필요성을 야기했다.

전형적으로 '물류 도시'는 노동력을 엄격하게 통제하는, 고도로 보안이 잘된 유통 중심지다. 따라서 미국 주도의 '테러와의 전쟁'이 시작된 직후 문을 연 두바이 물류 도시(Dubai Logistics City)는 온통 보안이라는 미명 아래 기업에는 군사화한 안전 보호막을 제공해주는 반면, 노동자에게는 최소한의 기본권마저 보장하지 않고 있다.

바스라 물류 도시(Basra Logistics City)는 이 같은 새로운 유형의 도시 공간을 보여주는 좀더 나은 예다. 그 도시는 오랫동안 전략적 요충지였던 이라크 유일의 심해 항구 움카스르(Umm Qasr) 가까이에 자리하고 있다. 2003년의 제2차 이라크전 발발 이후, 이 항구는 미군의 보급 기지로 떠올랐다. 또한 여러 면에서 아부 그라이브(Abu Ghraib) 교도소의 전신이라 할 만한 캠프 부카(Camp Bucca)가 자리한 장소였다. 한때 억류자가 2만 2000명에 달했던, 이라크에서 규모가 가장 큰 미국 군 수용소다.

캠프 부카는 2010년 이라크에 넘어갔고, 그 후 얼마 지나지 않아 '바스라 물류 도시'로 개칭되었다. 오늘날 이 도시는 세계 최대의 석유 중심지 가운데 하나로, 온갖 법인세와 수수료를 면제받아온 미국 기업이 운영하고 있다. 그 기업은 외국인 노동자를 고용할 수 있는 자격을 얻었는데, 그들 가운데 제대로 된 권리를 누리는 이는 거의 없다. 당연히 이 도시는 철저히 요새화해 있고 경비도 삼엄하다. 그리고 (대부분의 물류 도시와 마찬가지로) 이곳에 안전을 제공하는 것은 민간 보안 회사들이다.

오늘날 이 같은 물류 도시 모델은 북미에서 점점 더 많이 채택되고 있다. 오클랜드(Oakland)나 밴쿠버(Vancouver) 같은 주요 물류 중심지의 노동자들 역시 대단히 광범위한 (그리고 인종적으로 편파적인) 보안 과정을 거쳐야 하며, 그들의 권리 가운데 상당수를 포기하도록 강요받는다. 실제로 물류 도시는 어디에 있든 일반적 법치 밖에 존재하는 '예외 상태'다. 아이러니하게도 이들 도시의 다수—두바이, 바스라, 싱가포르, 오클랜드 같은—는 이례적일 정도로 기후 변화에 취약하기까지 하다.

현대의 '물류 도시'는 외관이야 새로울지 모르지만, 당연히 네덜란드 동인도회사 및 영국 동인도회사의 '기업 도시', 노예 요새, 교역소의 계통을 잇고 있다. 그 도시들은 사실 "전쟁 없는 무역도, 무역 없는 전쟁도 있을 수 없다"는 얀 쿤의 말을 완벽하게 구현한 예였다. 실제로 유럽 식민지 개척자들이 말루쿠 섬들에 부과한 예외 상태가 오늘날에는 세계 전역으로 서서히 퍼져나가고 있다.

물류 도시가 아시아에서 개척된 것은 우연이 아니다. 지난 30년 동안 인도양 지역에서는 무역과 충돌 모두가 경이적일 정도로 증가했다. 지도를 얼핏 들여다보기만 해도 세계에서 가장 치명적인 분쟁 장소 대부분이 인도양 연안 지역에 몰려 있음을 금세 알아차릴 수 있다.[16] 오늘날 가장 빠르게 성장하는 군대들의 상당수도 인도양 지역에 자리한다. 사우디아라비아, 인도, 오만, 그리고 인도네시아의 군대가 그렇다.

훨씬 더 눈에 띄는 것은 국가 수입 대비 군비 지출이 가장 높은 나라의 목록이다. 그 목록의 맨 윗자리를 차지하는 것은 오만이며, 인도양 유역의 다른 여러 나라가 그 뒤를 잇고 있다. 그 지역 내의 군사적 확장은 거기에 위치한 나라들에만 국한되는 게 아니다. 미국도 이 해역에 많은 군사 기지를 두고 있으며, 중국 역시 그곳에서 자국 주둔군의 규모를 급속도로 키워가고 있다. 사실상 이 지역은 전쟁터이자 노동력 착취의 현장이 되었다. 그리고 안타깝게도 이런 조건을 빚어낸 과정은 다가오는 몇 년 동안 더욱 심해지기만 할 것 같다.

우리는 인도양 유역이 오늘날 지구 위기의 주요 무대라는 결론에 이르지 않을 수 없다.

✦ ✦ ✦

다른 모든 지구 위기에 관한 논의와 마찬가지로, 기후 변화 논의도 자본주의 및 기타 경제적 이슈들이 좌우하는 경향이 있다. 기후 변화 논의에서 지정학, 제국, 제국 내의 권력자 문제는 그보다 한층 덜 중요하게 다루어진다. 오늘날 시민들이 거의 저도 모르게 호모 이코노미쿠스(*Homo economicus*)가 되었기 때문이다. 경제철학자 장 뒤퓌(Jean Dupuy)는 이렇게 썼다. "경제의 영향력은 전 세계로 퍼져나갔을 뿐 아니라 세계에 대한 우리의 사고방식을 점령했다."[17]

경제가 오늘날의 상상력에 미치는 영향은 날로 커져왔으며, 그 결과 자본주의는 부차적 요인으로 간주되는 지정학과 제국을 제치고 현대사의 주요 동인으로 여겨지기에 이르렀다. 하지만 서구에 의한 군사적 정복의 시대가 자본주의 출현보다 수 세기 앞선다는 것은 엄연한 사실이다. 실제로 오늘날 우리가 자본주의라고 부르는 것을 조성하고, 그것이 주도권을 잡도록 이끈 것은 다름 아니라 서구에 의한 군사적 정복과 그에 이어 구축된 제국주의 체제였다. "아메리카 원주민 종족에 대한 제노사이드가 유럽을 위한 현대적 세계의 출발이었다. 북·남미가 멸망하지 않았더라면, 유럽은 결코 훨씬 더 풍요로운 문명의 본거지 대륙인 유라시아의 뒷마당 그 이상의 존재가 되지 못했을 것이다. ……북·남미에 대한 약탈도 자본주의도 산업혁명도, 따라서 아마 인류세(Anthropocene)도 없었을 것이다."[18]

이 구절이 분명히 말해주듯 식민주의, 제노사이드, 그리고 조직화한 폭력의 구조가 산업적 근대성의 건설 토대였다. 헤라클레이토스(Heracleitos: 기원전 540?~기원전 470?)는 "전쟁이 모든 것의 아버지(father of all things)"라고 했는데, 이 말이 영국의 무기 산업을 주요 동인으로 삼은 산업혁명에도 해당한다는 것을 보여주는 증거는 적지 않다.

영국 정부는 무기류와 전함에 대한 그칠 줄 모르는 탐욕 탓에 "증기 기관, 구리판 코팅(copper sheathing), 교환 가능한 부품의 제조 등 가장 상징적인 산업혁명의 개발품을 창조하고 사용하는 데에서 중차대한 역할을 담당했다".[19] 국가와 긴밀하게 결탁한 무기 제조업체 역시 기술 변화를 추동하는 데에서 결정적 역할을 맡았다. 수많은 중요한 혁신이 그들의 공장에서 이루어졌으며, 그들은 심지어 프리스틀리(J. Priestley: 1733~1804), 볼턴(M. Boulton: 1728~1809), 와트, 그리고 키어(J. Keir: 1735~1820) 같은 혁신가들의 작업에 자금을 대주기까지 했다.[20]

당연히 전쟁과 무역이 불가분의 관계라는 사실을 얀 쿤 같은 초기의 제국 건설자들은 똑똑히 간파했다. 그 같은 관계는 18세기에 이르러 전쟁과 정복을 (우리가 오늘날 말하는) 경제와 무관한 일탈 행위로 간주하는 자유주의적 신화에 의해 모호해졌다. 실제로 역사학자 프리야 사티아(Priya Satia)는 "제국주의적 확장에 복무하기 위해 해외에서 자행된 폭력이야말로 자본주의적 근대성을 형성하는 데 핵심적이었다"[21]고 지적한다. 오늘날의 항구적 전쟁은 그런 사정이 크게 달라지지 않았음을 말해준다.

자본주의를 둘러싼 또 한 가지 뿌리 깊은 신화는 시장 경제의 중요한 특성이 유럽의 주요 지역에 기원을 둔 역사적 발전에서 비롯되었다는 믿음이다. 자본주의가 강압적인 노동보다는 자유로운 노동에 기반을 두고 있는 만큼 유럽의 봉건적 과거와 철저히 결별했다는, 따라서 진보와 혁신의 잠재력을 보여준다는 생각 또한 그만큼이나 뿌리 깊다.

이러한 가정을 적극적으로 공격하려 한 시도가 세드릭 J. 로빈슨(Cedric J. Robinson: 1940~2016)이 '흑인 급진적 전통(Black Radical Tradition: 반식민지·반노예 운동에서 비롯된 것으로, 파괴적인 사회적·정치적·경제적·문화적 규범에 맞선 문화적, 지적, 행동 지향적 노력—옮긴이)'이라고 밝힌 것의 가장 중요한 업적이다. 듀보이스(W. E. B Du Bois: 1868~1963)를 필두로 한 이 전통의 사상가들은 식민지 정복, 노예제, 그리고 인종은 자본주의가 하나의 체제로 출현하는 데 크게 기여했음을 거듭해서 보여주었다. 로빈슨이 언급한 바와 같이, 16세기에 시작된 아메리카 인디언과 아프리카인의 대대적인 노예화는 실상 베네치아, 제노바, 포르투갈, 잉글랜드 같은 나라에서 진즉부터 만연해온 관행의 확대판이었다. 그 나라들은 오랫동안 유럽 주변부—아일랜드, 동유럽, 캅카스, 슬라브족 국가들 등—출신의 노예를 사고팔았다. 이러한 노예화 패턴은 북·남미의 정복과 더불어 훨씬 더 규모가 크고 복잡하고 잔혹한 형태로 달라지면서 주로 아메리카 인디언과 아프리카인을 집어삼켰다. 18세기와 19세기에 자본주의의 출현을 이끈 귀중한 상품(설탕, 술, 담배, 면화 등)과 금속을 생산할 수 있었던 것은 다름 아니라 그들이 농장과 광산에 갇힌 채 강제로 노동력을 착취당한 결과였다. 로빈슨은 이렇게 썼다. "어떤 관점에서 보든 노예 노동 및 노예 무역과 초기 자본주의 경제 형성 간의 관련성은 명확하다. 여러 가지 설명이 가능하겠지만 요점은 변함없이 남는다. 즉, 역사적으로 노예제는 자본주의의 중요한 기틀이었다."[22]

로빈슨이 이처럼 인종을 활용한 세계 생산 체제를 기술하기 위해 사용한 용어는 '인종 차별적 자본주의(racial capitalism)'였다. 그런데 1621년 대학살 이후 네덜란드 동인도회사가 반다제도를 재형성한 과정을 보면 이

용어가 더없이 적절하다는 것을 분명히 확인할 수 있다.[23]

네덜란드 동인도회사의 기본적인 자본주의적 특성에 대해서는 의심의 여지가 없다. 그것은 세계 최초의 유한책임 주식회사의 하나로서, 고도로 발달한 회계 체계를 갖추었으며 발 빠르게 새로운 기술을 채택했다. 네덜란드 동인도회사는 어느 모로 보나 이윤을 추구하는 자본주의적 형태의 합리성이 이끌어가는 조직이었다.[24] 그 기업이 반다제도의 경제와 사회를 재편한 작업은 그것이 자본주의의 선도자로서 맡은 역할과 완벽한 일관성을 띠었다. 네덜란드 동인도회사가 반다제도에 구축한 체제는 "수익성 있는 대규모 농업 생산이라는 목표를 달성하기 위해 자본·토지·노동·기술을 합리적 방식으로 결합한"[25] 초기 형태의 산업농이었다.

하지만 이런 경제적 합리성 형태는 무력에 의한 정복, 토착민 말살, 그리고 (유럽의 북·남미 식민지 경우와 유사한) 인종 차별적 사회 구조—즉, 주도적인 소수의 유럽인 후예가 다수의 노예화한 아시아인을 지배하는—의 창출에 토대를 둔 것이었다. (그것 말고는 합리적인) 이러한 경제의 기능에서 무자유노동(unfree labor)이 맡은 역할은 과거의 잔재나 의고주의라는 말로는 결코 설명할 수 없다. 그것은 그 기획의 근원적 측면이었을 뿐 아니라 정확히 그것의 근대성을 보여주는 신호였다. 반다판 '인종 차별적 자본주의'는 주도적인 소수가 점차 잡다해짐에 따라 시간이 가면서 변화했지만, 기본 구조는 현대에 이르는 거의 250년 동안, 즉 네덜란드령 동인도에서 노예제를 금지한 1868년까지 지속되었다.[26]

반다제도의 역사는 정복과 지정학적 우위가 자본주의 역사에서 어떤 위상을 차지했는지 상기시키는 데 중요한 역할을 한다. 네덜란드 동인도회사나 영국 동인도회사 같은 초기 주식회사는 얀 쿤의 유명한 말마따나 전쟁과 무역의 역할을 아우르는 조직이었다. 전쟁과 무역의 결합은 자본주의가 '자유 무역'의 이념에 입각해 공식적 경제 교리를 개발하면서 더욱 강화되었다. 이러한 아이디어들의 복합체는 경제적 이념이었을 뿐 아니라 지정학적 이념이기도 했다. 그것은 제1차 아편전쟁 시대 이후 전쟁의 명분으로 기여해왔으며, 오늘날까지도 마찬가지다. 그 옹호자들은 자유시장의 절대적 자율에 대한 믿음과 전쟁이라는 형태의 국가적 개입에 대한 수용 사이에서 아무런 모순도 느끼지 않는다. 자본주의는 과거에도 언제나 전쟁 경제였고 지금도 그 사실에는 변함이 없다. 대공황 이후에 보듯이 지정학적 돌발 사태에 따른 붕괴로부터 거듭 되살아나는 전쟁 경제 말이다.

한마디로, 자본주의는 결코 서구에서 유래한 게 아니다. 그것이 형성되는 데 결정적 역할을 한 것은 유럽의 식민지 정복과 아메리카 인디언 및 아프리카인의 대대적인 노예화였다. 자본주의가 주로 자유노동(free labor)에 기반을 두고 있다는 것 역시 사실이 아니었다. 그것은 심지어 서구 공장이 필요로 하는 원자재의 상당 부분을 (노골적인 노예제에 의한 것은 아니지만) 비백인 노동자들이 강압적 근로 조건 아래 생산하던 19세기와 20세기에조차 사실이 아니었다. 마지막으로 소수의 서구인이 다수의 여러 민족을 향해—그들의 신체, 그들의 노동, 그들의 신념, 그리고 (특히) 그들의 환경에—권력을 휘두를 수 있었던 것은 바로 서구 제국이 군사적·지정학적으로 우위를 점하고 있었기 때문이다. 이런 의미에서, 네덜란드 동인도회사가 반다제도의 재편을 통해 분명하게 보여주었다시피, 자본주의는 다름 아니라 제국의 부수적 결과였다.

그렇다면 자본주의는 왜 그토록 자주 좀더 넓은 지정학적 맥락이라는 현실과 분리해서 추상화하기에 이르렀을까? 세드릭 로빈슨은 "자본주의를 하나의 시스템으로 바라보고자 하는 서구 급진주의적 편향"은 진짜

"불결함(nastiness)"을 피하기 위한 방편이라고 은연중에 암시한다. 이를 통해 우리는 서구 지식인 및 학자들의 담론이 인종차별주의(racism), 제국주의, 그리고 세계적 권력 위계를 지탱하는 조직화한 폭력 구조를 본격적으로 다루기보다 추상적 경제 시스템에 대해 논의하는 데 더 편리하게끔 짜여 있음을 알 수 있다.[27]

로빈슨의 진단은 자본주의를 지구 위기의 중심에 두는 (급속히 불어나는) 문헌들, 즉 어떤 의미에서 로빈슨의 말마따나 "중요한 모든 사회적·역사적 과정"[28]이 서구에 근거를 두고 있다고 오랫동안 가정해온 서구 급진주의적 전통의 새로운 버전과 직접적으로 관련이 있다. 그에 따라 예컨대 흔히 "세계의 종말을 상상하는 편이 자본주의의 종말을 상상하는 편보다 더 쉽다"[29]고들 말하곤 한다. 이것은 그 격언이 오늘날 사회적 통념의 지위를 획득했음을 말해준다. 하지만 잠깐만 생각해봐도 그것은 명백히 사실이 아님을 깨달을 수 있다. 세계 인구 대다수는 20세기의 상당 기간 동안 자본주의 사회에 살지 않았다. 심지어 서구에서조차 자본주의의 정상적 기능은 두 번의 세계대전을 치르는 몇 년 동안 유예되었다. 16세기 이래 결코 유예되지 않은 것은 전 지구적 제국의 역학이다. 실제로 그 역학은 양차 세계대전에 그 뿌리를 두고 있다. 제국주의 열강들은 심지어 유럽에서 서로를 상대로 싸울 때조차, 흔히 식민지에서는 유럽의 우위가 시종 유지되도록 보장하기 위해 함께 협력하곤 했다.

실제로 세계의 종말보다 더 상상하기 어려운 것은 서구의 절대적인 지정학적 우위의 종말이다. 하지만 오늘날에는 그렇게 될지도 모를 가능성이 시시각각 커지면서 지구 위기에 더 큰 차원의 불확실성을 더해주고 있다.

10

모든 것의 아버지

화석 연료가 전쟁 수행에서 맡는 역할은 그것이 폭력 형태 및 권력 구조와 복잡하게 얽혀 있음을 보여주는 엄청나게 중요한 또 한 가지 측면이다.

근대성이 경제 성장과 화석 연료의 직접적 추이 관계(transitive relationship)를 확립했다는 사실은 대체로 인정받고 있다. 하지만 같은 방정식이 전쟁 수행과 화석 연료의 관계에도 딱 들어맞는다는 사실은 간과하는 경향이 있다.[1] 다시 말해, 한 나라가 군사력을 발휘하는 능력은 그 나라의 탄소 발자국 규모와 직접적 상관성을 띤다는 것인데, 이는 19세기 초반 이후 줄곧 사실이었다.

이 같은 추이성(transitivity)은 19세기 초반에 확립되었으며 대영제국에—특히 해상에서—독보적 이점을 안겨주었다. 제1차 아편전쟁이 발발한 1840년에 중국을 향해 출항한 영국 원정대는 수십 척의 군함과 약 4000명의 전투원으로 구성되어 있어 규모는 그리 크지 않았다. 하지만 이 소규모 병력은 청 제국의 육군과 해군에 엄청난 패배를 안길 수 있었다.

이것은 상당 부분 비밀 병기 덕택에 가능했다. 바로 증기를 동력으로 삼는 네메시스(Nemesis: 그리스 신화에 나오는 인과응보·복수의 여신—옮긴이)라고 불리는 전함, 즉 인도양에 발을 들여놓은 유형 가운데 최초의 전함이 그것이다. 이 증기선은 전투가 벌어질 때마다 모든 함대를 가뿐히 물리침으로써 자신의 이름에 부끄럽지 않은 활약상을 선보였다. 중국 해군이 장비가 허술하고 지휘 계통이 신통치 않다는 사실은 중요하지 않았다. 항해 시대의 가장 위대한 제독들이라 해도 별 수 없었을 테니 말이다. "온갖 기술과 경험으로 무장한 드레이크(F. Drake: 1540~1596), 더라위터르(M. De Ruyter: 1607~1676), 넬슨(H. Nelson: 1758~1805)조차 증기 군함 한 척에 맞서서 아무 일도 할 수 없었을 것"[2]이라고 전해진다.

네메시스는 전쟁과 군사력 발휘에서 화석 연료가 중요해지는 새 시대가 열린다는 것을 말해주는 전조 가운데 하나였다. 그때 이후 전쟁 수행에서 화석 연료 사용량은 가파르게 증가했다. 제2차 세계대전 기간에 미국 군부의 석유 소비는 병사당 1일 1갤런이었다. 제1차 걸프전 기간에 그 수치는 4갤런으로 올랐다. 이라크와 아프가니스탄에서 벌어진 최근 전쟁에서는 그 수치가 16갤런으로 치솟았다.[3]

오늘날 미 국방부는 단일 기관으로 미국에서—그리고 아마도 세계에서—가장 많은 에너지를 소비하는 곳이다.[4] 미 군부는 방대한 규모의 차량·군함·항공기를 보유하고 있는데, 이들 상당수는 엄청난 양의 화석 연료를 소비한다. 비핵 항공모함은 시간당 5621갤런의 연료를 해치운다. 다시 말해, 단 하루 동안 작은 중서부 도시의 연간 사용량에 맞먹는 연료를 써서 없애는 것이다. 하지만 F-16 항공기 한 대는 단 1시간의 통상적 가동에도 항공모함의 3분의 1, 즉 약 1700갤런의 연료를 소비한다. 만약 애프터버너(afterburner: 제트 엔진 재연소 장치—옮긴이)를 쓰고 있다면 그 항공기는 시간당 항공모함보다 2.5배나 많은 대략 1만 4400갤런의 연료를 사용할 것이다.[5] 미 공군은 F-16을 약 1000대 보유하고 있는데, 이는 공군 병력의 극히 일부에 불과하다. 두말할 나위 없이 전투용 탱크, 장갑차, 군용 지프 등도 다량의 연료를 필요로 한다. 이들 차량은 평화 시에도 놀고 있지 않는다. 그중 상당수는 상시적으로 활용된다. 훈련과 유지를 위해서이기도 하고, 900개에 이르는 미국 내 군사 시설을 타국에 있는 약 1000개의 군사 기지 네트워크와 연결해야 하기 때문이기도 하다.[6]

1990년대에는 미군의 3개 부문(미군은 육군·해군·공군·해안경비대·해병대·우주군 등 6개 부문으로 편제되어 있다—옮긴이)이 연간 대략 2500만 톤의 연료를 소비했다. 이 수치는 미국 총 연료 소비량의 20퍼센트를 넘고 "전 세계 국가 약 3분의 2의 상업용 에너지 소비량을 모두 합한 것보다 많다".[7] 이라크 전쟁 기간에 미군은 중동의 군사 작전 하나를 위해서만 연간 13억 갤런가량의 석유를 사용했다. 이것은 인구 1억 8000만 명의 방글라데시가 연간 소비하는 양을 뛰어넘는 수치다.[8] 이러한 활동은 다른 환경적 비용을 낳기도 한다. 군사 장비를 가동하기 위해 희석제·용제·살충제 등 다양한 종류의 유독성 화학 물질을 써야 하기 때문이다. 결과적으로 미 국방부는 "미국의 상위 5대 화학사를 다 합친 것보다 많은 연간 50만 톤의 독성 폐기물을 쏟아내고 있다. 그리고 세계 주요 강대국들의 군대는 세계에서 가장 많은 양의 유해 폐기물을 생산하는 것으로 추정된다".[9]

여기에는 무기류·전함·전투기를 만드는 과정에서 비롯되는 오염 물질의 배출과 폐기물 생성은 포함하지도 않았다. 또한 군부와 관련한 또 한 가지 분야—전 세계적으로 빠르게 존재감을 키워가고 있는 방위 산업체—의 급속한 팽창도 고려하지 않았다.

하지만 미 국방부는 결코 막대한 양의 화석 연료에 의존하는 유일한 군사 기관이 아니다. 이것은 전 세계의 모든 주요 강대국이나 소규모 강대국의 경우에도 마찬가지다. 중국·사우디아라비아·러시아·튀르키예 그리고 인도의 군대는 급속하게 팽창하고 있으며, 하나같이 에너지 집약적인 시스템에 엄청난 돈을 쏟아붓고 있다.

이와 관련해 전 세계의 군비 지출을 전 세계의 기후 변화 저감 비용과 비교해보면 도움이 될 것이다. 2009년 코펜하겐에서 열린 유엔기후정상회의(UN Climate Summit)는 부유한 국가들이 가난한 나라들에 연간 1000억 달러를 제공해 그들이 기후 변화의 영향에 대처할 수 있도록 돕기로 합의했다. 하지만 유엔 그린기후자금(Green Climate Fund)은 고작 104억 3000만 달러를 모금하는 데 그쳤고, 현재는 그 자금마저 서서히 바닥나고 있다. 이는 유엔기후정상회의가 조달하기로 예상한 금액의 근처에도 가지 못한 액수였다.[10] 같은 기간 세계의 연간 군사비 지출은 1조 5000억 달러를 약간 웃돌던 수준에서 2조 달러에 육박하는 수준으로 불어났다.[11] 미국이 9·11테러 이후 전쟁에 쏟아부은 군사비 총액은 6조 달러를 넘는 것으로 추산된다.[12]

흔히 "군사화는 단일 요소로서 생태계를 가장 크게 파괴하는 인간 활동"[13]으로 지목되어왔다. 하지만 그 주제에 대해서는 거의 연구가 이루어지지 않고 있다. 그 분야의 선도적인 학자 3명이 "군국주의가 환경에 미치는 영향에 관한 연구는 사회과학에서 아예 존재하지 않는다"[14]고 말할 정도로 말이다. 해당 분야의 연구에 몸담은 학자들 가운데 몇은 이른바 '파괴의 트레드밀(treadmill of destruction: 군사적 활동과 지출 및 사회-환경의 상호작용을 통해 현저한 환경 파괴를 초래하는 전 세계적 현상—옮긴이)' 사회학파에 속해 있다.[15] 그 학파가 내놓은 일관된 연구 결과 중 하나는 "군산복합체는 물론 경제와 긴밀히 연관되어 있긴 하나, 그 자체의 책무를 만들어내고 그 자체의 논리를 따르는지라 결코 경제에 종속되어 있지 않다"[16]는 것이다. 실제로 군은 그 자체로 경제의 주요 원동력일 뿐 아니라 자본주의가 잘 굴러가도록 도와주는 보호막 구실을 한다.

이미 1992년에 참여과학자모임(Union of Concerned Scientists, UCS)은 인류가 전쟁 및 폭력에 자원을 소비하는 것과 파괴적인 환경 피해를 막는 데 자원을 소비하는 것 사이에서 하나를 선택해야 하는 냉혹한 상황에 직면해 있다고 경고했다. 그 보고서에는 과학 분야의 노벨상 수상자 다수를 포함해 1700명의 과학자가 서명했다.[17] 2017년 그 경고가 재등장했고, 이번에는 자그마치 1만 5000명의 과학자가 서명했다. 이 보고서는 세계의 상태가 전보다 훨씬 더 악화했다고 결론 내렸다.

처음에 나온 참여과학자모임의 보고서는 상당한 세간의 이목을 끌었다. 하지만 두 번째 보고서는 거의 묻히다시피 했다.

✦ ✦ ✦

인간 활동 탓에 전 지구의 기후가 변화하고 있다는 것이 서구의 군사 기관들에는 논쟁을 벌일 문제가 아니다. 그들은 하나같이 미래를 위한 계획에서 기후 혼란 문제를 고려해왔다. 그들은 또한 그와 관련해 숱한 연구와 보고서를 의뢰했는데, 그 흐름을 주도한 것이 바로 미 국방부다. 미 국방부는 심지어 트럼프 행정부의 거센 정치적 압박 아래에서조차 그 어떤 망설이는 기색도 없이 기후 변화의 현실을 똑똑히 인정했다.[18]

일이 그렇게 되어야 하는 것은 당연하다. 기후 변화를 보여주는 초기 증거의 상당 부분이 미 국방부가 자금을 댄 과학 기관들에서 나왔기 때문이다. 이를테면 최초의 얼음 코어 표본은 냉전 시대 초기에 미군이 북극에서 채취했다. 기타 수많은 중요한 기상학·지질학·해양학 기관을 설립한 추동력도 냉전에서 비롯되었다. 오늘날 기후과학에 필수적인 슈퍼컴퓨터를 위한 자금 지원도 마찬가지다.[19] 따라서 미군은 기후 변화의 위협을 이해하는 데에서 다른 어떤 기관들보다 몇 발짝 앞서 있었다.

미국 최대의 고용주이자 부동산 소유주인 미 국방부는 오랫동안 지구 온난화의 영향에 직접적으로 노출되어왔다. 아마도 지구상에 있는 그 어떤 기관보다 더 그랬을 것이다. 그 기관의 기지 다수가 해안 지대와 섬에 위치해 있으며, 따라서 해수면 상승과 점차 거세지는 폭풍우의 위협을 받고 있다. 버지니아주 노퍽(Norfolk)에 자리한 미 해군의 동부 연안 중심지—세계 최대의 해군 기지—는 진즉부터 걸핏하면 홍수 피해를 입고 있으며, 그 상당 부분은 금세기 말이 되기 전에 물에 잠길 것이다. 인근의 랭글리(Langley) 공군 기지도 마찬가지로 향후 몇 년 내에 거의 매일 물 피해를 입을 것으로 예상된다.[20] 몇몇 중요한 해외의 미군 기지도 앞으로 수십 년 내에 침수 가능성이 있다. 그 가운데 가장 중요한 것은 인도양 저지대의 디에고가르시아섬에 있는 해군 기지다.

미군이 직면한 기후 위협은 해수면 상승만이 아니다. 많은 내륙 기지도 그 밖의 기후 관련 문제에 고루 시달리고 있다. 2018년 엄청난 기세의 허리케인 마이클(Michael)이 플로리다주의 틴들(Tyndall) 공군 기지를 강타해, 한 대에 값이 약 3억 5000만 달러나 나가는 제트기 17대를 망가뜨렸다. 그 밖의 내륙 기지들은 영구 동토의 용융, 비 폭탄(rain bomb), 산불, 폭염, 그리고 장기 가뭄 등의 여러 위협에 직면해 있다. 이 같은 위협은 너무 광범위해서 2019년 미 국방부는 수십 개의 시설이 진즉부터 기후 변화에 영향을 받아왔다고 보고했다. 그 시설들 가운데 53개는 거듭되는 물난리, 43개는 가뭄, 36개는 산불, 그리고 6개는 사막화로 피해를 입었다.[21]

다른 종류의 위협은 군대의 작전이 대체로 화석 연료에 의존하고 있다는 사실에서 비롯된다. 최근의 아프가니스탄과 이라크 전쟁 기간에는, 대규모 트럭 행렬이 내륙 기지에 연료를 공급하기 위해 위험한 사막 도로를 구불구불 지나야 했다. 이처럼 긴 보급로는 '사제 폭발물(improvised explosive device, IED)'을 치명적일 만큼 효과적으로 만들어주었다. 산업 문명의 폐기물을 조합해 저렴하고 손쉽게 제조할 수 있는 폭발물이 세계에서 가장 강력하고 기술적으로 진보한 군대를 속수무책으로 만든 것이다.

군 기획자들 사이에서 이러한 공격은 과도한 탄화수소 의존에 따른 작전상의 취약성에 대한 오랜 우려를 더욱 심화시켰다. 이 같은 우려 탓에 미 국방부는 대안 에너지 기술의 연구 및 개발을 위한 자금 지원에 오랫동안 앞장서왔다. 또한 기회가 될 때마다 태양력이나 풍력을 발 빠르게 채택했다. 하지만 국방부는 화석 연료의 총소비액을 낮추는 데 더러 성공한 적이 있음에도 불구하고, 19세기 초에 시작된 화석 연료와 군사력 간의 근본적인 연결 고리를 단절할 묘수는 아직껏 찾아내지 못했다. 국방부가 전쟁을 치를 때마다 그 기관의 탄화수소 소비량은 한껏 치솟기만 했다. 실은 헬리콥터나 초음속 제트기에 전력을 공급하는 새로운 방법을 고안하지 않은 채 그 연결 고리를 끊어낼 수 있다고 생각하는 것 자체가 어불성설이다. 미 국방부의 운영에 쓰이는 에너지의 70퍼센트 이상이 제트기 연료용이기 때문이다.[22]

실제로 미 국방부의 곤경은 오늘날 세계의 현상 유지 국가들(status quo powers)에 닥쳐오는 곤경을 고스란히 되비추는 거울이다. 당신은 자신의 지정학적 힘이 기반하는 '자원'에 대한 의존을 어떻게 줄일 수 있는가? 당신은 주로 탄화수소의 '배달 서비스(delivery service)'로 기여하기 위해 존재하는 거대한 군사 기구의 화석 연료 소비를 어떻게 낮출 수 있는가?

정치권의 기후과학 부인을 지구 온난화와 관련한 저감 노력의 주요 장애물로 간주하는 이들은 때로 기후과학의 연구 결과에 대한 미군의 적극적 반응을 환영하곤 한다. 하지만 이것은 질병을 치료법과 혼동하는 꼴이다. 세계의 주도적인 군사 기관들이 하는 일이란 정확히 기후 변화의 가장 중요한 원동력—탄소 경제와 그것이 뒷받침하는 추출·생산·소비 시스템—을 **방어**하는 것이다. 따라서 이들 기관이 계급·인종 그리고 지정학적 권력 간의 불공정 같은 지구 위기를 일으키는, 눈에 보이지 않는 동인을 본격적으로 다루리라고 기대하기는 어렵다. 그들의 임무는 다름 아니라 현상 유지에 이로운 위계질서를 **보호**하는 것이다. 전후 전략 질서의 설계자 가운데 한 명인 조지 케넌(George Kennan)보다 이 점을 더 명확하게 꼬집은 이는 없다. 그가 1948년 미국의 지도자들에게 말했다. "우리는 세계 인구의 6.3퍼센트에 불과하지만 세계 부의 약 50퍼센트를 차지하고 있습니다. 이런 상황이니만큼 피치 못하게 질시와 분노의 대상으로 떠오릅니다. 다가오는 시기에 우리의 진정한 임무는 이 같은 격차 상태를 유지하도록 허락해줄 관계 유형을 고안해내는 것입니다. 우리는 그렇게 하기 위해 온갖 감상벽과 헛된 공상을 집어치우고, 당면한 국가적 목적에 한껏 주의를 집중해야 합니다."[23]

그런가 하면 미국의 기관들이 기후 변화에 관한 전 지구적 연구의 대부분을 수행하고 있다는 것도 어김없는 사실이다. 더군다나 미국은 다른 어떤 나라보다 많은 환경 기관과 환경 활동가의 본산지다. 또한 여러 조사는 점점 더 많은 미국인이 기후 변화에 대해 우려하고 있음을 보여준다. 이처럼 서로 길항하고 있는 반대 요소는 심지어 지정학적 사안에 대해서조차 의미 있는 변화가 가능하다는 것을 암시한다. 한 가지 비근한 모델이 바로 1963년 냉전이 한창일 때 미국과 소련이 체결한 부분핵실험금지

조약(Limited Test Ban Treaty)이다. 이 조약이 "최초의 군축 조약임과 동시에 최초의 환경 조약이었다"[24]는 사실은 상기해볼 만하다.

✦ ✦ ✦

군사 기획가들에게 온실가스 배출량 저감은 기후 변화와 관련해서 잘 해봐야 사소한 주제일 따름이다. 한 고위 관리는 버지니아주에서 열린 어느 지역 사회 공청회에서 이 점을 다음과 같이 간명하게 표현했다. "우리는 환경이 아니라 국가를 보호하는 일에 종사하고 있다."[25]

군의 기후 관련 기획은 주로 지구 온난화가 야기하거나 악화시키는 갈등—이를테면 물을 둘러싼 투쟁, 국지전, 테러리즘, 그리고 허리케인·사막화·가뭄·홍수 등에 따른 사람들의 대규모 이주—을 다루는 데 맞춰져 있다.

이들 기획 상당수가 인터넷에 올라와 있으므로 찾아서 읽어보는 것도 유익한 일이다.[26] 거기에서 가장 두드러진 점은 그러한 기획이 기후 변화의 가속을 기정사실로 받아들이고, 전 지구적 온실가스 배출과 관련해 협력적 저감 조치는 없으리라고 단정하다시피 한다는 것이다. 또한 그 기획들은 '위협 승수(threat multiplier)'로서 기후 변화의 효과는 계속해서 더욱 심각해질 뿐이며, 따라서 점점 더 많은 군사적 개입이 필요할 거라고 가정한다.

기후와 관련한 안보 위협의 목록은 무척이나 길다. 부분적으로 거기에 최근까지만 해도 전혀 군사적 문제로 간주하지 않던 많은 이슈가 포함되기 때문이다.[27] 이를테면 이주자와 난민 문제는 과거에만 해도 정확히 민간 거버넌스(governance)에 속해 있었다. 오늘날 오스트레일리아 주변 해역이나 지중해에서든 미국의 남쪽 국경 부근이나 인도와 방글라데시의 국경에서든 이주는 주로 군부 및 준(準)군부의 소관 사항으로 넘어갔다.

자연재해를 다루는 것 역시 과거에는 주로 시민 사회의 영역이었다. 얼마 전까지만 해도 지진이나 사이클론이 일어난 뒤 현장에 맨 먼저 달려오는 이들은 자선 단체, 종교 기관, 구호 단체의 자원봉사자들 그리고 물론 공무원과 경찰관이었다. 하지만 이제는 군대 인력이나 준(準)군대 인력이 '긴급구조대'로 여겨지고 있는데, 이는 불과 수십 년밖에 되지 않은 일이다. 더러 이런 현상은 허리케인 카트리나(Katrina)가 덮쳤을 때처럼 미국에서 민간 자원봉사자를 재난 지역에 들어오지 못하도록 명시적으로 금지하는 정도로까지 나아갔다.

그러한 재난은 새로운 공간에 대한 군사적 침범의 빌미를 제공할 뿐 아니라 전반적인 군사적 확장을 인도주의적 측면에서 새롭게 정당화하기도 한다. 군사 기획자들은 신병을 모집하고 그들 정책의 포괄 범위를 확장하기 위해 심지어 사회 운동의 언어와 전술을 채택하기까지 했다.[28]

오늘날 군대 인력과 준군대 인력이 재난 대처를 주도하는 것은 당연해 보일지도 모른다. 하지만 꼭 그래야 하는 내재적 이유란 없다. 국경없는의사회(Médecins sans Frontières), 옥스팜(Oxfam) 등의 많은 시민 사회 조직은 하나같이 긴급구조대로서 역할을 하는 데 필요한 기능을 갖추고 있다. 만약 그들에게 항공기와 선박이 부족하다면 그것은 그저 그러한 자원을 사용하게끔 만드는 국제적 메커니즘이 없기 때문이다. 따라서 재난이 군사화하는 것은 정치적 선택 탓이다. 즉, 궁극적으로 많은 사회가 군국주의에 흠뻑 젖게 되는 폭넓은 과정에서 빚어진 선택인 것이다.[29]

재난 구조가 점차 엄청난 탄소 발자국을 남기는 조직들에 의해 제공되고 있다는 사실은 그저 아이러니한 일에 그치는 게 아니다. 그것은 재난이 재난을 부채질하는 일련의 결과를 낳는다. 또한 재난 구조가 그 자체로 군사적 경쟁의 장이 되도록 보장한다. 이러한 역학은 이미 2013년 세계가 태풍 하이옌(Haiyan)에 대응하는 과정에서 드러난 바 있다. 당시 약 25개국이 군 대표단을 필리핀에 파견했다. 그중에서 최대 존재감을 과시한 국가는 단연 미국이었다. 미 해군은 항공모함 1척, 해군 타격대, 항공기 66대, 그리고 약 1만 3400명의 병력을 배치했다. 이것은 의심할 나위 없이 특히 인구 밀도가 높고 재난에 취약한 인도양 유역에서 앞으로 다가올 일들을 보여주는 전조다.

태풍 하이옌이 발생한 뒤 대대적인 군사 배치를 시행한 것은 비단 인도주의적 관심 때문이었을까? 아니면 힘의 투사도 그에 한몫한 요인이었을까? 2017년 그와 비슷한 재난이 발생했을 때, 즉 허리케인 마리아(Maria)가 미국령 푸에르토리코를 초토화시켰을 때, 미군의 대응이 태풍 하이옌의 경우보다 훨씬 더 미미했다는 점은 되새겨볼 가치가 있다. 그리고 미국은 인본주의가 해외 재난 구조 파견대의 자국 영토 진입을 허락하기에 충분한 이유라고 여기지도 않는다. 심지어 허리케인 카트리나와 허리케인 마리아가 발생한 뒤처럼 자국 군대가 피해자들에게 충분한 도움을 제공할 수 없을 때조차 말이다.

기후 관련 재해는 다른 방식으로도 군사적 발자국을 넓혀가고 있다. 예컨대 허리케인 카트리나가 발생한 후 조지 W. 부시 대통령을 비롯한 미국의 여러 정치인은 걸핏하면 그 재난을 핵 공격에 비유하곤 했다. 그 사건은 이런 프레임을 통해 공공복지 기금은 줄이고 군사비 지출은 늘리기 위해 오랫동안 동원해온 훨씬 더 해묵은 핵 담론 속으로 스며들었다.[30]

사실상 기후 관련 재해는 그 자체로 세계 차원에서 진행되는 가파른 군사비 지출 상승에 기여하는 요인으로 떠올랐다.

이러한 사실을 직시하려면 세계가 미래에 대비하고 있지 않다는 판단은 심각한 오류임을 인식해야 한다. 세계는 저감 조치를 취하거나 배출량을 낮추는 식으로 미래의 지구 파괴에 대비하고 있지 않다뿐, 지배적 우위를 차지하기 위한 새로운 지정학적 투쟁에 대비하고 있는 것이다.

✦ ✦ ✦

오늘날 에너지 체제의 전환은 비록 부분적이긴 하지만 가능할뿐더러 불가피하다는 사실이 점차 분명해지고 있다. 따라서 이 같은 전환의 경제적·기술적 함의를 다룬 글이 대거 쏟아져나오는 것은 조금도 놀랄 일이 아니다. 반면 이러한 전환의 지정학적 영향에 대해서는, 그 역시 중요함에도 불구하고 (적어도 공적으로는) 논의가 한층 덜 이루어지고 있다. 이를테면 미국 정부는 어떻게 힘의 투사를 위한 도구로서 석유달러의 퇴조에 적응할 것인가? 돈과 외교력을 솜씨 좋게 동원함으로써 워싱턴에서 엄청난 영향력을 쌓아온 사우디아라비아, 카타르, 그리고 아랍에미리트는 어떻게 그들의 지정학적 위세가 줄어들 거라는 전망에 대처할 생각인가? 미국은 중동의 군사 및 전략 자산에 대한 자국의 막대한 투자, 그리고 그 지역의 에너지 수출이 덜 중요해지는 현상 사이에서 어떻게 조화를 모색할 것인가?

이러한 장기적 과정이 어떤 식으로 귀결될지 예측하는 것은 (불가능하지는 않지만) 극도로 어렵다. 그러나 확실한 것은 에너지 체제의 전환이 지정학적 체제의 전환도 함께 수반하리라는 점이다. 이렇게 되면 현상 유지 국가들—가장 중요하게는 영어권 국가와 걸프 지역의 에너지 초강대국들—은 자국의 현재 지배력이 약화하는 상황에 적응해야 한다. 그들이 그처럼 변화된 상황에 적응할 수 있을지, 그럴 수 있다면 과연 어떻게 적응할 것인지는 향후 몇 년 동안 정녕 알 길이 없다.

이것들은 그저 외교 정책과 전략적 의사 결정에 관한 추상적 문제에 그치는 게 아니다. 다가오는 몇 년 동안 가장 중요하면서도 가늠하기 힘든 요소는 현상 유지 국가의 국민들이 현재 자국의 지정학적 위상이 내리막으로 치닫는 상황에 기꺼이 적응할지, 혹은 그에 심리적으로 적응할 수 있을지 여부다.

한 가지 예로 유수 미국 대학에서 환경학을 가르치는 가상의 교수가 있다고 해보자. 그 교수는 지적·윤리적 헌신에 힘입어 비행기 여행을 포기하고, 비건(극단적 채식주의자)으로 살아가고, 태양 에너지를 이용할 수 있도록 집을 개조하는 등 숱한 생활 방식의 변화를 꾀했다. 그녀는 자신의 탄소 발자국을 줄이기 위해 가능한 한 모든 희생을 기꺼이 감수할 뿐만 아니라 그러고자 하는 열의로 가득 차 있다. 하지만 "당신의 탄소 발자국에 숨겨진 지정학적 탄소 발자국을 축소할 의향 또한 있는가?"라는 질문을 받을 때면 그것을 의미 없는 질문이라며 일축한다. 아마도 지정학적 탄소 발자국이라는 개념은 수량화할 수 없기에 자신이 그것을 손톱만큼이라도 가지고 있다고 생각하지 않아서일 것이다. 하지만 그녀의 대학은 실상 상당한 지정학적 힘을 휘두르며, 그걸 통해 그녀도 그렇게 하고 있다. 예컨대 세계의 수많은 대학을 위해 연구 의제를 설정하는 데 일정한 역할을 한다. 해외 학생들에게 장학금을 지급하고, 외국 교수를 초청하고, 미국의 저명 논문을 출판하거나 편집하는 식으로, 그리고 다른 수많은 나라의 교육 기관에 자금을 대는 미국의 재단 및 싱크 탱크와 교류하는 식으로 말이다. 비록 그녀는 이런 유의 영향력을 인식하지 못할지도 모르지만, 그것 역시 미군의 탄소 발자국 속에 숨겨진 힘과 연관되어 있다.

자신의 탄소 발자국을 줄이기 위한 개인적 희생에 열성적인 이 교수는 과연 자신이 해외 기관과의 관계 속에서 발휘하는 것 같은 영향력을 외국 세력이 그녀 대학에 행사하는 역전된 상황도 기꺼이 감수할까? 다시 말해, 그녀는 자신의 탄소 발자국에 숨겨진 권력지수(power quotient)의 일부분을 희생할 의향이 있을까? 나는 결단코 그렇지 않다고 생각한다. 그녀의 동료들이 교육·정보·미디어 분야에서 자국의 국제적 영향력을 키우기 위한 중국 및 러시아의 시도에 드러내는 반응은 그렇지 않다는 것을 강하게 암시한다. 실제로 그녀는 아마 그러한 변화에 저항하고자 기꺼이 바리케이드를 치는 일에 뛰어들 것이다. 그녀에게는, 그리고 그녀와 같은 환경에 처한 많은 이들에게는, 생활 방식을 희생하는 쪽이 크게 달라진 지정학적 질서에 적응하는 쪽보다 심리적으로 한층 더 쉬울 것이다.

결국 세계적 에너지 전환의 운명은 오로지 기술 혁신과 자금 조달 가능성에만 달려 있지 않다. 그것은 또한 결정적으로 현상 유지 강대국의 국민들이 에너지 전환에 불가피하게 수반될 지정학적 변화를 수용하고 그에 적응할 수 있을지에도 달려 있다.

11

취약성

군사 기관과 안보 기관이 기후 변화에 대해 내놓은 보고서에서 일관된 한 가지 특징은 서방이 대체로 지구 위기로 인한 최악의 영향으로부터 보호받을 거라고 가정한다는 점이다. 가난한 나라들이 기후 파급력의 압박 속에서 고전할 때조차 1인당 GDP가 높고 선진적인 인프라를 갖춘 나라들은 계속해서 별 탈 없이 통치되고 평화로울 거라는 예측이 당연시되고 있다.

이러한 가정은 얼핏 보면 그럴듯하고 심지어 설득력마저 있다. 하지만 최근 몇 년 동안 이 같은 내러티브가 완전히 물구나무를 섰음을 보여주는 예는 수없이 많았다. 그 가운데 가장 최근의 예가 바로 코로나19 팬데믹이다. 물론 기후 변화와 코로나19 사이에 직접적이거나 인과론적인 관련성은 없다. 하지만 그 둘은 결코 무관하지 않다. 정확히 지구 온난화가 지속적으로 증가하는 경제 활동의 결과인 것처럼, 감염병의 발발 역시 토지 사용의 변화와 인간의 야생 동물 거주지 침입이 야기한 경제 발전의 '숨겨진 비용'이라는 사실은 이제 명백하다.[1] 실제로 지구 온난화와 감염병의 발발 모두 제2차 세계대전 이후 수십 년 동안, 특히 1989년 이후에 생산, 추출, 소비, 환경 악화가 지속적으로 가속화한 데 따른 결과다.

이런 의미에서 기후 변화 사건과 코로나19 팬데믹은 유관한 현상이며, 그 팬데믹이 거쳐온 경로는 지구 위기 역시 직관에 반하는 놀라운 방식으로 펼쳐질 것임을 암시한다. 예컨대 베트남의 1인당 소득은 그보다 더 부유한 세계 여러 나라의 소득 가운데 극히 일부에 지나지 않는다. (베트남의 소득 순위는 전 세계 189개국 가운데 126위에 그친다.)[2] 하지만 중국과 국경을 길게 접하고 있음에도 베트남은 코로나19 발병 사례가 확연하게 적었다. 비교적 선방한 서방 국가들보다 인구가 훨씬 더 많음에도 그랬다. 베트남은 인구가 독일보다 1400만 명, 뉴질랜드보다는 9200만 명이 많다. 스리랑카 역시 코로나19 팬데믹을 이례적일 정도로 잘 헤쳐나간 또 하나의 빈국이다.[3]

반면 고전한 나라들 가운데에는 이탈리아, 에스파냐, 프랑스, 벨기에, 그리고 물론 영국과 미국 같은 부국이 대거 포진해 있다. 이러한 결과의 불행한 측면 가운데 하나는 그것이 부분적으로 서구 엘리트들이 소중히 여기는 신념, 즉 그들 국가의 부, 인프라, 그리고 줄곧 칭찬받아온 의료 체계가 코로나19 팬데믹으로 인한 최악의 결과로부터 그들을 보호해주리라는 신념 탓이었다는 사실이다. 서방의 본래적 우월성에 대한 믿음과 강대국의 허세가 맞물리면서 그들로 하여금 일부 동아시아 국가들이 그 팬데믹을 억제하도록 도운 방법의 채택을 꾸물거리게 만드는 데 한몫했다. 〈뉴욕 타임스〉와의 인터뷰에서 어느 프랑스 외교 정책 전문가가 말했다. "프랑스가 스스로를 한국이나 대만과 비교할 수는 없지요. 다른 강대국들과 비교한다면 또 모를까. ……우리나라를 강대국이 아닌 나라들과 비교하는 것은 여러모로 견딜 수 없는 일이죠."[4] 좀더 직설적인 언어로 말하자면, 서방의 많은 지도국들은 역사적으로 뿌리 깊은 그들 자신의 편견 탓에 길을 잃었다고 말할 수 있다.

✦ ✦ ✦

2020년 5월 14일, 위 단락을 쓰고 있을 때 폭풍우가 몰려온다는 소식을 듣고 마음이 심란해졌다. 기후과학자인 내 친구 애덤 소벨(Adam Sobel)은 선도적인 열대 폭풍우 전문가인데, 그가 당시 비정상적으로 따뜻한 벵골만 수역에 나타난 위험도 높은 기상 체계를 우려하는 이메일을 내게 보내왔다. 몇 가지 믿을 만한 컴퓨터 모델에 따르면, 그 폭풍우가 사이클론으로 발전해 내 고향인 콜카타 방향으로 진행할 가능성이 크다는 내용이었다.

그 폭풍우는 그 나라에도 내 가족에게도 그보다 더 나쁜 시기에 찾아올 수는 없었을 것이다. 팬데믹이 시작된 이래 나는 거의 하루도 빼먹지 않고 콜카타에 사는 누이와 전화 통화를 해왔다. 누이와 조카딸이 여든아홉 살의 내 노모를 모시고 살면서 돌보고 있었기 때문이다. 어머니는 호흡기 질환을 심하게 앓고 계셨다. 팬데믹 이전에도 어머니를 보살피는 일은 충분히 어려웠다. 하지만 엄격한 록다운(lockdown: 봉쇄—옮긴이)으로 의약품을 구하기 힘들어지자 그 일은 한층 더 어려워졌다.

하지만 우리 가족의 처지는 록다운이 인도 전체의 수백만 이주 노동자에게 안겨준 고초에 비하면 사소한 수준이었다. 나렌드라 모디(Narendra Modi) 총리가 록다운을 선언한 3월 24일, 아무런 사전 경고도 없이 철도 체계와 항공사가 가동을 멈추었고 곧바로 모든 여행이 금지되었다. 정부는 뉴델리, 뭄바이, 방갈로르 같은 도시가 수백만에 이르는 국내 이주자들의 고향임을 인식하지 못한 게 분명하다. 무허가 판자촌이나 빈민가에 기거하면서 그날 번 돈으로 겨우 입에 풀칠하며 근근이 생계를 이어가는 이들 말이다. 그들 중 많은 사람이 깨끗한 물, 음식, 의료에 접근하는 것은 고사하고 비바람을 막아줄 제대로 된 지붕조차 없는 환경에서 살아가고 있다. 이처럼 가난한 이주 노동자를 위한 대비는 전혀 이루어지지 않았다. 정부가 해외에 발이 묶인 인도 중산층을 대피시키기 위해서는 비행 편을 제공했지만 말이다. 마치 공공연하게 계급 전쟁을 선포한 것만 같았다.

록다운 이후 노동자들은 아무런 지원 네트워크도 생존 수단도 없는 장소에 발이 묶인 자신들의 모습을 발견했다. 일부 도시에서는 대담하게 거리로 뛰쳐나온 사람들이 경찰의 공격을 받아 잔인하게 두들겨 맞기도 했다. 하지만 인도에서 몬순을 앞둔 몇 달 동안의 폭염 아래 양철 지붕을 얹은 쓰러져가는 누옥의 실내에 틀어박혀 있는 것 역시 불가능했다. 4월과 5월의 타는 듯한 무더위 속에서 많은 이주자가 얼마 안 되는 물건을 챙겨서 수백 킬로미터 떨어진 그들의 집을 향해 걷기 시작했을 정도로 상황은 몹시 나빴다. 그들은 이동 도중 온갖 종류의 약탈에 시달렸다. 인터넷에는 날마다 아이들을 어깨에 얹고 하염없이 고속도로를 따라 걷고 있는 사람들의 기나긴 행렬, 문밖에 나왔다는 죄로 경찰한테 얻어맞은 뒤 델리 거리에서 흐느끼는 소년의 모습, 기차역에서 죽은 엄마의 몸에 매달린 유아의 모습 등 애끓는 장면이 연달아 올라왔다.

이들 이주 노동자 대부분이 가난에 허덕이는 인도 동부 지역 출신이었다. 상당수가 콜카타와 그 인근 지역, 특히 그 도시 남쪽의 거대한 맹그로브 숲 순다르반(Sundarban)에서 왔다. 순다르반에서는 과거 수백만 명이 사이클론을 비롯한 기후 관련 환경 변화 탓에 살던 곳을 등져야 했다.[5] 그들은 이제 거리로 나앉았고, 거처를 마련하기도 쉽지 않다. 그럭저럭 콜카타에 당도했다 해도 그 도시 역시 홍수에 극도로 취약한지라 안전을 장담할 수 없다. 그 도시 지역의 상당 부분이 해수면보다 낮게 자리하고 있으며, 적잖은 동네가 몬순 계절이면 침수되는 경향이 있어서다.

나는 그런 동네 가운데 한 곳에서 자랐다. 지금 위태롭게 호흡기에 의존하고 있는 노모가 록다운이 시작될 때 이사 온 몇 명의 간병인에게 보살핌을 받고 있는 바로 그 집에서 말이다. 어머니는 또한 의사들에게 의존하고 계신데, 그들은 코로나19 팬데믹 기간 내내 보호 장비를 갖춰 입고 치료를 계속해왔다. 하지만 만약 그 지역이 폭풍 해일로 물난리를 겪는다면, 우리 집이 완전히 고립되어서 누구도 찾아오지 못하는 날이 며칠간 이어질 가능성이 있었다.

다행히 애덤이 미리 경고해준 덕에 우리는 대비할 시간을 얼마간 확보할 수 있었다. 이어지는 며칠 동안 사이클론 암판(Amphan)이 벵골만에서 기록된 것들 가운데 가장 강력한 폭풍우로 세력을 키워가고 있을 무렵, 나는 계속 누이와 전화 통화를 이어갔다. 우리는 시시콜콜한 부분까지 꼼꼼히 준비 상태를 점검했다. 어떻게 출입문과 창문을 고정해두어야 하는지, 어떻게 물이 새어 들어오는 것을 막을 수 있는지, 그리고 어떤 종류의 의약품과 식량을 미리 챙겨두어야 하는지 따위에 대해서 말이다. 정전이 되면 노모가 의지하고 있는 각종 호흡 장비를 쓸 수 없을 것으로 판단했기에 산소통을 미리 구비해두는 예방 조치도 취했다.

이러한 준비 덕택에 어머니의 집과 거기에서 살아가는 사람들 모두가 별 탈 없이 사이클론의 위기를 피해갈 수 있었다. 예상대로 전기가 나갔지만 어머니는 산소통 덕에 그 어떤 심한 고통도 겪지 않으셨다. 집단 차원에서나 마찬가지로 개인 차원에서도 미리 대비하는 것이 얼마나 중요한지 다시 한번 절감할 수 있었다.

그런가 하면 서벵골(West Bengal) 주 정부와 방글라데시 정부 역시 대대적인 소개 작업에 착수하고 수백만 명의 사람을 해안에서 멀리 이동시키는 등 대비에 만전을 기했다. 그 결과 애초 우려한 것보다 사망자 수가 훨씬 적었다. 이것은 지난 수십 년 동안 그 지역에서 사이클론이 미치는 영향의 일반적 패턴과 일치했다. 대규모 소개가 한층 효과적으로 이루어진 덕분에 인명 피해는 극적으로 줄어들었다. 하지만 사이클론이 사람들의 생계 수단에 미치는 영향에 관해서는 같은 말을 할 수 없다. 그들, 특히 해안 가까이에서 살아가는 사람들의 생계 수단은 지금 그 어느 때보다 처참하게 붕괴했다.

사이클론 암판이 강타하기 전날, 나는 모 신문사로부터 그 폭풍우가 순다르반에 어떤 영향을 미칠 것으로 보느냐는 질문을 받았다. 나는 답신에서 최근 경험에 비추어 순다르반 사람들은 성공적인 소개에도 불구하고 매우 심대한 타격을 입을 거라며 다음과 같이 밝혔다.

> 그들의 마을은 침수되고 가옥은 흔적도 없이 쓸려나갈 겁니다. 그리고 정착지가 들어선 섬의 내륙을 보호해주는 제방들도 광범위한 피해를 입을 거고요. 경작지는 바닷물에 잠길 테고, 몇 년 동안 농사를 지을 수 없겠지요. 담수호에도 바닷물이 넘칠 겁니다. 많은 어부가 배와 어망을 잃겠지요. 팬데믹이 기승을 부리는 기간에 사이클론이 닥치면, 소개 그 자체가 나쁜 결과로 이어질 소지도 있습니다. 사회적 거리 두기를 지키면서 대규모 소개를 수행하기란 거의 불가능하니까요. 게다가 북적이는 사이클론 쉼터에서 사회적 거리 두기를 유지하는 것 또한 가능하지 않을 겁니다. 설상가상 실로 엄청난 사람들이 생계 수단

을 잃을 겁니다. 그들 중 많은 수가 록다운의 영향으로 이미 고통당하고 있으니 엎친 데 덮친 격이지요. 지금 뉴델리나 뭄바이 같은 도시에서 벵골로 걸어가고 있는 상당수의 이주 노동자는 순다르반 출신입니다. 그들은 고향에 도착하면 훨씬 더 심한 폐허와 마주하겠지요. 그것은 엄청난 규모의 인도주의적 재앙이 될 겁니다.[6]

며칠 내로 사이클론 암판이 그 지역에 미친 영향은 정말이지 파괴적이었음이 분명해졌다. 일자리를 잃고 터덜터덜 집까지 걸어온 이주자는 그들의 집이 폭풍우에 쓸려가 사라진 것을 발견했다. 땅도 소금물에 잠겼으며, 친척들 역시 팬데믹 때문에 일을 할 수 없었다. 거주민들이 정부가 제공하는 구호 자금을 사용하는 것도 녹록지 않았다. 그 돈의 상당액이 지역 정치인이나 유력자의 호주머니 속으로 삽시간에 사라져버렸기 때문이다. 기아에 허덕이던 많은 사람이 식량을 구하러 대담하게 맹그로브 숲속으로 들어가기 시작했고, 결국 동물의 습격을 받는 사례가 급증했다. 전년도의 2배에 달하는 19명이 호랑이의 먹이가 되었다. 하지만 이런 끔찍한 여건에도 불구하고 폭력, 약탈, 사회적 소요는 일어나지 않았다.

순다르반에 관한 선도적인 권위자 2명이 사이클론 암판에 대해 쓰면서 덧붙였다. "그 지역 사람들이 마주한 취약성은 비단 기후 변화 때문만이 아니다. 교량, 부두, 병원, 벽돌길 같은 인프라의 부족 때문만도 아니다. 그렇다기보다 그것은 이들 섬에서 살아가는 거주민도 시민으로서 권리를 가진다는 사실에 대한 지독스러운 냉담과 정부의 장기적인 무관심에 기반을 두고 있다."[7]

팬데믹처럼 사이클론 암판도 서로 상호 작용하면서 극도의 취약성을 낳는 일련의 체계적 불평등을 드러냈다. 이제 각국이 지구 위기에 어떤 영향을 받을지 결정하는 것은 GDP나 1인당 소득이 아니라 이 같은 불평등이라는 사실이 점차 분명해지고 있다.

✦ ✦ ✦

군사적 계획이라는 목적과 관련해 팬데믹과 기후 변화는 둘 다 '위협 승수'로 간주되곤 한다. 그에 따른 일반적 결론은, 기후 재난과 신종 질병의 발발은 가난한 나라들에서 끔찍한 인명 피해를 낳을 뿐 아니라 국가 구조의 붕괴로 치닫는 폭동과 반란으로 이어질 수도 있다는 것이다.

이러한 맥락에 비추어 사고하는 많은 저명한 서구 논객들은 자기네 나라 병원이 환자들로 넘쳐나고 시신이 집단 무덤에 묻히는 와중인데도, 아프리카의 '코로나19 종말론(COVID Apocalypse)'을 예견했다. 하지만 그와 같은 예측은 결코 현실화하지 않고 보기 좋게 빗나갔다. 외려 세네갈 같은 몇몇 사하라 이남 국가들은 세계에서 가장 훌륭한 성과 몇 가지를 얻어내기까지 했다.[8] 이러한 결과는 일반적 통념과 달리 서구 엘리트들이 오랫동안 '후지다' '저개발되었다'고 낙인찍어온 조건이 실은 모종의 회복 탄력성을 빚어낼지도 모른다는 점을 시사한다. 아프리카 지도자들이 즉각적이고 단호한 조치를 취한 것은 아마도 그들이 과거에 감염병을 겪어보았고, 따라서 그들이 지닌 의료 시스템의 취약성을 충분히 인지하고 있었기 때문일 것이다. 반면 그들의 서방 상대역은 안이하게도 팬데믹이 자신들에게 피해를 입히지 않고 얌전히 비껴갈 거라고 가정했다. 미국의 몇몇 주요 독지가들은 미국에서 상황이 더욱 심각해지고 있던 바로 그때, 아프리카 국가의 거리마다 시체들이 즐비하리라고 예측한 것으로 알려졌다. 이에 대해 언론인 칼렙 오케레케(Caleb Okereke)와 켈시 닐슨(Kelsey

Nielsen)은 "실제로 팬데믹이 서구를 강타하고 있는 와중인데도 백인의 시선은 도무지 휴식을 모른다"[9]〔《구약성경》에서 인용한 구절. "사악한 자들에게는 평강(휴식)이 없는 법(no peace〔rest〕 for the wicked)"에 기댄 표현—옮긴이〕고 일갈했다. 2020년 3월, 세계에서 가장 심각하게 궁지에 몰려 있으며 전쟁으로 피폐해진 나라 소말리아는 코로나19가 발발하자 이탈리아를 돕기 위해 의사 20명을 파견했다.

코로나19 팬데믹은 가난한 나라들에서 정치 소요나 사회 붕괴로 이어지지도 않았다. 서구의 '사상적 지도자들'이 내뱉은 확신에 찬 예견과 달리, 사회 불안과 폭력에 사로잡힌 것은 세계의 가난하고 취약한 나라들이 아니라 외려 미국의 심장부였다. 거기가 바로 자동화기로 무장하고 파시스트용품으로 장식한 불량배 무리가 주 의사당을 포위한 곳, 많은 사람이 록다운에 따르지 못하겠다고 들고일어난 곳, 의사와 전문가를 과소평가하고 조롱한 곳, 유색 인종에 대한 폭력이 빠른 속도로 번져나간 곳…… 이었다.

✦ ✦ ✦

소문과 사건들이 불가사의하게 뒤섞이는 와중에 나는 5월 25일 위 단락의 초안을 작성하고 있었다. 그날 트위터를 하면서 휴식을 취하다가 우연히 동영상을 하나 보았다. 뉴욕시 센트럴파크에서 한 백인 여성이 단지 자신에게 강아지 목줄을 해달라고 요청했다는 이유로 흑인 탐조객(birdwatcher)을 신고하기 위해 경찰에 전화를 거는 내용이었다. 같은 날, 백인 경찰이 거의 9분 동안 무릎으로 목을 조여서 흑인 남성 조지 플로이드(George Floyd)를 살해하는 동영상을 보았다.

그런 다음 돌연 급격하게 모든 것이 바뀌었다. 팬데믹으로 시간에 대한 각자의 경험이 느려지고 있던 바로 그때 그 팬데믹은 역사를 엄청난 속도로 가속시켰다. 갑자기 브루클린의 거리에서 행진하는 시위대가 정착형 식민주의와 지구 위기 간의 관련성에 주목하기 시작했다. 느닷없이 미국의 현대 경찰 활동과 17세기로 거슬러 올라간 노예 순찰대의 역사를 연결 짓는 논문들이 쏟아져나왔다.

내가 이 글을 쓰고 있는 지금, 미니애폴리스가 불타고, 미국 전역에서 연일 시위가 벌어지고, 역시나 대다수가 백인인 시위대에게 총격을 가하는 무장한 백인 과격분자들에 대한 보도가 이어지고 있다. 마치 팬데믹이 직접적으로 개입해서, 서구 전략가들이 판단 근거로 삼는 가정과 내러티브가 장차 무슨 일이 벌어질지에 대한 명민한 평가와는 사뭇 거리가 멀다고 말해주는 듯하다. 그 가정과 내러티브는 오히려 문명의 지배라는 19세기 개념에 크게 물든 '제국적 시각'의 산물이다.[10]

✦ ✦ ✦

이어지는 몇 주 동안 미국을 뒤흔든 불안은 체계적인 불평등이 지구 위기의 영향을 어떻게 악화시킬 수 있는지를 놀랍도록 분명하게 보여주었다. 2020년 3월 말에 이미 그 질병이 히스패닉, 흑인, 아메리카 원주민 인구 사이에서 터무니없이 불균형한 수의 희생자를 낳고 있다는 보도가 이어졌다. '코로나19 인종 데이터 추적자(Covid Racial Data Tracker)'가 발표한 통계는 암울한 그림을 보여주었다. 예컨대 앨라배마주에서는 인구의 27퍼센트만이 아프리카계 미국인임에도, 5월 초쯤 그 주에서 코로나19로 목숨을 잃는 이들의 절반가량이 흑인일 거라고 추산했다.[11] 사정은 미시시피주, 테네시주, 콜로라도주, 그리고 사우스캐롤라이나주에서도 비슷했다. 아이오와주에서는 아프리카계 미국인의 감염 비율이 그 주의 흑인 인구 비율보다 무려 4배나 높았다. 아이오와주의 라티노(Latino: 라틴계 남자—옮긴이) 역시 암울한 상황에 직면해 있었다. 코로나19의 대규모 감염지로 떠오른 곳들 가운데 일부인 육류 포장 공장에서 일하는 그들의 비율이 불균형할 정도로 높았기 때문이다.

하지만 모든 인구 통계 집단 가운데 가장 큰 타격을 입은 것은 아메리카 원주민이었다. 일부 주에서 그들의 감염 비율은 인구의 나머지 경우보다 천문학적이리만치 높았다. 아메리카 원주민의 비율이 전체 인구의 3퍼센트도 되지 않는 와이오밍주에서, 그들은 코로나19 확진자의 18.49퍼센트를 차지했다.[12] 남서부에서 나바호 네이션 보호 구역은 심지어 "진원지의 진원지"[13]라고 불린 뉴욕을 앞지를 정도로 미국 전체에서 감염률이 가장 높았다.

이런 파괴적인 결과는 물론 체계적 무시 때문이었다. 나바호 네이션에 의료를 제공하는 것은 자금이 턱없이 모자란 어느 정부 기관이며, 그 거주민의 3분의 1은 수돗물을 사용하지 못하고 있다. 정부의 무시 유형은 팬데믹 기간에도 달라지지 않았다. 작가이자 활동가 줄리언 브레이브 노이즈캣(Julian Brave NoiseCat)은 5월 초순, 비록 의회가 인디언 거주 지구(Indian Country)를 위한 구호 자금 80억 달러를 포함한 법안을 통과시켰음에도 재무장관 스티븐 므누신(Steven Mnuchin)이 그 자금의 지원을 6주나 보류했다고 꼬집었다. "그즈음 나바호 네이션 같은 보호 구역은 코로나19가 한껏 기승을 부릴 때의 중국 우한보다 인구 대비 코로나바이러스 확진율이 더 높았다."[14]

나바호 네이션의 지도자 마크 찰스(Mark Charles)에게 이 같은 상황과 식민지화 역사의 관련성은 자명해 보였다. "이것은 이 나라가 어떻게 세워졌는지까지 거슬러 올라가는 250년 역사를 지닌 문제다. 그 기저에 깔린 것은 다름 아니라 …… 인종 청소와 제노사이드 정책이다."[15]

하지만 위기가 점차 고조되고 있는데도, 많은 주는 팬데믹 록다운을 완화하기 시작했다. 위스콘신주에서는 육류 포장 공장들(그곳에서 일하는 노동자는 불균형하다 할 정도로 소수 공동체 출신이다)이 실제로 다시 문을 열라는 명령을 받았다. 노동자들은 달갑지 않았지만 복지 급여와 실업 수당을 없애버리겠다고 위협하자 마지못해 복귀했다. 그럼에도 공장주들은 법적 책임을 면제받았다. 이런 조치가 법정에서 이의 제기를 받았을 때 위스콘신주 대법원의 수석 재판관은 심각한 타격을 입은 어느 카운티의 코로나19 희생자들은 그저 육류 공장의 일꾼일 뿐 '일반인'이 아니라고 막말을 했다.[16]

5월 초순경, 그 팬데믹의 인종적 격차에 대한 데이터 발표는 의도했던 효과와 정확히 반대되는 결과를 가져왔음이 분명해졌다. 가장 심하게 영향받은 집단의 원인을 파헤치는 데 도움이 되기는커녕 그들의 상황을 한층 악화시킨 것이다. 언론인 애덤 서워(Adam Serwer)는 5월 8일 이렇게 썼다. "일단 미국의 정치 및 금융 엘리트들이 유행병의 효과가 불균형하다는 사실을 알아차리자, 그들 상당수는 인명 피해의 증가를 국가적 비상사태라기보다 그저 난감한 일쯤으로 간주하기 시작했다."[17]

✦ ✦ ✦

코로나19 팬데믹과 사이클론 암판이나 허리케인 마리아 같은 기상 사건은 불평등이 부의 총량보다 있을 법한 재난의 영향을 훨씬 더 잘 예측해주는 지표임을 분명히 보여주었다. 일반적으로 가장 잘못해온 곳은 가장 불평등한 나라들이었다. 계급 분화가 인종으로 인해 더욱 악화한 미국과 브라질, 그리고 카스트라는 위계질서가 견고한 인도가 비근한 예다.

지구 위기가 점차 심화해온 시기이기도 한 지난 몇십 년 동안, 세계의 부는 줄곧 수십 명의 억만장자 수중에 집중되었다. 그들을 부유하게 만들어준 신자유주의 정책이 동시대를 살아가는 다수의 환경을 너무나 위태롭게 내몬 결과 미국인 60퍼센트 이상의 비상 대책금이 채 500달러도 되지 않는 지경에 이르렀다.[18] 최근 몇 차례 허리케인이 발생하는 동안, 소개 명령에 불응하고 집에 머문 사람 중 대부분은 단순히 떠날 만한 경제력이 없는 이들이었다. 그런 의미에서 신자유주의적 자본주의는 부에 대한 환상을 심어주는 한편 사회 구조를 취약하게 만듦으로써 재난이나 기후 충격이 발생할 때 그 구조가 완전히 망가지도록 내몬다고 할 수 있다.

이 점을 가장 잘 보여주는 것이 바로 2017년 허리케인 마리아가 푸에르토리코를 강타한 사건이었다. 수십만 명이 식량·보급품·전기도 없고, 의료적 관심에서도 멀어진 처지에 몰렸다. 나오미 클라인이 상세히 기술한 바와 같이, 그 섬의 주민들이 겪은 고통 대부분은 직접적으로 신자유주의 탓이었다. 진즉부터 부채 위기로 휘청거리던 지방 정부로서는 재빨리 인프라를 갖추고 실행할 만한 경제적 여유가 없었다.[19] 미국 정부가 푸에르토리코에 제공한 구호 자금의 상당액이 결국 은행업자와 헤지펀드의 주머니로 들어갔다.

푸에르토리코는 미국 본토와 비교하면 가난할지 모르지만, 아시아 및 아프리카의 대부분 국가들보다는 훨씬 부유하다. 그 나라의 1인당 국민소득은 베트남보다 3배나 높다. 또한 표준 척도로 봐도 쿠바 등 대다수 이웃 나라보다 한층 잘산다. 대부분의 수치로 비춰볼 때 더 가난한 나라인 쿠바 역시 허리케인 마리아의 습격을 받았지만, 사망자도 거의 없고 피해도 별로 입지 않았다. 이것은 수십 년 동안 일관되게 드러난 패턴인데, 그 까닭은 순전히 쿠바가 더 부유한 인접국들보다 허리케인에 훨씬 더 잘 대비하고 있기 때문이다. 이 패턴은 코로나19 팬데믹 기간에도 되풀이되어서, 쿠바의 사망자는 푸에르토리코의 일부에 그쳤다. 실제로 팬데믹 위기가 최고조에 달했을 때 쿠바는 일군의 의사를 이탈리아에 파견해 침몰 중인 그 나라 의료 체계를 지원해주기까지 했다.

기후 변화가 직관에 반하는 복잡한 방식으로 펼쳐질 것임을 암시하는 다른 증거들도 있다. 가령 이탈리아는 세계에서 가장 부유한 나라들 가운데 하나이지만, 최근 기후 변화로 인해 유난히 큰 타격을 입었다. 1999년 이전에는 이탈리아·에스파냐·영국에서 혹독한 기상 사건의 수치가 거의 비슷했다. 하지만 1999년 이후에는 그 수치가 놀랄 만큼 달라졌다. 요컨대 이탈리아가 나머지 두 나라보다 기상 이변을 훨씬 더 많이 겪었다. 이탈리아는 높은 생활 수준과 국부에도 불구하고, 언론인 스테파노 리베르티(Stefano Liberti)의 말마따나 "사이클론의 중심에 놓여 있다".[20]

부의 집중도가 높은 많은 도시 또한 기후 교란에 이례적이리만치 심각한 타격을 입어왔다. 미국에서 네 번째로 큰 도시일 뿐 아니라 석유 산업의 세계적 중심지이기도 한 텍사스주 휴스턴(Houston)은 거듭해서 파괴적인 물난리를 겪었는데, 이것은 주로 그 도시가 과거 광대한 범람원이던 지역에 들어섰기 때문이다. 로스앤젤레스는 부유한 사람들도 산불의 참혹한 피해로부터 보호받지 못한 또 하나의 도시다. 그리고 바다와의 근접성이 지위의 표식인 마이애미나 뭄바이 같은 해안 도시에서는 부유한 사람들이 실제로 기후 변화의 역효과를 가장 먼저 느낄 공산이 크다.

애리조나주 피닉스는 지난 수십 년 동안 많은 부자를 끌어들인 또 다른 도시다. 하지만 무덥고 건조한 사막 한가운데에 위치한지라 거기에서의 생존은 그러한 환경임에도 인간의 거주가 가능하도록 돕는 에어컨을 가동할 수 있는 전기와 물을 꾸준히 공급해주는 방대하고 복잡하고 값비싼 인프라 체제를 전제로 한다. 하지만 피닉스 주변 지역은 점점 더 무더워지고 건조해지는 중이다. 따라서 설사 급속도로 온난화하는 세계에서 차질 없이 무제한 전력과 물을 공급할 수 있다 해도, 그 도시의 인프라가 기후적 혼란으로부터 무사하기란 점점 더 어려워질 것이다. 잠깐의 시스템 고장만으로도 그 도시의 위치에 내재한 온갖 취약성이 드러나기 십상이다. 그러므로 애리조나주에서는 선진적인 인프라가 기후 변화에 대한 믿을 만한 보장책이 되기는커녕 외려 취약성을 낳는 데 일조해왔다고 볼 수 있다. 생태적으로 적합하지 않은 지역이 속박받지 않고 성장하도록 조장했다는 점에서 말이다. 팬데믹 기간에 그 주 전역에서 발발한 유례 없는 산불은 미래를 암시하는 불길한 징조다.[21]

마이애미, 뭄바이, 휴스턴, 피닉스의 공통점은 그 도시들의 성장이 환경을 대대적으로 변경한 데 힘입은 결과라는 것이다. 이러한 변경이 이제 정확히 그들이 드러내는 취약성의 원인이다. 이는 아마 기후 변화가 어떻게 펼쳐질지 말해주는 지표가 될 것이다. 가장 부정적인 영향을 받을 곳은 가장 개입이 컸던—다시 말해, 가장 '테라포밍'이 심했던—장소들이다. 그리고 당연히 이들 장소 대부분이 부유한 나라, 또는 뭄바이의 경우처럼 가난한 나라의 부유한 지역에 속해 있다. 마치 기후 변화가 지난 수백 년 동안 제게 가한 형태에서 벗어나기 위해 그 지역을 들들 볶아대는 것만 같다. 이는 지구 위기의 명확한 특징 가운데 하나로 빠르게 부상하고 있다. 캘리포니아주 및 오스트레일리아 남동부의 산불, 반복되는 휴스턴의 물난리, 점점 더 다루기 힘든 미주리강은 하나같이 지구 위기가 유럽식 모델을 따르기 위해 가장 집중적으로 테라포밍된 여러 지역에서 비상한 힘으로 그 모습을 드러내리라는 것을 암시한다. 기본적으로 이러한 지역들은 정착민이 제게 부과한 형태를 벗어던지고 있다. 어떤 미지의 새로운 상태로 전환하기 위한 사전 작업으로서 말이다.

✦ ✦ ✦

또한 코로나19 팬데믹의 전개는 미래 사건들이 예기치 않은 모종의 방향 전환을 꾀할 수도 있음을 암시한다. 2020년 이전에 높이 평가받는 전문가들은 미국과 영국을 "팬데믹 대처에 가장 잘 준비된 나라"[22] 목록의 최상위에 올려놓았다. 중국은 그 목록에서 51위로 밀려났으며, 여러 아프리카 국가들은 모조리 하위권에 몰려 있었다. 막상 닥쳐보니 그 평가는 그보다 더 잘못된 것일 수 없을 지경이었다. 정작 실제 결과는 그 같은 예측과 놀랄 만큼 달랐다. 트럼프 행정부의 무능이 그 팬데믹에 대한 미국의 미숙한 대처에 얼마간 책임이 있었다는 데에는 논란의 여지가 없다. 하지만 그 밖에 좀더 장기적인 추세의 효과 또한 수많은 실패와 실수에 기여했다. 가령 미국의 질병통제예방센터(Centers for Disease Control and Prevention, CDC)는 세계에서 이 같은 종류의 최고 기관으로 널리 알려져 있다. 하지만 코로나19 이전 수십 년 동안, 그 기관은 미국의 오피오이드 유행병(opioid epidemic: 1999~2019년 오피오이드 과용으로 약 50만 명이 사망한 사건—옮긴이)에 대처하는 데 처참할 정도로 굼떴다.

이 모든 것의 밑바탕에는 불안을 조장하는 또 한 가지 장기적 추세가 깔려 있다. 인류학자 조지프 매스코(Joseph Masco)가 "당면한 도전에는 대처할 수 없으면서 파괴적인 미래 사건의 이미지에 특권을 부여한다"는 이유로 "자멸적(suicidal)"이라고 묘사한 거버넌스 형태를 지향하는 추세 말이다. 이 때문에 "미국 대중은 한편으로 미국이 전례 없는 능력과 기관 그리고 자원을 보유한 천하무적의 군사적·경제적·과학적 초강대국이라는 것을 알고 있지만, 다른 한편으로 미국의 군사적·금융적·환경적 책무 실패에 직면해서 완전히 속수무책이라고 느낄 수도 있다".[23]

기후 변화에 대한 군사 기관 및 안보 기관의 평가는 이러한 패턴에 완벽하게 부합한다. 지금 당장 기후 변화에 직면할 가능성을 부정하는 식으로 재앙의 이미지를 미래에 투영한다는 점에서 말이다.

12

숫자의 모호함

세계의 온실가스 배출량 가운데 어느 정도가 군사적 에너지 사용에서 비롯될까? 나는 잘 모른다. 그것이 기후 변화를 다룬 문헌의 수가 기묘할 정도로 적은 하나의 분야, 아니 아마도 유일한 분야이기 때문이다. 수많은 민간인의 생활 영역 도처에서 군의 존재를 발견할 수 있기에 그 수를 정확하게 파악하기가 불가능한 탓일지도 모른다. 조지프 매스코가 지적했다시피, 미국에서 오늘날 "미국의 대테러 국가 기구에 포함되어 있지"[1] **않은** 사회 기관이나 인프라 체제는 거의 없다.

하지만 의심의 여지 없는 한 가지 사실은 군과 관련한 배출량을 국제 기후 협약에서 단 한 차례도 다루지 않았다는 점이다. 이것은 미국의 요청에 따라 군사 활동 관련 배출량을 1997년 교토의정서 협상에서 배제하기로 했기 때문이다. 그때 이래로 '정부간기후변화위원회(Intergovernmental Panel on Climate Change, IPCC)'는 계속해서 "각국의 군사적 배출량—특히 국제 항공기 연료와 해군 벙커유에서 나오는 배출량—을 그 밖의 배출량 유형과는 다르게 취급"[2]해왔다.

하지만 이게 군사 및 지정학과 화석 연료의 관련성이 지구 온난화에 대한 공적 논의에서 거의 중요하게 다루어지지 않는 유일한 이유는 아니다. 그것은 또한 기후 변화를, 특히 서구에서 주로 테크놀로지 및 경제학과 관련된 현상으로 간주해왔기 때문이기도 하다. 지정학적 이슈는 이 틀에서 중요한 부분이지만, 흔히 경제적 요인이나 광범위한 자본주의의 작용에 의해 결정되고 있는 것으로 묘사된다.

테크놀로지 및 경제학과 관련한 이 같은 틀 짓기 때문에 기후 변화라는 주제는 거대한 과학적·학문적 전문 영역의 울타리 안에 갇히고 말았다. 실제로 '기후 변화'라는 용어는 세계적으로 전개되는 하나의 과정을 언급할 뿐 아니라, 대기과학·공학·법학·경제학 등에 이르는 다양한 정통 학문 분야에 걸쳐 뻗어나가는 고도로 전문화한 지식 분야를 일컫기도 한다. 점차 발전하고 있는 이 거대 분야는 정확히 서구의 학문 기관 내에 위치한다. 우리가 고식물학, 재생 가능 에너지, 탄소세에 대해 언급하든 또는 기후경제학에 대해 언급하든 간에 이들 주제에 관한 연구는 대부분 글로벌 노스(global North: 북반구의 선진국을 가리키는 개념—옮긴이)의 칼리지, 대학, 그리고 싱크 탱크에서 이루어지고 있다. 이들 주제에 대한 유자격 연구는 이러한 기관들에서 진행되는 데 그치는 게 아니다. 유자격자들은 그 현상에 대한 논의 자체를 위한 의제를 설정하기도 한다. 유엔 협의체와 정부 위원회에 몸담은 사람은 흔히 기후 변화에 관한 유자격 연구를 생산하는 이들이다.

다시 말해, 기후 변화 현상과 그에 관한 연구는 거의 완전한 결탁 관계를 맺고 있다. 오늘날의 삶에서 어떤 한 가지 현상과 그것을 틀 지우는 유자격 연구 문헌 간의 중첩이 그렇게나 심한 영역은 달리 없을 터이다. 예컨대 경제에 관한 논의에서는 오직 경제학자나 학문적 전문가들만 그 주제에 대해 발언할 수 있다고 가정하지 않는다. 전문가가 작성한 문헌에 대한 지식이 전혀 없는 노동자, 가게 주인, 공장 관리자, 증권 중개인 등도 제 나름의 타당한 견해를 가질 수 있다는 생각이 일반적으로 받아들여지고 있다.

기후 변화는 경제보다 훨씬 더 방대한 현상이지만, 농부·어민·이주자 등 그에 영향받는 사람들의 목소리와 견해는 그 논의에서 거의 드러나지 않는다. 혹여 등장한다 해도 흔히 피해자 자격으로서일 뿐이다. 그들의 목소리는 전문가들이 이미 작성해놓은 대본의 빈칸을 메우는 데 그칠 따름이다.

만약 전문가들이 존재하지 않았다면 세계가 지구 온난화에 대해 제대로 알지 못했으리라는 것은 분명하다. 오늘날 지구 전역에서 펼쳐지는 대기 변화의 원인과 결과는 기후과학이 없었다면 밝혀내지 못했을 것이다. 다양한 지구 시스템과 그들이 만들어내는 되먹임 고리(feedback loop)의 상호 연관성을 규명한 것은 다름 아니라 기후과학자들의 연구였다. 그들 가운데 일부는 정부뿐 아니라 에너지 회사들이 가하는 살해 협박, 괴롭힘, 반대에도 굴하지 않고 의연하게 인내력을 발휘해왔다. 세계는 그들의 연구에 크게 빚지고 있다. 나는 개인적으로 그들의 용기와 꿋꿋함에 그저 감탄할 따름이다.

하지만 경제학자들이 없다고 해도 경제가 사라지지 않는 것처럼, 기후과학자들이 그 같은 귀중한 작업을 수행하지 않았다 하더라도 기후 변화 자체는 없어지는 게 아님을 인식할 필요가 있다. 어쨌거나 노동자, 기업인, 은행업자들이 가격과 임금의 변동에 주의를 기울이는 것은 주로 경제학자의 연구를 통해서가 아니다. 실제로 몇몇 사례에서 은행업자, 노동조

합원, 상점 주인들은 우리가 이른바 '경제'라고 부르는 현상에 대해 경제학자들보다 더 많은 것을 알고 있을지도 모른다.

인간과 인간 사회가 현대과학이 없으면 기후 교란을 이해하거나 그에 대응할 수 없다는 주장 또한 사실이 아니다. 17세기 소빙기에 일본의 지배자들은 환경이 뭔가 잘못되어가고 있다는 것을 알아차렸고, 그에 비추어 행동했다. 그래서 다양한 경제적·정치적 통제를 부과하고 소비를 제한하고 절약과 검소를 촉진하고 농부들로 하여금 일련의 신중한 조치를 채택하도록 촉구했다.[3] 그 결과 세계의 대다수 지역이 크게 고통을 겪었지만 일본은 태평성대를 누렸다. 당시의 연대기 작가가 이렇게 으스댈 정도였다. "오늘날 소작농이나 시골 사람들 사이에서조차 제아무리 가난하다 해도 다량의 금과 은을 만지지 못하는 자는 없다. 우리 제국은 평화와 번영을 구가하고 있다. 거리에 버림받은 이나 구걸하는 이는 한 사람도 보이지 않는다."[4]

따라서 기후과학자와 기타 전문가에게 그들의 연구에 감사해야 할 이유는 많지만, 그렇다고 해서 유자격 학자 및 전문가만이 기후 변화의 예언자는 아니라는 사실에 우리는 주목해야 한다. 대지, 숲, 또는 바다를 삶의 터전으로 삼는 사람들도 지구의 물리적 현실이 급격하게 변화하고 있다는 사실을 진즉부터 알고 있었다.

주변을 주의 깊게 관찰하는 이들에게는 장기적 변화가 이루어지고 있음을 암시하는 요소가 뜻하지 않은 출처에서 비롯될 수도 있다. 오스트레일리아 중부에 사는 한 토착민 집단의 경우, 기후가 변하고 있다는 경고는 그제까지 단 한 번도 홍수를 경험한 적 없는 성년식 관련 장소에 물난리가 난 사실에서 불거졌다. 다른 오스트레일리아 토착민의 경우에는 그런 징후가 식물과 동물의 행동에서 드러났다. "쇠뜨기(bottlebrush)가 제철이 되어도 무성해지지 않아요. 벤자리(grunter: 어류의 일종—옮긴이)가 잡히지도 않고요. 예전에는 아카시아(wattle tree)에 꽃이 필 무렵이면 어김없이 배러먼디(barramundi: 오스트레일리아·서남아시아의 강에 사는 담수어—옮긴이)를 잡곤 했는데, 이제는 더 이상 항상 그렇지가 않아요."[5]

인류학자 키스 H. 바소는 그의 책 《지혜는 장소에 깃든다(Wisdom Sits in Places)》에서 서부아파치족의 원로 찰스 헨리(Charles Henry)에 대해 소개했다. 그가 자신의 환경이 변화하고 있음을 깨달은 것은 장소명을 통해서였다. 그는 이를테면 과거에 '뱀의 물'이라는 이름을 가진 샘이었던 장소, 또는 '새의 물'이라는 이름의 또 다른 장소에 더는 물이 흐르지 않는다는 것을 알아차렸다. 헨리는 어느 장소명의 기원이 되어준 식물이 더 이상 그곳에서 자라지 않는다는 사실도 확인했다. 예컨대 '애로케인(Arrow Cane: *Gynerium sagittatum*. 멕시코·중앙아메리카·서인도제도에서 발견되며 키가 6미터까지 자라는 벼과 식물—옮긴이)의 임분(林分: 삼림 안에서 주위 나무들과 구분되는 숲의 범위—옮긴이)'이라는 이름의 장소는 습해야만 무성하게 자라는 그 식물 종을 더는 보유하고 있지 않았다. 이런 장소는 하나같이 그것들이 어떻게 이름을 얻게 되었는지 기술하는 이야기와 결부되어 있다. 이를테면 '뱀의 물'은 과거 뱀들이 차지한 곳이었으며, 따라서 사람이 물을 마시려면 먼저 뱀의 허락을 구해야 했다.[6] 이름 및 이야기와 오늘날 현실 간의 괴리를 통해 찰스 헨리는 이 애리조나주 지역이 점차 건조해지고 있다는 사실을 분명하게 확인할 수 있었다. "이름은 거짓말을 하지 않는다. ……달라진 것이 무엇이고 여전한 것이 무엇인지 말해준다."[7]

대지에 대한 구전(口傳) 지식에 푹 빠져 사는 찰스 헨리 같은 사람이 상당한 주의를 기울여서 자신을 둘러싼 환경을 관찰할 수 있는 것은 그가 주류 문화와 거리를 두고 있다는 바로 그 사실 덕분이다. 이 같은 패턴은 전 세계적으로 되풀이된다. 환경 변화에 가장 관심을 기울이는 사람은 대개 변두리에 있는 이들이고, 토양·숲·물과 맺는 관계에서 테크놀로지의 영향을 최소한도로만 받는 이들이다. 가령 길어지는 가뭄에 주목할 가능성이 가장 높은 쪽은 전기 펌프나 화학적 투입 요소를 구입할 형편이 못되는 농부다. 해양 환경의 변화를 눈치챌 가능성이 가장 높은 쪽은 물고기 떼의 위치를 확인할 수 있는 수중 음파 탐지 장비가 없는 어부다. 강수량 부족을 가장 잘 알아차릴 법한 쪽은 수돗물을 이용하지 못해서 멀리 떨어진 우물까지 걸어 다녀야 하는 여성이다. 하지만 이런 사람들은 일반적으로 가난하며 정보를 전파하는 네트워크에 접근하지 못한다. 사실 그들은 사회적 스펙트럼상에서 세계의 대다수 과학자나 학자들과 정반대편에 놓여 있다.

물론 전문가들은 세계가 정보를 모으는 왜곡된 방식에 대해 잘못이 없다. 그들의 사회적 작업 환경에 대해 그들에게 몽땅 책임을 지울 수는 없는 노릇이다. 그럼에도 기후 변화에 대한 우리의 첫 번째 메시지가 변방의 농부나 멀리서 물을 길어다 먹는 여성이 아니라 과학자에게서 나오는 이유는 그들이 무슨 사태가 벌어지고 있는지 알아차리는 유일한 존재라서가 아니다. 그보다 그들이 세계적으로 권력을 휘두르는 사회 내에서 좀 더 가시적인(visible) 존재이기 때문이다. 슬프게도 변방의 농부나 멀리서 물을 길어다 먹는 여성은 그들이 사는 사회에서 너무나 가장자리로 밀려나 있는지라 좀처럼 가시적인 존재가 될 수 없다.

✦ ✦ ✦

기후 변화를 둘러싼 '숫자의 모호함'은 여론을 조작할 수 있는 상당한 여지를 남겨놓는다. 1인당 탄소 발자국이라는 개념이 한 가지 좋은 예다. 한 나라의 총 탄소 배출량을 전체 인구수로 나눠서 얻은 값인 이 척도는 널리 통용되어왔다. 인터넷에는 1인당 탄소 발자국에 대한 그래픽 자료가 수천 건 넘게 실려 있는데, 그 상당수는 미국의 데이터를 사용한다. 그것들은 하나같이 미국의 1인당 탄소 발자국 규모를 과도한 소비—기름을 많이 잡아먹는 자동차, 가정용 에너지의 낭비적 사용, 육류에 치우친 식생활 등으로 대표되는—탓으로 돌린다. 이러한 틀 짓기에서, 기후 변화는 개인적 책임과 소비자 선택의 문제가 된다.

당연히 이러한 그래픽과 도표는 기관—미군 관련 기관이나 미국의 권력이 투영된 기관 등—에 의한 배출을 빠뜨리고 있다. 이런 전반적 현실은 기후 변화를 개인적 책임의 문제로 치부하는 그래픽에 의해 마술처럼 엉뚱하게 왜곡된다. 평범한 미국인이 내는 세금의 상당 부분이 정확히 방위 목적에 할당되고 있음에도, 마치 그들이 방위비 지출에 아무 기여도 하지 않는 듯 보이는 것처럼 말이다.

하지만 이 같은 형형색색의 작은 도표와 그래프는 뜬금없이 등장한 게 아니다. 그것은 에너지 거대 기업 BP(British Petroleum)가 자금을 댄 연간 1억 달러어치의 광고 캠페인에 의해 게재된 것이다. 이러한 대규모 브랜딩 및 광고 캠페인의 목적은 "기후 영향에 대한 책임을 개인에게 지우고", "기후 변화를 당면한 현실이 아니라 미래의 위협으로 바라보는 견해를 촉구"하기 위함이다.[8]

BP의 캠페인이 이 두 가지를 서구 대중문화에 깊이 심어주는 데 눈부신 성공을 거두었다는 사실은 의심하기 어렵다. 그리고 그것은 상당 부분이 목록화의 시대가 숫자·그래프·도표에 부여한 수사적 힘 덕분이었다. 그 캠페인은 숫자의 최면 효과에 의존함으로써, 그리고 진즉부터 기후 변화를 경제학·과학·테크놀로지의 관점에서 규정해온 기존 인식에 편승함으로써 그런 성과를 일구어냈다.

✦ ✦ ✦

온갖 지식 체계는 그것들이 출현하는 환경에 의해 형성되고 특징지어진다. 기후 변화에 관한 문헌은 대부분 서구 대학에서 나오고 있기에 필연적으로 그 기관들의 방법론과 연구 관행에 좌우된다.

특히 과학자들의 방법론은 기후 변화에 대해 사고하고 상상하는 방식에 심대한 영향을 끼쳐왔다. 기후과학자들이 널리 사용하는 한 가지 방법론, 즉 모델을 써서 미래 날짜를 예측하는 방법론을 예로 들어보자. 가령 과학자들은 이 방법론을 통해 30년, 혹은 80년, 혹은 100년 동안 해수면이 수 미터 상승할 거라고 예측할 수 있다. 이런 방식이 야기하는 뜻하지 않은 결과는 그것이 기후 변화를 과거에서 끌어내어 정반대 방향, 즉 미래로 내던지는 인식을 강화한다는 점이다. 이러한 인식이 특히 서구에서 기후 변화와 관련한 사고의 대부분을 채색했다. 경제학에서든, 법학에서든, 아니면 소설에서든 지구 온난화는 거의 언제나 미래와 관련해 다루어지고 있다. 어느 역사학자가 유감스러운 어조로 지적했다시피 "만약 IPCC의 2007년 종합 보고서를 살펴본다면, ……당신은 '역사' 또는 '역사적'이라는 단어를 찾을 수 없을 것이다".[9]

분명 역사학자들은 지구 온난화와 관련해 역사적 맥락을 제공하는 데 소홀하지 않았다.[10] 하지만 그들의 견해는 새롭고 전례 없는 것을 정확히 찾아내는 작업이 모종의 현상을 규명하는 데 중요한 분야에서 소수의 견해에 머물러 있다. 예컨대 흔히 기상 사건이 인간 활동에 의해 영향을 받는지 여부를 알아내는 데 쓰이곤 하는 방법론을 고려해보자. 이렇게 하기 위해 과학자들은 당시의 폭염 및 허리케인을 과거의 사례와 비교하는 식으로 작업을 진행하곤 한다. 만약 폭염이 역사적 기록에서 전례 없는 것으로 드러난다면, 그것이 인간 활동에 영향받았을 가능성은 증가한다. 그 사건의 전례 없는 특성이 그 자체로 인간 활동에 영향받았음을 보여주는 증거인 것이다.

기후과학자들에게 이것은 유독 값진 방법론이지만 기후과학 바깥에는 기나긴 그림자를 드리운다. 어떤 사건이 전례가 없을 수는 있지만, 그 사건에 발자국을 남겨놓은 인간 활동이 실제로 길고도 지속적인 역사의 패턴 속에 내포되어 있을지도 모른다는 사실을 간과하도록 이끌기 때문이다. 그 사건들은 전례가 없고 따라서 새로운지라, 기후 변화의 시대 자체가 이전 시대와 확연하게 구분되는 완전히 새로운 시대라는 것은 거의 자명한 것처럼 보인다. 그리고 지질학적 시기에 날짜를 부여하는 학문적 관행 덕분에 우리는 세계가 새로운 시대, 즉 '인류세'로 전환한 날짜를 머잖아 제공받을지도 모른다.[11]

이 시대를 완전히 새로운 시대로 여기면, 과거와의 단절로 이전에 존재하던 것과 판이한 여러 현상이 빚어졌다고 생각하기도 쉬워진다. 이런 까닭에 '기후 정의(climate justice)'는 일반적인 '정의'와 구분되는 빛깔을 띤다. '기후 이주(climate migration)' 역시 한결 친숙한 그 밖의 전치(轉置)와 달라 보이도록 만들어주는 색채를 지닌다. 이 새로운 시대가 더없이 진기하고 전례 없는 것으로 밝혀지길 기다리는 현상들로 가득 차 있다고 생각하는 것은 솔깃한 일이다.

✦ ✦ ✦

내가 2015년 시작된 이른바 유럽의 '이주 위기'를 내내 지켜본 것은 정확히 이러한 가정들을 염두에 두고서였다. 당시 유포되기 시작한 이미지—금방이라도 부서질 것 같은 배에 몸을 싣고 지중해를 건너거나 아이를 등에 업고 산을 넘나드는 난민의 이미지—가 어찌나 강렬했는지 나는 도저히 그것들에서 눈을 뗄 수 없었다.

하지만 그와 관련한 자료를 샅샅이 뒤져보는 과정에서 현저한 불일치를 서서히 깨달았다. 신문 보도는 난민이 대개 전쟁으로 피폐해진 아시아 및 사하라 이남 아프리카 국가—즉 아프가니스탄, 이라크, 시리아, 소말리아, 수단, 에리트레아(Eritrea: 아프리카 북동부, 홍해에 인접한 공화국—옮긴이) 등—출신이라고 기술하고 있었다. 남아시아 출신 난민에 대한 언급은 설사 있다 하더라도 극히 드물었다. 하지만 지중해를 건너는 배와 발칸 지역을 가로지르는 사람들을 찍은 사진에서, 나는 남아시아인임을 단박에 알아차릴 수 있는 얼굴들을 보았다. 실제로 내게는 그 난민 가운데 상당수가 내가 뿌리를 두고 있는 지역, 즉 벵골 삼각주(Bengal Delta) 출신으로 비쳤다.

나는 (그리스와 더불어 당시 가장 많은 난민을 받아들인) 이탈리아의 공식 통계를 꼼꼼히 살펴보던 중 내가 옳았다는 것을 확인했다. 실제로 수많은 벵골인—대부분 젊은 남성—이 그 위험하고도 고달픈 여정에 뛰어들고 있었던 것이다. 통계는 몇 개월 동안 방글라데시인이 이탈리아에서 쉼터를 구하고자 지중해를 건너는 최대 난민 집단 가운데 하나임을 말해주었다.[12] 놀랍게도 나는 더러 방글라데시인의 수가 이라크인, 아프가니스탄인, 또는 소말리아인보다 훨씬 더 많다는 사실을 발견했다. 꽤나 당황스러웠다. 방글라데시가 많은 문제를 안고 있을 수는 있지만 적어도 '전쟁으로 피폐해진 나라'로 기술되기는 어렵기 때문이다. 그 나라의 경제가 곤경에 빠져 있는 것도 아니다. 방글라데시는 실제로 지난 몇 년 동안 세계적으로 가장 눈부신 실적을 거둔 나라 축에 끼었으며, 2018년에는 성장률이 인도를 앞지르기까지 했다. 사실상 방글라데시가 일군 성과는 너무나 인상적이어서 한 선도적인 경제학자는 최근 그 나라가 "불과 20년 전만 해도 상상할 수 없었던 일로, 아시아의 성공 신화를 향해 달려가고 있다"[13]고 언급했을 정도다.

나는 궁금해지기 시작했다. 그렇다면 어째서 그렇게나 많은 방글라데시인이 서아시아와 북아프리카를 가로질러 유럽으로 향하는 위험천만한 여행에 뛰어들었을까? 기후 변화가 답이 될지도 모른다는 사실이 분명해 보였다. 어쨌거나 기후 이주는 공인된 현상이며, 환경적 영향 때문에 전치된 사람들은 흔히 기후 이주자 또는 기후 난민이라고 불린다. 이 용어들은 전치된 사람들 대다수에 의해 수용되었으며, 오늘날에는 지지 단체들 사이에서도 널리 쓰이고 있다. 실제로 이탈리아는 파괴적인 홍수가 발생해 포 삼각주(Po Delta)의 폴레시네(Polesine) 지역 거주민 18만 명의 집을 앗아간 사건이 일어난 1951년 이후 그들 자체의 언어로 기술된 '기후 난민'이라는 용어를 사용하고 있었다.[14]

방글라데시, 그리고 좀더 일반적으로 벵골 삼각주가 기후 변화에 이례적이리만치 취약하다는 것은 널리 알려진 사실이다. 그 지역은 상당 부분이 해수면보다 1미터 낮게 자리하고 있으며, 이미 해수면 상승으로 많은 땅을 잃은 상태다.[15] 2005년에는 단 한 개 섬의 부분적 침하로 50만 명을 웃도는 거주민이 삶터를 떠나야 했다.

과학자들은 오랫동안 홍수와 바닷물 침식으로 벵골 삼각주의 저지대 평야에서 살아가는 수십만 주민이 터전을 잃을 거라고 예견해왔다. 나는 그처럼 위태로운 배를 타고 지중해를 건넌 난민 가운데 일부가 지구 온난화의 영향으로 전치된 '기후 이주자'라는 게 가능할지 생각해보았다. 당연히 그럴 것이다. 어떻게 그렇지 않을 수 있겠는가?

하지만 이 문제에 대한 답을 간접적으로 찾는 것은 거의 불가능했다. 남아시아는 이주 위기를 다룬 언론 보도에서 거의 언급하지 않기 때문이다. 어느 시점이 되자 내게는 난민들과 직접 이야기를 나눠보아야 한다는 사실이 명백해졌다. 그래서 2016년 난민 문제를 다루는 몇몇 기관의 도움을 받아, 이탈리아 전역을 돌아다니면서 난민 수용소를 비롯한 여러 시설을 방문했다. 특히 최근 배를 타고 지중해를 건너온 남아시아인들을 찾았다. 나는 직관적으로 난민과 그들의 언어로 대화하는 것이 신선한 관점을 제공할 거라고 생각했다. 그리고 그와 관련해서는 내 판단이 옳았다는 게 충분히 입증되었다.

✦ ✦ ✦

나는 파르마(Parma: 이탈리아 북부 도시—옮긴이)에서 '탈출(Escapes)'이라는 이름을 가진 자발적 조직의 알선을 통해, 최근 지중해를 건넌 약 30세쯤 되어 보이는 벵골 난민을 만났다. 그를 코콘(Khokon)이라고 부르겠다. 농부의 자식으로 태어난 코콘은 방글라데시 키쇼레간지(Kishoreganj) 지구의 한 마을에서 자랐다. 소년 시절 아버지의 논밭에서 일하고 지역의 학교도 다녔다.

코콘은 그 땅에서 쌀농사가 풍작을 이루고 가족 전체가 먹고사는 데 모자람이 없던 시절을 떠올렸다. 하지만 그가 자라는 동안 환경이 변화하기 시작했다. 어느 때는 폭우가 내려서, 또 어느 때는 인도의 상류 댐이 거대한 양의 물을 방류해서 느닷없고도 파괴적인 홍수가 발생했다. 1998년 코콘네 가족의 땅은 자그마치 여섯 달 동안이나 물에 잠겨 있었다. 오래 지속된 건기, 우박을 동반한 거센 폭풍, 계절에 맞지 않는 폭우 등 그 밖의 일기 관련 재난도 덩달아 늘어나기 시작했다. 환경적 교란이 가속화하자 정국도 악화하기 시작했다. 집권당 국회의원들이 코콘네 가족 토지를 일부 탈취했고 그들 가족은 그 땅을 끝내 되찾을 수 없었다. 코콘이 말했다. "그 지역의 상황은 이제 치명적이에요. 과거에는 그저 억압뿐이었다면 지금은 거기에 재앙까지 더해지고 있어요."

급기야 코쿤의 아버지는 가족의 땅을 일부 팔아서 그 돈으로—다랄(dalal: 대리인—옮긴이)에게 비용을 치르고—코콘을 해외로 내보내는 걸 가족의 가장 큰 희망으로 삼았다. 그래서 땅을 팔았고, 당시 20대이던 코콘은 프랑스로 여행을 떠날 수 있었다. 하지만 그렇게 한 보람도 없이 그는 이내 방글라데시로 강제 추방당했다. 7개월 동안 집에 머물렀지만 그 어떤 일자리도 구할 수 없었다. 그래서 그의 가족은 남은 땅을 마저 팔아서 또 다른 다랄에게 돈을 주고 다시 코쿤을 해외로 내보냈다. 두바이가 코콘이 선택한 목적지였고, 그는 거기에 해당하는 돈을 지불했다. 하지만 다랄이 그를 속이는 바람에 두바이가 아니라 리비아로 갔다. 이어지는 몇 년 동안 노예 상태, 구타, 갈취, 그리고 고문을 견뎌내야 했다. 하지만 천신만고 끝에 얼마간의 돈을 모은 그는 밀거래업자에게 리비아에서 시칠리아(Sicilia)까지 배로 데려다주는 대가를 지불했다.

그 여정은 악몽 자체였다. 가외의 돈을 지불한 사람들은 배의 상갑판을 차지했지만, 코콘의 자리는 엔진과 가까운 아래쪽이었다. 그는 숨이 막힐 듯한 열기 속에서 다른 수십 명들 사이에 끼어 있었다. 구토를 한 어느 남성은 배 밖으로 던져졌다. 다른 많은 사람도 중도에 목숨을 잃었다. 이탈리아의 람페두사섬(Lampedusa)에서 그 여정이 끝날 무렵, 코콘은 정신적 충격에 빠진 상태였다. 다행히 여러 난민 지원 단체가 그에게 쉼터를 제공해주었다. 그는 마침내 친척들이 사는 파르마로 갈 수 있었고, 거기에서 창고 직원으로 일하게 되었다.

✦ ✦ ✦

코콘의 말을 끝까지 듣고 나서 나는 생각했다. 만약 기후 이주 이야기라는 게 있다면, 바로 코콘의 사연이 그것이라고 말이다. 코콘 자신은 환경적 교란이 그가 여행을 떠나는 데 중요한 역할을 했다는 걸 잘 알고 있었다. 정부 기관 및 비정부 기관들이 기후 정보를 널리 퍼뜨리는 나라인 방글라데시 출신 사람들이 대개 그렇듯이 그 역시 지구 온난화에 대해 아는 게 많았다. 분명 코콘은 해수면이 상승하고 있으며, 전 지구적 기후의 광범위한 변화 때문에 강우량이 점차 들쭉날쭉해지고 있음을 똑똑히 간파했다. 하지만 내가 그의 여행을 기후 이주의 사례로 기술하는 게 옳으냐고 묻자 그는 단호히 '아니'라고 말했다. 그는 자신이 떠나온 데에는 정치적 폭력, 고용 상황, 가족 간 불화, 좀더 높은 생활 수준을 누리고 싶은 열망 등 다른 숱한 이유가 섞여 있다고 강변했다. 그뿐만 아니라 통신 기술도 한몫한 요인이었다. 오늘날의 이주자들에게서 흔히 발견되듯 코콘의 여행도 인터넷과 복잡하게 이어져 있었다. 인터넷은 밀거래업자에게 돈을 지불하고 그들의 네트워크로부터 지시를 받는 주요 수단이다.

나는 이탈리아 곳곳에서 많은 이주자를 만났는데, 그들의 여정은 기후 이주의 분명한 예처럼 보였다. 그런데 그들 다수는 기후 변화에 대해 잘 알고 있었지만, 누구도 환경 파괴가 자신의 여행을 이끈 주요인이라고는 믿지 않았다.

그들의 부인에도 나는 그들이 이런저런 이유로 곤경에 처한 자신의 현실을 인정하길 꺼려 한다고 가정하고 싶은 유혹을 느꼈다. 그것을 인정하면 이탈리아 관료 집단과의 관계에서 자신들이 불리한 입장에 놓일 수도 있기 때문이다. 또는 개인적 자부심에 뿌리를 둔 모종의 심리적 방어막 탓이기도 할 것이다. 좌우간 그들이 그것을 알든 모르든, 나로서는 그들이 기후 이주자라는 게 논란의 여지가 없어 보였다. 나는 내가 좀더 권위적인 정보에 접근할 수 있기에 그들보다 그들 이야기를 더 잘 이해했노라고 스스로를 설득했다.

한참 뒤에야 나는 그들의 생각과 내 생각에 왜 차이가 나는지 이해하기 시작했다. 그들에게 기후 변화는 일련의 숫자나 날짜에 의해 그들 경험의 다른 측면과 분리될 수 있는 현상, 즉 별개의 현상이 아니었던 것이다. 그렇다기보다 그들의 경험은 느닷없고도 파괴적인 수많은 상이한 요인의 교차점에 의해 형성되었다. 그 요인들 가운데 일부는 스마트폰이나 날씨의 변화처럼 분명 새로운 것이었다. 하지만 다른 몇 가지 요인은 확고한 착취와 갈등의 구조 속에 단단히 뿌리내린 전혀 새롭지 않은 것이었다.

이와 같은 관점에서 볼 때 기후 변화는 그저 훨씬 더 광범위한 지구 위기의 한 가지 측면에 불과하다. 그것은 혼란의 주원인이라기보다 오히려 그와 관련한 여러 현상 가운데 하나다. 이러한 의미에서 기후 변화, 대대적 혼란, 오염, 환경 악화, 정치적 붕괴, 그리고 코로나19 팬데믹은 하나같이 지난 30년 동안 점차 심해지는 가속〔acceleration: 스콧 갤러웨이(Scott Galloway)의 《거대한 가속(Great Acceleration)》 참조—옮긴이〕과 관련한 결과들이다. 이 위기들은 서로 연관되어 있을 뿐 아니라—모두 역사에 깊이 뿌리를 두고 있다—하나같이 궁극적으로 강대국의 역학에 의해 추동되고 있다.

✦ ✦ ✦

전문가들이 국제회의에서 기후 이주와 기후 정의 이슈를 다룰 때, 그러한 논의를 이끌어가는 한 가지 가정은 그 협상이 공정한 결과를 낳는 걸 목표로 삼는다는 것이다. 또 다른 한 가지 가정은 이른바 '자유주의적 세계 질서'에 공통되는 것으로, (국내적이든 국제적이든) 거버넌스 체제가 사람들의 복지를 촉진하고 평등·안전·정의라는 대의를 증진하기 위해 존재한다는 것이다.

반면 코콘 같은 이주자들은 자신이 처한 곤경의 온갖 측면이 완강하고 다루기 힘들고 역사적으로 뿌리 깊은 계급적·인종적 불공정에 그 기원을 두고 있음을 꿰뚫어본다. 그들은 자신이 부유하거나 백인이라면 결코 목숨을 걸고 위험천만한 배에 몸을 싣지는 않았을 것임을 알고 있다. 그들은 자신을 고향에서 전치한 과정들이 매우 오래되고 더없이 견고한 사회적 권력관계에 붙박여 있음을 간파한다. 그런 관점에서 보면 (국내적이든 국제적이든) 거버넌스 형태는 정의나 복지를 촉구하기 위해서가 아니라 정확히 난민의 전치를 낳은 체계적 불평등과 역사적 불공정을 **보호**하기 위해서 존재한다고 말할 수 있다.

그러므로 기후 변화를 기술·경제 중심의 미래적 관심사로 치부하는 것은 대체로 부유한 나라들, 그리고 주로 특권층들 사이에서다. 부국에서도 빈국에서도 가난한 사람들에게 기후 변화는 주로 인종·계급·지정학과 관련한 역사에 뿌리를 둔 정의의 문제다. 이런 관점에서 기후 협상은 그저 배출량이나 온실가스에 관한 게 아니다. 그것은 바로 논의되지 않으며 결코 논의될 수 없는 현안들, 즉 궁극적으로 세계적인 힘의 분배와 관련한 현안들에 달려 있다.

✦ ✦ ✦

육두구의 경우와 마찬가지로 정향도 자라는 장소를 선택하는 데 몹시 까다로웠다. 정향이 잘 자라기 위해서는 모든 조건이 '딱 맞아떨어져야' 했다. 육두구나무가 반다제도의 저지대 섬들에서 이상적 고향을 찾아낸 것처럼, 정향나무는 테르나테섬의 가말라마산 중턱에서 자신들에게 딱 알맞은 서식지를 발견했다. "흔히 육두구나무는 바다의 냄새를 맡을 수 있어야 하는 반면, 정향나무는 바다를 바라볼 수 있어야 한다고들 말한다."[16]

오직 이곳에 몰려 있는 섬들에서만 몇 가지 상이한 요소들이 아귀가 들어맞으면서 지상의 선물을 위해 완벽한 터전을 마련해주었다. 하지만 지구는 자신이 준 것을 빼앗아갈 수도 있다. 나의 첫 테르나테섬 방문지였던 정향 정원에서 나는 이 사실을 충격적으로 깨달았다. 그 섬의 화산 가말라마에서 굽어보았을 때 정향 정원은 경이로우리만치 경치 좋은 위치에 들어서 있었다. 몇 그루의 정향나무가 꽃을 피웠다. 이파리 사이로 노랑과 분홍이 어우러진 가녀린 꽃망울이 점점이 박혀 있었다. 향신료 정향은 벌어지지 않은 그 꽃망울을 말린 것이다.

하지만 그날 그 정원에서는 오직 몇 그루의 정향나무만이 싹을 틔웠다. 다른 나무들은 진즉 죽었거나 죽어가고 있었다. 가지에는 이파리가 나지 않았고, 나무의 몸통은 잿빛으로 시들고 있었다. 전해 듣기로 이런 일이 섬 전역에서 일어나는 중이었다. 나와 대화를 나눈 농부들은 그 원인에 대해 하나같은 의견이었다. 그들은 최근 몇 년 동안 기후가 변했다고 말했다. 비가 덜 오고 있으며 강수 패턴 역시 예측하기 힘들 정도로 변덕스러워졌다는 것이다. 이는 결국 병충해와 질병의 기승으로 이어졌다. 오랜 가뭄 역시 숲에서 전례 없는 강도로 산불이 일어나도록 부추겼다. 그해 초 가말라마산 중턱에서 산불이 사흘 동안 맹위를 떨쳤는데, 이것은 섬 주민들로서 처음 겪는 낯선 현상이었다.

다시 말해, 그간 그 섬이 누려온 환경적 조건의 미묘한 균형이 깨졌고, 그러한 조건이 정확히 어우러져서 정향을 키우는 게 옛일이 되었다. 게다가 테르나테섬 자체도 아주 미미한 방식으로이긴 하나 이러한 변화에 가세했다. 인도네시아는 세계에서 가장 빠른 속도로 성장하는 국가 가운데 하나이며, 가속이 붙은 그 나라 경제의 웅성거림은 밝은색 페인트로 깔끔하게 칠한 가옥과 구색을 갖춘 상점 및 시장이 즐비하게 늘어선 그 섬의 거리에서도 똑똑히 들을 수 있다. 해안에 새로 들어선—우뚝 솟은 첨탑을 자랑하는—웅장한 회교 사원은 북적이는 도매상점가, 여러 개의 대규모 현대식 쇼핑몰, 그리고 어마어마한 '대형 슈퍼마켓'을 굽이굽이 지나는 그 섬의 주요 간선 도로에서 화룡점정이다. 그 섬은 연결 속도가 빠른 인터넷, 많은 현금자동인출기, 잘 닦인 도로, 그리고 수도 없는 자동차와 오토바이의 혜택을 누리고 있다. 테르나테섬은 비록 외지고 목가적이긴 하지만, 여러 유형의 가속에 결코 낯설지 않다. 이것은 궁극적으로 그 섬의 전설적인 나무(정향나무—옮긴이)가 쇠락한 원인이다.

나는 잿빛으로 시들어가는 테르나테섬의 정향 과수원을 방문할 때면 그곳에서 일하는 이들에게 질문을 던지곤 한다. "기후 변화가 당신네 나무를 죽이고 있는데, 그렇다면 당신은 테르나테섬 사람들, 그리고 일반적으로 인도네시아 국민이 각자의 소비를 줄이고 저마다의 탄소 배출량을 낮추는 노력을 해야 한다고 생각하시나요?"

거기에 대한 답은 거의 한결같이 다음과 같은 내용이었다. "우리의 소비와 배출량은 여전히 서구 수준에 크게 못 미치는데 어째서 **우리가** 그걸 낮춰야 합니까? 우리에게 그건 너무 불공정한 처사 아닌가요? 서구는 우리가 약하고 힘없을 때 우리를 짓밟고 부유해졌어요. 이제는 우리가 따라잡을 차례예요."

나는 전혀 놀라지 않았다. 인도네시아뿐 아니라 인도, 중국, 그 밖의 여러 나라에서 귀가 따갑게 들어온 말이기 때문이다. 글로벌 사우스(Global South: 주로 남반구의 저개발국을 지칭—옮긴이)의 상당 부분에서 사람들은 이 같은 믿음을 완강하게 고수하고 있다. 자본주의를 '고착화'함으로써만 지구 위기를 다룰 수 있다는 생각은 거짓이라는 믿음과 함께 말이다. 지구 위기의 중심에는 식민지 시대로부터 이어받은 지정학적 문제들과 힘의 불평등이 놓여 있다. 그냥 지나칠 수 없는 이슈다.

이는 지구 위기를 더욱더 다루기 힘들게 만드는 것처럼 보일 수 있고, 어느 면에서는 실제로 그렇기도 하다. 반면 희망의 근거가 되어주기도 한다. 정의와 평등에 대한 이 같은 틀 짓기의 토대를 이루는 부의 개념화는 다음과 같이 근본적으로 모방적이기 때문이다. "타자(the Other)가 가진 것을 가질 때까지 나는 가난하다" 또는 "정의는 타자가 가진 것을 내가 가져야만 비로소 실현될 것이다". 이 같은 부의 개념화는 좋은 삶(Good Life)에 대한 타자의 개념에 기반을 둔다는 것을 알 수 있다. 따라서 그 개념이 달라지면 그에 따른 파장은 곳곳에서 느껴질 것이다.

'월가를 점령하라(Occupy Wall Street: 2011년 미국 뉴욕시 월가를 중심으로 일어난 반월가 시위. 이하 '점령하라'—옮긴이)'나 멸종 저항(Extinction Rebellion: 2018년 결성된 영국의 기후 변화 저항 운동 단체—옮긴이) 같은 운동과 프란치스코 교황의

'사회 회칙(Fratelli Tutti)' 같은 문서들이 중요한 이유가 바로 여기에 있다. 그 모든 것에는 좋은 삶에 대한 근본적으로 다른 개념이 깔려 있다.

✦ ✦ ✦

2020년 5월 30일, 버지니아주 샬러츠빌에서 대규모 '흑인 목숨도 소중하다(Black Lives Matter, BLM)' 시위가 벌어졌다. 3년 전 백인우월주의자 연합체가 대규모 집회를 열었고, 그들의 폭력으로 반인종차별주의 시위자 헤더 헤이어(Heather Heyer)가 목숨을 잃은 곳이었다. 데비도 그 시위 현장에 있었는데, 그녀는 사진을 계속 보내줌으로써 마치 내가 그 자리에 함께 있는 것처럼 느끼도록 해주었다.

그날 저녁 스카이프로 만났을 때, 데비는 장인어른이 식사를 하지 않고 기운 없어 하신다고 전했다. 장인어른의 주치의는 이렇다 할 건강상의 문제는 없다고 했단다. 그저 노인성 '의욕 상실(failure to thrive)'를 드러내는 사례일 뿐이라면서 말이다.

키가 크고 마른 제프(Jeff)는 에이브러햄 링컨처럼 턱수염을 길러서인지 얼핏 그와 닮아 보인다. 은퇴한 생물학 교수이며 유명한 생물학 교재 집필자이기도 한 그는 과학이 공공복지 증진에 막중한 역할을 한다고 확신했다. 하지만 1월에 아내 바버라(Barbara)를 잃고 난 뒤 그는 살아갈 의욕마저 잃어버렸다. 50여 년의 결혼 생활 내내 그의 삶은 쾌활하고 매력 있고 활기찬 아내를 중심으로 펼쳐졌다. 그녀의 죽음은 그를 휘청이게 했고, 그는 이제 대체로 몽롱한 상태(fugue state)에 빠져서 부모님을 뵈었다고 말하기도 하고 언제 집에 돌아갈 수 있느냐고 묻기도 했다.

제프는 나더러 언제 버지니아주로 올 거냐고 여러 차례 물었다. 나는 다른 경우였다면 망설임 없이 그에게로 달려갔을 것이다. 제프·바버라 그리고 나는 처음 만난 순간부터 서로를 무척이나 좋아했고, 시간이 흐르면서 그 애정은 오직 깊은 애착으로 커지기만 했다. 그곳에 갈 수 없다는 사실이 고통스러웠다. 그러나 버지니아주 중부는 여전히 '청정 지대'였지만 당시 뉴욕은 코로나19 확진자 수가 최고조에 달했다. 내가 그곳에 간다면 감염원이 될 수 있고, 어쩌면 이미 쇠약해질 대로 쇠약해진 누군가를 감염시킬 소지마저 있었다. 생각하기도 싫은 오싹한 일이었다. 나는 고심 끝에 브루클린에 남았다.

사흘 뒤인 6월 3일 정오쯤, 데비가 전화를 걸어 장인어른이 돌아가셨다고 말했다. 사랑스러운 두 자녀가 지켜보는 가운데 평화롭게 눈을 감으셨다고 했다.

그즈음 신문들은 병원에서 홀로 죽어가는 사람들에 관한 이야기로 도배가 되다시피 했다. 가족에게 사랑하는 사람의 마지막 모습을 보여주기 위해 간호사들이 핸드폰을 들고 있는 사진과 더불어. 그런 시절이었던 만큼 맨 먼저 든 생각은 그래도 제프가 운이 좋았다는 것이다. 세 자녀와 여러 손자 손녀가 가까이 사는 고요한 삼림 지대의 자기 집에서 처음 태어난 것과 같은 침대에 누워 평화롭게 잠들었으니 말이다.

나는 처음으로 제프와 바버라를 만난 날을 떠올렸다. 1988년 부활절이었던 그날은 내가 데비를 만난 날이기도 했다. 버지니아 대학의 초청을 받고 미국을 처음 방문한 길이었다. 나는 또한 2년 뒤, 제프가 우리 결혼식에 참석하기 위해 캘커타에 왔던 때를 기억했다. 흰색 도티(dhoti: 인도에서 남자들이 몸에 두르는 천—옮긴이)와 쿠르타(kurta: 남아시아 지역에서 입는 헐렁한 셔츠—옮긴이)를 차려입은 제프가 우리 가족이 사는 집의 지붕에 차려진 배화단 앞에 책상다리를 하고 앉아서 혼례를 이끄는 가족 목사님(purohit)과 함께 산스크리트어 슐로카〔shlokas: 4구절로 이루어진 시. 사구게(四句偈)라고도 한다—옮긴이〕를 암송하던 모습을 말이다. 그때 모두가 그의 명료한 발음에 감탄했던 기억이 난다.

나는 이탈리아에서 이주자들에게 들은 수많은 이야기, 문서 처리가 지체되는 바람에 사랑하는 병든 가족을 만나러 고향을 방문할 수 없었던 사연들을 떠올렸다. 가끔 가다 내가 그들과 같은 처지라면 어떨까 상상해보려고 애쓰곤 했다. 하지만 나는 이제 더 이상 그것을 상상하려고 노력할 필요가 없었다. 괴물 같은 가이아가 내가 그들의 입장이 되게끔 하는 방법을 기어이 찾아내고야 말았으니 말이다.

13

또 다른 이름의 전쟁

코로나19 팬데믹이 최고조에 달하고 전 세계가 꼼짝없이 발이 묶인 것만 같았던 2020년 5월 마지막 주에, 낡은 어선 두 척이 리비아에서 출발해 이탈리아로 향했다. 배들은 뒤집혔고, 수십 명의 난민이 물에 빠져 숨졌다.

같은 주 후반에는 26명의 방글라데시인과 4명의 아프리카인이 리비아 서부의 미즈바(Mizbah)라는 사막 도시에서 인신매매범들의 총에 맞아 사망했다.[1] 그 도시의 이름은 내게 낯익었다. 4년 전 이탈리아에서 벵골인 이주자들과 나눈 대화 때문이었다. 나와 이야기를 나눈 두 남성이 그 도시를 거쳤다. 그들은 물도 식량도 거의 없이 창고처럼 생긴 비좁은 '연결식 주택(connection houses)'에 갇혀 있었노라고 말했다. 여행을 시작할 때 그들의 다랄, 즉 대리인은 방글라데시 돈 상당액—미국 달러로 8000달러에서 1만 달러 사이—을 청구했고, 그 돈이면 리비아에서 지중해 연안까지 그들을 데려다주는 경비로 충분할 거라고 장담했다. 하지만 미즈바에 도착하자마자 밀거래업자들은 돈을 추가로 요구했다. 두 남성은 가족한 데 전화를 걸어 다랄에게 더 많은 돈을 입금하도록 요청하라는 지시를 받았다. 그렇게 하지 않으면 구타나 고문당할 위험을 무릅써야 했다.

이 같은 상황이 바로 미즈바에서 5월 28일 살해 사건이 발생한 배경이었다. 밀거래업자들이 이주자에게 추가 금액을 요구했고, 싸움 끝에 리비아인 한 명이 숨졌다. 그의 가족은 이주자 30명을 총으로 쏘아 죽이는 식으로 복수했다.[2] 이 총격은 국제 언론에서 거의 주목받지 못하고 조용히 묻혔다. 당시 수년을 끈 내전이 갑자기 격화해서 리비아가 툭하면 뉴스에 등장하고 있었음에도 불구하고 말이다. 총격과 반대로 내전은 국제 언론의 관심을 끌었는데, 그 이유는 제복 차림의 병사, 지휘 체계, 그리고 정파들의 존재 때문이었다. 이것들은 그 민족적 분규를 하나의 전쟁으로 인식하도록 만들었다.[3] 반면 난민이 지중해에서 익사할 경우 그 원인으로 지목할 만한 직접적 분쟁은 없다. 그들이 처한 곤경은 (직접적인 분쟁 때문이라기보다) 그저 더 큰 비인격적 과정, 즉 아마도 빈곤이나 기후 변화의 결과일 듯싶다. 둘 중 어느 것도 직접적인 분쟁이나 전쟁으로 인식되지 않는다.

그러나 지구 위기에 대한 난민의 경험은 전쟁의 경험과 조금도 다를 바 없다. 그들은 지구 위기로 인한 폭력에 허덕이고 있다. 튀르키예로 국경을 넘어가면서, 리비아나 시나이반도의 노예 수용소에서, 지중해를 가로질러 그들을 데려다주는 다 부서져가는 배 안에서, 국경을 건너려고 애쓸 때 그들을 맞이하는 집중 포화 속에서, 그리고 국제 시장을 통해 수천 달러에 거래되는 장기를 적출당하는 외과 수술 시설에서 말이다.[4]

✦ ✦ ✦

사람들은 흔히 기후 변화를 마치 전쟁인 것처럼 다루어야 한다고 말한다. 코콘 같은 난민은 기후 변화가 진즉부터 전쟁이라는 것을 알고 있다. 하지만 그것은 기후 활동가들이 염두에 두는 그런 유의 전쟁은 아니다. 즉, 미국과 영국이 인간 적과 대치하고 그들을 무찌르기 위해 집결했던 제1차 세계대전이나 제2차 세계대전 같은 전쟁은 아닌 것이다. 일반적으로 그런 유의 전쟁에서는 환경 변화와 비인간 존재가 중요한 역할을 담당하지 않는다.

오늘날 난민이 경험하는 전쟁은 그와 다르다. 그것은 사실 16세기와 17세기의 생물정치적 전쟁에 더 가깝다. 과거의 생물정치적 전쟁처럼, 오늘날의 '항구적 전쟁'은 (제2차 세계대전처럼) 시작과 끝이 명확한 사건이 아니다. 그것은 꾸준히 진행 중인 분쟁으로, 거기에서는 폭력이 어느 때는 잦아들고 또 어느 때는 고조되지만 결코 완전히 중단되지 않는다. 미군이 흔히 '인디언 컨트리(Indian country)'—아프가니스탄, 파키스탄 북부, 이라크, 소말리아 등—라고 묘사하는 수많은 전선에서 전개되는 항구적 전쟁도 마찬가지로 사건이라기보다 '침략의 구조'다. 목숨을 걸고 지중해를 건너는 난민 다수는 물론 그러한 분쟁을 피해 도망쳐 나오고 있다. 그런데 탈출한 그들은 역시나 서구의 '항구적 전쟁' 탓에 한시도 편할 날 없는 리비아 같은 새로운 몹쓸 늪으로 더욱 깊이 빠져드는 스스로의 모습을 발견한다.

과거의 생물정치적 전쟁과 마찬가지로, 항구적 전쟁에서 이따금 발생하는 폭력은 또 한 가지 분쟁의 축과 결합한다. 무행동 탓에 '느린 폭력(slow violence)'이 펼쳐지는 전선이다.[5] 17세기와 18세기에 수많은 원주민 집단이 사슴의 실종, 홍수의 증가, 가축의 침입 같은 점진적 환경 변화에 의해 제가 살던 곳에서 전치되었던 것과 마찬가지로, 코콘 같은 사람들도 무자비한 해수면 상승, 또는 파괴적 홍수나 사막화 등으로 그들이 살던 땅을 등지지 않을 수 없었다. 이러한 과정의 가속 역시 무행동으로 인한 느린 폭력의 결과물이다.

댐 수위의 상승과 전쟁으로 거듭 전치된 라코타족이 점점 줄어드는 보호 구역으로 축출당한 것처럼 오늘날 생물정치적 전쟁의 난민도 북아프리카, 사하라 사막, 멕시코, 중미, 나우루(Nauru: 오스트레일리아 동북쪽의 섬나라—옮긴이) 등에 조성된 봉쇄 지대로 내몰리고 있다. 그들 역시 서구의 법 이론가들이 규정한 의미에 비추어 전쟁으로 인식되지 않는 분쟁의 희생자다. 하지만 많은 토착 민족에게는 과거의 생물정치적 전쟁과의 유사점이 더없이 분명해 보인다. 그래서 닉 에스테스는 라코타족 및 그 친족의 환경적 투쟁을 담은 강력한 책에 《우리의 역사는 미래다(Our History is the Future)》라는 제목을 달았다.

✦ ✦ ✦

수많은 아메리카 인디언 및 오스트레일리아 원주민의 생활 세계를 무너뜨린 환경 파괴와 오늘날 지구 위기 간 유사성은 정말이지 불가사의하다. 과거와 마찬가지로 오늘날에도 생활 수단과 서식지의 파괴는 얼핏 인간과 관련이 없어 보이는 지구 시스템에 영향을 받고 있다. 과거와 마찬가지로 오늘날에도 이것은 주로 그러한 힘들을 부추기는 데 가장 책임이 큰 사람들의 시야 밖에서 이루어지고 있다. 여기에서 내가 말한 '가장 책임이 큰 사람들'에는 부유한 서구인뿐 아니라 인도·중국·인도네시아 같은 나라의 도시 엘리트와 중산층도 포함된다.

과거의 생물정치적 전쟁과 오늘날의 생태계 파괴 간에는 또 한 가지 연관성이 눈에 띈다. 바로 인간의 행위 주체성이 '물질적 힘'과 '자연적 과정'에 의해 가려진다는 사실이다. 섬 하나가 해수면 상승으로 유실될 때, 산불이 맹렬한 속도로 휩쓸며 들이닥칠 때, 준비되지 않은 도시 상공에서 비 폭탄이 터질 때, 그 재앙들을 인간적 분쟁과 연관시키기란 어렵다. 저마다 전혀 다른 범주의 현상처럼 보이니 말이다. 하지만 북·남미의 식민지화와 함께 일어난 것이 정확히 그런 유의 환경 매개 분쟁이었다. 토착 원주민에게는 바로 그런 요소가 그들을 파멸로 이끈 원인이었던 것 같았다. 그 후에도 파괴의 상당 부분은 그 과정을 시작한 사람들과 동떨어진 곳에서 일어났다. 정착민은 앞으로 나아가면서, 마구 자란 곡물 밭과 주민이 살지 않는 마을을 우연히 발견하곤 했다. 드 토크빌은 이렇게 썼다. "나는 백인의 접근이 가져온 효과가 흔히 그들의 변경에서 800킬로미터나 떨어진 곳에서도 느껴졌다고 확신한다. 따라서 백인들은 자기네가 이름도 제대로 알지 못하는 부족에게 영향을 끼쳤다. 가해자가 누구인지 알기 훨씬 전부터 침략의 폐해에 시달려온 부족에게 말이다."[6]

흔히 장거리에 걸친 환경 교란의 원인은 소음이었다. "식민지 농장과 마을은 아마 보이기 전에 들렸을 것이다. 나무가 땅바닥으로 쓰러지는 소리, 목재를 널빤지로 만들기 위한 톱질과 도끼질 소리, 집의 들보와 주택 외벽의 비막이 판자를 두드리는 망치질 소리, 그리고 남자들이 울타리용 말뚝을 세우기 위해 구멍을 뚫으며 내는 앓는 소리, 이 모든 것은 식민지 개척자들이 또 다른 땅을 점령했음을 알리는 소리였다."[7] 순전히 그 소리의 크기만으로도 인디언이 의존하던 사냥감을 주변의 전원 지대에서 몰아내기에 충분했을 것이다.

대개 재난이 어느 인디언 마을을 불시에 덮칠 때면 정착민은 어디에도 보이지 않는다. 재난의 운반자는 모기 떼, 쥐 떼, 닥치는 대로 먹어치우는 양 떼나 소 떼, 표토의 소실, 삼림 파괴로 인한 홍수, 그리고 무엇보다 질병 등으로 대개 인간이 아니다.[8] 마을을 돌아다니며 악수를 나눈 장사꾼이나 선교사는 그가 묻혀온 감염원이 퍼지기 시작하면서 굶주림으로 이미 허약해질 대로 허약해진 이들을 쓰러뜨릴 무렵이면 진즉에 사라지고 없었을 것이다.

분쟁은 모든 당사자의 선의에 대한 선언을 담은, 예상보다 길어진 조약 체결 과정을 동반한다. 흔히 그 조약은 선한 의도를 지닌 사람들에 의해 협상이 이루어지고 성의 있게 체결되었다. 하지만 모든 이해 당사자는 그 조약이 제아무리 고상한 언어를 동원하고 있다 해도, 주도적인 이해 당사자가 그들에게 사활적 이익이 달렸다고 믿는 사항과 충돌할 때면 얼마든지 파기될 수 있고, 또 파기되리라는 것을 간파했다. 세계적인 기후 협상들이 이와 유사한 것은 결코 우연이 아니다.

과거와 마찬가지로 오늘날에도 파괴가 인간이 아닌 '자연적' 힘에 의해 행해지고 있다는 믿음은 많은 사람—특히 서구 국가, 그리고 정착형 식민주의의 역사를 간직한 국가에서 살아가는—이 기후 변화가 인간의 의도 및 행위 주체성과는 별개로 일어난다고 주장하도록 해준다. 이러한 주장은 바로 근대성이 자연과 문화, 인간과 비인간 사이에 만들어낸 격차에 그 근거를 둔다.

과거처럼 오늘날에도 자연법칙이 인간 행위 주체성의 영역 밖에서 작동한다는 생각은 무행동을 정당화해준다. 이런 의미에서 무행동은 그 자체로 1인당 온실가스 배출량이 많은 사람들과 적은 사람들을 싸움 붙이는 하나의 분쟁 전략이다. 과거와 같이 오늘날에도 결국에 가서 전선은 권력에의 의지와 타협할 수 없는 생활 방식의 차이 위에 그어진다.

이런 관점에서 보면 많은 원주민이 거듭해서 발언해온 바와 같이, 지구 위기의 현재 국면은 전혀 새로운 게 아니다. 그렇다기보다 그것은 유럽이 세계의 상당 부분을 식민지화함으로써 시작한 생태적 변화의 세계화에 대한 지구의 반격이다.[9] 그러한 과정은 이제 식민지 지배를 받던 3개 대륙의 경계를 넘어 전 지구적 힘이 되었다. 이것은 상당 부분 서구의 정착형 식민주의 문화가 더 이상 그 식민지에만 국한하지 않는다는 사실에 기인한다. 1989년 워싱턴 합의(Washington Consensus) 채택 이래, 정착형 식민주의의 이데올로기와 관행은 신자유주의라는 외피를 두른 채 세계 최대 강대국들에 의해 적극 홍보되었으며, 각 나라 및 국제 엘리트들이 거의 보편적으로 이를 채택했다. 오늘날 중국이 신장에서, 인도네시아가 파푸아에서, 그리고 인도가 카슈미르와 그 숲 지대의 상당 지역에서 자행하는 것이 바로 그 같은 정착형 식민주의 관행이다.

✦ ✦ ✦

흔히 많은 원주민 부족은 세계의 종말까지는 몰라도 그들 세계의 종말은 진즉에 겪었다고들 말한다.[10] 그런데 그들 세계의 종말을 목격한 또 다른 무리의 증인이 있다는 사실은 잊히는 경향이 있다. 바로 유럽계 정착민이다. **그들이** 그 같은 재앙을 관찰하면서 새긴 교훈은 무엇이었을까?

여기에는 아무런 미스터리도 없다. 백인 정착민이 도달한 결론은 옴니사이드 전쟁이 언제나 자신들한테 유리하게 작용하리라는 것이었다. 이는 '최고 종족'의 상승에 관한 테니슨의 시각에 영향을 미친 교훈이다. 그것은 또한 과거의 정착형 식민지에, 기후 변화가 둔화하기보다 가속화하리라는 전망에 꿈쩍 않는 이들이 수두룩한 이유이기도 하다. 정말이지 그들은 자기네가 최악의 기후 변화 영향으로부터 보호받으리라고 철석같이 믿으면서 그 전망을 적극 반긴다.

이 점을 인식하지 않고서는 오늘날 일어나는 많은 일을 이해할 수 없다. 예컨대 테라포밍된 오스트레일리아 및 북·남미의 '네오유럽'이 기후 재난으로 인해 파괴되고 있음에도, 최근 그들 나라의 지도자 상당수가 화석 연료 탐색을 확대하는 데 한층 열을 올리는 까닭은 무엇인가?[11] 미국·캐나다·오스트레일리아·브라질 같은 국가의 국민 상당수가 그런 정책을 지지해왔고, 지금도 계속 지지하고 있는 이유는 무엇인가? "드릴, 베이비, 드릴!(Drill, baby, drill!: 석유 및 가스 개발을 지지하는 미국 공화당의 2008년 전당대회 슬로건—옮긴이)"이 〔다른 영어권 국가와 더불어 '인류가 일으킨(anthropogenic)' 기후 변화에 대한 과학 문헌의 상당수를 생산하는 나라〕 미국에서 그토록 많은 관심을 끄는 연유는 무엇인가? 그런 정책을 지지하는 이들은 정녕 어리석으며 증가하는 위험을 이해하지 못하는 것일까? 아니면 정착형 식민주의 특유의 역사적 기억 때문에 그러한 위험을 다르게 보는 것일까? 혹시 무행동을 통한 분쟁 전술이 그들이 살아가는 장소에 낯익기 때문일까? 역사적 경험이 그들에게 테라포밍은 본디 폭력적이고 위험한 과정이지만, (그들이 자신의 생물학적·기술적 장점이라고 여기는 것 덕택에) 결국 가능성은 그들 편이라고 가르쳐주었기 때문일까?

오늘날에도 많은 사람이 결국 네오유럽에 이롭게 작용하리라고 믿는 최후 보루로서 기술이 존재한다는 것은 분명 우연이 아니다. 바로 지구공학(geo-engineering: 지구 온난화를 막기 위해 인위적으로 기후 시스템을 조절 및 통제하려는 목적의 새로운 과학 기술 분야—옮긴이)이다. 지구공학은 낯설어 보일지 모르지만, 문자 그대로 성층권(stratosphere)으로 자리를 옮긴 테라포밍이다. 따라서 원칙적으로는 '스트라토-포밍(strato-forming)'이라고 불러야 마땅하다. 오늘날 서구에서 가장 부유하고 가장 막강한 사람과 기관들 가운데 일부는 공공연하게 지구공학을 밀고 있다. 그들의 열광은 "18세기 중반 이후 현대 과학은 식민지화 전략을 정의하면서 드러내놓고 제국을 지지했다"[12]는 사실을 상기시킨다.

✦ ✦ ✦

백인 신체가 본시 생물학적으로 우월하다는 믿음은 미국 역사에서 반복해 등장하는 주제다. 조이스 채플린은 그녀의 빼어난 책 《주제(Subject Matter)》에서 미 대륙의 영국 식민지 개척자에게 그들의 신체 우월성에 대한 믿음은 실제로 그들의 기술 우월성에 대한 확신보다 앞서 있음을 실례를 들어가면서 보여주었다. 그녀의 말에 따르면, 영국인은 17세기에 일찌감치 "북·남미에서 진정으로 열등한 물리적 실체는 그곳 원주민의 신체라고 결론 내렸다".[13] 이러한 확신에 근거를 부여한 것은 아메리카 원주민 사이에서 발생한 '대죽음'이 신종 질병의 유입에 따른 결과라고 보는 정착민의 견해였다.[14]

그 같은 믿음은 수 세기 동안 놀랄 만큼 불균형한 수의 아메리카 원주민과 아프리카계 미국인을 숨지게 만든 여러 유행병을 거치면서 점점 더 굳건해졌다. 예컨대 미국의 남북전쟁(1861~1865) 이후 자유민(freedpeople: 노예 신분에서 해방된 사람—옮긴이) 사이에서 여러 유행병으로 인한 치사율은 "한결같이 백인의 그것보다 2배가량 높았고, 심지어 3배 혹은 4배나 높은 경우도 숱했다".[15] 물론 이러한 결과는 주로 빈곤·영양실조·전치·폭력 같은 구조적 요인이 어우러져서 빚어낸 현상이다. 하지만 그것들은 선천적인 생물학적 결함의 증거로 해석되었다. 당시 의학계는 그러한 해석을 지지했을 뿐 아니라 부추기기까지 했다.[16]

생물학적 차이에 대한 믿음은 때로 멸종 내러티브와 아귀가 들어맞았다. 미국의 남북전쟁 이후, 여러 정부 기관은 자유민 조직들에 대한 의료적 자원이나 기금의 제공을 거부했다. "흑인은 어차피 멸종할 거라고 생각했기 때문"이다. 심지어 어느 백인 정치인은 "자유민의 죽음은 피할 수 없으므로 그들에게 연방 정부의 도움을 제공하지 말라"고 의회에 경고하기까지 했다.[17]

코로나19 팬데믹은 미국에서 인종 간 생물학적 차이에 대한 믿음이 여전히 널리 퍼져 있음을 확실하게 보여주었다. 미국의 특정 인구 통계 집단이 자기네가 다른 집단보다 코로나19에 더 강하다고 믿는다는 것을 보여주는 새로운 증거가 연일 쏟아져 나오고 있다. 그들의 생각이 어느 정도는 타고난 신체적 특성—곧 그들의 인종적 특성—에 대한 믿음과 관련이 있다는 것도 분명하다. 팬데믹이 창궐하던 때였음에도 정확히 역사적으로 그 같은 믿음이 가장 공고했던 미국 지역들에서 경제를 개방하자는 압박이 더 거셌다는 것은 필시 우연이 아니다.

물론 온갖 인종 출신의 '흑인 목숨도 소중하다' 시위자들은 이 모든 것을 더할 나위 없이 잘 이해하고 있다. "인종이 아니라 인종차별주의를 탓하라(Blame racism not race)" "인종차별주의는 팬데믹이다(Racism is a Pandemic)"라고 적은 표지판은 시위자들이 그 팬데믹의 불균형한 희생자 수를 수 세기에 걸친 역사적·환경적 부정의(injustice) 유형에 의해 야기된 것으로 인식하고 있음을 똑똑히 보여주었다. 그들의 분노는 상당 부분 정치 엘리트들이 사망자가 불균형하다 할 만큼 비백인일 것이기 **때문에** 다수의 목숨을 희생하기로 (고의적이지만 무언의) 결정을 내렸다는 사실을 꿰뚫어본 데 따른 것이었다.

나는 이 대목에서 기후 운동과 관련해 중요한 질문을 제기할 수 있다고 생각한다. 활동가들은 오랫동안 기후 변화의 비용을 주로 세계의 가난한 사람들, 흑인과 유색 인종이 떠안게 된다는 메시지를 강조함으로써 특권층의 양심에 호소하고자 노력해왔다. 우리는 오늘날 이러한 호소가 애초 의도와는 전혀 다른 엉뚱한 효과를 거두지는 않았는지 따져보아야 한다. 이런 메시지가 실제로는 특권층으로 하여금 기후 변화에 관해 아무 일도 할 필요가 없다고 생각하도록 부추겼을 여지는 없을까? 그들은 자신의 풍족함과 신체적 이점 덕분에 최악의 지구 온난화 영향으로부터 보호받을 수 있으리라고 믿고 있으니 말이다. 어떤 사람들은 기후 변화가 그저 경기 순환의 주기적 도전 가운데 하나에 불과하다고 여길지도 모른다. 또 다른 사람들은 제 선조가 대륙의 테라포밍 과정을 통해 이득을 본 것처럼, 자신들 역시 궁극적으로는 기후 변화로부터 약간의 보상을 누리게 되리라고 확신할 수도 있다.[18]

이것은 사실 지레짐작의 문제가 아니다. 수천만 명에 이르는, 트럼프 미국 대통령 및 자이르 보우소나루(Jair Bolsonaro) 브라질 대통령의 지지자 등 기후 변화 부인론자들이 기후 변화에 대해서도 공중보건에 대해서도 무행동을 믿는 까닭은 **선천적으로 허약하고 취약한 사람들만이 피해를 보리라고 생각하기 때문**이라는 것이 점차 명확해지고 있다. 기후 변화와 공중 보건, 이 두 가지 문제에 대한 그들의 해법은 가난한 비백인 인구가 지구 위기에 정면으로 맞서는 '희생 지대'의 확장을 추진하는 것이다. 실제로 이것은 식민지화를 위한 생물정치적 전쟁의 두드러진 특징인 '무행동을 통한 분쟁'의 새로운 버전이나 다름없다.

하지만 그 시대와 오늘날 간에는 현저한 차이점이 있다. 그중 하나는 그 전쟁들에서 다른 편에 맞서 어느 한 편에 우호적이던 '비가시적 비인간 동맹군'이 더는 어느 편과도 확실하게 연합하지 않는다는 점이다. 집중적으로 테라포밍된 풍경이 지구공학에 의해 달라진 자기 형태를 떨쳐 버리고 있는 것처럼 보이는 일부 장소에서, 그 동맹군들은 과거의 생물정치적 전쟁의 승자들에게 등을 돌리고 있는 듯하다. 오늘날 어떤 집단 혹은 집단들도 비인간 동맹군의 지지를 기대할 수 없다. 인간이 아닌 존재, 힘, 실체들은 (인공의 것이든 자연의 것이든) 인간으로서는 알 재간이 없는 그들 자체의 목적을 추구할 수 있다. 너그럽기도 하고 괴물 같기도 한 가이아는 이제 솔라리스라는 새로운 모습으로 변신했다.

14

"성스러운 불만의 천사"

권력자와 슈퍼리치들이 인간 종의 생존을 보장하기 위해 화성을 식민지로 삼을 계획을 세우고 있다거나 뉴질랜드에 지하 벙커를 건설하고 있다고 말할 때, 그것이 실제로 의미하는 바는 무엇일까?[1] 이러한 기획들이 근거로 삼고 있는 무언의 가정은 무엇일까?

분명 인간 종의 생존을 보장해야 할 필요성이 제기되는 것은 지구가 거주 불가능해지는 경우에 한할 것이다. 가령 유럽이 북·남미를 정복한 데 따른 '대죽음'보다 훨씬 더 큰 규모의 대죽음을 낳는 '멀리서 일어나는 성스러운 사건(far-off Divine event)' 같은 경우 말이다. 이것은 너무 자명해서 언급할 필요도 없다. 목전에 닥친 인류 종말(apocalypse)에 대한 추정이 조용히, 과거에 '열등한 종족'의 대멸종을 서구 엘리트들이 당연시한 것과 대단히 흡사한 방식으로 이루어져왔다.[2] 오늘날과 마찬가지로 과거에도 공개적으로 말살(extermination)을 장려하는 것은 품위 있는 행동으로 여겨지지 않았다. 대량 사망(mass mortalities)에 대해 언급하는 것 역시 필요하거나 점잖은 행동으로 간주되지 않았다. 그렇지만 그것들은 사라진 게 아니라 그저 무언의 가정으로 배경에 숨어들었다.[3]

물론 모든 사람이 늘 품위 있는 것은 아니다. 말살에 대해 언급할 때 그 단어를 거리낌 없이 쓰는 사람도 적지 않았다. 이를테면 윌리엄 T. 셔먼 장군(General William T. Sherman: 1820~1891. 미국 군인으로 남북전쟁 때 북군의 장군이었으며, 현대전의 창시자로 불린다—옮긴이)은 1873년에 이렇게 썼다. "우리는 앙심을 품은 채 진지하게 수족(Sioux)에 맞서야 한다. 남성, 여성, 그리고 아이들을 말살할 때까지 말이다. ……병사들은 그들을 공격하는 동안 남녀를 가리기 위해서, 심지어 나이를 분간하기 위해서 머뭇거려선 안 된다."[4] 병사들만이 이런 정책의 유일한 옹호자는 아니었다. 《오즈의 마법사(The Wonderful Wizard of Oz)》의 작가 프랭크 바움(L. Frank Baum)도 과거에 이렇게 썼다. "정복의 법칙, 문명의 정의를 추구하는 백인이 미 대륙의 주인이다. 변경 정착촌에서 최상의 안전은 얼마 남지 않은 인디언을 모조리 말살해야만 확보될 것이다. 그러면 안 될 이유가 뭔가? 그들의 영광은 온데간데없으며 그들의 기상은 무너졌고 그들의 남자다움은 빛을 잃었다. 그들은 지금처럼 비참하게 사느니 차라리 죽는 게 낫다."[5]

오늘날에도 인류 종말에 대한 추정에 연연하는 품위 없는 이들이 없지 않다. 결코 무시할 수 없는 비주류가 존재하는 것이다. 또 한 차례의 대죽음〔즉, 그들의 표현에 따르면 '맬서스식 교정(Malthusian correction)'〕을 지구 위기의 유일한 해법으로 여기는 극우 세력이다. 그들에게 단 한 명의 미국인 또는 오스트레일리아인의 탄소 발자국이 방글라데시인 33명의 그것과 맞먹는다는 사실, 그래서 온실가스 배출량과 관련해서는 방글라데시의 인구가 1억 6800만 명이 아니라 (뉴욕 인구의 절반 정도에 불과한) 500만 명인 셈이라는 사실은 중요하지 않다. 하지만 그들이 그 사실을 하찮게 여기는 이유는 궁극적으로 무엇이 지구를 위해 지속 가능한 것이냐가 쟁점이 아니기 때문이다. 중요한 것은 많은 소비에 기반을 두고 군사력에 의해 보호받는 생활 방식인데, 그것은 가난하고 탄소도 거의 배출하지 않는 수많은 사람을 모조리 제거해야만 유지될 수 있다.

이런 생각이 널리 받아들여지고 있으므로 다음과 같은 질문을 던져보면 도움이 될 것이다. "수많은 가난한 사람을 없애버리면 정말로 세계의 부유한 사람들이 계속 지금처럼 살아갈 수 있을까?" 실제로 답은 "아니요"다. 그런 생활 방식은 전이(metastasis)에, 그리고 점점 더 커지는 끝없는 성장에 그 근거를 두기 때문이다. 이것은 19세기 초 이래 영어권 국가의 근본 이념이었다. 백인 정착민에게 아메리카 원주민의 문화에서 가장 역겨운 측면은 그들이 꾸준히 증가하는 물질적 욕망이라는 패러다임과 조화를 이루지 못한다는 점이었다. 1896년 인디언의 미국인화를 지지한 주요 인물이 몹시 다급한 어조로 "야만적인 인디언에게 좀더 폭넓은 욕망과 좀더 풍부한 욕구를 심어주어야 할 절대적 필요성"을 강조하는 글을 썼다. "야만 상태에서 끌어내어 시민 정신으로 안내하기 위해 우리는 그를 이기적이지 않게 지적으로 만들기 전에 지적이게 이기적으로 만들어야 한다. 우리는 **그 안의 욕망을 일깨워줄** 필요가 있다. 무미건조한 야만 상태에 빠져 있는 그는 '성스러운 불만의 천사'의 날갯짓에 자극받아야 한다. ……그 인디언이 담요에서 빠져나와 주머니 달린 바지를 입도록, **그 주머니를 달러로 두둑이 채우고 싶은 마음이 간절하도록** 만들려면, 그는 겨울날 허기도 면하기 힘든 인디언 수용소의 배급이나 티피(teepee: 북미 원주민이 기거하는 원뿔형 천막—옮긴이)에 불만을 품을 필요가 있다."[6]

자동차를 SUV로, 주택을 맥맨션(McMansion: 맥도날드 햄버거 체인점처럼 비슷하고 특색 없이 단기간에 덩치만 크게 지은 대형 저택을 경멸스럽게 지칭하는 표현—옮긴이)으로 전이한 것이 바로 이 '성스러운 불만의 천사'다. 그냥 가만히 놔두면 항구적으로 불만족한 오늘날 부자들의 생활 방식은 계속해서 점점 더 빠른 속도로 환경 발자국을 넓혀갈 것이다. 그 생활 방식을 따르다 보면 1억 5000만 명의 가난한 방글라데시인을 대신하는 데 몇천 명의 부유한 불만분자면 족한 날이 올 것이다.

✦ ✦ ✦

맬서스식 교정의 가능성을 '공공연하게' 수용하는 것은 오직 과격한 비주류 집단에 그친다. 하지만 맬서스식 개념은 '은연중에' 세계 전역에서 진행 중인 국경 강화의 밑바탕을 이루고 있다. 나오미 클라인은 이렇게 적었다. "유럽의 많은 지역과 영어권 국가들에서, 이러한 국경 강화는 이미 상당 정도 진행되었다. 유럽연합, 오스트레일리아, 그리고 미국은 모두 '억제를 통한 예방(prevention through deterrence)'과 유사한 이민 정책을 수용해왔다. 그 무자비한 논리는 이주자를 더없이 냉담하고 잔인하게 대함으로써 절박한 사람들이 국경을 넘어 안전을 추구하려는 시도를 단념하도록 유도하겠다는 것이다."[7]

적잖은 영향력을 발휘한 초기의 이주 반대자는 우파 생태사상가 개릿 하딘(Garrett Hardin)으로, 그는 〈구명정에서 살아남기(Living on a Lifeboat)〉라는 제목의 논문에서 이주에 대한 견해를 피력했다. 1974년에 처음 출간된 그 논문은 면밀히 검토해볼 가치가 있을 만큼 아직도 상당한 영향력을 행사하고 있다.

하딘의 논문은 인간 사고에서 은유의 중요성을 강조하는 것으로 시작한다. "은유적 사고는 피할 수 없기에 그저 인간의 한계에 대해 슬퍼하는 것은 무의미하다. 우리는 그것과 공존하는 법, 그것을 이해하고 통제할 수 있는 법을 배워야 한다."[8] 하딘이 특별히 주목한 은유는 다음과 같다. "은유적으로 말하자면, 각각의 부유한 나라는 상대적으로 부유한 사람들로 채워진 구명정에 해당한다. 세계의 가난한 사람들은 훨씬 더 북적거리는 또 다른 구명정에 올라타 있다. 말하자면 가난한 사람들은 구명정에서 떨어져나가고, 부유한 나라의 구명정으로부터 승선 허락이 떨어지길 희망하며 얼마간 물속에서 헤엄을 친다."[9] 그의 주장은 이렇게 이어진다. 허우적대는 사람을 받아들이는 것은 오직 모두의 죽음을 재촉할 뿐이기에, 구명정의 윤리는 이미 배에 탄 사람이 그들 자신의 생존을 보장하기 위해 다른 사람을 태우지 않도록 요구한다. 이 주장은 하딘이 제시한 또 하나의 중요한 개념인 '공유지의 비극'의 연장선상에 놓여 있다. 그는 이 개념을 통해 한계가 정해진 공간에서 이윤을 극대화하는 개인의 수가 줄곧 증가하면 붕괴로 치달을 거라고 주장한다. "공유지에서는 상호 파괴가 불가피하다. 이것이 '공유지의 비극'의 핵심이다."[10]

하딘은 분명 구명정이라는 은유를 꽤나 신중하게 골랐을 것이다. 그 이야기가 설득력 있는 것은 순전히 소수의 부유한 구명정이 떠 있는데, 물에 빠진 수많은 가난한 사람이 그 구명정의 뱃전을 움켜잡고 있는 선명한 이미지에 기대기 때문이다. 하지만 그 주장이 의존하는 비유가 사실 그것의 가장 큰 약점이다. 은유를 바꿔보면, 그 주장의 오류가 여실히 드러난다. 예를 들어, 인간의 곤경을 구명정과 관련한 실제 역사적 환경에서 비롯된 은유로 표현하면 어떨까? 예컨대 공동의 합의에 의해 강자와 부자가 아니라 여성과 아이들이 먼저 구명정에 오르는 타이타닉호(Titanic)의 은유는 어떤가? 아니면 어부들이 공동의 합의를 거쳐 산란기에는 고기를 잡지 않기로 결정하는 강 유역의 은유는 어떤가?

실제로 사람들이 상당한 협력을 필요로 하는 조치를 취함으로써 위기에 대처한 사례는 셀 수 없이 많다. 이를테면 역사학자 캐럴린 머천트(Carolyn Merchant)는 유럽에서 인구가 불어나기 시작한 12세기와 13세기에 어떻게 많은 농민 공동체가 자발적으로 보유 자산을 공동으로 모으고 자원이 공평하게 쓰이도록 보장했는지 보여주었다. "따라서 많은 지역에서 인구 압박은 경쟁적 이기심으로 인한 '공유지의 비극'이 아니라 협력적 활동의 증대와 생태계에 대한 집단적 규제를 낳았다."[11] 실제로 공유지가 아무런 비극적 결과로 이어지지 않은 사례는 세계 도처에서 찾아볼 수 있었다. 존 로크(John Locke) 및 그 부류의 사상과 무기로 무장한 유럽인이 매우 엄격한 사유재산제를 강제적으로 시행하기 전까지는 말이다. 따라서 공유지의 역사에 대한 정확한 제목은 '인클로저의 비극(The Tragedy of Enclosure)'이 될 것이다.

하딘의 '공유지의 비극' 개념이 지닌 오류는 비주류 경제학 분과의 최근 연구에서도 드러났다. 일례로 노벨상을 수상한 경제학자 엘리너 오스트롬(Elinor Ostrom: 1933~2012. 미국의 경제학자로 2009년 여성으로는 최초로 노벨 경제학상을 수상했다—옮긴이)은 인간이 협력과 공유의 전략으로 자원 및 물자의 부족이나 위기 상황에 대처하는 사례가 흔하다는 것을 보여주었다. 실제로 일부 과학자들은 협력 능력을 중요한 진화적 이점으로 간주한다.[12] 개인의 자유에 대한 과도한 지지와 무슨 수를 써서라도 사익을 추구하는 데 대한 가치 부여 탓에 협업 능력이 손상되고 있는 점을 고려하면, 이러한 생각과 그에 수반하는 행동은 병적인 개인주의 형태라고 볼 수 있다. 많은 이들이 마스크 착용을 개인의 자유에 대한 침해로 받아들이는 미국의 여러 지역에서 코로나19 확진자가 급증한 현상은 위기를 비극으로 바꿔놓는 것이 다름 아니라 그 같은 병적인 개인주의임을 잘 보여준다.

이기적 사익 추구가 인간 본성의 보편적 특성이라는 생각이 기본 교의로 채택되자 그것은 자기실현적 예언(self-fulfilling prophecy)으로 자리 잡았다. 그 개념을 기본 신조로 삼는 신고전주의 경제학이 좋은 예다. 코넬 대학에서 수행한 한 연구는 경제학을 전공하는 학생들이 다른 분야 전공자들보다 현저히 더 이기적이고, 부정직한 경향이 더 많고, 타인과 협력하고자 하는 의향이 더 낮다는 것을 보여주었다.[13] 실제로 그 연구에 따르면, 이기주의·비협조성·부정직함은 인간 특성의 '본래적인' 지배적 측면이 아니다. 그것들은 오직 특정 사고방식에 대한 세뇌 과정을 통해서만 지배적인 것이 된다.

영문학 역시 오랫동안 병적인 개인주의 이데올로기의 전파자 노릇에 앞장서왔다. 윌리엄 골딩의 가장 유명한 작품 《파리 대왕》이 비근한 예다. 이 소설은 무인도에 갇힌 일군의 영국 학생들 이야기다. 섬에서는 그들을 지탱해주던 문명적 제약이 무너지면서 토머스 홉스(Thomas Hobbes: 1588~1679)식의 '만인에 대한 만인의 투쟁(war of all against all)'이 뒤따른다. 골딩의 소설은 공감과 사회성이란 (서양 철학에서 더없이 사랑받는 장치인) '자연 상태'가 그 자리를 차지하면서 이기심과 공격성 같은 원시적 현실이 표면화하는 극단적 상황에 내몰리면 붕괴하고 마는 고상한 허구에 지나지 않는다고 암시한다.

공교롭게도 《파리 대왕》이 출간되고 불과 11년 뒤에 너그러운 가이아는 짓궂게도 골딩의 세계관을 시험해볼 수 있는 상황을 부득부득 만들어냈다. 1965년 6명의 10대 소년이 15개월 동안 무인도에 발이 묶이는 사건이 실제로 벌어진 것이다. 하지만 그 소년들은 자연 상태로 돌아가는 대신, 서로 협력하고 규칙을 세우고 상대를 돌봤다. 그들을 구조한 선장은 이렇게 기록했다. "우리가 도착했을 때 그 소년들은 푸드 가든, 빗물을 저장하기 위해 속을 파낸 나무 기둥, 희한하게 생긴 역기가 있는 실내 체육관, 배드민턴 코트, 닭 우리, 불씨를 계속 살려놓은 화덕, 온갖 수공예품, 낡은 칼날 하나, 그리고 엄청난 결단력 등을 갖춘 작은 공동체를 일군 상태였다."[14] 하지만 그 소년들은 영국인이 아니라 통가인(통가는 남태평양 피지 동쪽의 여러 섬들로 이루어진 왕국—옮긴이)이었으며, 따라서 짐작건대 골딩의 소설에 영향을 끼친 병적인 개인주의라는 교리에 물들지 않은 듯하다. 사실 《파리 대왕》은 보편적인 뭔가를 담아내고 있다기보다 오히려 서구 엘리트들이 **믿고 싶어 하는** 인간 본성의 이미지를 제시한다. 그 작품 또한 그들 자신의 세계관이 근거로 삼는 것과 동일한 상상계의 산물이기 때문이다. 이게 바로 그 책을 오늘날까지 학생들에게 가르치는 이유다.

하지만 병적인 개인주의를 보편적 인간 특성으로 오인하는 게 하딘의 이야기에서 가장 심각한 오류는 아니다. 훨씬 더 잘못된 개념은 바로 "은유적으로 말하자면, 각각의 부유한 나라는 상대적으로 부유한 사람들로 채워진 구명정에 해당한다"는 발상이다. 기꺼이 계급과 인종의 분열을 간과하려는 이들에게 이것이 한때는 사실처럼 보였을 수도 있다. 하지만 지구 위기의 격화는 기상 관련 재난과 팬데믹 간에 인간 사상자가 현저히 차이 난다는 것을 드러냄으로써 이러한 유의 간과를 불가능하게 만들었다.

만약 코로나19 팬데믹이 어떤 분명한 메시지를 드러낸다면, 그것은 바로 부유하든 가난하든 세계의 어느 지역도 그 지구 위기를 모면할 수 없으리라는 점이다. 정확히 그것이 전 지구적인 데다 국경을 인식하지 못하기 때문이다. 위기의 본질이 그러하기에 세계는 그 문제를 다루려면 숲처럼 생각해야 한다. 〔저자가 말하는 '숲처럼 생각한다(thinking like a forest)'는 시스템적 사고(systems thinking)를 의미한다. 세계를 하나의 '복잡한 시스템(복잡계)'으로서,

즉 얽히고설킨 상호 관련 있는 생명의 그물망으로서 바라보는 사고다—옮긴이.〕 가장 큰 위험에 빠지는 것은 바로 그렇게 하는 데 실패하는 이들이다. 그 어떤 나라도 자국민 모두를 구조할 만큼 구명정을 넉넉하게 보유하고 있지는 못하기 때문이다. 가령 미국에서 안전한 피난처로 추정되는 장소는 벽으로 둘러싸인 사유지, 외부인의 출입을 제한하는 공동체, 그리고 초부유층만이 소유할 수 있는 슈퍼요트의 네트워크로 이루어져 있다. 정말이지 이런 피난처에 접근할 수 있는 이들은 극소수에 지나지 않는다. 하딘의 '구명정 윤리'에서 최대 아이러니는 하딘 자신도 슈퍼리치들의 배에 승선할 가망이 거의 없다는 점이다. 세계의 상황이 악화하기 시작하면 본인은 구명정에 느긋하게 앉아 있을 거라고 굳게 믿었겠지만 말이다. 그 자신의 주장은 필시 그를 배제하는 데 쓰일 것이다.

✦ ✦ ✦

이주에 대한 서구인의 생각은 주로 많은 이들이 새로 정복한 먼 대륙의 영토에 영구 정착하기 위해 유럽의 고향을 떠나야 했던 정착형 식민주의의 경험에서 비롯되었다. 하지만 이러한 패턴은 실제로 인간 이동의 역사에서 극히 이례적인 현상이다. 유럽이 북·남미를 정복하기 전에는 사람들이 대부분 아예 눌러살 목적에서 먼 곳으로 이주하지 않았다. 노예제나 포로 상태 같은 강압적 이동과 달리 자발적 이동은 상인, 선원, 병사들이 몇 년간 지내다가 본국에 귀환할 의도로 다른 장소로 이동하는 패턴을 따른다.[15] 이처럼 떠돌아다니는 이들은 이주자가 아니라 일시 체류자였다. 비록 그 가운데 일부는 실제로 선조가 살던 땅으로 영영 돌아가지 못할 수도 있지만 말이다. 이것은 16세기 이전의 인도양에서 지배적인 이주 패턴이었다. 인도양에서는 항구 도시들이 일반적으로 일시 체류하는 외국인을 위한 대규모 인클레이브(enclave: 한 국가나 도시 내의 소수 민족 집단 거주지—옮긴이)를 갖추고 있었다. (동남아시아의 중국 정착민은 규칙이라기보다 예외였다.)

심지어 북·남미 정복 이후에도 다른 대륙에 정착하기 위해 고향을 등지도록 유럽인을 설득하는 것은 결코 만만치 않은 일이었다. 잉글랜드에서는 사람들이 어찌나 이주를 꺼렸던지, 다른 곳에 가야 더 잘살 수 있다고 설득하기 위해 '이주 선전'이라 부름 직한 새로운 문학 장르가 출현할 정도였다. 그 장르의 개척자는 리처드 해클루트(Richard Hakluyt: 1553~1616)와 새뮤얼 퍼처스(Samuel Purchas: 1577~1626)였다. 그랬는데도 영국 정부는 끝내 '수송' 정책, 즉 강제 이주 정책을 펴서 오스트레일리아 및 다른 식민지에 기결수와 그 밖의 '바람직하지 못한 사람들(undesirables)'을 보내야 했다.

수천만 명의 유럽인이 다른 대륙에 영구 정착하기 위해 모국을 떠나기 시작한 것은 19세기에 이르러서였다. 하지만 인간 이주의 역사에서 비교적 짧은 기간에 이루어진 이 사건은 이주에 관한 현대적 개념을 더없이 강력하게 규정했고, 그 결과 오늘날에는 모든 이주자가 그들의 최종 도착지 나라에서 아예 눌러살기를 원한다고 가정한다. 결국 이러한 가정은 이주자로 하여금 더러 그들의 뜻에 반해 영구 정착하도록 강요하는 정책과 통치 구조의 토대가 되었다.

고향을 떠나는 사람들 전부가 (또는 대부분이) 다른 곳에서 영구 정착하길 원한다는 것은 결코 사실이 아니다. 그 점을 가장 분명하게 확인할 수 있는 것은 오늘날 전 세계적으로 이동하고 있는 단일한 최대 인간 범주의 경우에서다. 바로 국내 이주자, 즉 자국 내에서 이동하는 이들이다. 예컨대 인도에서는 인구 통계적으로 대격동이 한동안 진행되었다. 엄청난 수의 이주 노동자가 인도의 가난한 동부 지역에서 그 나라의 주요 도시들로, 그리고 상대적으로 풍요로운 다른 지역들로 이주했다. 이런 유의 국내 이주는 반드시 상당한 물질적 개선으로 이어지는 것은 아니지만, 분명 그 나라의 가난한 지방에 사는 수백만 가구에 생계 수단을 제공함으로써 국내적으로 부를 재분배하는 데 기여한다. 더군다나 국내 이주는 친지들이 주기적으로 서로를 볼 수 있게 함으로써 가족적 유대를 보존해주는 이점도 지닌다. 이런 식으로 이동하는 노동자는 대부분 정착민이라기보다 '순환 이주자(circulatory migrant)'다. 그들의 의도는 단기간에 돈을 번 다음 고향으로 돌아가는 것이다.[16]

심지어 남아시아의 노동자가 해외로 나갈 때조차 그들의 이동은 순환 이주의 패턴을 따르는 경향이 있다. 그들이 선호하는 최종 도착지—중동의 산유국과 말레이시아나 싱가포르 같은 나라—가 주로 그 지역 내에 있기 때문에 그들은 별 어려움 없이 본국을 오갈 수 있다. 최근 몇 년간 많은 사람이 중앙아시아의 여러 공화국, 그리고 (일부 도시에서 수많은 외국인이 살아가고 있는) 중국을 향해 북쪽으로 이동했다. 이를테면 광저우시에는 아프리카·중동·남아시아에서 온 순환 이주자가 수십만 명에 달한다.

순환 이주자들은 흔히 엄청난 고난을 기꺼이 참아낸다. 자신들의 체류가 새로운 삶이 아니라 그저 조금만 버티면 고향으로 돌아갈 때 그들의 상황을 근본적으로 바꿔놓을 단기적 과정이라는 것을 알기 때문이다. 모든 일이 순조롭다면, 그들은 돈을 좀 벌어서 돌아올 뿐 아니라 존대까지 받게 된다. 무엇보다 그들에게는 들려줄 이야기가 많기 때문이다.

체류자의 여행에 대한 공상과학적 상상의 산물은 낯선 행성에 발이 묶인 채 고향으로 돌아가길 간절히 염원하는, 특이해 보이지만 악의 없는 외계인(extraterrestrial)과 닮은꼴일 것이다. 〔그리고 실제로 인도의 위대한 영화 제작자 사티야지트 라이(Satyajit Ray)는 그런 대본을 썼다. 심지어 스티븐 스필버그(Steven Spielberg)가 〈E.T.〉를 제작하기 전에 말이다.〕 이것은 〈우주 전쟁(War of the Worlds)〉과 〈인디펜던스 데이(Independence Day)〉에 나오는 약탈적인 정착 외계인과는 전혀 다르며, 아마 최근에 미국 정부가 공개한 오래 감춰진 외계인 출현의 증거를 해석하는 데 더 나은 틀을 제공할 것이다.

✦ ✦ ✦

부유한 서구 국가로의 여행에 나선 이주자는 국내 이주자에 비해 극소수인데, 비록 종착지에 도착하는 데 성공하더라도 많은 경우 여행이 순조롭지 못하다. 내가 이탈리아에서 이야기를 나눠본 벵골 이주자 가운데 많은 이들이 떠나기로 한 결정을 후회했다. 몇몇은 더 나은 삶을 찾아 나섰건만 고향에서보다 살기가 더욱 팍팍해졌다. 그들은 하나같이 일하고자 하는 의향이 있고 일하기를 간절히 열망했지만, 이탈리아의 높은 실업률 때문에 일자리를 구하지 못했다. 몇몇은 다른 많은 사람과 방 한 칸을 같이 쓰고, 교대로 잠을 자고, 경찰과 우익 깡패들의 끊임없는 괴롭힘을 견디며 거리 귀퉁이에서 싸구려 장신구를 판 돈으로 빠듯하게 살아가면서 어떻게든 버티려고 몸부림쳤다.

고향에서 살 때는 그 어떤 고난이 닥친다 해도 최소한 친구, 가족, 공동체로부터 위안을 얻을 수 있었다. 유럽에서 그들은 모든 인간적 연결고리로부터 철저히 차단되었다. 많은 사람이 돌아가는 편을 선호하지만 망명법 때문에, 또는 고향에 있는 친지들의 기대감 때문에, 또는 다시는 돌아갈 수 없을지 모른다는 두려움 때문에 갈팡질팡하는 자신의 모습을 발견한다. 실제로 그들 중 절대다수는 돈을 약간 벌어서 가족의 품으로 돌아갈 수 있는 순환 이주자가 되기를 갈망했다.

이것이 오늘날 전 지구적으로 지배적인 이주 패턴이다. 독일 노동경제학자 클라우스 F. 치머만(Klaus F. Zimmermann)은 이렇게 썼다. "국제적 노동 이주는 일반적으로 자신의 고향과 해외의 노동 장소 사이를 오가는 비항구적이고 순환적인 이동이다." 복지 비용 때문에 서구 국가에 영구 정착하는 이주자에 대해 과도하게 우려하는 우익 내러티브는 현대 이주에 대한 근원적인 오해에 기반을 두고 있다. 이동이 잦은 이 시대에, 그것은 더 이상 사람들의 주된 이주 방식이 아니다. 심지어 전쟁 지대에서 탈출한 난민들조차 이따금 순환 이주 패턴을 따른다. "실제로 많은 비율의 이주자들은 일자리와 관련한 이유 때문에 이주하며, (항구적으로가 아니라) 일시적으로 그렇게 한다. 따라서 노동 이주자의 이동은 대체로 순환적이다. 즉, 그들은 본국과 해외의 노동 장소 사이를 왔다 갔다 한다. 이러한 순환성은 이주자 자신에게도, 이주자를 내보내는 나라에도, 이주자를 받아들이는 나라에도 윈-윈-윈 상황이 될 수 있음을 시사한다."[17]

순환 이주는 노동자들이 법에 명시된 보호를 받지 못하고, 따라서 잔혹하게 착취당할 소지가 있는 환경을 조성한다는 점에서 대단히 해로운 결과를 낳을 수도 있다. 하지만 그것은 엄청나게 많은 사람이 선택하고 있는 적응 전략이다. 다시 말해, 그들이 선택하는 것은 완전한 이전이 아니라, 그들로 하여금 지원 네트워크가 있고 익숙한 장소들과의 관계를 유지하도록 허락하는 순환 이주 유형이다. 분명 이는 태평양 섬의 거주민처럼 삶터를 완전히 잃을 위험에 처한 이들에게 가능한 전략은 아니다. 하지만 고향이 아니라 생계 수단을 잃은 사람들에게는 더 나은 적응 전략일 수 있다. 순환 이주는 남아시아뿐 아니라 유럽연합과 북미에서도 이미 현실이 되어가고 있는 듯하다. 즉, 기후 교란이 심화하면서 대다수 전치된 사람들이 미래에 선택하는 적응 전략이 될 가능성이 있는 것이다.

이런 상황에서 향후 가장 인도적인 방법은 이 같은 현실을 받아들이고, 예컨대 오늘날 인도·북미·유럽연합의 일부 국가에서 일어나고 있듯이, 떠돌이 농업 노동자에 대한 노골적 착취를 예방하는 규제 메커니즘과 보호 장치를 마련하는 것이다.

적응적 조치는 개인 차원에서든 국가 차원에서든 눈앞에 닥친 심화하는 위험에 대처하는 데 중요하다. 그런 조치가 없다면 국경은 지금처럼 앞으로도 계속 지구 위기의 주요 전쟁터로 남을 것이다. 지구 위기에서는 점점 더 많은 사람이 비정규전과 마주함으로써 '국경'이라는 의미의 라틴어 테르미누스(terminus)에 내포된 운명으로 내몰릴 것이다. 테르미누스로부터 유래한 또 하나의 단어가 '국경을 넘다' '추방하다, 제거하다, 배제하다'라는 의미의 엑스테르미노(extermino)다. 따라서 영어 exterminate의 정확한 의미는 '국경을 넘어 죽음으로 내몰다, 삶으로부터 추방하다'다.[18]

15

야수들

말살이라는 개념과 서구 문화에서 그것이 차지하는 위상에 대해 더없이 통찰력 있게, 훌륭한 형식적 독창성을 발휘하면서 탐구한 인물은 바로 스웨덴의 작가이자 학자 스벤 린드크비스트(Sven Lindqvist)였다. 그의 책 《모든 야수를 말살하라(Exterminate All the Brutes)》와 《테라 눌리우스(Terra Nullius)》는 독자들을 현세적이면서도 상상적인 공간으로 깊이 안내하는 여행에 관한 이야기다.[1] 《모든 야수를 말살하라》는 사하라 사막을 횡단하는 여행을 기본 틀로 삼는 데 반해, 《테라 눌리우스》는 오스트레일리아 서부의 도로 여행을 중심으로 펼쳐진다. 둘 다 지적인 역사에 관한 탐구서로서 풍경 위에 개념을 지도화하는 식으로 내용이 전개된다. 두 책의 내러티브는 추상이 아니라 땅 자체에, 특정 장소의 토양에 기반을 두고 있다. 그런 의미에서 두 책은 반다인의 노래 및 수많은 원주민이 들려주는 이야기와 일정한 유사성을 공유한다.

《모든 야수를 말살하라》의 책머리에서 린드크비스트는 자신의 책이

"역사 연구서가 아니라 하나의 이야기"라고 소개한다. "이 책은 버스를 타고 사하라 사막을 가로질러 여행함과 동시에 컴퓨터를 이용해 말살 개념의 역사를 파헤치는 한 남성에 관한 이야기다. 모래 가득한 작은 사막 호텔에서, 그의 연구는 조지프 콘래드(Joseph Conrad: 1857~1929)의 《어둠의 심연(Heart of Darkness)》에 나오는 문장 '모든 야수를 말살하라'로 서서히 집중된다."

콘래드의 중편소설에 나오는 문장 "모든 야수를 말살하라"는 그 책의 화자 말로(Mar-low)가 탐구하는 대상인 병든 커츠(Mr. Kurtz)가 한 말이다. 커츠는 그 단어들을 큰 소리로 입 밖에 내뱉지는 않았다. 하지만 말로는 커츠가 '야만적 관습을 억압하기 위한 국제협회(International Society for the Suppression of Savage Customs)'를 위해 작성한 고상한 보고서의 마지막 페이지에 그 글귀를 휘갈겨 쓴 것을 발견한다. 말로는 그 문장을 보고 완전히 얼이 빠진다. "'모든 야수를 말살하라.' 그 문장이 잔잔한 하늘에 번쩍이는 번개처럼 선명하고 섬뜩하게" 그를 향해 빛을 내뿜는다.[2]

콘래드가 연출한 이 장면에서 절정을 이루는 그 문장은 절망적인 비명의 외피를 쓴 채 드러난다. 너무 원시적이라 "세상의 가장 이른 시작 같은" 아프리카 한복판의 풍경 속에서 그곳 거주민들과 함께한 오랜 추방 생활로 인내심이 모조리 바닥난 한 백인 남성이 끼적인 문장인 것이다. 린드크비스트가 말한 대로, 커츠는 "외따로 떨어진 장소, 기후, 고독, 특히 그중에서도 고독 탓에" 무너진다. "고독은 내적인 자포자기를 수반하기 때문이다. ……고독은 사회를 지워버리고 …… 두려움, 불신, 그리고 폭력을 남겨놓았다."[3]

이 구절에서 의아한 대목은 린드크비스트가 통찰력이 있음에도 콘래드의 그 장면 연출과 본인의 책이 추구하는 의도 간 불협화음을 알아차리지 못했다는 점이다. 그가 의도한 것이란 정확히 말살은 더러 궁지에 몰린 백인 남성의 뇌리에 불현듯 스친 우연한 생각이 아님을 증명해 보이려는 것이었기 때문이다. 린드크비스트는 말살 개념이 서구 엘리트 문화의 변방이 아니라 중심에 놓여 있음을 보여주고자 했다. 그리고 그렇게 하기 위해 여러 사례와 인용문을 제시했다. 지금은 잠비아(Zambia)인 곳에서 집으로 편지를 띄우는 한 영국인의 경우가 그중 하나다. "그레이 경(Lord Grey)의 사제 빌러 신부(Father Bihler)는 흑인을 말살해야 한다고 확신했다. 그레이는 1897년 1월 23일 자신의 아내에게 보낸 편지에 이렇게 쓴다. '그는 그 종족의 미래를 위한 유일한 기회는 14세 이상의 남성과 여성을 모두 말살하는 것이라고 말한다.'"[4] '진화론의 공동 발견자' 앨프리드 러셀 월러스(Alfred Russel Wallace)가 또 다른 경우다. 1858년에 쓴 '테르나테섬에서 보내는 편지'를 통해 진화론에 관한 중요한 논문의 출간을 부추긴 인물이다. "월러스는 '인간 종의 기원(The Origin of Human Races)'을 다룬 강연에서, 자신이 말살에 대해 어떻게 생각하는지를 꽤나 소상하게 밝혔다. 간단히 말해, 그것은 자연 선택의 또 다른 이름이었다. 유럽인과의 접촉은 다른 대륙에서 살아가는, 정신적으로 낙후하고 하등한 사람들을 불가피한 파멸로 몰아간다고 월러스는 말한다."[5]

린드크비스트의 기록은 대단히 풍부해서 19세기, 그리고 심지어 20세기의 일부에도 서구 엘리트 문화의 중심에 말살 개념이 놓여 있었다는 것을 의심하기 어렵게 만든다. 실제로 그 개념은 정부 정책에 영향을 미치고 주도적인 정치인들에 의해 끊임없이 소환되는 수준으로까지 받아들여졌다. 하나의 예는 1898년 5월 4일 행한 연설에서 마치 자명한 것처럼 다음과 같이 선언한 영국 총리 솔즈베리 경(Lord Salisbury)이다. "우리는 세계의 국가들을 대략 살아 있는 나라와 죽어가는 나라로 나눌 수 있다."[6]

그런데 커츠에게 닥친 운명은 실제로 말살을 자행한 유럽인의 운명과 전혀 닮은 구석이 없다. 얀 쿤, 존 메이슨, 존 언더힐, 제프리 애머스트, 그리고 벨기에 왕 레오폴드 2세(Leopold II) 같은 남성들은 정글의 비참한 오두막에서 잊힌 죽음을 맞이하지 않았다. 그들은 엄청난 보상을 받았으며 거리, 공원, 시, 그리고 역사책이 그 이름을 기린다. 피쿼트족을 대량 학살한 존 메이슨은 코네티컷주에서 이렇게 기억되고 있다. "존 메이슨은 가장 심각한 위기에 처했을 때 이 나라를 구한, 첫손에 꼽히는 인물 가운데 한 명이다. ……현재 세대와 미래 세대는 그의 업적을 영원히 숭배해야 한다."[7] 자신의 이름 아래 숱한 대규모 학살을 저지른, 존 메이슨의 공범 존 언더힐은 또 한 차례의 대학살 물결이 미국 서부를 할퀴고 지나간 19세기 말에 더욱 이름을 떨친다. 그의 행위를 치켜세우는 시가 쓰였고, 그의 이름을 딴 묘지에 그를 기념하는 동상이 세워졌다. 시어도어 루스벨트(Theodore Roosevelt) 대통령이 그 사건에 대해 다음과 같이 언급하면서 헌정한 동상이다. "이 가문의 창시자는 훌륭한 군인이자 시민이었다. 지금껏 언더힐 가문은 각각의 시대마다 훌륭한 군인과 시민을 충분히 배출해왔다. 만약 그들이 그러지 않았다면 나는 지금 이 자리에 없을 것이다." 정말로 언더힐 가문은 어밀리아 에어하트(Amelia Earhart: 1897~1937. 미국의 여성 비행사. 1937년 세계일주 비행에 도전하던 중 실종되었다—옮긴이)를 위시해 걸출한 미국인을 다수 배출했다. 당대에 가장 유명한 할리우드 스타 2명도 그들 가문 출신이다. 아이러니 중의 아이러니인데, 그 두 사람 가운데 한 명은 최근 "사회 활동가인 코만치족(Comanche) 여성"[8]에게 입양되는 의례를 치렀다.

열렬한 인디언 박멸자 제프리 애머스트에 관해 말하자면, 그는 미국 독립 혁명 기간에 영국에서 가장 존경받는 인물 중 하나였다.[9] 미국에서 애머스트에 대한 숭배는 그 이름이 매사추세츠주의 한 명문 대학과 미국에서 가장 유명한 칼리지 가운데 한 곳의 교명으로 쓰이고 있을 정도로 엄청나다.

식민지의 말살 프로젝트는 인내의 한계에 도달한 사람이 생각해낸 것도 아니었다. 그들은 대학살을 계획할 때 본인의 능력을 온전히 지닌 상태였다. 사실 그들은 흔히 유럽에서 수립된 공식적인 정책을 그저 시행하고 있었을 뿐이다. 가령 콘래드의 소설 속 커츠가 이 경우일 것이다. 고독에 관해 말하자면, 그것은 식민지의 말살에 아무 역할도 하지 않았다. 말살을 자행한 남성들은 결코 혼자가 아니었으며, 거의 언제나 그들 정부의 지원 및 자국의 과학자·작가·시인 심지어 성직자의 지지를 받고 있음을 충분히 유념한 상태에서 행동했다.

린드크비스트 자신이 강조한 바와 같이 "말살 개념은 바이마르(Weimar)의 부헨발트(Buchenwald: 나치의 강제수용소가 있었던 마을—옮긴이)와 괴테하우스 사이의 거리만큼이나 인본주의의 중심에 가까이 놓여 있다. 이러한 통찰은 실제로 유럽 공동의 유산인 말살 개념의 유일한 희생양이 된 독일인에 의해서조차 거의 완전하다 할 만큼 억압되어왔다".[10]

하지만 린드크비스트는 많은 비서구인이 직관적으로 이해한 어떤 것을 알아차리지 못하고 있다. 콘래드는 말살적 폭력을 커츠의 뇌리에 순간적으로 스치는 생각처럼 이례적인 것으로 보이도록 만드는 과정에서 사실상 그 현상의 진정한 속성, 그리고 그것이 한때 백인의 마음속에서 차지하고 있던 위상을 놓치고 있었다.

따라서 치누아 아체베(Chinua Achebe: 1930~2013. 나이지리아 국적의 소설가·시인·비평가—옮긴이)는 콘래드의 그 중편소설에 대해, 아이러니하게도 매사추세츠주 애머스트에서 1975년에 통렬한 비판을 가했다.[11]

✦ ✦ ✦

린드크비스트는 두 권의 책 전반에서 콘래드가 쓴 가장 중요한 문장의 첫 번째 단어, 즉 '말살하라'에 주의를 집중했다. (영어 문장 "Exterminate all the brutes"에서는 exterminate가 첫 번째 단어다—옮긴이.) 하지만 그 문장에서는 그 못지않게 중요한 또 한 가지 단어가 눈에 띈다. 바로 '야수(brute)'다. 이 단어가 의미하는 바는 무엇일까? 그것은 어디에서 온 것일까?

brute는 흥미로운 어원을 가지고 있다. 프랑스어, 라틴어, 그리고 (이탈리아 남부에서 쓰이다 소멸한) 오스칸어(Oscan)를 거쳐 영어로 유입된 그 단어는 '인도·유럽어족의 공통조어(Proto-Indo-European)'에 기원을 둔, '무겁다'는 뜻을 내포한 그레후스(gréhus)에서 유래했다. 이상한 일이지만 그것은 산스크리트어 구루(guru)와 어원이 같다. 물론 구루는 오늘날 영어 어휘의 하나로 단단히 뿌리내렸다.

라틴어 brutus에서 프랑스어 brut로, 다시 영어의 brute로 변천하는 초기 단계에서, 그 단어는 일반적으로 '따분한, 어리석은, 둔감한'을 의미했으며, 주로 동물과 관련해 쓰였다. 영어에서 이 단어의 포괄 범위가 점차 넓어져 동물과 사물뿐 아니라 인간까지 아우르게 된 것은 겨우 1530년대 이후의 일이다. 그것은 특정 종류의 인간을 그저 물질적이고 둔감한 존재와 통합시키는 역할을 하는 용어로 거듭났다.

유럽인이 더러 '인간 없는 세계(world without humans)'라고 묘사하곤 했던 북·남미의 정복이 이루어진 가장 폭력적인 시기에 'brute'라는 단어의 의미가 확장된 것은 전혀 우연이 아니다.[12] 아메리카 인디언이 영혼을 가지고 있는지 여부, 완전한 인간인지 여부는 군인과 정복자뿐 아니라 수많은 사상가와 철학자를 분열시킨 질문이었다. 1550년 에스파냐 왕 카를

5세(Karl V)는 심지어 그 질문을 해결하기 위해 바야돌리드(Valladolid)에서 회의를 소집하기까지 했다. 하지만 바르톨로메 데 라스 카사스(Bartolomeo de las Casas: 1484년경~1566. 에스파냐 태생의 도미니크회 소속 성직자. 중남미 대륙의 에스파냐 식민지에서 선교와 인디언 인권 보호를 위해 활동했다—옮긴이)를 위시한 회의 참석자들은 그 주제에 대해 결론을 내리는 데 실패했다. "아메리카 인디언이 완전한 인간인가?"라는 질문은 답을 찾지 못한 채로 남아 있었다.

바로 그 질문에 답하지 못한 상황이 brute라는 단어의 진화를 부채질한 게 아닌가 싶다. 인간도 아니고 동물도 아닌 존재 모두를 과연 어떻게 지칭해야 옳은가, 그리고 그들에 대해 어떻게 생각해야 하는가? "(인류의 적잖은 부분을 차지하는) 아메리카 인디언이 완전한 인간인가?"라는 질문에 유럽의 엘리트 지식인들이 제대로 합의하지 못하면서 한껏 벌어진 간극을 메우기 위해 brute 같은 단어가 필요했으리라는 것은 충분히 짐작할 만하다.

시간이 흐름에 따라 brute(이하 '야수'—옮긴이)는 그 의미가 확장되어 점점 더 '자연(Nature)'과 비슷해져갔다. 실제로 두 개념은 공진화해서 'brute Nature'라는 언급이 흔히 쓰일 정도였다. 프랜시스 베이컨은 bruteness(이하 야수성—옮긴이)를 물질성의 한 가지 특징으로 보았다. 그는 《신기관(New Organon)》(new organon은 '새로운 학문적 도구'라는 뜻—옮긴이)에서 "가장 일반적인 자연법칙은 필시 브루트 팩트(brute fact)일 것이다"[13]라고 말한다. 다시 말해 '야수성'은 세상에서 관찰할 수 있는 인간 외적 특성인 것이다.

이런 식으로 '야수'는 많은 인간—실제로 인류 대다수—이 '자연'이라는 항목에 속하도록 허락한 종간(trans-species) 용어로 진화했다. 자연에 얽혀 들어간다는 것은 이 부분의 인류가 '역사'에서 배제되었다, 즉 문명화한 〔즉 '역사적인(historical)'〕 국가로부터 배제되었다는 의미이기도 했다. 사회학자이자 역사학자 이매뉴얼 월러스틴(Immanuel Wallerstein: 1930~2019. 거시적 관점에서 세계의 역사와 사회 전체를 '단일 시스템'으로 파악하는 세계 체제론을 창시했다—옮긴이)은 한때 동료들에게 이렇게 상기시켰다. "1945년 이전에 쓰인 모든 역사의 95퍼센트는 5개의 역사적 국가, 즉 영국·프랑스·미국·이탈리아 그리고 여러 독일 국가〔저자는 "나는 의도적으로 이 표현을 쓰고 있다"는 설명과 함께 "여러 독일 국가(Germanies)"라고 적고 있다. 'Germanies'는 현재 독일의 역사적 뿌리를 이루는 여러 국가를 지칭한다—옮긴이〕의 것이다. 나머지 5퍼센트는 주로 그보다 덜 강력한 몇 개의 유럽 국가, 즉 네덜란드·스웨덴 또는 에스파냐의 역사에 관한 것이다. 적은 비율이 근대 유럽의 원천으로 여겨지는 고대 그리스와 로마 그리고 유럽의 중세 시대 역사에 할애되었다. 하지만 고대 페르시아도, 심지어 고대 이집트의 역사도 의미 있게 다루어지지 않았다."[14]

'야수'에게 시간은 끊임없이 되풀이되었다. 즉, 그들의 과거는 궤도도 없고 의미도 지니지 않기에 연구할 가치가 없었다. 월러스틴이 지적한 바와 같이, 최근인 1960년대에 당대의 가장 저명한 영국 사학자 휴 트레버로퍼 경(Sir Hugh Trevor-Roper: 1914~2003)조차 "아프리카는 역사가 없다"고 선언하면서 아무 잘못도 느끼지 못했다. 지금까지도 미국 대학의 역사학과에서 유럽과 북미 이외 지역에 대한 연구 비중은 17퍼센트에 그친다.[15]

'야수' 개념에 내포된 인종차별주의는 (결국에 가서 종으로서 '인간'은 예외적이라는 믿음의 기초가 되는) 유럽 인본주의의 핵심이 자가당착으로 얼룩지게 만든다. 하지만 유럽 인본주의에서 보는 '인간'은 사실 인간 종이 아니었다. 인류의 대부분이 '자연'의 말 없는 '야수성'를 공유하고 있는 것으로 여겨졌기 때문이다.

여기에는 인류 대다수가 사실상 다른 종들과 다를 바 없다는 인식이 깔려 있다.

✦ ✦ ✦

문학에서 가장 유명한 야수인 셰익스피어의 칼리반(Caliban)은 반다인에 대한 대학살이 일어나기 불과 10년 전 세상에 나왔다. 칼리반이 등장하는 희곡 《템페스트(The Tempest)》는 1611년에 처음 공연되었다.

물론 《템페스트》는 식민주의의 우화로 유명하다. '칼리반'은 아마도 본래 일군의 아메리카 인디언을 지칭했을 '카니발(Cannibal: 오늘날에는 '식인종'이라는 의미로 쓰인다—옮긴이)'의 철자 순서를 바꾼 이름일 것이다. 한 문학비평가는 "콜럼버스는 처음에 15세기의 아이티와 쿠바 거주민, 즉 카리브(Carib) 부족을 지칭하는 것으로 그 용어를 기록했다. 그 섬들에 사는 일부 부족 집단에서 볼 수 있는 모종의 식인 의식을 지칭하는 것으로 말이다. l과 n, 그리고 r는 서로 관련성이 있으므로 그 부족은 칼리브(Calib), 카리브(Carib), 그리고 카니브(Canib)로 지칭되었다"[16]고 썼다. 카리브 부족에게 식인 풍습이 있었을 가능성은 사실 대단히 희박하다. 하지만 피터 흄(Peter Hulme)이 꼬집었다시피 "그 단어를 민첩하게 유럽어족의 일부로 받아들였다는 사실은 …… 항시 그것을 위한 빈 공간이 따끈따끈하게 마련되어 있었음을 암시한다".[17]

칼리반은 《템페스트》의 등장인물 목록에 "야만적이고 불구의 몸인 노예"로 등재되어 있으며, 그가 가진 외양의 기괴성은 그 희곡에서 거듭되는 주제다. 그의 주인 프로스페로(Prospero)는 그를 "주근깨 난 악동" "인간 모습을 한 명예롭지 못한 존재"로 표현하며, 걸핏하면 그가 동물과 비슷하다고 상기시키곤 한다. 순전히 물질적이고 브루트 팩트〔'땅(thou earth)'〕인 동물〔'거북이(thou tortoise)'〕과 비슷하다고 말이다.

하지만 칼리반이 지닌 야수성의 본질은 그의 외관에 있지 않다. 그것은 다름 아니라 프로스페로가 자신이 준 가장 중요한 선물이 무엇인지 칼리반에게 상기시키는 다음의 명대사에서 은연중에 드러난다.

> ……나는 자네를 불쌍히 여겼네.
> 자네가 말할 수 있게 만들려 애썼고,
> 매시간 자네에게 이것저것 가르쳐주었네.
> 야만적인 자네가 무슨 의미인지도 모른 채
> 가장 야만스러운 말을 지껄였을 때,
> 나는 자네의 목적에 알맞은 말을 자네에게 알려주었다네.[18]

그러므로 칼리반이 지닌 야수성의 본질은 그의 언어 부족에, 즉 언어 능력이 있음에도 의미를 만들어내지 못하는 그의 무능력에 있다.

"나는 자네의 목적에 알맞은 말을 자네에게 알려주었다네"라는 프로스페로의 말은 유럽 식민지 지배자의 식민지 피지배자에 대한 틀 짓기의 핵심으로 직행한다. 야만적 인간은 인간 고유의 언어 능력을 가지고 있음에도 의미를 생산할 수 없다는 발상으로 말이다. 그들의 소리는 식민지 지배자가 그들에게 마침내 의미를 빚어내는 능력을 부여하는 말을 알려주기 전까지는 그저 '지껄임'에 지나지 않는다. 그때까지 야수는 설사 혀와 목소리와 언어를 가지고 있다 해도, 소리를 만들 수는 있지만 아무런 의미도 창조하지 못하는 '자연' 그 자체처럼 사실상 벙어리나 마찬가지다. 이 같은 세계관에 따르면, 자연의 소리는 '발화(發話)'와 등가물이 아니다.

그것은 기계적 반응의 산물일 뿐이다. 자연의 말 없음과 야수의 말 없음은 서로를 비추는 거울이다.

인류 대다수에 대한 유럽 식민지 지배자의 침묵시키기는 그와 동시에 이루어지는 '자연'에 대한 침묵시키기와 결코 분리될 수 없는 과정이다. 따라서 식민지화는 그저 인간에 대한 지배를 확립하는 과정에 그치는 게 아니다. 그것은 한때는 행위 주체성, 의사소통 능력, 그리고 의미를 창출하는 능력을 가지고 있다고 여겨졌던 온갖 존재—동물, 나무, 화산, 육두구—를 정복하고 그들을 침묵하도록 만드는 과정이기도 하다. 이 같은 침묵시키기는 경제 추출 과정에 더없이 중요했다. 왜냐하면 철학자 아킬 빌그라미(Akeel Bilgrami: 1950~. 인도 출신의 언어·정신 철학자—옮긴이)가 말한 바와 같이, 뭔가를 그저 자원에 지나지 않는 것으로 여기려면 "우리는 먼저 그것을 야수로, 즉 우리에게 실제적이고 도덕적인 관심을 기울이라는 규범적 요구를 하지 않는 존재로 만들 필요가 있다".[19]

식민지 지배자들은 노예·하인·상품으로 써먹기 위해 그들을 '자원'에 불과한 존재로 바꿔놓았는데, 그 작업은 다름 아니라 방대한 인간 및 비인간 존재의 연속체를 '야수'라고 표현함으로써 가능했다. 인간뿐 아니라 이 연속체 전체는 특정 종을 멸종이나 말살로 내모는 자연법칙의 지배를 받는 것으로 제시되었다.

나는 린드크비스트가 "모든 야수를 말살하라"는 문장을 제노사이드에 대한 촉구로 해석하면서 결정적 뉘앙스를 놓친 것이 바로 이 지점이라고 생각한다. 커츠가 말살의 대상으로 떠올린 야수는 인간만이 아니다. 그의 주변에는 인간 말고도 동물, 정글, 그리고 풍경 그 자체 등 다른 수많은 야수가 있다.

따라서 그가 휘갈겨 쓴 문장은 실제로 (제노사이드가 아니라) 옴니사이드에 대한 촉구다.

✦ ✦ ✦

오늘날 '야수'라는 단어가 과거의 쓰임처럼 사용되는 경우란 극히 드물다. 아무도 더는 사람이나 인종은 고사하고 동물에 대해서도 '야수'라고 칭하지 않는다. 빅토리아 시대 소설에서 등장인물들이 툭하면 그랬던 것처럼 "이런 야수 같으니!(you brute!)"라고 외치는 이들조차 없다.

신조어 brute(야수)는 일상적 사용을 통해 그 의미가 서서히 퇴색했지만, 'brutal(야수 같은, 잔혹한)'이나 'brutality(야수성, 잔혹성)' 같은 그 파생어는 인터넷, 신문, 그리고 가두 시위자들이 "흑인 목숨도 소중하다!"고 외치면서 들고 다니는 피켓 등 도처에서 흔히 쓰인다. 당연히 경찰의 야수성이 시위의 중심을 차지하기 때문이다.

오늘날 야수성이라는 단어가 널리 쓰이는 현상은 놀라운 반전의 징표다. 그 의미 영역은 더 이상 야만인이나 문명화가 덜 된 사람들을 중심으로 형성되지 않는다. 그렇다기보다 그것은 억압적 국가 기제, 주로 경찰력을 중심으로 형성된다. 이 같은 의미 역전은 지구 위기를 식민지화, 노예화, 생물정치적 전쟁 등의 과정과 직접 연결 짓는다.

나는 2020년 7월 말 이 부분을 쓰고 있는데, 하루하루 지날 때마다 안개에 뒤덮여 있던 과거로부터 역사적 연관성을 점점 더 많이 끌어낼 수 있었다. 가령 오늘날 경찰의 야수성과 18세기 및 19세기의 플랜테이션에서 활약한 노예 순찰대 간의 역사적 연관성 같은 것을 말이다. 나는 날마다 반다 제노사이드가 발생한 때로부터 불과 2년 전인 1619년—영국 해적들이 최초의 노예선을 버지니아에 끌고 온 사건이 일어난 해—의 자료를 들여다보고 있다. 현실에서는 연일 노예 무역상과 남부연합(Confederate States: 1860~1861년 미합중국을 탈퇴해 남북전쟁을 일으킨 미국 남부의 11개 주—옮긴이) 장군들의 동상을 끌어내린다는 뉴스가 쏟아져 나오고 있다.

우파 언론의 격앙된 논평을 보면 많은 이들이 적어도 과거 식민지 제국의 대도시 심장부에서는 동상 전복이 새로운 사태라는 인상을 주고 있음을 알 수 있다. 하지만 그것은 결코 새롭지 않다. 네덜란드인은 수십 년 전에 얀 피터르스존 쿤의 동상을 철거하기 시작했다.

나는 잉글랜드 브리스톨(Bristol)에서 벌어진 어느 시위의 동영상을 넋 놓고 바라본다. 8만 4000명 넘는 아프리카인을 노예화한 장본인인 어느 노예 무역상의 동상을 과거 그의 선박이 출항했던 바로 그 해역에 내던지는 장면으로 끝나는 시위였다. 비슷한 대부분의 시위에서와 마찬가지로, 여기서도 참가자는 대부분 젊은 백인이었다.

나는 크리스토퍼 콜럼버스 동상의 머리가 잘리는 광경을 지켜보며, 그 제독이 두 번째 카리브해 항해 때 저지른 옴니사이드식 광란을 떠올린다. 그의 군대가 "뭍에 오른 다음 마치 스포츠를 즐기기라도 하듯 마주치는 동물이며 가금·원주민을 닥치는 대로 살해하고, 그 제독의 아들 페르난도(Fernando)가 유쾌하게 언급한 것처럼 '발견한 모든 것을 약탈하고 파괴'"[20]하던 난행을 말이다. 또한 나는 북·남미 대륙에 인플루엔자를 전파한 것도 바로 그 항해였다는 사실, 그리고 콜럼버스 자신도 히스파니올라섬(Hispaniola)에서 그 병을 앓았다는 사실을 떠올린다. 그가 앓아누워 있을 때, 그의 군인들은 계속 광포한 행동을 이어갔다. 그들의 파괴와 광란, 그리고 그 질병으로 인해 섬 거주민 5만 명 이상이 목숨을 잃었다.[21] 콜럼버스는 회복하자마자 "수백 명의 기갑 부대, 기병대, 그리고 스무 마리가 넘는 훈련된 공격견을 집결시켰다. 그들은 시골 지역으로 몰

려가서 무장도 하지 않은 병든 원주민 수천 명을 모아놓은 다음 살육을 자행했다".[22]

나는 충동적으로 미국에서 코로나19로 인한 사망자 수를 찾아보고, 그 수치가 11만 5000명을 넘어섰다는 걸 확인했다. 3월 8일 나도 자가 격리에 들어갔는데, 그때 이후 몇 주 동안 미국에서 대규모 총격으로 570명이 살해되었다는 사실, 그리고 총기 폭력이 록다운 기간 동안 실제로 증가했다는 사실을 알았다.[23]

나는 '흑인 목숨도 소중하다' 운동과 옥스퍼드 대학 오리얼 칼리지(Oriel College) 구내에서 세실 로즈(Cecil Rhodes: 1853~1902. 영국의 아프리카 식민 지배의 상징적 인물—옮긴이)의 동상을 철거해야 한다고 촉구하는 '로즈 동상 철거(Rhodes Must Fall)' 운동이 합세해 조직한 어느 데모에 관한 비디오 영상을 홀린 듯이 보았다. 그 칼리지 당국은 과거 이 같은 요구를 일축하면서 "그 동상은 역사와 식민주의 유산의 복잡성을 기억하도록 돕는 것"이라는 근거를 들었다. 하지만 그것은 터무니없는 주장이다. 역사의 복잡성을 식민주의자의 이미지로 바꿔놓은 것이 바로 그 동상 자체이니 말이다.[24]

옥스퍼드 데모는 이런 동상들의 철거를 요구하는 대다수 시위와 마찬가지로 규모가 예상보다 훨씬 더 컸다. 이는 일부 논객, 심지어 그 시위에 우호적인 이들까지도 어리둥절하게 만든 것 같다. 그들은 경찰에 반대하던 시위가 동상의 전복으로까지 번진 경위를 어떻게 이해하면 좋을지 갈피를 못 잡고 있었다. 대신 '정책 결과'에 초점을 맞추면 어떤가? 뭣 때문에 과거의 유물에 신경을 쓰는가? 역사가 뭐 중요한가? 일부 비평가는 동상을 철거한다고 해서 달라지는 건 아무것도 없다고 쏘아붙이기도 했다.

그들은 동상을 둘러싼 투쟁은 의미에 관한 싸움이라는 것, 그리고 뭔가의 의미를 바꾸는 것은 모든 걸 바꾸는 것임을 놓치고 있다. 인간은 결코 야수가 아니기 때문이다.

'흑인 목숨도 소중하다' 운동은 소기의 목적을 달성하든 그렇지 못하든 이미 끈질긴 과거의 생명력을 드러내는 데 성공했다. 그 운동은 한때 미국 문화의 두드러진 특징으로 간주되던 역사를 향한 무관심이 엘리트의 신화에 지나지 않는다는 것을 보여주었다. 아메리카 원주민과 아프리카계 미국인은 결코 과거에 무관심하지 않았다. 무엇보다 자신의 일상생활에서 폭력의 유산에 대처해야 했기 때문이다. 모든 시위는 지구 위기가 과거에 깊이 뿌리내리고 있으며, 과거에 대한 고찰 없이는 지구 위기를 이해할 수 없다는 주장이다.

오랫동안 정복의 도구로 쓰이던 '역사'가 교실과 박물관에서 쏟아져 나와 거리로 흘러 들어갔다. 아이러니하게도 이것은 이매뉴얼 월러스틴이 지적했다시피 '역사' 기술 관행의 한복판에 감춰져 있던 바로 그 인종차별주의 덕분에 가능했다. 불편한 진실을 더 이상 숨길 수 없게 된 것은 다름 아니라 정확히 미국, 그리고 이른바 '역사적인 국가들'의 역사를 더없이 면밀하게 연구해왔기 때문이다. 서구인의 득의만면한 상승에 대한 연대기로서 시작된 내러티브가 그 상승 자체를 뒤엎는 도구를 제공해온 것이다.

나는 이런 일이 내 눈앞에서, 내 주변 시가지에서 펼쳐지는 것을 보고 깜짝 놀랐고 크게 감동받았다. 이런 일을 살아생전에 보게 되리라곤 상상하지 못했다. 그것은 인간에게 공감적 이해를 통한 갱신 능력이 있음을 보여주는 증거다.

✦ ✦ ✦

책상에 앉아서 동상과 기념물에 관한 글을 쓰고 있을 때, '흑인 목숨도 소중하다' 시위대가 거리를 지나가는 모습이 보이고 그들이 외치는 소리가 들렸다. 달려 나가서 그들과 합류한 나는 주로 백인으로 이루어진 군중 한가운데 끼어서 그린파크 요새(Fort Greene Park) 위로 우뚝 솟은 기념물인 '감옥선 순교자(Prison Ship Martyrs)'를 향해 걷고 있는 나 자신을 발견했다.

"흑인 목숨도 소중하다!"는 외침이 공원에 울려 퍼지는 동안, 나는 그 기념물 옆에 세워진 명판의 내용을 읽었다. 기념물에는 영국군이 1776년 조지 워싱턴(George Washington)이 이끄는 대륙육군(Continental Army: 미국 독립전쟁 당시 영국군에 항거하기 위해 모인 13개 식민지의 육군—옮긴이)으로부터 이 지역을 탈취할 때 목숨을 잃은 1만 1500명의 "남성, 여성, 그리고 아이들"을 기리기 위해서라고 쓰여 있었다. 영국 감옥선에 감금된 수천 명의 미국인이 "과밀 상태, 오염된 물, 굶주림, 질병"으로 목숨을 잃었다.

그래서 나는 "영어권 국가들에서 나폴레옹이 프랑스의 황제였다는 사실만큼이나 잘 알려져 있을 듯싶은"[25] 인도 역사의 한 사건을 떠올렸다. '감옥선 순교자'의 죽음이 있기 불과 20년 전인 1756년, 영국인 포로 123명이 훗날 '캘커타의 블랙홀'이라고 알려진 인도 감옥에서 과밀 상태와 질식으로 인해 숨졌다고 한다. 이 이야기는 '제국의 건국 신화'가 되었고, 수 세기 동안 영국인이 인도에서 저지른 폭력을 정당화하는 데 활용되었다.[26]

하지만 문제는 그 같은 잔혹 행위가 일어났다는 주장을 뒷받침하는 결정적 증거가 없다는 것이다. 100여 년 동안 수도 없는 학자와 역사가들이 그 주장의 증거가 기껏해야 허술하다는 것, 그리고 실제로 대학살이 일어났다 해도 사상자가 알려진 수의 절반도 되지 않는다는 것을 보여주었다.

그런 학자 가운데 하나가 컬럼비아 사범대학(Columbia Teachers College)의 조지 W. 하트만(George W. Hartmann) 교수였다. 1948년 그는 그 신화를 뒤집는 논문을 발표했다. 논문은 이 같은 지적으로 시작되었다. "영어권 세계에 속한 '교육받은' 거의 모든 성인은 캘커타의 블랙홀 이야기를 들었다. 거의 200년 전에 영국의 인도 정복과 관련해 무더운 6월의 어느 날 일어난 것으로 되어 있는 중요하지 않은 사건이다. 셀 수 없이 많은 역사적 사건은 중요하든 중요하지 않든 짧지만 끔찍한 이야기로 기록된다. 냉정한 백과사전은 그 권위에 걸맞은 도장을 거기에 부여한다. 좀더 최근에는 정평 난 의학·공학·심리학 교과서들이 …… 반복된 언급으로 그 사건에 대한 인식을 거의 보편화하다시피 했다."[27]

기념물은 그 이야기를 영속화하는 데 커다란 입김을 불어넣었다. '캘커타의 블랙홀' 신화가 이미 상당 부분 거짓임이 드러난 1902년, 인도 식민지 총독 커즌 경(Lord Curzon)은 자비를 들여서 그 사건을 기리는 기념물을 하나 세웠다. 파르타 차테르지(Partha Chatterjee: 1947~. 인도 출신의 컬럼비아 대학 인류학과 교수—옮긴이)가 썼다. "세계적으로 고조되는 제국주의 물결에 확실하게 올라탄 영국 통치자들은 영국인이 초기에 인도에서 희생된 사건에 대한 기억을 다시 한번 소환했다."[28]

그리하여 '캘커타의 블랙홀'은 영어권 세계에서 거의 보편적으로 알려진 인도 식민지 역사의 한 토막이 되었다. 하트만 교수는 실험 삼아 자신의 학생들에게 '캘커타의 블랙홀' 이야기를 들어본 적이 있느냐고 물었다. 115명의 학생 가운데 약 3분의 1이 들어본 적이 있다고, 그리고 그 이야기가 "기본적으로 사실이라고 믿는다"고 답했다.[29] 그는 학생들에게 암보이나 사건이나 감옥선 순교자 사건에 관해서는 묻지 않았다. 나는 그가 그렇게 했다손 쳐도 전자에 대해서는 일부가 들어보았을지 모르지만,

브루클린 연안에서 약간 떨어진 곳에 정박된 영국의 감옥선에서 미국인 1만 1500명이 숨진 사건에 대해 아는 학생은 거의 없었으리라고 장담한다. 심지어 몇몇 저명한 역사학자조차 그들의 죽음에 대해 알지 못하고 있음을 나는 확인했다.

이것은 제국주의 연대기 작가들이 들려주는 '역사'는 백인 영국인의 희생에 관한 것으로 바꿀 수 있는 이야기는 전면에 배치하는 반면, 그 내러티브에 도움이 되지 않는 그보다 훨씬 더 치명적인 다른 사건들은 흐지부지하게 만드는 수많은 예들 가운데 하나에 불과하다. 역사학자 프리야 사티아가 언급했다시피, 제국은 "역사적 규율을 처음 만들었고 다시 고쳐 만들었다".[30]

✦ ✦ ✦

누가 야수이고 누가 완전한 인간인가, 누가 의미를 만들고 누가 의미를 만들지 못하는가? 이 질문은 지구 위기의 중심에 놓여 있다.

인류를 전 지구적 대재앙 직전까지 몰고 간 궤적을 돌아보는 지금 이 순간, 우리는 스스로가 처한 곤경이 실제로는 소수인 특정 부류의 인간이 다른 부류의 다수 인간을 (지상에서의 존재가 그저 물질적 피조물에 그치는) 야수라고 표현함으로써 그들을 적극적으로 침묵시킨 데 따른 결과임을 깨닫는다. 바로 이런 가정 탓에 인류 대부분이 지적으로도 문화적으로도 산업화할 능력이 없다는 게 당연시되었다. 그런 착각 자체가 오늘날 전 지구적으로 펼쳐지고 있는 대재앙의 중요한 일부다.

서구 국가는 만약 (그들 자체가 수많은 비서구적 관례와 기술을 채택했듯이) 세계의 나머지 국가 역시 부국의 산업화를 가능케 한 관례를 채택할 날이 오리라고 상상했다면, 과연 그렇듯 무모한 자원 사용에 착수할 수 있었을까? 만약 그들이 그러한 가능성을 100년 전에 인식했더라면, 아마도 그로 인한 결과를 따져보았을 것이다. 하지만 19세기와 20세기의 상당 기간 동안 세계를 지배한 이들 사이에서는 비서구인 대부분이 그야말로 워낙 어리석고 야만적이어서 대규모 산업 문명으로 이행할 수 없으리라는 암묵적 가정이 퍼져 있었다. 추상적 관념에 가려진 이러한 가정은 개발학, 일부 경제학 및 사회학 분과 같은 광범위한 학문 분야를 든든히 받쳐주었다. 그런 학문 분야에서는 빈곤을 (흔히 낡은 인종 차별적 사고로 얼룩져 있던 용어인) '문화' 탓으로 돌렸다. 이러한 가정은 삭제할 엄두도 낼 수 없을 만큼 이들 학문 분야에 깊숙이 스며들어 있다.[31]

서구 국가들이 과거에는 가능하다고 생각지 못한 어떤 사실을 깨달은 것은 고작 20~30년밖에 되지 않은 일이다. 즉, 비서구 국가들도 얼마든지 자원 착취적, 탄소 집약적 경제를, 그리고 그에 걸맞은 모든 것, 이를테면 과학적·기술적 연구와 특정 장르의 예술과 문학을 채택할 수 있다는 사실을 말이다. 인간이 과거에도 그랬듯이 지금도 기본적으로 모방적 생명체이며 서로에게서 배울 수 있는 완벽한 능력을 갖추었다는 사실을 좀더 일찍 받아들였더라면, 아마 지속 가능성은 훨씬 더 이른 시기에 시급한 사안으로 떠올랐을 것이다. 하지만 야수들이 자신은 결코 야수가 아님을 드러내기 시작할 때까지, 오랫동안 견지된 엘리트 가정은 그 같은 가능성을 한사코 배제해왔다.

비서구 중산층이 야수의 굴레를 벗어던질 수 있었던 것은 바로 유럽의 식민지 정복으로 시작된 야수화 과정의 반복 및 심화 때문이라는 사실이야말로 지독한 아이러니가 아닐 수 없다. 인도에서는 지난 30년 동안 숲 거주 부족들의 믿음, 관례, 그리고 생계 수단이 전에 없이 공격을 당했다.

정착형 식민주의자들이 토착민을 대하던 상황과 흡측하리만치 닮은꼴로서, 점점 더 많은 삼림 지역이 광산업과 여행업에 자리를 내주었다. 더러 이런 일은 생태 보호라는 미명 아래 삼림 거주자의 제거를 옹호하는 배타적 보존주의자들의 지원을 등에 업고 자행되기도 했다. 숲 거주 부족들이 신성시하던 산은 훼손되었고, 그들의 땅은 댐 건설로 수몰되었으며, 그들의 믿음과 의식은 '원시적 미신'—바로 과거 식민지 시대의 행정가·과학자·선교사들이 사용하던 용어—이라며 공격받았다. 식민지 관행의 되풀이는 심지어 부족 아이들을 기숙 학교로 옮기는 사태로까지 번졌다.[32] 그와 비슷한 과정이 위구르족(Uighur)과 관련해 중국에서도, 그리고 파푸아인(Papuan)과 관련해 인도네시아에서도 전개 중이다.

여기에서 차이점은 그 같은 식민지적 야수화 과정의 모방이 수 세기에 걸쳐서가 아니라 1990년에 이은 단 몇십 년 동안 집중적으로 펼쳐졌다는 사실이다. 오늘날 대기 중에 있는 온실가스의 절반이 지난 30년 동안 배출된 것이다. 인류가 벼랑 끝으로 내몰린 까닭은 바로 전 세계가 식민지적 추출과 소비 방식을 채택함으로써 엄청난 가속을 불러일으켰기 때문이다.

비인간도 과거와 달리 더는 침묵하지 않음을 명확히 해준 것이 바로 이 같은 기간의 압축이다. 다른 존재와 힘들—박테리아, 바이러스, 빙하, 숲, 제트 기류—역시 이제 침묵을 깨고 더없이 다급하게 우리 주목을 끌고 있는지라, 우리는 더 이상 그들을 비활성 지구 요소로 취급하거나 묵살하기 어렵게 되었다.

+ + +

비백인이 천성적으로 야만적이고 감수성이 부족하고 실제로 말을 못 한다는 서구 과학자·철학자·지식인의 믿음이 완전히 잘못되었다는 것은 이제 논란의 여지가 없다. 그들이 지칭한 이른바 '자연'이라는 것이 비활성인 데다 야만적 물질성을 띤다는 그들의 믿음 역시 잘못이라면? 줄곧 옳았던 쪽은 외려 엘리트 서구인이 야수이자 야만인이라고 간주하던 바로 그 사람들—즉, 다른 여러 유형의 존재들 속에서 생기·생명·의미의 흔적을 볼 수 있었던 사람들—이라면? 지구(Earth)가 행동하고 의사소통하고 이야기를 들려주고 의미를 빚어내는 다른 존재들로 가득하다는 생각을 진지하게 받아들인다면?

그런데 이런 일들은 어째서 가능하지 않을까? 인도 과학자 자그디시 찬드라 보스(Jagadish Chandra Bose: 1858~1937)는 오래전 식물도 고통과 두려움을 느낄 수 있으며, 심지어 특정 유형의 자극을 들을 수 있는 반응을 드러내기도 한다는 걸 실증적으로 보여주었다. 그의 연구는 한동안 엄청나게 찬양받았다. 하지만 곧이어 공식적 근대성의 담지자들이 반격을 가하고 '사기꾼'이라고 몰아붙이면서 그를 침묵하게 만들었다.

하지만 이제는 공식적 근대성의 여러 절차들이 그 자체로 바다 포유동물과 코끼리에서 나무와 숲에 이르는 수많은 유형의 비인간에게 의사소통 능력이 있음을 밝혀내고 있다.[33] 아마도 가장 잘 알려진 과학자는 유명한 영장류학자 제인 구달(Jane Goodall)일 것이다. 구달 박사는 자신이 데이비드 그레이비어드(David Greybeard)라고 이름 붙인 수컷 침팬지와 의사소통한 사례를 소개했다. "멀리 떨어져 있는 그의 빛나는 커다란 두 눈은 …… 어떻게든 그의 됨됨이 전체를 담아내고 있는 것 같았다. 데이비드는 내가 어떤 오만함도 어떤 요구도 없이 그의 눈을 들여다보기만 한다면 아무 상관 않는다는 것을 내게 가르쳐주었다. ……그의 눈은 내가 기술만 있다면 그의 마음을 들여다볼 수 있는 창처럼 보였다."[34]

지금은 나팔꽃을 연구하는 식물학자 바누 수브라마니암(Banu Subramaniam)이 몇 년 전만 해도 괴이하게 여겨졌을 다음과 같은 질문을 얼마든지 던질 수 있게 되었다. "나의 나팔꽃 실험에 참여한 행위자는 누구였을까? 그 식물 자체였을까, 그 식물의 행위 주체성이었을까, 아니면 그 식물만의 역사였을까?"[35]

오늘날 과학자들은 숲에서 자라는 나무도 특정 상황에서는 서로 의사소통할 수 있다는 주장을 받아들인다. 즉, 나무는 자기 집단의 병든 구성원들에게 탄소의 형태로 도움을 제공할 수 있으며, 악성 전염병이나 질병에 대해 서로 경고를 보낼 수 있다.[36] 오늘날에는 특정 식물이 심지어 인간에게는 들리지 않지만 다른 일부 생명체에게는 들리는 소리를 낼 수 있다고까지 여겨진다. 따라서 나무가 벙어리인 것은 오직 그들이 (인간 고유의 속성인) 언어를 가지고 있지 못하다는 의미일 뿐이다. 하지만 인간은 나무가 하는 것과 같은 의사소통 능력을 결여하고 있는지라 나무가 볼 때는 바로 인간이 벙어리일 수 있지 않을까?

인간에게는 나무와 삼림을 파괴하는 능력이 그들에게—오직 그들에게만—행동할 수 있는 역량을 부여한다는 게 명백해 보일지도 모른다. 하지만 의도적 행동이 전혀 다른 시간 규모에 걸쳐 전개될 수도 있다. 나무는 인간보다 지구상에 한층 더 오랫동안 거주해왔으며, 그들 개체의 수명은 많은 경우 인간보다 훨씬 더 길다. 어떤 나무는 수천 년 동안 살기도 한다. 만약 나무가 추론 양식을 보유하고 있다면, 그들의 사고는 완전히 다른 시간 규모로 조정될 것이다. 아마 그 같은 시간 규모에서라면 그들은 전 지구적 대재앙 탓에 대다수 인간이 사라지리라고 예측할 것이다. 그런 사건에 이어진 세계는 과거와 달리 수십억 구에 달하는 인체가 분해

되어 토양을 기름지게 만든 결과 나무들이 더욱 번성하는 세계일 것이다. 인간에게는 본인이 나무한테 무슨 일이 일어날지 결정하는 정원사라는 사실이 자명하게 여겨질지 모르지만, 다른 시간 규모에서는 나무들이 인간의 정원사가 되는 것 역시 분명해 보이리라. 나무는 솔라리스의 '바다' 초유기체〔superorganism: 개미나 꿀벌처럼 여러 개체가 군집을 이루어 큰 사회를 형성하는 곤충을 사회성 곤충이라고 하는데, 이러한 곤충 군집 전체를 하나의 동물로 취급하려는 시각에서 미국 생물학자 윌리엄 모턴 휠러(William Morton Wheeler)가 만든 개념—옮긴이〕에 상응하는 '지상' 초유기체일 것이다.

하지만 이 모든 것이 다 잘못일까? 어쨌거나 나무와 인간은 공간을 두고 다투는 적이 아니다. (혹은 적에 그치는 존재가 아니다.) 그들은 또한 셀 수 없이 많은 협력 형태에 의해 서로 연결되어 있기도 하다. 아마 여기에서 잘못된 부분은 단 하나의 종이라는 개념일 것이다.[37] 이제 인체에 다양한 종류의 미생물이 대거 포함되어 있다는 것은 잘 알려져 있다. 생물학자들은 인체의 90퍼센트가 인간 세포가 아니라 박테리아로 이루어져 있다고 추정하며, 어느 미생물학자는 인체가 현미경으로 보면 마치 "온갖 생명 형태가 더불어 살아가는 산호초처럼 보인다"[38]고 주장하기도 했다. 미생물은 인간의 추론 능력, 감정, 기분에 영향을 미친다고도 알려져 있다. 따라서 다른 종들이 존재해야 인간의 언어 능력과 사고 능력이 실현된다는 게 사실이라면, 정녕 그러한 능력이 오롯이 인간의 것이라고 말할 수 있을까?

생물학의 최근 연구는 많은 종이 단독으로 진화하지 않는다는 것을 보여주었다. 박테리아는 인간을 비롯한 모든 유의 동물이 생존하는 데 더없이 중요하다. 일군의 생물학자에 따르면 "공생은 갈수록 예외라기보다 '규칙'인 것처럼 보인다. ……자연은 개체나 게놈(genome)이 아니라 '관계'를 선택하는 것 같다".[39] 많은 유기체가 그들이 성체가 되는 데 필수적인 박테리아 없이 태어난다. 그들은 필히 세상에서 박테리아와 만나야 한다. 그런 만남이 없다면 그들은 자신의 가능성을 온전히 실현할 수 없다.[40]

인간과 관련해서도, 호모 사피엔스가 그 한계를 뛰어넘도록 해주는 것은 특정 순간에 만나는 다른 종들의 존재라고 말할 수 있다. 부처가 깨달음을 얻은 의식의 역사에서 획기적 순간을 예로 들어보자. 널리 알려져 있다시피, 그 일은 부처가 보리수나무 아래에서 명상을 하고 있을 때 일어났다. 2000년 넘는 불교의 전통에서 보리수나무의 존재는 그 순간과 뗄 수 없는 것이었다. 그 나무가 빛을 전송한다거나 심지어 그 과정의 능동적 참여자라고 말하려는 게 아니다. 그리고 보리수나무 아래에서 명상하는 사람은 누구나 깨달음을 얻게 되리라는 것 역시 전혀 사실이 아니다.

하지만 수백만 명의 사람은 오래전부터 특정한 역사적 순간에 종(種)간의 만남이 한 구체적 인간, 즉 싯다르타 고타마(Siddhārtha Gautama: 석가모니가 출가하기 전 이름—옮긴이) 왕자의 깨달음에 결정적이었음을 인정해왔다. 부처 자신도 보리수나무가 자신의 깨달음에 더없이 중요했다고 믿었으며, 이것이 바로 수백만 불교 신자들이 오늘날까지도 그 나무를 신성시하는 이유다. 달라이 라마(Dalai Lama)의 말에 따르면,

> 한 그루의 나무 아래에서 위대한 현자 부처가 태어났다.
> 한 그루의 나무 아래에서 그는 욕정을 이겨냈고,
> 그리고 깨달음을 얻었다.
> 두 그루의 나무 아래에서 그는 열반에 들었다.[41]

이것이 말해주는 것은 무엇인가? 첫 번째, 그것은 특정 종류의 종간 연

합은 과학적 방법으로는 이해할 수 없다는 것을 우리에게 일깨운다. 그것은 어떤 특정 순간에 일어나며 두 번 다시 되풀이될 수 없는 만남 혹은 사건이다. 우리가 그러한 만남에 다가갈 수 있는 것은 오직 역사적으로, 즉 그 만남이 일어난 상황에 주목하는 방법을 통해서뿐이다.

두 번째, 그것은 이러한 종류의 종간 조우 가능성에 대한 인식이 인간들 사이에서 늘 있어왔음을 우리에게 말해준다. 아시시의 성 프란체스코(St. Francesco of Assisi: 1181~1226. 이탈리아의 로마 가톨릭교회 수사이자 저명한 설교가—옮긴이)와 그가 가축과 사람을 해치던 구비오(Gubbio) 마을의 골칫거리 늑대를 일거에 제압한 일화는 그 점을 잘 보여준다. 성인은 이렇게 말했다고 전해진다. "늑대 형제님, 모든 사람이 형제님에 대해 불만을 토로하고, 개들은 형제님을 쫓고, 모든 마을 주민이 형제님을 적대시합니다. 하지만 나는 그들과 늑대 형제님을 화해시키겠습니다. ……앞으로는 사람들도 개들도 더 이상 형제님을 괴롭히지 않을 것입니다." 이 만남에는 많은 목격자가 있었다. 그리고 전해지는 바에 따르면, 늑대가 평화로운 생활을 하다 마침내 숨을 거두었을 때 구비오 마을 사람들이 성 프란체스코의 이름을 딴 교회에 그 시신을 묻어주었다고 한다. 550년 뒤인 1872년, 교회를 수리할 때 그 아래 묻혀 있던 늑대 시신 한 구가 발견되었다.

잠깐만 생각해보아도 남녀를 불문한 셀 수 없이 많은 인간이 비인간—동물, 화산, 나무, 신, 악령, 천사, 그리고 하느님—과 의사소통했다고 주장해왔다는 것을 깨달을 수 있다. 그런 주장을 하는 이들 가운데 상당수가 사기꾼이거나 허풍선이일지도 모르지만, 다른 한편 그중 일부는 (위에서 소개한 성 프란체스코처럼) 당대에 가장 존경받는 인물이었다. 인간 사회와 인간 역사는 이러한 인물들 없이는 이해할 수 없다. 하지만 그들의 주장은 단지 복제하지도 경험적으로 검증하지도 못하기에 오늘날의 지배적 추론 형태로는 이해할 수도 파악할 수도 없다. 오늘날의 추론은 비인간과 교류했다고 주장하는 이들에게 그러한 상호 작용의 증거를 대라고 종주먹을 들이댄다. 그런 조건은 다음과 같이 말하는 사람들을 배제하게 마련이다. "내가 변성 의식 상태(우리가 매일 겪는 일상 의식과는 다른 의식 상태—옮긴이)일 때 비인간이 나에게, 오직 나에게만, 딱 한 번 말을 걸었어. 그 비인간이 내게 전달해준 건 유익한 것도 증명할 수 있는 것도 아니야. 그렇다기보다 그저 하나의 스토리일 뿐이지."

하지만 그 같은 주장 대부분은 정확히 이러한 말로 이루어져 있다. 즉, 그 사건은 마음대로 되풀이할 수 없으며, 특이한 상황에서, 흔히 변성 의식 상태에서 일어난다. 그리고 그것이 남겨놓은 자취는 현실 세계에서 관찰할 수 있는 효과라기보다 오히려 스토리다. 결국 글, 상징, 의식에서 소중히 다루는 스토리 말이다…….

그러므로 그에 따른 진정한 질문은 비인간이 과연 의사소통을 하거나 의미를 생산할 수 있느냐가 아니다. 그보다 우리는 소수 인간 집단이 언제, 그리고 어떻게 그들 자체의 종 대다수를 포함한 다른 존재에게 발화 능력과 행위 주체성이 '없다'고 믿게 되었는지를 물어야 한다. 그들은 대체 어떻게 비인간은 벙어리이고 마음도 없다는 개념을 그 시대의 지배적 지혜로 확립할 수 있었을까?

✦ ✦ ✦

비인간의 목소리를 침묵시키는 중요한 발걸음은 오직 인간만이 스토리텔러로서 자질을 갖추고 있다고 상상하는 것이다. 다시 한번 강조하거니와 이는 사람들이 늘 동의해온 생각은 아니다. 세계 인구의 상당수, 아니 대부분은 지금도 여전히 거기에 동의하지 않을 것이다. 기본적으로 그것은 기계론적 형이상학의 진전과 더불어 한층 강력해진 또 하나의 엘리트 사상이다. 하지만 오늘날 인간만이 스토리텔링 능력을 갖춘 동물이라는 사고가 그를 지지하는 이들에게는 자명한 것처럼 보인다.

현대 문학에서 풍경을 가장 세밀하게 묘사한 작품으로 손꼽히는, 그레이엄 스위프트(Graham Swift)가 1983년 발표한 빼어난 소설《워터랜드(Waterland)》에 나오는 구절을 예로 들어보자. 소설의 등장인물 가운데 하나가 말한다. "동물은 '순전히 지금 여기에서 살아간다'. 자연은 기억도 역사도 모른다. 하지만 인간은 (정의를 내리자면) 스토리텔링을 할 줄 아는 동물이다. 인간은 어디를 가든 혼란스러운 흔적이나 빈 공간이 아니라 위안을 주는 표지 부표나 스토리의 표식을 남기고 싶어 한다."

이 구절은 환경사가 윌리엄 크로논의 훌륭한 논문에서 에피그래프(epigraph: 원래는 건물이나 비석에 새긴 글귀를 의미하지만, 문학 작품이나 저술에서는 서두 등에 붙이는 짤막한 경구나 명구를 뜻한다—옮긴이)로 쓰인다. 내러티브의 특성을 다룬 논문에서, 그는 스토리가 단순한 사건의 나열(연대표)과 근본적으로 다른 점은 각 사건에 의미를 부여하는 식으로 그것들을 엮어가는 것이라고 주장한다. 그는 따라서 이것을 특별한 인간의 능력이라고 가정한다. "내러티브는 현실을 조직하는 인간 특유의 방식이다."[42]

그러므로 거듭 말하거니와 진정 중요한 것은 스토리텔링 그 자체가 아니라 누가 의미를 창출할 수 있느냐 하는 문제다. 다시 한번 말하지만 그 가정이란 비인간은 의미를 생산할 수도 분별할 수도 없다는 것이다.

인간예외주의를 정의하기 위한 다른 많은 시도와 마찬가지로, 이 개념 역시 의미 창출과 스토리텔링을 인간의 언어 형태에 얽매인 것으로서 순환적 방식으로 정의할 때에만 유효하다. 그러나 언어 부재 상황에서의 경험이 아무 의미를 갖지 못한다는 것은 정녕 사실일까? 이는 분명 언어 이전 시기의 인간에게는 해당하지 않는다. 심지어 영아조차 수많은 유의 의미를 이해하고 빚어낸다는 사실은 익히 알려져 있으니 말이다. 따라서 다른 방식으로, 이를테면 기억·시각·후각 등을 통해 여러 경험을 의미 있는 유형에 연결 짓는 것 역시 얼마든지 가능하다. 반려견 주인은 누구나 개가 집과 공원 그리고 하루 중 특정 시간대 간 관계를 의미 있는 것으로서 이해한다는 사실을 알고 있다. 개에게 이는 '연대표'인가, '내러티브'인가? 어느 쪽이든 개가 '순전히 지금 여기에서 살아간다'는 것은 전혀 사실이 아니다. 그들의 경험은 시계열적이며 시공간에 걸쳐 펼쳐지는 것으로 이해된다.

스토리를 쓰고자 분투해본 적이 있는 사람이라면 누구나 '시퀀싱(sequencing: 사건을 순서대로 배열하는 것—옮긴이)'이 얼마나 중요한지 알 것이다. 내러티브는 무엇보다 여러 사건의 배열이다. 이것이 바로 한 단락을 또 다른 단락과 연결하는 문장이 그렇게나 중요한 이유다. 문장은 사건, 장소 간의 시계열적 관련성을 제공하며, 그로부터 의미 있는 내러티브가 탄생한다. 이런 유의 내러티브 시퀀싱은 공간뿐 아니라 시간의 흐름에 따른 이동과 흡사하다. 이것이 정확히 스토리의 '전개'가 의미하는 바이다. 그것은 세계에서 가장 막강한 초기 내러티브 가운데 다수가 이동을 통해 펼쳐지는 스토리—《라마야나(Ramayana)》, 《오디세이(Odyssey)》, 북유럽 사가(Saga: 12~13세기에 노르웨이나 아이슬란드 같은 북유럽에서 성행한 산문체의 영웅적 모험 이야기나 무용담—옮긴이), 《서유기(西遊記)》 등—인 까닭을 설명해줄 수도 있다.

많은 동물이 장기 기억력을 가지고 있는 데다 복잡한 방식으로 의사소통할 수 있다는 것은 이제 잘 확립되어 있는 사실이다. 또한 이들 동물 가운데 일부, 가령 코끼리·고래·철새는 광대한 거리를 이동하며 특정 장소에 애착을 지니고 있는 것으로 보인다. 이들의 이동을 순전히 기계적이거나 본능적인 것으로, 또는 의미 있는 순서가 결여된 것으로 묘사할 수는 없다. 이를테면 혹등고래(Humpback Whale)는 매년 노래를 바꾸는 식으로 시간의 흐름을 표시한다.[43] 이것은 만약 그들이 '순전히 지금 여기에서' 살아간다면 결코 가능하지 않은 일이다.

1930년대로 훌쩍 거슬러 올라가서 생물학자 야코프 폰 윅스킬(Jakob von Uexküll: 1864~1944)은 수많은 동물이 적극적으로 자신을 둘러싼 환경을 해석하며 그들만의 경험 세계를 창조한다는 것을 실증적으로 보여주었다.[44] 오랫동안 이런 발상에 결사반대해온 이들은 동물에게도 인간적 특성이 있다는 생각은 커다란 오류라고 믿었다. 하지만 아일린 크리스트(Eileen Crist)가 그녀의 책 《동물의 이미지: 의인화와 동물의 마음(Images of Animals: Anthropomorphism and Animal Mind)》에서 대단히 설득력 있게 보여주었다시피, 의인화를 극구 피하는 것은 그저 그와 관련한 만유기계론(mechanomorphism)—동물은 기본적으로 기계를 닮은 피조물로서 마음 혹은 해석적 능력을 타고나지 못했다는 가정—의 오류에 빠질 위험을 무릅쓰는 것이다.[45]

한마디로 도나 해러웨이(Donna Haraway)의 말마따나 "스토리 창출을 더 이상 인간예외주의의 범주에 집어넣을 수 없다"[46]고 결론지어야 할 이유는 차고 넘친다. 인류학자 톰 반 두렌(Thom van Dooren)은 거기에서 한 발 더 나아갔다. 해마다 집요하게 시드니 교외의 해안으로 돌아오는 펭귄 무리를 다룬 매혹적인 연구서에서, 그는 펭귄이 그 장소에 보이는 애착이 '스토리 창출'에서 비롯된 것이라며 이렇게 말했다. "펭귄처럼 경험하는 존재는 스스로에게 세계를 '표현'한다. 그들은 그저 감각적인 데이터를 여과되지 않은 무의미한 현상으로 받아들이는 데 그치는 게 아니라 경험으로부터 의미를 엮어내기도 한다. 그 결과 인간과 마찬가지로 '끊임없이 스토리를 만들어내는 세상에서 살아간다'."[47]

따라서 인간이 유일한 스토리텔링 동물이라는 개념은 결코 현실을 제대로 반영한 것이 아닌 듯하다. 그것은 그저 일부 사람이 믿고 싶은 무언가일 따름이다. 과거에 일부 사람이 대부분의 인간은 야수이고, 따라서 의미를 창출할 수 없다고 믿은 것처럼 말이다. 다시 말해, 그것은 비인간도 모종의 행위 주체성과 표현 능력을 가진다는 인식에 대한 강압적 억압, 그리고 권력 구조와 긴밀히 연결되어 있는 구성 개념(construct)이다. 이 문제에서도 권력에 가장 크게 영향받는 것이 종종 토착민이라는 사실은 조금도 놀랄 게 없다.

오늘날의 스토리 억압에 대해 생각하자면, 우리의 사고는 곧바로 반체제 문학과 권위주의 정권으로 비약한다. 하지만 그보다 훨씬 더 긴 기간 동안 그와는 퍽 다른 이유에서 억압당해온 상이한 유형의 스토리도 있었다. 라구나 푸에블로(Laguna Pueblo: 미국 뉴멕시코주 앨버커키시 부근에서 살아가는 아메리카 원주민 부족—옮긴이)의 훔마하(hummah-hah) 내러티브가 그 예다. (라구나족이 이야기를 들려줄 때면 언제나 '옛날 옛적에'라는 의미의 '훔마하'라는 말로 시작한 데에서 유래했다—옮긴이.) 레슬리 마몬 실코의 말마따나, 훔마하 내러티브는 "코요테, 까마귀, 그리고 독수리가 인간과 나누곤 했던" 대화에 관한 것이다. 실코는 자신의 회고록 《옥색 바위》에서 "동물, 식물, 영적 존재들에 대한 라구나족의 정신적 세계관"을 드러낸다는 이유로 훔마하 내러티브를 특정 공공 장소에서는 언급할 수 없었던 어린 시절의 기억을 떠올렸다.[48] 그 스토리들은 비밀스러운 구비문학으로서 음지에 숨어 있었다.

따라서 내러티브 능력은 인간 고유의 특성이긴커녕 인간의 능력들 가운데 가장 **동물적인** 것임에 틀림없다. 다시 말해, 인간이 필시 동물을 비롯한 다른 많은 것과 공유하는 한 가지 특성, 즉 장소에 대한 애착의 산물일 가능성 말이다. 그렇다면 스토리텔링은 인간과 동물을 구분시켜주는 것과는 거리가 멀고, 사실 과거 우리의 야생적 자아가 남겨준 가장 중요한 유산일 것이다. 이는 무엇보다 스토리가 비인간이 목소리를 지니고 비인간의 행위 주체성이 충분히 인정받으며 찬미되기까지 하는 참으로 인간의 상상적 삶의 영역인 까닭을 설명해준다. 이러한 비약은 상상력이 부족한 사고 영역에서야 어려울 수도 있지만, 무엇이든 가능한 스토리텔링의 세계에서는 결코 무리한 일이 아니다.

이런 영역의 가능성을 축소시킨 것, 그리고 그 결과로 비인간의 목소리를 '진지한' 문학에서 지워버린 것은 공식적 근대성의 두드러진 특징인 다른 존재들에 대한 무시(blindness)를 낳는 데 결정적 역할을 했다. 따라서 우리는 만약 비인간 목소리를 그 본연의 장소에 되돌려놓아야 한다면, 그 일은 우선적으로 스토리를 매개로 한 것이어야 한다는 결론에 이를 수 있다.

이것은 오늘날 작가, 예술가, 영화 제작자, 그리고 스토리텔링에 종사하는 다른 모든 사람에게 엄청난 부담감을 안겨준다. 우리에게는 상상력을 발휘해서 비인간의 목소리와 행위 주체성을 회복시키는 과업이 주어졌다. 인류 역사상 가장 중요한 예술적 노력들 거개가 그렇듯 이 역시 미학적임과 동시에 정치적인 과업이다. 그리고 지구를 괴롭히는 위기의 규모가 워낙 방대한지라 오늘날에는 그 과제에 더없이 절박한 도덕적 긴박성마저 더해지고 있다.

16

“하늘의 추락”

지구가 마치 가이아인 것처럼, 즉 많은 유의 존재가 스토리텔러인 생명력 넘치는 살아 있는 실체인 것처럼 생각하면서 지구에서 살아간다는 것은 무슨 의미일까? 그리고 그런 관점에 서면 지구 위기는 어떻게 보일까?

지구의 생명력에 대한 직관적 감각은 일단 잃어버리거나 교육과 세뇌를 거쳐서 억압받으면 되살리기가 아마도 불가능할 것이다. 심지어 문서 기록을 통해 그 감각을 되찾는 것조차 극도로 어렵다. 가이아라는 관점에서 세상을 개념화해놓은 문서 자료가 드물어서인데, 그 이유는 순전히 비인간의 생명력을 가장 강력하게 인지하는 사람들이 주로 지구 위기의 배후에 놓인 바로 그 과정들의 전개로 인해 침묵당하거나 사회의 주류에서 밀려나거나, 아니면 완전히 말살되었기 때문이다. 하지만 때로 토착민 사상가와 선지자들이 자신의 생활 세계가 파괴되는 과정을 겪어왔음에도 기적적으로 그들의 신념을 문서 기록으로 남기는 데 성공하기도 했다. 그것을 말해주는 하나의 증거가 장장 620쪽에 달하는 책 《하늘의 추

락: 야노마미 샤먼의 말씀(The Falling Sky: Words of a Yanomami Shaman)》이다. 본래 프랑스에서 2012년에 출간된 그 책은 야노마미족(브라질과 베네수엘라의 국경에 자리한 아마존 열대 우림의 200~250개 마을에서 살아가는 토착 부족—옮긴이)의 샤먼이자 지도자 다비 코페나와(Davi Kopenawa)와 프랑스 인류학자이자 활동가 브뤼스 알베르(Bruce Albert)가 수십 년 동안 함께 작업해온 결과물이다. 한편으로 정치 회고록이자 논쟁이자 자서전이고 다른 한편으로 지식의 요약본인 《하늘의 추락》은 지구 위기를 좌우하는 장소인 아마존 분지의 지구 위기 가속화에 대한 직접적 대응으로서 더욱 주목할 만하다.

✦ ✦ ✦

다비 코페나와는 베네수엘라와 접한 국경에서 그리 멀지 않은 브라질 아마조나스주의 내륙 오지에서 태어났으며, 야노마미족 공동 주택에서 어린 시절을 보냈다. 의붓아버지는 코페나와의 재능을 알아보고 그를 샤머니즘의 세계로 안내했다. 하지만 그의 입문식은 친척들 대부분의 목숨을 앗아간 치명적인 수차례의 풍토병과 정착민 및 금 탐사자들의 야노마미족 영토 침략으로 연거푸 중단되었다.[1] 코페나와는 그의 가장 가까운 친척 다수를 잃고 난 어느 시점에 집을 떠났고, 한동안은 그의 표현에 따르면 '백인이 되려고' 안간힘을 써보기도 했다. 하지만 몇 년 후 다시 고향으로 돌아와 샤먼 입문식을 마치고 장인어른의 지도를 받기 시작했다.

이 기간 동안 야노마미족 영토는 연이은 질병과 정착민의 침입으로 유린당했다. 코페나와에게 금 탐사자들이 저지르는 그 열대 우림 지대에 대한 탈취는 정치적 행동을 촉구하는 것으로 다가왔다. "샤먼의 일은 바로 지구를 보호하는 것"[2]이기 때문이다. 코페나와는 1970년대부터 브뤼스 알베르와 알고 지냈는데, 숲을 황폐화시키고 그곳에서 살아가는 토착민을 살해하는 세력에 저항하기 위해 알베르에게 도움을 요청하기에 이르렀다. 코페나와는 알베르와 함께 브라질 및 유럽의 여론에 상당한 파급 효과를 가져온 기록물을 제작했다.

이러한 노력은 우연찮게 1985년에 시작된, 1964년 이래 브라질을 통치해온 군부 독재의 종식을 이끌어낸 개혁의 시기와 맞물렸다. 이 시기에 오랫동안 억눌려온 환경에 대한 우려가 표면화했고, 1988년 채택된 새로운 헌법에는 토착민을 위한 수많은 소중한 보호 조치가 담겼다.[3] 이어진 수십 년 동안 역대 정권은 아마존 유역을 보호하기 위해 여러 조치를 단행했다. 그 법률들은 늘 애초 의도한 효과를 거두지야 못했지만 여전히 눈에 띄게 효과적이었다. 2005년부터 2012년까지 아마존 열대 우림의 삼림 벌채는 80퍼센트가량 감소했다.[4]

야노마미족이 그들의 영토권을 법적으로 인정받기 위해 운동에 뛰어든 것은 바로 이 같은 배경에서였다. 그들의 정치 투쟁은 1992년에 부분적인 성공을 거두었다. 그해에 리우데자네이루 지구정상회의(Earth Summit)에서 아마존강 유역의 일부 지역에 대한 그들의 권리를 합법적으로 인정받은 것이다. 그 정상회의 이후 코페나와는 야노마미족의 유명한 대변자로서 국내외적으로 두각을 나타냈다.

✦ ✦ ✦

코페나와는 샤먼이 되기로 선택함으로써 극히 정치적인 저항 행위를 시작하기에 이르렀다. 그의 선택은 그 자체로 식민지화와 자원 수탈에 수반된 침묵시키기 과정에 맞선 반란이었다. 어릴 적부터 그런 과정을 잘 알고 있었던 그는 기독교 선교사들이 야노마미족의 신념과 의식을 짓밟고자 애쓰던 일들을 생생하게 기억했다. 그는 이렇게 썼다. "기독교 선교사들은 샤먼에게 '당신들은 사악하고 가슴이 더럽다'고 끊임없이 말했다. 그리고 샤먼을 무식한 자라고 불렀다. 그들이 샤먼에게 윽박질렀다. "당신네 숲의 정령들을 춤추게 만들지 말라. 그것은 악이다. 숲의 정령들은 악령이다." 이런 말이 "쉴 새 없이 반복되자 마침내 모든 샤먼이 겁을 집어먹었다. ……결국 그들은 침묵하게 되었다".

《하늘의 추락》은 코페나와 그 자신의 침묵 깨기다. "내가 백인들(white people)을 알게 된 이후 이 모든 말이 내 안에 켜켜이 쌓여 있었다. 하지만 이제 나는 어렸을 적처럼 그 말들을 그저 가슴속에만 간직하는 데 더는 만족하지 않는다. 나는 그 말들이 그들의 도시에서, 그리고 다른 가능한 모든 곳에서 들리길 바란다. ……이것이 내가 백인들에게 이야기하고 싶은 이유다."

책에 자주 등장하는 '백인들'이라는 구절은 특정 인간 집단이 아니라 하나의 프로젝트를 가리키는 은유로 읽혀야 한다. 그 이유는 물론 그 프로젝트가 유럽계 후예라는 의미에서 '백인'이 아닌 많은 사람에 의해 채택되었기 때문이다. 실제로 오늘날 자원 착취적 자본주의(extractivist capitalism)에서 가장 탐욕스러운 행위자들은 아마도 많은 아시아 및 아프리카 국가의 엘리트 등 정착형 식민주의에 뒤늦게 합류한 이들일 것이다.

코페나와가 알베르와의 공동 작업을 《하늘의 추락》 집필로까지 확대하기로 마음먹은 것은 다름 아니라 현대 세계를 온전히 다뤄보기 위해서였다. 코페나와가 그 책을 집필한 가장 중요한 이유는 미래 세대에 경고의 메시지를 보내고, 너무나 많은 아메리카 원주민의 생활 세계를 파괴한 정착형 식민주의의 대학살이 언젠가 지구 전체를 집어삼킬 것임을 그들에게 알리기 위함이었다.

이게 바로 《하늘의 추락》이 더없이 중요한 이유다. 코페나와는 아주 어린 시절부터 지구 위기를 다루어왔다. 그뿐만 아니라 샤먼으로 수련받은 세월 덕분에 인간 중심이 아닌 관점에서 그 위기를 바라볼 수 있었다. 그는 비인간의 눈으로 보면 지구 위기가 어떻게 드러나는지에 대한 감각을 우리에게 제공해줄 수 있는 몇 안 되는 생존자 가운데 한 명이다.

✦ ✦ ✦

코페나와가 인간 이외의 세계를 인식하기 시작한 것은 아주 어릴 적부터였다. 그는 꿈에서 "이상하고 놀라운 존재들"을 보곤 하는 소수의 아이 축에 속했다. "다른 아이들은 우리를 무척 놀라게 만든 것에 대해 전혀 알지 못한 채로 성장했다."

이 같은 영적 존재들의 이미지가 밤마다 어머니의 해먹에서 잠든 코페나와를 찾아오곤 했다. 그 앞에 정체를 드러낸 정령, 즉 자피리(xapiri)들은 아름답지만 섬뜩했다. "그들은 정말로 나를 위해 춤을 추고 싶어 했다. 하지만 나는 그들이 무서웠다. 이런 꿈이 10대가 되기 전까지 어린 시절 내내 지속되었다. 나는 먼저 희미한 자피리의 빛이 다가오는 것을 보았고, 그들은 곧이어 나를 붙잡아서 하늘의 가슴으로 데려가곤 했다."

코페나와의 샤먼 입문식에서 한 가지 중요한 요소는 유코아나(yãkoana)라고 불리는 '변성 의식 물질' 사용법에 대해 배우는 것이다. 유코아나는 유코아나히(yãkoana hi)나무의 껍질에서 추출한 것을 주성분으로 하며 코담배(snuff: 코로 흡입하거나 잇몸 또는 코밑에 도포해 향을 즐기는 담배—옮긴이)같이 생긴 분말이다. 이렇듯 야노마미족 샤먼이 '유령이 되어' 자피리 정령의 세계로 들어가는 능력을 얻는 것은 바로 인간과 나무의 종간 협력을 통해서다. "당신은 오랫동안 유코아나를 들이마신 뒤에야 자피리를 진정으로 맞아들일 수 있다. 일단 그 지점에 도달하면 그들은 더 이상 당신의 꿈을 떠나지 않는다. 이게 바로 한 사람이 오롯이 제 힘으로 영적 존재가 되는 방법이다."

코페나와가 인간, 동물, 나무, 물, 식물 등 모든 존재가 정령인 영역으로 들어설 수 있었던 것은 바로 그 자신이 '영적 존재'가 되는 기술을 터득한 덕분이었다. 그 영역에서는 존재들 사이에 아무런 차이가 없다. 그들이 서로 다른 것은 오직 속세의 영역에서뿐인데, 거기에서도 그들의 차이는 정령 자체가 아니라 그저 그들의 몸에 있다.

코페나와가 숲을 바라보는 관점은 오늘날의 자연 애호가나 생태학자들이 지닌 관점과 전혀 다르다. 영적 세계에 대한 그 자신의 지식 덕분이다. 그는 《하늘의 추락》에서 이 점을 누누이 강조한다. "백인은 까닭도 모른 채 숲이 아름답다고 느낀다. 그와 반대로 우리는 그들이 '자연'이라고 부르는 것이 숲일 뿐 아니라 그 안에서 살아가는 자피리 전체라는 것을 안다. ……하지만 이것은 백인들이 이해하지 못하는 말이다. 그들은 숲은 죽었고 비어 있다고, 그리고 '자연'은 아무 이유 없이 존재하며 벙어리라고 생각한다."

오늘날의 수많은 자연 애호가에게 숲의 아름다움은 과학자들이 드러내 준 경이에 있다. 이것이 바로 '자연 저술(nature writing)'에서 린네의 이명법에 따른 이름이 흔히 눈에 띄는 이유다. 반면 코페나와가 보기에 숲은 인간의 이해를 훌쩍 뛰어넘는 것이다. 인간이 어느 나무에 부여한 이름은 세상 속에서의 그 존재를 제대로 다루는 데 아무 도움도 되지 않는다. 그 나무, 그리고 숲 자체는 이미지로 존재하며, 그것을 살아 있게 만드는 것 역시 그 이미지이기 때문이다. "우리가 보기에 '자연'의 진정한 주인은 인간이 아니라 자피리다."

그런데 모든 자피리가 아름다운 것은 아니다. 일부 자피리는 위험하고 위협적이다. 어느 자피리는 마체테(machete: 밀림에서 쓰는 날이 넓고 무거운 칼—옮긴이)를 휘둘러서 아이들을 다치게 만든다. 또 다른 자피리는 아이들에게 열병을 일으키거나 아이들을 게걸스럽게 먹어치우기도 한다. 코페나와가 묘사한 바에 따르면, 자피리가 기거하는 영역은 인간 세계와 조금도 다를 바 없이 아름답고, 추하고, 양육적이고, 해롭고, 힘세고, 위험한 온갖 존재로 가득 차 있다. 그 영역에서는 눈에 보이지 않는 위협이 도처에 도사리고 있으며 언제든지 모든 생명체가 절멸될 수도 있다.

이 영역은 '자연'이라는 용어가 연상시키는 질서 정연하고 기계적인 우주와 전혀 닮은 구석이 없다. 이 세계는 불가사의함이라는 측면에서 볼 때 팬데믹이 창궐한 2020년의 현실과 훨씬 더 유사하다.

✦ ✦ ✦

코페나와가 보기에 자피리는 아마존 유역에만 고유한 게 아니다. 이따금 집에서 멀리 떠나 있을 때에도 그에게 모습을 드러내기 때문이다. 그가 자신의 어느 유럽 여행에 대해 묘사하면서 말했다. "오늘날 백인은 그들의 땅에서 살아가는 자피리에 대해 아무것도 모르며, 그들에 대해 생각조차 하지 않는다. 하지만 자피리는 백인 자체가 창조되기 훨씬 전부터 계속 존재해왔다. 그들의 정령은 그곳에 수없이 많다."

코페나와는 그 유럽 여행 기간 동안 종종 생소한 음식을 먹은 뒤 '유령

상태'로 잠들곤 했다. 어느 날 꿈속에서 꿀벌 자피리들이 그 앞에 나타나 자기네가 살아가는 숲이 심하게 학대당하고 있어 더는 꿀을 생산할 수 없을뿐더러 다들 사라질 위험에 몰려 있다고 말했다. 그들은 "정령이 되는 법을 아는 당신께서 부디 당신 말에 귀 기울일 외부인들에게 확실히 말해주세요! 백인들은 정말이지 지혜가 부족해요!"라고 애원했다.

이튿날 코페나와는 공적 모임에서 자신의 꿈을 소개했고, 청중에게 벌꿀의 말을 들어달라고 간청했다. "여러분은 꿈에서 그들의 이미지가 춤추는 것을 보지 못하고 그들의 노래를 듣지 못합니다. 하지만 우리 샤먼들은 벌꿀의 곤경에 귀 기울이는 법을 알고 있어요. 그들이 숲을 먹어치우는 일을 멈추도록 여러분에게 이야기를 좀 전해달라고 우리한테 간곡히 부탁하고 있습니다."

2017년 독일의 한 연구는 유럽에서 날아다니는 곤충의 개체 수가 대폭 감소했음을 확인해주었다. 그 수치는 27년 동안 75퍼센트나 줄어들었다.[5] 오늘날 벌꿀은 정말로 사라질 위험에 놓여 있다.

✦ ✦ ✦

코페나와에 따르면, 현대인의 눈이 숲을 '진정으로 보지' 못하는 것은 그들에게 모습을 드러내는 정령을 인지하지 못한 데 따른 결과다. 그가 썼다. "백인은 숲에 기거하는 존재들에 대해 아무것도 모른다. 실제로 그들을 볼 수 없기 때문이다. ……〔그들은〕 자기끼리 회람하는 종이에 붙여진 그들의 연설에 대한 도해(drawing)를 들여다보는 일을 한시도 멈추지 않는다. 이런 식으로 그들은 그저 제 자신의 생각만 응시하며, 오로지 자신 마음속에 진즉부터 있어온 것을 재확인하는 데 족할 뿐이다. 그들의 종이는 말하지도 생각하지도 않는다. 그저 자신의 검은 도해 및 거짓말과 함께 비활성 상태로 거기에 있을 따름이다."[6]

코페나와의 견해에 의하면 비활성인 것은 쓰여진 말(word)이다. 종이 위에 적힌 부호는 생명이 없다. 그리고 눈가리개 역할을 함으로써 인간이 자기 종의 사고와 인식에 철저히 갇히도록 내몬다. 이런 견해는 뜻밖에 멀리 영장류학자 제인 구달의 말에서도 되풀이된다. "말을 포기할 때 얻는 새로운 인식을 묘사하는 것은 거의 불가능하다. ……말은 우리의 '이성적 자아' 가운데 일부인데, 그것을 잠시 내려놓으면 우리의 '직관적 자아'에 훨씬 더 많은 자유를 줄 수 있다."[7]

문해력에 대한 코페나와의 견해, 그리고 (아마 우연이 아닐 테지만) 제임스 러브록 및 린 마굴리스와 오랫동안 관계 맺어온 미국의 환경주의자이자 철학자 데이비드 에이브럼(David Abram)의 견해 간에도 놀라운 유사성이 있다. 에이브럼은 그의 책 《감각의 주문: 비인간 세계의 인식과 언어(The Spell of the Sensuous: Perception and Language in a More-Than-Human World)》[8]에서 문해력, 특히 알파벳 문해력은 비인간 세계로부터 떨어져 나온 그와 다른 시각 및 사고방식을 만들어낸다고 주장한다. "이것은 **알파벳 문자가 플라톤의 이데아(Ideas)처럼 평범한 시각의 세계에는 존재하지 않기** 때문이다. 문자와 그것들이 표상하는 쓰여진 말은 끊임없는 흥망성쇠에도 불구하고, (다른 가시적 존재들에게서 흔히 볼 수 있는) 동요나 주기적 변화에 영향을 받지 않는다. 이를테면 그것들은 이상하게도 시간과 무관한 또 다른 차원을 맴돌고 있는 것처럼 보인다."

이러한 관찰은 흥미롭다. 하지만 내가 보기에 에이브럼의 통찰은 일종의 기술결정주의 탓에 한 가지 측면을 놓치고 있는 것 같다. 그는 알파벳 문해력을 거의 수동적으로 스스로 특정 효과를 달성할 수 있는 기술로 제시한다. 이것은 문해력이 역사적 과정, 특히 특정 형태의 인식을 완전히 끝장내려는 의도를 지닌 역사적 과정과 복잡하게 얽혀 있음을 간과한다. 야노마미족 같은 토착민의 의식과 신앙 체계에 대한 폭력적 억압이 그것을 보여주는 한 가지 예다.

이런 과정은 아직도 여전히 작동하고 있다. 내가 이집트 나일강 삼각주의 어느 이슬람교도 마을에 살고 있던 1980년대 초, 그 마을 사람들의 삶, 특히 여성들의 삶이 〔교류 가능한 동물에서부터 오래전에 사망한 수피교(Sufi) 성인과 진(jinn: 이슬람 신화에 나오는 정령—옮긴이) 같은 정령에 이르는〕 숱한 유형의 존재와 긴밀하게 얽혀 있다는 것을 나는 이내 알아차렸다. 하지만 그때조차 살라피(Salafi: 이슬람 수니파 근본주의 종파. '살라프'는 아랍어로 '조상'을 뜻한다—옮긴이)의 영향을 받은 젊은 이슬람교도들은 '미신적'이라거나 '우상 숭배'라는 이유를 들어서 특정 의식과 관례를 금지하는 식으로 그 같은 긴밀한 얽힘을 일소하려고 애썼다. 이러한 이슬람교도의 열정은 16세기와 17세기 유럽 개신교도의 열정과 하나도 다를 바 없었다. 그들 역시 생명력의 개념을 흔히 여성이나 마녀술과 동일시하면서 어떻게든 짓밟고자 혈안이 되어 있었다.[9] 오늘날의 주요 힌두교 근본주의 종파에 대해서도 같은 말을 할 수 있다. 그들 역시 오늘날 지배적인 기계론적 사고방식에 발맞추기 위해 전통 신앙을 합리적으로 개선하고 '개혁'하고자 노력해왔으니 말이다.[10]

요컨대 가이아로서 지구에 대한 인식은 문해력 때문에 사라진 게 아니라 조직적으로 말살당했다. 비록 마구잡이식 살육이 가장 강력하게 겨냥한 것은 북·남미 원주민이었지만, 유럽 역시 그 폭력을 비껴가지 못한 결과였다. 그러나 그 인식은 북·남미 원주민들 사이에서 용케 살아남았다. 그뿐만 아니라 그들 상당수는 지구에 대한 인식 덕분에 말살적 폭력에도 불구하고 자신이 끝내 살아남을 수 있었다고 믿고 있다. 지구에 대한 이 같은 인식은 기계론적이고 질서 정연한 근대성의 세계가 우리 눈앞에서 서서히 무너지고 있는 지금 이 순간, 그 어느 때보다 더욱 절실해졌다.

✦ ✦ ✦

코페나와가 야노마미족의 곤경과 북·남미의 오랜 정착형 식민주의 역사 간의 관련성에 대해 새로 눈을 뜬 것은 다름 아니라 또 한 번의 여행길, 이번에는 뉴욕으로의 여행길에서였다. "내가 뉴욕에 머무는 동안, 나는 그 도시를 건설한 백인들이, 오늘날 브라질 백인들이 우리에게 하는 것과 똑같은 방식으로, 이 지역의 최초 거주민을 학대했었다고 속으로 되뇌었다. ……그들은 아마 이렇게 스스로에게 읊조렸을 것이다. '우리는 이 게으르고 더러운 인디언들을 제거할 것이다. 우리는 이 땅에서 그들의 자리를 차지할 것이다. 우리는 백인이기에 진정한 아메리칸이 될 것이다.'"[11]

코페나와는 뉴욕주 북부의 오논다가족(Onondaga) 보호 구역을 방문했을 때 이러한 자신의 직감이 옳다는 걸 확신했다. 그를 맞이한 주최자가 보호 구역을 돌아보도록 안내했을 때, 그는 오논다가족이 "좁은 땅 안에 둘러싸여 있는" 것을 보았다. 코페나와는 그 광경을 보고 충격에 빠졌다. 다음과 같은 사실을 깨달았기 때문이다. "이게 바로 백인들이 브라질 숲에 사는 우리에게, 그리고 다른 모든 거주민에게 바라는 것이다. 이것은 그들이 늘 해오던 일이었다. 그들은 모든 사냥감, 물고기, 나무를 죽일 것이다. 모든 강과 호수를 더럽힐 것이다. 그리고 마침내 우리 땅에 남은 모든 것을 차지할 것이다. 그들은 아무것도 살려두지 않을 것이다!"

코페나와가 거듭 지적했다시피, 그러한 과정은 현재 야노마미족이 처한 곤경을 범아메리카(Pan-America: 북미·중미·남미—옮긴이) 식민주의 역사와 직접적으로 연결 지어준다. 예컨대 2019년 브라질 대통령 자이르 보우소나루에 대해 논평해달라는 요청을 받았을 때 코페나와는 이렇게 말했다. "그는 우리 부족을 죽이고 우리 숲을 없애고 우리의 건강을 파괴하고 싶어 합니다. 그런 기조의 상당 부분이 미국에서 왔는데, 브라질 정부는 그것을 충실히 따르고 있습니다."[12]

특히 서부로의 확장 같은 방식으로 미국을 모방하려는 욕망은 실제로 보우소나루가 실시한 프로그램의 핵심이었다. 1998년에 그는 이렇게 말하기까지 했다. "브라질 기병대가 인디언의 씨를 말린 미국인만큼 효과적이지 못했다니 수치스러운 일이다."[13]

이것은 전혀 솔직하지 못한 말이다. 브라질은 토착민 말살 비율이 그 어느 나라에도 결코 뒤지지 않으니 말이다. 포르투갈인이 1500년 처음 도착했을 때 지금의 브라질 지역에는 약 2000개 부족으로 이루어진 1100만 명의 토착민이 살고 있었던 것으로 추정된다. 그런데 20세기 중엽 그 수치가 7만 명 정도로 줄어들었으며, 부족 역시 매년 하나꼴로 종적을 감추고 있다.[14]

하지만 보우소나루가 옳은 점은 브라질의 상당 지역이 북미 내륙의 운명을 지금껏 피해왔다는 것이다. 브라질의 많은 지역은 아직 미국 중서부처럼 네오유럽으로 테라포밍되지 않았다. 하지만 그게 정확히 보우소나루 정권이 바꾸려고 덤비는 것이다. 그들이 노리는 목표는 광대한 열대우림 지역을 소 목장, 광산, 그리고 대두 및 사탕수수의 단일 재배지로 대체함으로써 식민지적 테라포밍 프로젝트를 완성하겠다는 것이다. 그것을 가로막는 걸림돌이 바로 역대 좌파 성향 정권이 시행해온 일련의 보호 조치다.

그 같은 규제 구조는 보우소나루가 당선된 직후 집중포화에 시달렸다. 그는 브라질 전국인디언재단(National Indian Foundation: 포루투갈어로는 Fundação Nacional do Índio, FUNAI—옮긴이)에 대한 자금 지원을 대폭 삭감했고, 채광 기업과 에너지 기업에 대한 규제를 철폐하는 조치를 취했다.[15] 그의 행동에 용기백배한 정착민들은 광대한 열대 우림에 고의로 '산불'을 질러서 개간한 다음 그곳을 점령하기 시작했다.[16] 그 결과 브라질의 삼림 벌채 비율이 껑충 치솟았다. 2019년 그 나라의 국립우주연구소(National Institute for Space Research)는 아마존 유역에서 산불이 전년도 대비 84퍼센트나 증가했다고 보고했다. 그 뉴스에 대해 보우소나루는 그 연구소 소장을 해임하는 것으로 응수했다.[17]

이런 전개 양상은 암울하지만, 그럼에도 보우소나루의 브라질에서 (트럼프 치하의 미국에서처럼) 환경 보호 장치를 철폐하려는 시도가 완전한 성공을 거둔 것은 아니었음을 인식할 필요가 있다. 브라질에서는 사법 체계가 보우소나루에 강경한 반대 입장을 표했다. 미국에서는 많은 은행과 투자자가 〔빠르게 성장하는 '화석 연료 투자 철회(divestment) 운동'을 진두지휘해온〕 350.org 같은 환경 보호 단체와 환경주의자들의 압력에 못 이겨 채광 프로젝트에서 손을 뗐다. 한마디로 한층 희망적인 이 시기의 교훈 가운데 하나는 활동주의와 대중의 압력이 환경 탈규제에 맞선 저항에서 극도로 효과적일 수 있다는 점이다.

✦ ✦ ✦

아마존 유역의 현재 상황은 새로운 시대인 인류세의 위기 심화를 보여주는 일례로 간주할 수 있다.[18] 하지만 그와 관련해서는 시기를 제외하곤 딱히 새로운 게 없다. 거기에서 일어나고 있는 일은 사실 북·남미의 정착형 식민주의 역사에서 수 세기 동안 이어져온 패턴의 복사판이다.

예를 들어, 브라질에서 코로나19 팬데믹은 북·남미 정착에서 벌어진 초기 사건들의 불가사의한 반복으로 모습을 드러냈다. 2020년 6월 중순경 코로나19 감염자의 치명률이 브라질 전체 인구에서는 5.7퍼센트였던 데 반해, 토착민의 경우는 9.7퍼센트였다. 그해 7월 11일, 한 연방 판사는 팬데믹이 토착민 공동체와 흑인 공동체에 미친 효과를 제노사이드라고 표현함으로써 보우소나루와 그의 정권에 법적 결과가 기다릴 가능성이 있음을 암시했다.[19]

이 역시 무행동이 불러일으킨 재난이었다. 보우소나루는 코로나19가 시작될 때부터 그 팬데믹은 미열 증상에 지나지 않는다는 입장을 고수했으며, 그 질병의 확산을 억제하려는 노력을 거의 하지 않음으로써 사실상 그것이 "달리 손쓰지 않은 자동적 제노사이드(genocide by default)"[20] 역할을 하도록 허락했다. 하지만 보우소나루 정권은 그 팬데믹을 아마존 개발이라는 장기 어젠다를 밀어붙이는 기회로 삼는 데에는 열성적이었다. 아니나 다를까 2020년 2월 브라질 환경부 장관은 녹음 연설에서 "정부는 언론의 관심이 팬데믹에 쏠려 있는 틈을 타서 환경 탈규제를 위한 법률 개정을 승인해야 한다"[21]고 말했다. 다시 한번 아마존의 삼림 벌채 비율이 치솟고 수목피도(tree cover: 전체 면적 가운데 나무가 덮고 있는 비율—옮긴이)가 네덜란드 면적만큼 줄어들었다.[22]

간단히 말해, 콜럼버스가 북·남미를 발견하기 이전 시대의 생태를 간직한 인류의 마지막 보루 아마존 분지는 지금 16세기와 17세기에 시작된 정착형 식민주의 역사의 '뒷북(delayed)' 버전을 겪고 있는 중이다.

과학자들은 지난 몇 년 동안 아마존 열대 우림이 대재앙이라 할 만한

'티핑 포인트'에 다가서고 있다고 경고해왔다. 아마존 열대 우림은 그 자체의 기후를 지탱해준다. 그곳의 녹지는 그 생태계가 의존하는 강우량의 약 20~30퍼센트를 생성한다.[23] 녹지 손실은 특정 지점을 넘어서면 일련의 되먹임 고리를 촉발해서 아마존 분지가 스스로를 지탱하고 재생하는 능력을 파괴한다. 그것은 다시 사바나와 덤불 지대의 황폐화로 이어진다. 수십 년 동안 아마존을 연구해온 생태학자 토머스 러브조이(Thomas Lovejoy)는 "건조한 지역이 많아지면 산불이 더 많이 일어나고 그 효과가 계속 누적되기 시작할 것"[24]이라고 지적했다.

열대 우림이 황폐한 덤불 지대로 전락하면 지구 전체에 파괴적 결과를 안겨줄 것이다. 오랫동안 세계에서 가장 중요한 탄소 흡수대(carbon sink: 지구 온난화를 줄이는 데 기여하는 드넓은 삼림 지대—옮긴이) 중 하나였던 아마존이 탄소 배출의 주요 원천으로 달라질 테니 말이다.[25] 이것은 먼 미래의 일이 아니다. 토머스 러브조이는 브라질에서 가장 유명한 기후학자 카를로스 노브레(Carlos Nobre)와 함께 쓴 논문에서 말했다. "우리는 아마존과 그곳의 경이로운 온갖 자산을 수십 년 동안 연구해온 과학자들이다. 오늘날 우리는 정확히 운명의 순간에 서 있다. 티핑 포인트가 바로 목전에 다가와 있는 것이다. 아마존 국가들의 국민과 지도자들은 모두 대륙 차원의, 실제로 전 지구 차원의 환경 재앙을 막을 수 있는 힘과 과학 그리고 도구를 가지고 있다."[26]

브라질에서 오늘날 우리는 어떻게 식민지적 테라포밍이 지구 위기의 핵심에 놓여 있는지를 똑똑히 볼 수 있다.

✦ ✦ ✦

내가 이 단락을 쓰고 있을 때는 콜카타에 계시는 노모가 위중해지면서 식사를 중단한 2020년 8월 중순이었다. 검사 결과가 확인해준 바에 따르면, 코로나19에 걸린 것도, 지난 몇 년 동안 어머니를 괴롭힌 호흡기 질환 이외의 다른 질병이 생긴 것도 아니었다. 다만 한동안 약해져 있던 어머니의 생존 의지가 이제 아예 사라진 것처럼 보였다.

팬데믹이 시작되면서부터 나는 노모의 건강이 급격히 악화할 때 콜카타로 찾아뵙지 못할지도 모른다는 생각에 시달려왔다. 모든 이주자와 망명자를 괴롭히는 악몽과도 같은 가능성이 바로 내 눈앞에 와 있었다.

8월 23일 어머니가 돌아가시는 순간까지 누이와 전화 통화를 했다. 브루클린 시각으로 오전 8시 53분이었다.

다시 한번 말하거니와 내 마음에 가장 먼저 떠오른 생각은, 수많은 이가 사랑하는 사람들의 손길이 닿지 않는 병원에서 숨지는 데 비해, 그래도 우리 어머니는 운이 좋았다는 것이다. 어머니를 편안하게 해줄 모든 일을 할 수 있는 안락한 집에서, 원래부터 쓰던 침대에 누워 자신의 딸과 손녀의 극진한 보살핌을 받으며 눈을 감을 수 있었으니 말이다.

영원처럼 느껴진 그날의 나머지 시간 내내 내 생각은 1년 반 전인 2018년 12월의 일로 자꾸만 돌아갔다. 어머니가 호흡기 질환에 따른 합병증 때문에 마지막으로 병원에 입원했을 때다. 데비와 나는 그때 콜카타에 머물렀고, 어느 날 오후 어머니의 침대 맡에 앉아 있었다. 어머니가 갑자기 우리 손을 잡더니 마치 작별 인사를 건네기라도 하려는 듯이 손을 꼭 쥐었다. 그러고 나서 갑자기 일종의 혼수상태에 빠졌고, 눈의 흰자위를 드러낸 채 머리를 이쪽저쪽으로 흔들면서 중얼거렸다. 귀 기울이던 나는 어머니가 눈앞에 펼쳐진 어떤 광경을 묘사하고 있다는 것을 깨달았다. 어머니는 환한 빛 속에서 마치 어서 오라는 듯이 자신에게 다가오는 사람들을 보고 있었다. 어머니는 어떤 생명체가 자신을 감쌌는데, 어머니를 보호하듯 껴안고 있어 아무도 해칠 수 없게 해준 그 존재는 다름 아닌 뱀이라고 했다. 듣고 있자니 놀라지 않을 수 없었다. 살아오는 동안 뱀이라면 딱 질색을 했으니 말이다. 하지만 이상하게 어머니는 조금도 두려워하지 않았다. 그리고 연신 말씀하셨다. "코노 보이 네이(Kono bhoy nei)—두려워할 거 없어. 난 두려움을 느끼지 않아. 나는 두렵지 않아."

얼마 뒤 의사와 간호사들이 들이닥쳤고, 칼륨을 주입하자 어머니는 비로소 혼수상태에서 깨어났다. 하지만 의식을 찾자마자 절망적으로 외치기 시작했다. "왜 날 놔주지 않았니? 왜 날 붙잡았니? 왜 날 계속 여기에 가뒀니?"

어머니가 저쪽에서 본 것이 무엇이든 그건 두려움이 아니라 갈망을 불러일으킨 게 분명했다.

나는 그때 어머니가 그런 환영을 볼 수 있었다는 것에 야릇한 부러움을 느꼈다. 하지만 약간 샤먼 같았던 어머니가 훗날 나의 시간이 다가오면 내게도 그런 환영을 보도록 허락해주실 거라고 생각하면서 한편으로 안도감을 느꼈다.

17

유토피아

반다제도 같은 정복당한 영토에서 거주민이 폭력적으로 쫓겨나던 때인 17세기에도 유럽의 지식인들 사이에서 완벽한 사회, 즉 유토피아를 꿈꾸는 것은 일종의 유행으로 떠올랐다. 이 같은 초기 형태의 공상과학 소설은 식민주의의 또 다른 동반자 장르였다. '아무도 살지 않는다(empty)'고 추정되는 공간 위에 쌓아올린 대안적 세계를 상상했다는 점에서 말이다. 반다 대학살이 이루어진 때로부터 불과 5년 뒤 출간한 프랜시스 베이컨의 《새로운 아틀란티스(New Atlantis)》에서, 그러한 대안적 세계는 현대 연구 대학의 초기 구현체로 해석될 법한 학습 기관을 중심으로 하는 '관대함과 계몽(generosity and enlightenment)'의 섬 왕국이었다.

이 같은 유토피아 이미지의 아이러니는 그러한 이미지가 유럽인이 사실상 토착민 인구의 씨를 말린 땅에 새로운 사회를 구축하는 데 적극적으로 동참하던 시기로 거슬러 올라간다는 사실이다. 이를테면 얀 쿤은 실제로 자신이 1621년 대학살을 통해 사람이 살지 않는 곳으로 만든 섬들에 새로운 문명을 창출할 기회를 얻었지만, (그와 동시대 사람인 프랜시스 베이컨과 달리) 철학자라기보다 실용적인 인물이었던지라 반다제도에 유토피아를 건설하는 데 아무 관심도 없었다. 그 섬의 거주민 대다수가 보기에 그와 그의 부하들이 조성한 체제는 실상 특히 초기 몇 년 동안에는 암울한 디스토피아였다.

이 체제는 우연히 등장한 게 아니다. 실제로 역사학자 빈센트 C. 로스(Vincent C. Loth)가 지적했다시피 "그 체제를 만든 사람들이 정확히 제가 무슨 일을 벌이는지 알고 있었다는 것은 분명하다".[1] 그들이 만들어낸 것은 '인종 차별적 자본주의'의 한 가지 예였다. 말하자면 유럽계 후손인 소수의 농장주가 노예화한 다수의 노동자를 지배하는, 인종적으로 계층화한 사회에 자리 잡은 초기 형태의 산업농이었다.[2]

따라서 1621년 대학살 이후 수십 년 동안 반다제도가 목격한 것은 세계의 다른 많은 지역에서 더 느린 속도로 전개되던 역사의 고속 감기(fast-forwarded) 버전이었다. 당시 펼쳐졌던 세계의 위계 구조는 현대까지 줄곧 지속되었으며, 여러 면에서 근대성의 구성 요소였다. 쿤과 그의 동료들이 철학자는 아니었을지 모르지만 선지자였다는 것은 분명하다. 그리고 그들은 당대의 유명한 사상가보다 서구의 프로젝트를 훨씬 더 정확하게 꿰뚫어보았다.

반다제도에 새로운 사회 질서를 구축하기 위한 첫 번째 조치는 그 섬의 인구 재확충이었다. 상의하달식으로 추진된 이 일은 네덜란드계 후손인 페르케니르(perkenier, 농장주)들에게 새로 조성한 68군데의 육두구 농장을 넘겨주는 것으로 시작되었다.[3] 그다음 순서는 노동력이었는데, 그것을 위해서는 멀리 "구자라트, 말라바르 해안, 코로만델 해안(Coromandel Coast: 인도 벵골만에 면한 해안—옮긴이), 말레이반도, 자바, 보르네오, 중국의 연안 지역, 부퉁(Butung: 인도네시아 술라웨시 남쪽에 있는 섬—옮긴이), 말루쿠의 몇몇 지역, 카이, 그리고 아루(Aru: 인도네시아 뉴기니 서쪽에 있는 제도—옮긴이)"[4] 등 다양한 지역에서 고용 노동자, 기결수, 이주자, 그리고 노예화한 사람들을 데려왔다. 노예 노동자 중 많은 수가 기독교 개종자로, 대부분 남아시아 출신이었다. 그리고 13퍼센트나 되는 상당 비율이 최근 노예로 전락한 반다인이었다. 강제적 기술 이전의 끔찍한 예로, 포로 530명이 본래의 땅 주인이 아닌 노예 처지로서 투입되었는데, 이는 그들을 내쫓은 바로 그 정착민들에게 육두구 경작 기술을 가르치기 위해서였다.[5]

정복 초기 몇십 년 동안, 노예 처지로 전락한 수많은 사람이 "형편없는 처우, 혹독한 환경, 질병(특히 각기병), 그리고 더할 나위 없는 고통"으로 목숨을 잃었다. 그 바람에 네덜란드 동인도회사는 육두구 농장주들에게 끊이지 않고 노동자를 대주느라 고전했다.[6] 하지만 그 회사는 수 세기 동안 끈질기게 버티면서 육두구 농장에 (연간 5000~7700명에 달하는) "노예가 꾸준히 공급되도록" 보장했다.[7] 이 시기 내내 반다 인구 대다수, 즉 3분의 2에서 4분의 3은 노예화한 이들로 이루어져 있었다.[8]

말살당한 원주민의 자리를 대신하고자 멀리 떨어진 곳에서 다종다양한 사람들이 배에 실려 온 이런 디스토피아 환경에서는 어떤 유의 문화가 출현했을까?

뿌리 뽑히고 이질적인 인간 집단은 결국 그 땅으로부터 철저히 소외됐을 거라고 짐작해볼 수 있다. 그리고 만약 이처럼 이질적인 집단 내에서 어떤 질서가 출현한다면, 그것은 필시 서구 철학자들이 상상한 대로 모종의 사회적 계약의 결과일 거라고도 짐작해볼 수 있다.

하지만 실제로 일어난 일은 짐작과 달랐다. 이윽고 깊이 뿌리내린 활기찬 문화가 반다제도에 자리 잡았는데, 이것은 추상적인 계약 때문도 땅과의 원초적 관련성이라는 신화의 창조 때문도 아니었다. 그보다 사람들에게 뿌리내림에 대한 감각을 심어주는 데 기여한 풍경 그 자체의 생명력 덕분이었다.

반다제도에 관해 폭넓게 글을 써온 인류학자 필립 윈(Phillip Winn)은 1990년대에 론토르섬에서 현장 연구를 진행했다. 그의 설명에 따르면, 그 섬 거주민들은 조상이 그곳과 관련 있다는 그 어떤 암시도 철저히 부인했다. 그들은 하나같이 자기네가 다른 장소에서 왔다는 사실을 인정할 뿐 아니라 자신이 혼합 집단, 즉 '뒤섞인 사람들'이라는 뜻의 오랑 캄푸르(orang campur)라고 강조했다. 스스로가 반다제도 토착 원주민의 후예라고 주장하는 이는 거의 없었다.[9]

하지만 이슬람교도나 기독교도나 가릴 것 없이 이 새로운 인구 집단에게 이 섬들은 그 땅에서 솟아났다고 여겨지는 "창시자들"의 영령〔다투다투(datu-datu)〕이 단단히 지켜주는 "신성한 영토", 즉 타나 베르캇(tanah berkat)이었다.[10] 이 눈에 보이지 않는 존재들은 특정 장소와 관계 맺고 있기에 결코 소멸하지 않는다. 섬의 토착 인구가 대부분 말살된 뒤에조차 그들은 꾸준히 땅에 활력을 불어넣었다. 내내 "자리 잡은(emplaced) 정령의 형태"로, 수호신 같은 존재로 살아가면서 그들의 본래 영토에 강력한 영향력을 행사하면서 말이다.[11]

이 장소의 영령들은 다시 한번 전설 및 의례와 관련해 반다 문화의 중요한 부분으로 뿌리내렸다. 기독교도 반다인은 이슬람교도 이웃들과 함께 의례에 참여했고, 그렇게 함으로써 사실상 "종교적 소속보다 장소와의 동일시를 더 우위에 두었다".[12] 다투다투와 연관된 장소는 섬 전역에 흩어져 있었으며, 사람들은 그 경치를 돌아볼 때면 늘 그들의 존재를 의식했다.[13] 윈은 이렇게 썼다. "한 나이 든 의례 전문가는 그야말로 이런 장소를 방문할 때마다 정령들의 존재를 느낀다. 몸이 떨리고 피부에 소름이 돋고 머리카락이 주뼛 곤두선다. 그런데 이를 두려움이라기보다 즐거움이라고 표현한다. 그것은 그녀가 다투다투와 관계를 맺고 있으며, 그들이 그녀에게 관심을 보인다는 증거다. 그녀는 두어 번인가 이런 장소에서 돌아오자마자 소름 돋은 팔을 내게 내밀면서 그 장소와 관련 있는 특정 영령이 집까지 우리를 따라오고 있다고 속삭이곤 했다."[14]

반다의 풍경과 그 속에 거하는 영령들이 현대까지도 그 섬 거주민에게 생생하게 살아 있었다는 사실은 풍경이 자체적으로 의미를 창출할 수 있고, 자신의 스토리를 들려줄 수 있다는 증거다. 이것은 인간이 장소에 대해 문화적 구조물을 만들어내고, 거기에 제가 창조한 의미나 신화를 부여하는 상황과는 완전히 다르다. 후자 같은 상황을 가장 깔끔하게 정리해 놓은 것은 17세기 북·남미에 뿌리내린 영국 정착민 리처드 에번(Richard Eburne)이다. 그가 썼다. "그 땅을 영국의 것으로 만들어주는 것은 땅이 아니라 사람들이다."[15] 인간이 상상한 교차점을 특징으로 하는 포코너스 기념물은 이 격언의 일례다. 그곳에는 일군의 참가자들이 특별한 의미를 부여한 텅 빈 유클리드 기하학적 공간이 있다. 그 의미는 그 기념물이 (지금처럼) 먼지 나는 평원이 아니라 눈 덮인 산 정상에 있어도 신록이 짙푸른 계곡에 있어도 다르지 않을 것이다.

반면 반다인에게는 디네족에게와 마찬가지로, 의미를 만들어내고 그에 따라 그들을 토착 영령과 이어주는 것이 풍경이자 그것이 지닌 활력이었다. 이는 풍경과 그 안에 숨은 힘들이 적극적이고 생명력 넘치는 참가자인 한 가지 형태의 자리 잡기(emplacement)이다. 그들은 결코 인간에게 종속된 존재가 아니다.[16] 그 섬들은 마치 에번의 격언을 물구나무 세운 것 같다. 즉 "그들을 반다인으로 만들어주는 것은 사람들이 아니라 땅이다"

라고 외치는 듯하다.

우리는 새로운 반다인 같은 지극히 다양한 집단이 이런 식으로 환경과 상호 작용할 수 있다는 사실을 통해, 〔'피와 땅(blood-and-soil: 옛 나치의 슬로건—옮긴이)' 민족주의자들이 19세기 이후 줄곧 외쳐온 바와 달리〕 어떤 장소와의 강력한 연결성 또는 풍경의 생명력에 대한 믿음이 필연적으로 인종적 동질성에 뿌리내리고 있다는 생각은 옳지 않음을 깨닫는다. 지구를 가이아로서, 즉 생명력 넘치는 살아 있는 실체로서 경험하는 사람들이 보기에는, 거주자들의 기원이 같다고 해서 풍경이 활기를 띠는 것은 아니다. 그렇다기보다 그 풍경 안에서 살아가는 사람들의 기원이 어떻든 그들 간에 동질성을 부여하는 것은 다름 아니라 장소 그 자체의 생명력이다.

이는 아마도 인간이 지상의 모든 곳에서 만나는 풍경에 적응하고 동화되는 원초적 과정이었을 것이다. 어쨌거나 아프리카의 한 작은 지역을 빼고는 지상의 어느 곳에 사는 사람들에 대해서도 (그 땅에서 태어났다는 의미에서) 진정한 토착민이라고 할 수는 없을 테니 말이다. (인류의 기원과 관련해서는 현생 인류 호모 사피엔스가 약 20만 년 전 아프리카 사하라 사막 이남 지역에서 출현해 전 세계로 흩어졌다는 '아프리카 단일 기원설'이 정설로 받아들여져왔다. 물론 최근에는 그 정설이 끊임없이 도전받고 있긴 하지만—옮긴이.)

✦ ✦ ✦

땅이 만들어낸 연결성은 1990년대를 한참 지나서까지도 반다인을 하나로 결속시킬 만큼 강력했다. 하지만 밀레니엄 전환기에 멀리 자카르타의 암흑가 분쟁으로 촉발된 소문이 휴대전화 네트워크를 통해 말루쿠 전역에 퍼져나가면서 이슬람교도와 기독교도가 서로 맞붙게 되었을 때, 반다제도 역시 이어지는 폭력 사태를 피해가지 못했다. 폭동이 시작되자 암본의 일부 기독교도들이 더 안전할 거라고 여기면서 반다제도로 도망쳤다. 하지만 폭력이 그들을 뒤따라왔고, 반다제도의 기독교도 대부분이 살고 있는 반다나이라에서 교회와 기독교도의 집이 방화 피해를 입었다. 예술사가 줄리 버거 호크스트래서가 2006년 반다제도를 방문했을 때, 오랜 역사를 자랑하던 네덜란드 교회가 까맣게 그을린 채 폐허로 변해 있었다. 그가 썼다. "검게 타버린 구조물의 껍데기 속에서 유일하게 남은 거라곤 여전히 바닥을 덮고 있는 거대한 화강암 돌뿐이었다. ……하지만 내 기억은 주로 아이들에 관한 것이다. 암본의 기독교도 피난민은 폭력 사태로 자신들의 집이 불타버린 뒤 이 교회에 은신해 있었다. 빨래가 검게 그을린 벽 주위에 널려 있었다. 아이들의 어머니들은 내가 도착하자마자 말없이 한쪽으로 물러났다. 하지만 내가 교회 바닥에 박혀 있는 묘비들을 살펴보고 있을 때, 어디서나 그렇듯이 호기심 많은 아이들은 조심스럽게 내 주위에 몰려들었다."[17]

필립 윈이 쓴 바에 따르면, 반다제도에서 일어난 폭력의 직접적 결과로서 "그 섬의 기독교인 소수 집단이 거의 모두 떠났다". 그들 대부분은 정부가 지은 암본의 정착촌에 다시 자리를 잡았다.[18] 2016년 내가 그곳을 방문했을 때, 반다나이라에 있는 그 오래된 네덜란드 교회는 신중하게 복구되어 있었지만, 검게 그을린 다른 구조물들의 자취는 여전히 반다제도에서 기독교도를 모조리 몰아낸 폭력을 증언하고 있었다. 마치 육두구의 저주가 다시 한번 새로운 버전의 말살 논리로 무장한 채 반다제도를 덮친 것만 같았다.

반다제도처럼 접근하기 어렵고 적요한 장소에서는 수 세기에 걸친 유대가 그렇듯 허무하게 와해될 수 있는데, 이 사실은 지금 지구 행성을 지배하고 있는 위기의 깊이와 복잡성이 어느 정도인지를 잘 말해준다. 널리 만연하고 어디에나 존재하는 그 위기 안에서는 지정학, 자본주의, 기후 변화, 그리고 인종적·민족적·종교적 분열이 서로 얽히고설켜 있으며, 각각이 나머지를 한층 증폭하고 가속화한다. 이 같은 격변 속에서는 인간 역사가 남긴 유산이, 심지어 몇 년 전까지만 해도 누구도 가능하리라고 상상하지 못한 방식으로, 비인간 존재 및 그들의 행위 주체성과 상호 작용한다.

알고리즘과 통신 기술이 이러한 격변에 기여하는 주된 요소라는 것은 놀랄 일이 아니다.[19] 내가 이 글을 쓰고 있는 2020년 9월 12일에조차, 언론은 수개월 동안 '흑인 목숨도 소중하다' 시위가 좌파와 우파 활동가 간의 치명적 폭력으로 이어졌던 오리건주 포틀랜드에서 전례 없고 '충격적인' 산불이 계속 기승을 부리고 있다고 보도하고 있다. 그런데 이 같은 대화재 와중에도 그에 가장 직접적으로 위협받는 이들 가운데 일부가 소개령에 응하지 않았다. 디지털상에 퍼진 반파시스트 약탈자들이 거리를 배회한다는 소문 때문이었다. 산불, 소문, 그리고 대치는 저마다 다른 방식이긴 하지만 모두 인간 역사가 남긴 유산으로, 서로 상호 작용하면서 대재앙의 악순환을 점차 심화하고 있다.

✦ ✦ ✦

이 시대의 긴장감과 불확실성이 폭발 직전이니만큼 우리는 반드시 이렇게 질문해보아야 한다. 오늘날처럼 지구 위기가 무르익은 시기에 '생명력의 정치'는 가능한가, 아니 바람직한가? 어쨌거나 인간만이 영혼, 정신, 언어, 행위 주체성을 타고난 유일한 존재라고 믿는 이들은 비인간의 생명력이라는 개념을 위험한 것으로 간주할 수 있다. 만약 그것을 합리성 자체를 규정하는 특성으로 받아들인다면, 그와 다르게 생각하는 것은 비합리적이고 미신적인 것, 혹은 '신비주의적인' 것이라는 결론에 이른다. 합리성에 대한 이러한 정의를 숭배하는 자들은 사사로운 일에서는 미신이나 신비주의에 대한 관용을 고려하겠지만, 공적 영역에서는 그 존재를 극력 반대할 것이다. 후기 계몽주의적 견해에 따르건대 이성이, 오직 이성만이 이끌어가야 하는 영역의 전형적 예인 정치에서는 특히 더 그럴 터이다. 이런 관점에서 보면, 다비 코페나와의 사고, 그리고 실제로 내가 '샤먼적' 정치 혹은 '생기론적' 정치라고 묘사한 개념은 잘 봐주면 이율배반적 용어이고, 심하게 말하면 가장 나쁘고 가장 파괴적이고 가장 야만적인 인간 본성을 한꺼번에 분출시킬 수 있는 잠재력을 지닌 용어다.

이러한 추론 방식은 신중하게 고려해볼 필요가 있다. 오늘날에는 특히 특정 우익 집단들의 생태적 사고와 관련해 그것이 견고한 근거를 지닌다고 말해주는 역사적 연구가 다수 이루어지고 있기 때문이다. 이 주제를 다룬 가장 유명한 연구서는 1995년 자넷 빌(Janet Biehl)과 피터 스타우든마이어(Peter Staudenmaier)가 출간한 빼어난 책 《에코파시즘: 독일 경험의 교훈(Ecofascism Revisited: Lessons from the German Experience)》이다.[20] 이 책은 통일 이후 독일에서의 네오파시즘 부상에 대응하기 위해 집필했다는 점에서 특히나 중요하다.

독일에서 환경에 대한 배타적 믿음은 게르만족의 피(blood)가 흐르는 사람들과 그들이 사는 지역의 땅(soil) 간에 신비로운 관련성이 있다는 개념에 토대를 두고 있다. 빌과 스타우든마이어는 이 "피와 땅"의 신비를 찾아 "오늘날의 의미에서 '생태적' 사고의 가장 초기 사례로 여겨지는" 19세기 독일 작가 에른스트 모리츠 아른트(Ernst Moritz Arndt: 1769~1860)로까지 거슬러 올라간다. 하지만 그들은 계속해서 이렇게 설명한다. "아른트의 환경주의는 맹렬한 외국인 혐오적 민족주의와 떼려야 뗄 수 없는 관련성을 띠었다. 생태적 감수성에 대한 그의 감동적이고 예지력 있는 호소는 언제나 **독일** 땅과 **독일** 민족의 안녕과 관련해 표현되었다. 또한 그의 사고에서는 '이종족 결혼(miscegenation)'을 향한 거듭된 광적 비판, 게르만 민족 특유의 인종적 순수성에 대한 요구, 그리고 프랑스인·슬라브인·유대인을 향한 비방이 두드러졌다. 19세기 초, 땅에 대한 사랑과 호전적이고 인종 차별적인 민족주의의 치명적 결합이 확고히 자리를 잡았다."

아른트의 개념은 그 제자들에 의해 더욱 다듬어졌고, 결국에 가서는 "땅으로, 자연의 순수성에 어울리는 삶의 단순성과 총체성으로 돌아가자고 역설하는 '민족주의(völkisch) 운동'"으로 거듭났다. 독일의 동물학자 에른스트 헤켈(Ernst Haeckel: 1834~1919)이 1867년 '생태학(ecology)'이라는 용어를 만들어낸 것은 바로 이 같은 배경에서였다. 헤켈은 "독일어 사용 국가들에서 다윈의 진화론을 대중화시킨 가장 중요한 인물"이기도 한데, 이는 생태학이 탄생한 순간에 이미 생태적 사고와 사회적 다윈주의 간의 관련성이 구축되어 있었음을 의미했다. "헤켈은 북유럽 인종의 우월성을 믿었고, 인종의 혼합에 부지런히 반대했으며, 우생학을 열렬히 지지했다. ……따라서 생태학은 초장부터 대단히 반동적인 정치 체제와 관련이 있었다." 이 이념적 복합체의 성격을 규정하는 특징은 "생물학적 범주를 아무 매개도 없이 곧바로 사회적 영역에 적용하는 것"이다.

이들 개념의 상당수는 반데르푀겔(Wandervögel: '떠도는 자유로운 영혼') 운동에 흡수되었다. 반데르푀겔은 "신낭만주의, 동양 철학, 자연신비주의, 이성에 대한 적대감, 소외되지 않은 진정한 사회관계를 혼란스럽지만 열렬하게 추구하고자 하는 강력한 집단적 충동 등 반문화적 요소들의 잡탕"

에 영감을 받은 독일의 청년 운동이다. 1930년대에 반데르포겔 활동가 수천 명이 나치 당원으로 전향했다. 빌과 스타우든마이어는 이 같은 경향성을 그 운동이 주된 강조점을 정치의 개선이 아니라 '개인의 개선'에 둔 결과라고 보았다.

국가사회주의가 그렇게나 많은 젊은 독일의 자연 애호가들에게 호소력을 발휘한 까닭은 여러 생태 사상 분파가 나치주의(Nazism: 독일 국가사회주의—옮긴이)와 뒤섞여 있었으며, 심지어 히틀러의 저술 및 그의 개인적 습성에 빠져들었기 때문이다. "히틀러(Adolf Hitler: 1889~1945)와 히믈러(Heinrich Himmler: 1900~1945. 독일의 나치스 지도자—옮긴이)는 둘 다 엄격한 채식주의자이자 동물 애호가였고, 자연신비주의와 동종 요법〔homeopathic cures: 18세기 후반 독일 의사 사무엘 하네만(Samuel Hahnemann: 1755~1843)이 창시한 일종의 대체 의학으로 '같은 것이 같은 것을 치료한다'는 믿음에 입각한 치료법—옮긴이〕에 매료되었으며, 동물에 대한 잔혹 행위와 동물의 생체 해부에 명확한 반대 의사를 밝혔다. ……히틀러는 더러 진정한 그린 이상주의자(Green utopian)처럼 보이기도 했다. 적절한 수력 발전을 포함시키거나 슬러지(광유의 찌꺼기)로부터 천연가스를 생산하는 것 등 석탄의 대안으로서 다양한 재생 에너지원에 대해 권위를 가지고 광범위하게 논의했으며, '수력·풍력·조력'을 미래의 에너지가 가야 할 길로 선언하곤 했으니 말이다."

에코파시즘의 여러 개념은 독일이 임학을 위시한 수많은 학문에서 세계를 주름잡던 시대의 그 나라 문화에 기반을 두고 있었으므로, 유럽 너머까지 그 영향력을 널리 확장할 수 있었다. 19세기에 대영제국의 최고위급 삼림 공무원 다수가 독일인이거나 아니면 독일에서 교육받은 이들이었다. 식민지 시대의 임업 정책은 그들을 통해 숲 거주민이나 토착민에 대한 끈질긴 편견에 물들었다. 이러한 편견은 오늘날까지도 계속 아프리카와 아시아에서의 행정 관행에 영향을 미치고 있다.

독일의 환경적 사고는 북·남미의 비옥한 땅에도 상륙했다. 존 뮤어(John Muir)와 헨리 페어필드 오스번(Henry Fairfield Osburn) 등 미국 보존주의의 창시자 가운데 일부는 백인우월주의적 견해에 젖어 있었으며, 아메리카 원주민과 아프리카계 미국인에 대해 경멸조의 글을 썼다.[21] 브롱크스 동물원(Bronx Zoo)의 설립자 중 한 사람이자 글레이셔 국립공원(Glacier National Park)의 옹호자 매디슨 그랜트(Madison Grant: 1865~1937)는 《위대한 인종의 소멸: 유럽 역사의 인종적 기초(The Passing of the Great Race; or, The Racial Basis of European History)》(1916)의 저자이기도 했다. 이 책은 "지금껏 쓰인 것들 가운데 가장 영향력 있는 우생학 저서"[22]라는 평가를 받아왔다. 이러한 역사는 미국에서 가장 오래된 일부 보존 집단의 강령에 영향을 끼쳤으며, 그들에게 제도화한 인종차별주의의 잔재를 부여했다. 그들은 오직 최근에서야 그 잔재와의 싸움에 나섰다. 이는 '흑인 목숨도 소중하다' 운동이 크게 기여한 또 하나의 영역이기도 하다. 시에라 클럽(Sierra Club)이 그 단체 내의 제도화한 인종차별주의 문제를 공식적으로 다루기 시작한 것은 바로 '흑인 목숨도 소중하다' 시위가 한창이던 2020년 7월이었다. 그 단체의 중역이 썼다. "흑인 목숨의 옹호자들이 이 나라 전역에서 남부연합의 기념물을 끌어내릴 때, 우리는 그 순간을 우리의 과거와 백인우월주의를 영속화하는 데에서 우리가 맡아온 적잖은 역할을 돌아보는 계기로 삼아야 한다."[23]

하지만 이 같은 역사의 파괴적 영향을 완전히 도로 주워 담는 일은 결코 가능하지 않다. 미국의 환경주의가 미국 국경을 훌쩍 뛰어넘어서까지 막강한 영향력을 행사함으로써 세계 전역의 보존 단체들에 반토착민적이고 엘리트주의적인 편견이라는 해로운 유산을 심어놓았기 때문이다.[24] 따라서 가난한 사람이나 사회 취약 계층이 서구 환경주의자들을 깊은 의혹과 분노의 시선으로 바라보는 것은 조금도 놀랄 일이 아니다. 때로 이런 태도는 심지어 1993년과 1994년 갈라파고스제도(Galápagos Islands)에서 일어난 사건처럼 노골적인 갈등으로 비화하기도 한다. 당시 그 지역 어민들은 다윈 재단(Darwin Foundation) 임원의 인형을 만들어 불태웠고, 나중엔 거북이 군체를 공격해 31마리를 죽이고 한 마리에게 상처를 입혔다.[25]

바로 위의 문단을 쓰고 있던 날인 2020년 10월 8일, 세계자연기금〔World Wildlife Fund, WWF: 초창기의 WWF는 세계야생동물기금(World Wildlife Fund)을 의미했으나, 1986년 활동 범위를 좀더 적절하게 포괄하고자 세계자연기금(World Wide Fund for Nature)으로 명칭을 변경했다. 그런데 미국과 캐나다는 기존 명칭을 계속 유지하고 있다—옮긴이〕의 한 직원이 콩고민주공화국 살롱가 국립공원(Salonga National Park)의 고위 임원 출신이라는 뉴스가 보도되었다. 살롱가 국립공원은 (2015년 삼림 관리원들이 4명의 여성을 윤간한 사건을 비롯해) 살인, 강간, 고문 등 숱한 사건의 발생 기록을 보유한 악명 높은 곳이었다. 토착민 권리옹호 단체 '서바이벌 인터내셔널(Survival International)'의 회장이 그 사건을 언급하면서 말했다. "WWF를 비롯한 여러 거대 보존 비정부 기구들(NGOs)은 수십 년 동안 벌어진 온갖 인권 침해 사례에 대해 자기네가 책임이 있음을 잘 알고 있었다. 서바이벌 인터내셔널은 그런 사례를 30여 년 전부터 줄곧 지적해왔다. 나는 개인적으로 지난 반세기 동안 수십 곳의 기업과 정부에 의한 부족민의 권리 유린에 맞서 싸워왔다. 그런데 이 거대 보존 비정부 기구들보다 더 불성실하고 식언을 일삼는 곳은 한 군데도 없었다. 그들의 행태는 궁극적으로 우리의 세계에도 피해를 안긴다. 우리 행성의 최고 방어자들(토착민들—옮긴이)을 파괴하기 때문이다."[26]

✦ ✦ ✦

지구 위기가 점차 심화하면서 배타적 보존주의는 진즉부터 훨씬 더 사악한 쪽으로 방향을 틀기 시작했다. 북미, 유럽, 그리고 대척지(Antipodes: 오스트레일리아와 뉴질랜드를 일컫는 말로, 두 나라가 영국과 대척지에 있다는 사실에 의거해 흔히 익살스러운 표현으로 사용한다—옮긴이)'의 극우 단체들이 이민자와 유색 인종을 공격하기 위해 에코파시즘적 개념을 들여온 것이다.[27] 2019년 3월 15일, 뉴질랜드 크라이스트처치(Christchurch)의 알 누어(Al Noor) 이슬람 사원을 공격해 50명을 살해하고 49명을 다치게 만든 백인우월주의자는 "종족민족주의적(ethno-nationalist: 종족민족주의는 최근 극우 정당이나 정치인들이 앞세우는 경향이 있는데, 인종주의 및 국수주의의 성격을 짙게 띠는 민족주의를 뜻한다—옮긴이) 에코파시스트"[28]라고 명시적으로 밝혀졌다. 이 대학살에 대해 나오미 클라인은 이렇게 말했다. "우리 사회가 생태적 위기에 대처하는 방법을 크게 바꾸지 않는다면, (우리의 집단적 기후 책무에 부합하도록 살아가길 거부하는 맹렬한 합리화로써) 이런 유의 백인우월주의적 에코파시즘이 훨씬 더 빈번하게 출현할 텐데, 그 광경을 지켜보아야 한다는 사실이 정녕 두렵다."[29]

이것을 비롯한 여러 이유 때문에, 피와 땅의 신비에 대한 빌과 스타우든마이어의 경고는 더없이 세심하게 주의해볼 만하다. 하지만 그것을 인정한다고 해서 반드시 '신비주의'와 에코파시스트적 사고 간의 관련성에 대해 어떤 명확한 결론에 이르는 것은 아니다. 무엇보다 빌과 스타우든마이어가 언급한 주요 인물 가운데 어느 누구도 그 어떤 인식 가능한 의미에서든 '신비주의자'가 아니라는 것은 분명하다. 실제로 그들 다수는 저마다 여러 부류의 과학자였다. 일례로 헤켈은 동물학자이며, 그의 제자와 조수 모두 과학적으로 훈련받은 이들로서 그 상당수는 헤켈이 창설한 '과학적 생태학' 분야에 종사했다. 그들 가운데 가장 영향력 있는 부류에 속하는 빌리발트 헨첼(Willibald Hentschel)은 생물학 박사 학위 소지자이며, 인디고 염료를 발명해 막대한 부를 거머쥐기도 했다. 빌과 스타우든마이어 자신도 "생물학적 범주를 아무 매개도 없이 곧바로 사회적 영역에 적용하는 것"을 이 이념적 복합체의 주된 특징이라고 밝힐 때 인정했다시피, 실제로 에코파시즘에서 가장 중요한 개념은 대부분 과학에서 차용한 것들이다. 그러므로 만약 신비주의적 비합리성을 이유로 에코파시즘을 비난한다면, '합리적인' 과학적 사고가 어떻게 면죄부를 받을 수 있는지 이해하기 어렵다. '합리적인' 과학적 사고가 이 이념 복합체에서 훨씬 더 중요한 역할을 맡아온 것으로 보이기 때문이다. 그뿐만 아니라 에코파시즘의 중심 개념이 '사이비 과학적(pseudoscientific)'이라고 말할 수도 없다. "과학적 인종차별주의에 신뢰성과 존경심을 부여해온 과학자들은 흔히 어려운 수수께끼처럼 보이는 생물학 및 인간 사회의 문제를 규명하기 위해 고군분투하는 일류 과학자였다. 그들의 작업을 그저 '사이비 과학적'이라고 치부하면 과학적 탐구 자체의 본질에 관해 중요한 뭔가를 놓칠 수도 있다."[30]

자세히 조사해보면 결국에 가서 서구의 에코파시즘 사상은 '신비주의'에서 파생된 게 아니라 (또는 그것에서만 파생된 게 아니라) 사회적 다윈주의, 우생학주의(eugenicism), 말살주의(exterminationism) 등—이 모든 것은 궁극적으로 깊이 뿌리박힌 인종에 대한 신념의 산물이다—다양한 형태의 '과학주의(scientism)'에서(도) 비롯된 것으로 보인다. 하지만 에코파시즘을 유독 위험하게 만드는 것은 그 생물학적 동기가 오늘날의 여러 과학주의 형태와 너무도 쉽게 결탁하고 있다는 점이다.

그러나 이것은 물론 모종의 과학적 추론이 에코파시즘에 필수적이므로 모든 과학 분야를 의심스러워해야 한다는 의미는 아니다. 또한 생태학의 창시자가 극우파이자 인종 차별적 사상가였다는 사실이 모든 생태학에 지울 수 없는 오점을 남겨서도 안 된다. 분명 오늘날의 대다수 생태학자는 정의의 문제를 예리하게 인식하고 있다. 실제로 이와 관련해 '과학'을 마치 거대한 단일 조직인 양 언급하면 오해가 빚어진다. 과학이라는 분야는 실로 방대하며, 오늘날에는 거기에 반식민주의적이고 정의 지향적인 온갖 종류의 과학이 두루 포함되어 있다.[31] 에코파시즘과 관련해 특별한 역할을 담당하는 것은 (예컨대 대기물리학이라기보다) 생물학인 듯하다. 사정이 이러하므로, 정확히 빌과 스타우든마이어가 암시한 바와 같이, 초기 에코파시즘에 대한 경고 신호로 기여하는 것은 사회적 삶에 생물학적 은유와 범주를 적용하려는 시도다.

그럼에도 '지배적 과학'이 군국주의와 식민주의를 강화해온 오랜 역사를 지니고 있다는 것, 그리고 그것이 일반적으로 말해 세계의 지배적 국가들과 지배적 계급들에 이로운 결과를 생산하는 경향을 보인다는 것은 여전히 부인할 수 없는 사실이다.[32] 이러한 유산의 흔적은 심지어 오늘날에도 진즉부터 일부 엘리트 과학·기술 기관들이 공공연히 드러내고 있는 지구공학에 대한 열정에서 찾아볼 수 있다.[33]

그렇다고 해서 에코파시즘에 반대하는 사람들이 '과학' 일반을 경계해야 할 이유는 없다. 대기물리학과 기후과학에 관한 한 기후 활동가가 과학자와 협업하는 것은 분명 필수적이다. 많은 주요 환경 단체가 과거의 관행을 포기하고 토착민과 동맹을 맺는 등 환경주의 또한 최근 몇 년 동안 중대 변화를 꾀해왔다는 점 역시 주목할 만하다. 미국에서 점차 목소리를 키우고 있는 환경 정의 운동의 출현은 가난한 미국인 및 아메리카 원주민과 세계 다른 지역의 그 상대역들 간에 공통점이, 엘리트 환경주의에 의해 오랫동안 가려져온 공통점이 다수 존재한다는 것을 보여준다.

우리 시대에 가장 시급한 것은 관심사, 접근법, 생활 경험, 정체성이 전혀 다른 사람들이 지구 관련 이슈에 대해 합의점을 모색하는 일이다. 이는 그 정의상 교육을 많이 받은 소수의 유자격 전문가에게 그저 맡겨놓을 수 있는 사안이 아니다. 하지만 전문가와 과학자들이 제안할 수 있는 게 많다는 점은 의심할 나위가 없으며, (과학 그 자체가 만들어낸 데 적잖은 책임이 있는) 위기에 맞서는 데 과학자들이 아무 역할도 해서는 안 된다는 주장은 외려 문제를 키우는 꼴임에 틀림없다. 그러나 다비 코페나와 같은 이들의 정치적 견해를, 단순히 그것이 기계론적인 공식적 근대성의 패러다임에 기초하고 있지 않으며 따라서 (시간에 대한 선형적 개념화를 지지하는 사람들에게) '원초주의자' '낭만주의자' '원시주의자'라고 무시하고픈 유혹을 안겨줄 소지가 있다는 이유에서 거부하는 것 역시 자멸적이다. 오늘날 인류가 수많은 상이한 시간축이 나란히 공존하고 상호 침투하는 시대를 살아가고 있다는 것은 분명하다. 따라서 코페나와도 (후미진 삼림 지대에서 이루어지는 채굴 산업의 맹공에 적극적으로 저항하고 있는 다른 많은 사람과 마찬가지로) 여러모로 지구 위기를 이해하는 데에서 서구의 평온한 대학 도시에 안거하는 학자들보다 한층 '앞서 있을' 것이다. 코페나와의 이야기에는 낭만적이라고 할 만한 구석이 눈곱만큼도 없다. 그것은 우리 시대의 환경 투쟁에 수반되는 폭력과 갈등을 숱한 학술 논문이나 언론 보도보다 한층 더 명확하게 전달하는 상실에 관한 내러티브다.

결국 모든 접근법은 그것이 기술적이든, 기술 관료적이든, 정치적이든 더없이 신중하고도 면밀한 조사를 거칠 필요가 있다. 말루쿠에서 최근 벌어진 종교적 폭력이 똑똑히 보여주다시피, 우리는 지금 기술과 정치가 함께 손잡은 채 가장 깊이 뿌리내린 생기론적 신념조차 뒤흔들고 왜곡할 수 있는 시대를 살아가고 있기 때문이다. 그 점을 오늘의 인도보다 더 잘 보여주는 예는 찾아보기 어렵다.

✦ ✦ ✦

인도는 범신론적 전통과 식민지화 및 저항의 역사를 지녔으니만큼 지구에 대한 생기론적 신념이 정치적 삶에 막강한 영향을 미치는 국가일 거라고 여기기 쉽다. 이것은 실제로 20세기의 상당 기간 동안에는 줄곧 사실이었다. 극히 반기계론적 신념의 소유자였던 마하트마 간디(Mahatma Gandhi)의 영향력이 인도 아대륙의 사회적·영적 삶의 온갖 측면에서 느껴졌던 시기였으니 말이다. 하지만 간디의 영향력은 인도의 독립 직후 퇴조하기 시작했으며, 이제 특히 정치계 내에서는 거의 무의미하다 할 정도로까지 약화했다.

인도 정치에서 강력한 힘이던 반기계론적이고 생기론적인 개념이 맥을 못 추게 된 것은 주로 카스트 제도 때문이다. 그 나라에서 땅·강·숲·해안과 가장 깊이 관계 맺으며 살아가는 이들을 권력 구조의 맨 가장자리로 확실하게 밀어내버리는 카스트 제도 말이다. 이런 결과는 카스트를 뒷받침하는 논리의 산물인데, 그 논리는 두엄·육류·가죽·배설물 등 상류 카스트가 불결하다고 여기는 여러 유기 물질 취급하는 일을 그 위계 구조의 최하층에게 맡긴다.[34]

이 논리는 농업, 어업, 사냥, 가죽의 보존 처리, 가축 몰이, 도자기 만들기 등을 통해 생계를 이어가는 달리트(Dalit)와 아디바시(Adivasi) 같은 (토착민) 공동체가 주류로부터 체계적으로 배제되고 소외 및 억압당하도록 보장한다. 하지만 달리트와 아디바시가 비인간 및 땅과의 관계를 특히 중시한다는 면에서 그들의 전통은 다른 곳에서 볼 수 있는 토착민의 전통과 대단히 흡사하다. 환경사가 무쿨 샤르마(Mukul Sharma)는 오디샤주(Odisha) 서부에 사는 달리트 집단에 관한 글에서 이렇게 지적했다. "이곳 달리트의 내러티브에서 땅은 선조들의 영혼이 살아 숨 쉬는 곳이다. 땅은 살아 있고 강력하며, 정중하고 세심하게 다루어야 한다. 모든 달리트 가정에는 지상의 신성한 장소에 그들의 조상 두마(Duma)가 살고 있다."[35]

따라서 카스트의 논리는 인도의 신념 체계에 내재되어 있는 생기론적 요소에 반하며 사실상 그것을 부인한다. 하지만 최근의 경험이 보여주는 바에 따르면, 신성함에 대한 상류 카스트의 개념은 정치적 전용 및 조작에 위험하리만치 취약하다는 것을 알 수 있다. 무쿨 샤르마는 꽤나 다른 인도의 세 가지 환경 운동에 대한 소상한 연구에서, 힌두교 근본주의자들이 그린 활동주의(green activism)의 언어, 식이, 순수성, 신성한 공간 등에 관한 상류 카스트의 이념을 혼합함으로써 그 세 가지 환경 운동을 모조리 손에 넣었음을 보여주었다. 따라서 환경주의는 고전적인 에코파시즘적 방식으로 도시의 지배 집단은 확실하게 장악한 반면 달리트, 아디바시, 가난한 이슬람교도는 하찮은 존재로 만들어버렸다. 샤르마가 말했다. "힌두교 우파는 그들의 정치 담론을 통해 자신들이 환경 운동의 정치적 궤적을 흡수·사용·재조정할 수 있는 힘을 지녔다는 것을 보여주었다."[36]

이 같은 유의 우파 환경주의가 드러내는 지독한 위선과 무의미성은 현 인도인민당(Bharatiya Janata Party, BJP) 지도부가 채광 기업, 에너지 기업, 건설 기업의 이익을 위해 오래된 환경적 제약과 규제를 놀랍도록 빠르게 철폐하는 데에서 분명하게 확인할 수 있다. 그들은 이런 일을 하나같이 위장환경주의(greenwashing: 환경적으로 해로운 기존 관행에 대한 비판 여론을 피하거나 감추려는 방편으로 친환경적 방안을 실행하는 시늉을 하거나 허위·과장 광고 및 선전, 홍보 수단 따위를 통해 친환경적 모습으로 위장하는 현상—옮긴이)의 수사를 남발하면서 저지르고 있다.[37]

그러므로 인도의 최근 역사는 여러 면에서 '신비주의'가 배타적인 우파 정치와 손잡으면 지극히 실질적인 위험을 드러낼 수 있다고 경고하는 이야기다. 이것은 우연이 아니다. 힌두교 근본주의의 초석을 다진 이데올로그들은 노골적으로 파시스트적 인종 이론인 '아리아니즘〔Aryanism: 아리안족(Aryan)을 나머지 인류를 지배할 권리가 있는 우월한 인종 집단으로 보는 사고—옮긴이〕' 따위를 공공연하게 받아들였다. 그들은 제가 쓰는 글에서 고대의 상징과 이미지를 들먹였을 수도 있지만, 그들의 개념은 무엇보다 식민지 근대성의 산물이었다. 이것이 바로 그 개념들이 그토록 쉽게 오늘날 탐욕스러운 '자원 착취적 민족주의' 이데올로기로 변형될 수 있었던 이유다.

하지만 인도가 전면적인 자원 착취 경제로 전환한 것이 오직 우익에 의한 '신비주의'의 무기화 탓만은 아니다. 그것은 자칭 비종교적인 국민회의당(Congress Party)에 의해 오래전부터 시행되었다.[38] 좌파 정당들도 이러한 추세를 막는 보루가 되어주지는 못했다. 2006~2008년 인도공산당(마르크시스트당)—Communist Party of India(Marxist)—즉, CPI(M)의 서벵골 진영은 대대적인 인클로저 프로그램에 착수했다. 2개의 거대 다국적 기업—하나는 특별 경제 지대(Special Economic Zone)를 건설할 목적이었고, 나머지 하나는 자동차 공장을 세울 계획이었다—의 이익을 위해 소농들로부터 농지 수천 헥타르를 탈취하려는 시도였다. 그에 뒤이은 저항과 탄압은 사실상 서벵골에서 수십 년 동안 정치 현장을 지배해온 CPI(M)가 몰락하는 결과를 초래했다.

궁극적으로 식민주의의 역사적 모델이 정착형 식민주의 모델과 매우 달랐던 인도는 오늘날 자국을 정착형 식민주의 이미지로 재건하기 위해 안간힘을 쓰고 있다. 북·남미와 오스트레일리아에서처럼, 가장 뚜렷하게 이러한 야심을 가로막는 것이 바로 숲에서 살아가는 아디바시들이다. 그들은 존재 자체로 '자원'을 함유한 땅과 숲을 점령하고 있다. 다른 곳에서와 마찬가지로 인도에서도 식민주의는 "다른 무엇보다, 그리고 언제나" 땅과 관련되어 있다.[39]

아디바시에 대한 법적 보호는 지금껏 인도에서 그다지 굳건하지 않았다. 식민지 시대 이래 공식적으로 지정된 숲 지대—국가 표면적의 20퍼센트를 차지하고 있다—는 토지 법률의 정상적 기능이 유예된 국내적 '예외 상태'를 형성해왔다. 이 영역은 막강한 권력을 가진 거대 관료 집단인 삼림부(Forest Department)와 준(準)군대처럼 기능하는 삼림경비대의 통제를 받는다. 이 부서는 북미와 오스트레일리아에서 토착민 업무를 관장하던 정착형 식민주의 관료 체제와 대단히 흡사하다. 그 관료 체제처럼 삼림부 역시 과거에는 멀리 떨어져 있어서 보호받을 수 있었던 지역들로까지 기업의 이해가 더욱 깊이 파고들도록 돕는 데 효과적인 기구로 입증되었다. 북미나 아프리카에서와 마찬가지로 인도에서도 보호림에 대한 단속은 흔히 인종 청소에 해당하는 결과로 이어지곤 했다. 관광 산업과 그 산업을 위한 도시 중산층 고객의 이익을 앞세우며 토착민을 그들이 살던 고향 땅에서 몰아낸 것이다. 전치된 아디바시는 보호 구역과 비슷한 정착촌으로 강제 이주당하기 일쑤다.

그 밖에도 유사점은 수없이 많다. 북미 '인디언 기숙 학교'의 경우와 마찬가지로 민간이 운영하는 기관이 아디바시 아동을 재교육시키고 있다. 정착형 식민주의의 관행처럼, 아디바시의 물리적 생활 기반은 종래의 수렵·채집 장소에 대한 접근을 제한하고 특정 유형의 수렵과 채집을 금지하면서 서서히 무너지고 있다.[40] 북·남미와 오스트레일리아에서 그러했듯 광산업과 추출 산업이 아디바시가 신성시하는 산이나 그 밖의 장소들에 파고들고 있다. 유사점의 완결판은 수십 년 동안 부글부글 끓어온 '비정규전'이다. 인도의 동부·중부·북동부에서 부족 반군과 정부군 간에 맞붙은 전쟁 말이다.[41]

하지만 점차 어두워지는 암울한 그림에서도 주로 풀뿌리 저항 운동이 발산하는 불빛 몇 개가 보인다. 그 가운데 일부가 생기론적 정치 형태의 가능성을 보여주는 전형적인 예라는 것은 전혀 우연이 아니다. 가장 눈에 띄는 예는 우타라칸드주(Uttarakhand: 인도 북부에 위치한 주—옮긴이) 산악 지역에서 펼쳐진 칩코 운동(Chipko movement: 칩코는 인도 말로 '껴안다'는 뜻. 칩코 운동은 개발 목적으로 점차 파괴되어가는 숲을 보호하고자 인도 여성들이 히말라야 숲 벌목에 맞서 '나무를 베려거든 나를 먼저 베라'며 나무를 끌어안고 저항한 환경 보호 운동—옮긴이)이다. 1973년 초, 몇 무리의 마을 사람들—대다수가 여성—이 목재 상인의 벌목으로부터 나무를 보호하기 위해 말 그대로 나무를 껴안기 시작했다. 민속 시(詩)는 시위자와 그들이 벌인 운동에 영감을 불어넣는 데에서 중요한 역할을 했다. 그 운동은 매우 큰 지지를 얻었고, 결국 지방 정부는 보호 법안을 제정하지 않을 수 없었다.[42] 이 운동은 또한 세계의 다른 많은 사람들에게도 영감을 주었으며, 나무 껴안기(tree hugging)는 전 세계적 시위 전술로 자리 잡았다. 그와 마찬가지로 오디샤주의 니얌기리(Niyamgiri) 지역에서는 아디바시들이 산의 신성함을 보크사이트 광업에 맞선 저항의 토대로 삼았으며, 그것을 근거로 법정에서 몇 차례 의미 있는 승리를 거두었다. 이 두 가지는 인도의 소외받는 종족들 사이에 널리 퍼져 있는 여러 저항 형태 가운데 일부 사례일 뿐이다.[43] 무쿨 샤르마가 지적한 것처럼 무엇보다 인도 환경 운동의 강점은 그 다양성에 있다. "저마다 실제적인 정치적 활동을 벌이는 많은 환경 단체와 운동은 국가 기관을 민주화함으로써 좀더 책임 있고 민주적인 환경적 의사 결정 형태를 창출하려는 노력을 선두에서 이끌어왔다."[44]

이 모두는 생기론적 개념과 정치의 관계에서 일관된 패턴으로 드러나는 것과 일치한다. 지구의 신성함과 나무·강·산의 생명력에 대한 믿음은 거의 언제나 비인간을 옹호하려는 진정한 헌신의 표식이다. 그 믿음이 라마찬드라 구하(Ramachandra Guha: 1958~)가 말한 이른바 '생계형 환경주의(livelihood environmentalism)'—특정 풍경의 특수성과 긴밀하게 엮인 채 살아가는 사람들이 시작하고 이끌어가는 운동—와 관련될 때 말이다. 동일한 이유에서 만약 엘리트주의적 보존주의자, 탐욕스러운 구루나 종교 지도자, 우익 사이비 종교 집단, 그리고 무엇보다 정당이 그러한 개념을 신봉한다면 거기에 대해서는 늘 불신하거나 잘 따져보아야 한다. 이 경우에는 그것이 정확히 배타적 우파와 파시스트의 선택에 힘을 실어주는 '신비주의'의 표식일 가능성이 높기 때문이다.

생기론적 정치의 의도가 언제나 그리고 필연적으로 자애로울 거라는 말은 아니다. 그것은 사실과 한참 동떨어져 있다(에코파시즘에 사면이 없는 건 아니다). 결국 지구 위기에 대한 모든 접근법은 (그것이 기술 관료적인 것이든 생기론적인 것이든) 동일한 기준으로 판단해야 한다. 그 기준으로 삼을 만한 내용은 프란치스코 교황의 2016년 회칙 《찬미받으소서(Laudato Si)》에 가장 잘 정리되어 있다. "진정한 생태적 접근법은 언제나 사회적 접근법이어야 한다. 그것은 땅의 외침과 가난한 사람들의 외침 둘 다에 귀 기울일 수 있도록 환경에 대한 논쟁에 정의의 문제를 포함시켜야 한다."

18

생기론적 정치

생기론적 정치라는 개념은 처음에는 있을 법하지 않아 보일지도 모른다. 하지만 잠깐만 생각해보아도 현대의 가장 효과적인 정치 운동 가운데 일부가 생기론적 원천에서 그 에너지를 끌어왔음을 이내 깨달을 수 있다. 마하트마 간디가 이끌어온 수십 년간의 투쟁이 그에 딱 들어맞는 예다.

간디의 정치적 무대는 인도였지만 그의 사상과 정치적 전략에 자양분을 제공한 것은 기계론적 형이상학이 주류로 부상하던 시기에, 마치 지하의 강처럼 내내 지구 주위를 돌고 있던 강력하고 유구한 역류(counter-currents)였다.[1] 수 세기 동안 이 역류는 심지어 유럽 근대성의 심장부에서조차 거듭 표면화하곤 했다. 인클로저 반대 운동, 농민 반란, 그리고 때로 17세기의 진정수평파(Digger) · 랜터파(Ranter) · 수평파(Leveller)—(셋 모두 새로운 기독교 분파. 종교 분열이 심했던 17세기에 기존 신교에 불만을 품은 이들이 더 의미 있는 영적 생활을 보장하는 듯한 종교 분파에 관심을 기울이기 시작했다—옮긴이)—와 연합한 훨씬 더 공격적인 생기론적 시위 형태 같은 모습을 띠면서 말이다. 이들은 하나같이 지구를 태엽 달린 기계로 환원시키고 그 안에서 유럽의 엘리트와 유럽계 혈통의 식민주의자를 뺀 나머지 모든 존재를 잔인하게 침묵시키는 프로젝트에 맞선 반란이었다.

지구를 침묵시키고 정복한 프로젝트가 북·남미에서보다 더 많은 폭력을 촉발한 곳은 달리 없다. 그러니만큼 아메리카 인디언과 아프리카계 미국인의 전통 속에서 생기론적이고 반기계론적인 정치 형세를 가장 또렷하게 볼 수 있다는 사실은 그리 놀라운 게 아니다. 남미에서는 유럽인의 정복 뒤에 수많은 봉기가 이어졌는데, 그중 상당수는 다비 코페나와에게서 볼 수 있는 것처럼 인간과 비인간의 관계에 대한 믿음을 지닌 샤먼들이 주도했다. 그중 하나가 1565년 페루에서 시작되었고 1572년 빌카밤바 잉카〔Inca of Vilcabamba: '신잉카국'이라고도 하며, 1533년 빌카밤바에서 망코 잉카 유팡키(Manco Inca Yupanqui)가 세운 국가—옮긴이〕의 마지막 왕 투팍 아마루(Tupac Amaru)가 처형당하고서야 종료된 타키 온고(Taqui Ongo) 운동이다. 샤먼들은 이 운동에서 중요한 역할을 담당했으며, 그 의식에는 바위·시내·호수에 거하는 정령, 즉 후아카(huaca)를 위한 '부활 의식'이 포함되었다.[2] 이런 운동들, 그리고 남미와 중미에서 일어난 그와 비슷한 수많은 운동은 에스파냐의 통치에 맞서 "전통적인 역사기록학이 늘상 허용해온"[3] 것보다 훨씬 더 격렬한 저항을 시작했다. 그와 비슷하게 북미에서도 샤먼이 이끄는 봉기가 수없이 많았는데, 그중 최고봉은 파이우트족(Paiute)의 예언자 워보카(Wovoka)가 영감을 불어넣은 유령의 춤(Ghost Dance) 대중운동이었다.[4]

아프리카계 미국인의 저항 전통은 또한 공식적 근대성의 자원과는 전혀 다른 자원을 이용한다. 이것이 바로 '흑인의 급진적 전통'과 관련해 세드릭 로빈슨이 주장하는 바이다. 그의 설명에 따르면, 북·남미에서 노예제에 대한 저항은 비단 통상적 의미에서의 정치적 저항에 그치는 게 아니었다. 그것은 형이상학적 저항이기도 했다. 과거의 형이상학을 창의적으로 재창조함으로써, 백인 인슬레이버(enslaver: 노예로 만드는 사람—옮긴이)들의 세계에 대한 근원적 개념화에 이의를 제기했다는 면에서 말이다. 로빈슨은 "'흑인의 급진적 전통'의 원료는 아프리카에서 과거에 개발되고 문화로 면면히 이어져온 철학이다. 그것으로부터 혁명 의식이 싹텄으며 투쟁 이데올로기가 만들어졌다"[5]고 주장한다. 종종 공개적인 반란이 불가능할 때면 "사람들은 오비어(obeah: 아프리카, 서인도 등지의 흑인들이 행하는 주술 신앙—옮긴이), 부두교, 이슬람교, 그리고 흑인 기독교 …… 등을 통해 스스로와 자녀들을 신념, 신화, 그리고 (언젠가 그들이 불가능한 일을 시도하도록 허락해줄) 메시아적 비전으로 단련시키면서 훗날을 도모했다".

유럽의 인슬레이버들은 흑인 호전성의 이러한 측면을 도무지 이해할 수 없었다. 그들은 흑인의 저항을 그저 '사악한 미치광이의 영향을 받아' 야만으로 회귀하려는 작태로 여겼다. 하지만 이 같은 저항의 표현 양식을 보고 당황한 것은 비단 식민지 지배자들만이 아니었다. 서구의 급진주의자, 그리고 스스로가 그(서구 급진주의—옮긴이) 전통에 속해 있다고 여긴 일부 흑인 지식인들도 당황하기는 매한가지였다. 그들 역시 주류 마르크스주의 이론과 달리, 유럽과 미국의 노동 계급이 부르주아 사회에 맞서 지속적으로 도전을 감행하기는커녕 하나같이 민족주의와 인종차별주의에 취약한 것으로 드러났다는 사실을 서서히 깨달아야 했다. 서구 급진주의자들의 기대가 틀렸음을 말해주는 것으로, 자본주의적 질서와 제국주의적 질서에 대한 중대한 도전들은 '선진' 국가가 아니라 (아시아·아프리카·라틴아메리카 등) 역사의 변방으로 치부되는 지역의 농민과 농업 노동자들로부터 비롯되었다. 그들의 열정이 '마르크스 혁명 이론에서 가정하는 프롤레타리아 의식'의 발로였던 것도 아니다. 그렇다기보다 그것은 듀보이스가 기술한 바와 같이 "전설과 기발함과 예술의 합작품"이었다.

✦ ✦ ✦

그보다 훨씬 더 끈질기게 생기론을 고수하고 있는 것은 아메리카 원주민의 저항 운동이다. 이는 "우리의 모든 친척들"—즉 강, 산, 동물, 그리고 그 땅의 정령을 포함하는 비인간 친척 스펙트럼 전반—을 보호하기 위해 가족적 본능을 전면에 내세우는 윤리에 오랫동안 기초해온 것이다.[6]

이러한 접근법은 기본적으로 영적이거나 종교적이지만 놀라우리만치 효과적이다. 저자이자 활동가 위노나 라듀크는 자신의 책 《우리의 모든 친척들(All Our Relations)》에서 이렇게 썼다. "우리는 비록 자원이 척박함에도 지역 차원에서 수많은 치열한 승리를 거두고 있다. 우리는 대규모 폐기물 매립지, 그리고 다국적 채굴·목재·석유 기업들을 제압해왔다. 그리고 원주민 국가들(Native nations) 전역에서 사람들은 미래 세대를 위해 어머니 지구(Mother Earth)를 보호하는 투쟁을 꾸준히 이어가고 있다."[7]

전 지구 차원에서 사람들 사이를 이어주는 비결은 다름 아니라 '우리의 모든 친척들'을 보호한다는 개념이 단순하면서도 강력하다는 데 있다. 이 개념이 얼마나 중요한지는 전 세계적으로 토착민들이 최근에 바로 그 생기론에 기반해 산과 강과 숲의 신성함을 강조하고, 그것들이 인간과 맺고 있는 친족 관계를 부각함으로써 수많은 의미 있는 법적 승리를 일궈낸 사실에서 확인할 수 있다. 몇 가지만 예로 들어보자. 에콰도르 아마존 지역의 소규모 키치와(Kichwa) 부족의 사라야쿠족(Sarayaku)은 2012년 역사적 승리를 거두었다. 미주인권재판소(Inter-American Court of Human Rights)가 "에콰도르 정부는 한 에너지 기업이 사전 협의 없이 그들 땅에서 석유를 탐사하도록 허락함으로써 그들의 권리를 침해했다"고 판결한 것이다. 이 소송에서 전환점이 되어준 것은 사라야쿠족의 가장 중요한 샤먼인 92세의 돈 사비노 구알링가(Don Sabino Gualinga)의 증언이었다. 그는 법정에서 그 기업이 터뜨린 폭발물이 숲을 지켜주는 존재들을 몰아냈다고 호소했다.[8] 그와 유사하게, 한 마오리(Maori) 부족도 2017년 중대한 승리를 이루어냈다. 법원이 뉴질랜드 북섬의 왕가누이강(Whanganui)에 인간의 법적 권리를 부여한 것이다. 그 부족의 수석 협상가는 그 일에 대해 "우리가 이런 접근법을 취한 까닭은 강을 우리 조상으로 섬기고 항상 지니고 있기 때문"[9]이라고 말했다. 원주민 집단은 오스트레일리아, 캐나다, 인도 등지의 비슷한 사례에서도 승리했다.

이 같은 승리에서 놀라운 점은 그들의 손을 들어준 판사가 개인적으로야 산이 신성하다는 믿음 역시 강이 조상일 수 있다는 믿음만큼이나 터무니없다고 여겼을 테지만, 기꺼이 그러한 생각에 합법적 지위를 부여해주었다는 사실이다. 몇 년 전까지만 해도 상상조차 할 수 없었던 일이다. 이것은 매우 희망적인 진전이다. 공식적 근대성의 가장 강력한 보루로 손꼽히는 법정조차 생기론이라는 지하 강에 점점 더 많은 영향을 받고 있기 때문이다. 그 강은 수 세기 동안 지하로 밀려나 있었지만, 이제 다시 한번 힘차게 전 세계의 수면 위로 떠오르고 있다.

✦ ✦ ✦

생기론적 정치 형태의 효과성을 유독 인상적으로 보여주는 예는 '다코타

액세스 파이프라인〔Dakota Access Pipeline: 캐나다 국경 부근 노스다코타주 북서쪽의 바켄(Bakken) 셰일 유전에서 사우스다코타와 아이오와주를 거쳐 일리노이주 파토카(Patoka)까지 1886킬로미터에 달하는 방대한 규모의 지하 송유관—옮긴이〕'을 겨냥해 펼쳐진 길고도 지속적인 저항 운동이다. 그 송유관에 반대하는 운동은 에너지 기업과 그들 경비대의 거세고 때로 폭력적인 탄압 시도에도 불구하고 여러 차례 의미 있는 승리를 일구었다.

노스다코타주에 있는 바켄 셰일 유전에서 발원해 스탠딩록 수족 보호구역(Standing Rock Sioux Reservation)의 영토를 가로지르는 그 송유관에 반대하는 운동은 2015년에 시작되었다. 이 운동은 송유관 건설을 신성한 풍경의 훼손이자 원주민이 비인간 존재들과 맺고 있는 관계에 대한 공격으로 받아들이면서 더욱 힘을 받았다.[10] 그 운동은 이러한 틀 짓기를 통해 환경적 저항 이상의 의미를 띠었다. 즉, 토지에 대한 소유권을 주장하는 수단이자, 식민주의가 그 영토와 거기에 기거하는 모든 존재에게 부과한 온갖 역사적 불의(injustice)를 전면에 내세우는 수단으로 떠오른 것이다.[11] 이런 의미에서 학자이자 활동가 에드워드 발란드라(Edward Valandra)의 말마따나, 그 투쟁은 "근원적으로 문화 전쟁, 즉 패러다임 전쟁이다".[12]

그 같은 패러다임 전환은 '통상적인 정치'의 관행과는 완전히 다른 운동의 관행으로까지 확대되었다. 거기에는 스토리텔링, 땀 움막(sweat lodge: 반구형의 돔 지붕으로 만든 움막. 거의 모든 인디언 부족은 그 안에서 불로 달군 돌에 물을 끼얹으며 땀을 흘리는 정화 의식을 치른다—옮긴이), 강 및 풍경 속의 기타 특징과 관련한 의식이 포함되었다. 결국 이러한 관행은 그야말로 사는 공간을 집단 캠프 형태로 만든다는 의미에서 대안적 거주 개념에 기반을 두었다. 그 캠프는 한 곳에 수천 명을 수용했는데, 이것은 사우스다코타주에서 네 번째로 큰 정착촌이 되기에 충분한 규모였다. 부엌, 식당, 어린이

집, 의료 시설 따위에 필요한 절차를 수립하는 과정에서 참가자들은 영구적 구조물을 짓지 않고 풍경에 거주하는 조상들의 생활 방식과 다시 만나기도 했다.[13]

이 운동은 스탠딩록이라는 장소와 동의어가 되었다는 의미에서 그 정치적 에너지가 주로 풍경 자체에서 비롯되었다고 말할 수 있다. 활동가 집단의 말을 빌리자면 "스탠딩록은 '기도 캠프'로 부상했는데, 그것은 그 문제의 땅이 신성한 의식의 장소이자 조상의 지혜가 담긴 장소이기 때문이다".[14]

하지만 송유관 반대 운동이 특정 풍경의 특수성을 강력하게 주장한다고 해서 그 호소력이 어떻게든 반감된 것은 아니었다. 그와 반대로 스탠딩록은 많은 국가 및 신앙 전통에 속한 이들을 끌어들이는 자석 구실을 했다. 한 활동가가 말했다. "거기에는 이라크 사람도 이집트 사람도 필리핀 사람도 있었다. 당신은 여러 유럽 국가 출신의 많은 사람이 스탠딩록에 왔음을 알게 될 것이다. 거기에서는 직업, 신분, 계급이 제각각인 온갖 부류의 사람을 두루 만날 수 있다." 그는 이렇게 덧붙였다. "시간이 조금만 지나면 인종이나 피부색은 전혀 중요하지 않았다. 사람들은 그저 서로를 보호하기 위해 그 자리에 있었다."[15]

이것은 다시 한번 피와 땅의 고유한 연관성을 피력하는 에코파시즘 개념이 거짓임을 말해준다. 스탠딩록을 찾아온 비원주민은 그 풍경의 생명력을 이해하는 데 아무런 어려움을 겪지 않았다. 실제로 그것이 바로 그들이 그곳으로 달려간 이유였다. 이 일이 가능한 것은 다른 많은 유의 존재뿐 아니라 인간에게도 공감 능력이 있기 때문이다. 이 능력은 피와도 땅과도 관련이 없다. 인간은 물론이고, 우리 모두가 알고 있듯이, 다른 비인간 존재들에서도 공감 능력은 이야기에 의해 길러진다.[16]

《일리아드(Iliad)》에 감명받기 위해서 꼭 그리스인이 되어야 하는 것은 아니듯 구눙아피가 그 섬사람들에게 어떤 의미인지 이해하기 위해서 내가 꼭 반다인이 될 필요는 없다. 인간이 서로의 이야기를 이해하도록 해주는 것은 공감이다. 이것이 바로 스토리텔링이 전 지구 차원의 생기론적 정치에서 핵심을 차지해야 하는 이유다.

✦ ✦ ✦

스탠딩록의 시위자들은 단순히 일련의 요구 사항을 제시하거나 정책적 입장을 주장한 데 그친 게 아니었다. 그들은 대안적 생활 방식에 따라 살고 그것을 실행해 보이기도 했다. 이 역시 생기론적 정치 형태에서 중요한 측면이다. 가령 간디의 아쉬람(ashram: 힌두교도들이 수행하며 거주하는 곳—옮긴이) 역시 대안적 생활 방식을 제시한 거주 공간이었다.

지구 위기가 점차 고조되고 있을 때 거주 양식이 한층 두드러지는 저항 운동의 특징으로 자리 잡아가는 것은 우연이 아니다. 2012년에 일어난 '점령하라' 운동의 경우, 공원과 공공장소에서 대안적인 거주 형태를 상상하고 창조한 것이 실제로 핵심적인 시위 전술이었다.

나는 그해 미국 전역에서 볼 수 있는 '점령하라' 캠프장 여남은 곳을 방문했는데, 그때마다 그들이 대안적 관행을 만들어내기 위해 깊이 고심한 흔적에 놀라곤 했다. 예컨대 회의는 설사 모임 시간이 턱없이 늘어지는 대가를 치르더라도 누구나 발언권을 가지도록 보장하는 프로토콜에 따라 진행되었다. 그만큼이나 놀랐던 것은 그들이 음식에 대해, 그리고 식사를 어떻게 제공하고 나눌지에 대해 세심한 주의를 기울였다는 사실이다. 식사는 패스트푸드 문화와 산업화한 농업 풍토를 암묵적으로 거부하는 나눔 의식이었다. 또한 더러 축제 같은 분위기를 감안할 때 놀라운 것은 독서에 대한 강조였다. 캠프 상당수에 도서실이 갖춰져 있었는데, 모서리가 잔뜩 접혀 있는 도서의 외양을 보고 그들이 차분하게 책을 읽고 있음을 똑똑히 확인할 수 있었다.

물론 '점령하라' 운동에 결점이 아예 없었던 것은 아니다.[17] 심지어 그때조차 그 운동은 표준적 정치 관행에서 벗어나 있고, 목적을 좀더 명료하게 표명하지 않는다는 이유로 비판받곤 했다. 하지만 공정을 기하려면, '점령하라' 운동의 목표는 요구 사항을 적은 목록으로 간단히 환원할 수 없는 것이었다고, 그리고 그 운동의 관행은 그 자체로 탄소를 연료로 삼고 꾸준히 가속화하기만 하는 소비지상주의적 생활 방식의 불평등과 불의에 대한 비판을 상징하고자 하는 의도였다고 말해야 옳을 것이다. 이것은 결국에 가서 '점령하라' 운동의 가장 오래가는 유산으로 드러났다. '흑인 목숨도 소중하다'를 위시한 최근의 여러 운동이 그것의 정치적 표현 양식을 채택해온 것으로 보건대 말이다.

이런 맥락에서 그레타 툰베리(Greta Thunberg: 2003~. 스웨덴의 환경 운동가—옮긴이) 역시 플래카드를 손에 들고 스웨덴 입법부 앞에 앉아 있는 식의 점령 행동을 통해 세간의 이목을 끌었다는 사실을 상기할 필요가 있다. 그녀가 영감을 준 운동이 널리 퍼져나가고 성장하면서, 그 운동들 역시 낭독·공연·댄스 따위를 개최하기 위해 공공장소를 점거하는 식으로 점령이라는 표현 양식을 채택했다.

툰베리 자신에 관해 말하자면, 그녀를 높이 끌어올린 용승(upwelling)이 근대성에 의해 억압된 타자로서 대대로 지하 강에 머물러온 생기론의 또 다른 분출을 의미한다는 데에는 거의 의심의 여지가 없다. "과학에 귀 기울이라(Listen to the Science: 2019년 유엔 기후정상회의가 열리는 뉴욕 유엔본부 앞에서 기후 변화 대응을 촉구하는 시위를 벌인 툰베리가 기후 변화를 부정하는 트럼프 미국 대통령에게 하고 싶은 말이 있냐는 질문에 답한 말—옮긴이)"는 툰베리의 만트라(mantra)일 수도 있지만, 분명 그녀가 전 세계적으로 수백만의 추종자를 거느리게 해준 이유는 아닐 것이다. 그녀가 자신도 모르게 잔 다르크 같은 전형적인 구세주를 떠오르게 했을 가능성이 더 크다. 그리고 이것은 그 자체로 (심지어 자신의 불안을 숨기고자 갖은 노력을 다해온 보통의 냉철한 과학자들조차 예외가 아닐 정도로) 지구 위기를 도처에서 겪으며 품게 되는 공포에 관한 설득력 있는 논평이다. 하지만 과학자들도 더는 입을 다물고 있을 수 없다. 2020년 2월 세계에서 가장 존경받는 기후과학자 가운데 한 사람인 윌 스테펜(Will Steffen: 1947~)은 인터뷰어에게 "인류 문명은 이미 붕괴의 궤도에 깊숙이 접어들었다"고 말했다. 또 한 명의 수석 과학자 한스 요하임 셸른후버(Hans Joachim Schellnhuber: 1950~)는 이렇게 덧붙였다. "우리가 우리 자신의 문명을 끝장낼 위험은 대단히 크다. 인간 종은 어떻게든 살아남겠지만, 지난 2000년 동안 인류가 쌓아온 거의 모든 게 파괴될 것이다."[18]

관심을 기울이고 있는 많은 사람, 특히 젊은이들에게, 이제 자원 착취적 자본주의가 거의 명을 다했다는 것, 그 존재의 근거를 이루는 전망(즉 미래)이 불확실해지면서 종말이 예고되어 있다는 것은 더없이 분명하다. 미래가 뿌리째 흔들리면 보험, 주가, 신용, 배당금을 비롯한 모든 것이 쓸모없어진다. 결국 누군가가 태환해주어야 하는 약속어음인 돈도 마찬가지다.

뒤퓌는 이렇게 적었다. "자본주의는 오직 여러 경제 주체에게 그들 앞에 무한히 긴 미래가 펼쳐져 있다고 설득할 수 있어야만 멸망을 피할 수 있다. 만약 미래가 중단될 예정이라면 그 사실이 알려지는 순간부터 역(逆)

의 도미노 현상으로 모든 경제 활동이 무너질 것이다. 종말을 가정하면 신뢰가 깨진다. 빚을 갚을 수 있는 시간이 오지 않을 테고 미결제 채무를 갚으려 할 때 받아줄 사람이 없기 때문에 돈은 모든 가치를 잃는다."[19] 이 사실을 세계 자본주의 피라미드의 꼭대기에 올라앉은 억만장자들보다 더 잘 꿰뚫어볼 수 있는 사람은 없다. 따라서 그들은 공포에 질린 채 화성으로 도피하기 위해 서두르고, 그보다 덜 부유한 이들은 벙커나 지하 안가를 사들이느라 분주하다. 뒤퀴는 "이 엄청난 유력 인사들은 마음속 깊은 곳에서 더 이상 미래를 믿지 않는다"고 썼다.

✦ ✦ ✦

지난 수십 년 동안 강화된 세계적 연결성은 많은 파괴적이고 분열적인 결과를 초래했지만, 다른 한편 광범위하고 포괄적인 대륙 간 연합을 통해 지구 위기를 본격적으로 다룰 수 있는 새로운 기회를 열어주기도 했다. 이 점은 무척이나 중요하다. 지구 위기의 규모는 하도 커서 어떤 한 나라, 또는 심지어 '서구' 같은 여러 국가로 이루어진 느슨한 집단이 다룰 수 없기 때문이다. 또한 이제 탄소 경제의 궤도를 좌우하는 것은 더 이상 서구가 아니다. 서구가 지구 온난화에 상당한 책임이 있는 거야 어김없는 사실이지만, 그것이 서구가 세계 인구 절대 다수의 적극적이고 자발적인 참여 없이도 지구 위기를 제대로 다룰 수 있다, 심지어 해결할 수 있다는 의미는 결코 아니다. 해법을 찾기 위한 첫걸음은 공통의 표현 양식과 공유된 이야기를 모색하는 것이다. 인간이 인간들끼리뿐 아니라 '우리의 모든 친척들'과 서로 의존하면서 살아간다는 것을 인정하는 겸손의 내러티브를 말이다.

물론 이 같은 내러티브가 수용되려면 인간만이 영혼을 지녔으며 지구는 그 지배자들에게 자원을 제공하기 위해 존재할 따름인 비활성 실체라는 생각에 시종 얽매여 있는 사람들의 의식이 크게 달라져야 한다. 심화하는 지구 위기는 과거의 기계론적 정복 이데올로기를 점점 더 고수하기 어렵게 만들었다. 실제로 요동치는 가이아의 커지는 폭력은 점점 더 많은 수의 '자연 종교(nature religions)'에 신선한 정기를 불어넣음으로써 서구에서 중대한 의식 변화를 일으키기 시작하는 듯하다. 이것이 필시 브론 테일러(Bron Taylor)의 책 《다크 그린 종교(Dark Green Religion)》가 암시하는 바일 터이다. 서구에서 많은 종류의 반문화적, 생물 중심적 신념 체계를 향한 인기가 날로 증가하는 현상을 다룬 책이다. 그 신념 체계의 신도들은 신이교주의자(neo-pagan), 뉴에이지 음악 애호가, 솔서퍼(soul-suffer), 범신론자, 마법 숭배자, 신애니미스트(neo-animist)에서부터 가이아를 사랑하는 후기 다윈주의자에 이르기까지 다채롭다.

근대성에 대한 기계론적 형이상학이 결코 완전한 주도권을 장악하지 못한 세계의 다른 지역들에서, 생기론적 신념은 늘 생계 지향적인 풀뿌리 환경 운동에 스며들어 있었다. 또한 그것은 라틴아메리카, 아프리카, 그리고 아시아에서 급속도로 성장하고 있다. 가장 희망적인 조짐은 지난 30년 동안 앞뒤 돌아보지 않고 소비지상주의에 정신없이 빠져들던 많은 중산층 아시아인이 ('신성한 숲, 땅, 강과 바다라는 범아시아적 사고'로부터 힘을 얻고 있는) 지구 지향적 환경 운동의 호소에 서서히 귀 기울이기 시작했다는 사실이다. 프라센지트 두아라(Prasenjit Duara)는 이 점을 그의 책 《전 세계적 근대성의 위기: 아시아의 전통과 지속 가능한 미래(The Crisis of Global Modernity: Asian Traditions and a Sustainable Future)》에서 잘 보여주고 있다. 일례로 중국은 툭하면 (그리고 올바르게도) 그 나라의 환경 파괴를 이유로 책망받고 있지만, 최근에는 환경 단체가 급증했고 활동가들이 땅과 숲의 신성함을 일깨움으로써 중대한 성공을 몇 차례 거두었다. 두아라가 말했다. "신성한 장소와 자연에 대한 지역적 사상들이 아시아 및 글로벌 사우스의 다른 많은 지역에서 계속 넘쳐나고 있다. 그 사상들은 부인(denial)과 남용(abuse)에 취약하기는 하지만 …… 자연을 재생하는 중요한 원천으로 남아 있다."[20]

또한 엄청나게 중요한 것은 기독교 성인 가운데 가장 샤먼적인 성인(아시시의 성 프란체스코—옮긴이)의 이름을 딴 교황(프란치스코 교황—옮긴이)의 영향력 아래 놓인 가톨릭교회가 지구와 관련해 교리를 대폭 수정했다는 사실이다. 프란치스코 교황은 10억 명이 넘는 사람들에게 직접 연설하고 있으며, 지구 위기를 세상에 일깨우기 위해 이미 지상에 있는 그 어떤 인물보다 많은 일을 했다.

틀림없이 이질적인 여러 단체가 지구 중심의 대중 운동에서 공통점을 발견할 수 있다면, 테일러가 제안한 대로 "양가감정과 적대감에도 불구하고 그들이 광범위한 정치적·경제적·생태적 변화를 일으킬 수 있는 '사회적 대유행'을 시작하는 게"[21] 얼마든지 가능하다. 테일러는 '100마리째 원숭이〔Hundredth Monkey: 미국 미래학자 라이얼 왓슨(Lyall Watson)이 이름 붙인 현상—옮긴이〕' 우화를 인용하는 것으로 자신의 주장을 뒷받침한다. 만약 어느 섬에서 외따로 떨어져 사는 원숭이 집단이 어떤 새로운 행동을 익히고, 그들 가운데 충분한 수가 그 행동을 받아들이는 시점에 이르면, 인근 섬들에 사는 다른 원숭이 개체군도 그 행동을 따라 하게 된다는 내용이다.

이 이야기가 강조하고 있는 것은 바로 공감 능력이다. 공감 능력은 인간이 수많은 다른 종류의 동물과 공유하고 있는 특성이자, 결국에 가서는 우리에게 구원으로 가는 길을 밝혀줄 수도 있는 요소다. 어쨌든 테일러 이야기의 교훈은 "누가 그 결정적인 100마리째 원숭이가 될지 모르기 때문에 모두가 영적·생태적·정치적 변화를 촉구하기 위해 낙관적이고 지속적으로 제 몫의 역할을 다해야 한다"는 것이다.

이것은 마술적 사고인가? 아마 그럴지도 모른다. 하지만 마술적인 것으로 치자면 화성을 식민지화한다는 발상, 또는 오늘날 파리 협정에 소중히 모셔져 있는, 대기로부터 방대한 양의 탄소를 제거하는 새로운 기술이 머잖은 미래에 마법처럼 등장하리라는 믿음이 한 수 위일 것이다.

반면 생기론적 대중 운동은 억만장자나 기술이 아니라 증명된 인간 정신의 자원들에 의존하고 있기에, 전 세계인의 마음과 정신을 변화시킬 만큼 실제로 충분히 마술적이 될 수도 있다.

19

숨은 힘들

지금까지도 반다나이라는 '네오유럽'의 축소판으로서 연락선 갑판에서조차 곧바로 알아볼 수 있다.

400년 된 네덜란드 벨히카 요새(Fort Belgica)의 위압적인 성곽이 그 섬의 중앙 부두를 굽어보고 있다. 아래에 구시가지가 옹기종기 들어앉아 있고, 도로가에는 식민지 시대에 지은 퇴락한 맨션의 베란다가 줄지어 있다.

좁은 해협 건너의 구눙아피와 마주한 부두 가까이에 반다인 작가이자 환경 보호 운동가 데스 알위가 지은 마울라나 호텔(Maulana Hotel)이 들어서 있다. "아랍인, 중국인, 자바인, 마나도인, 수마트라인"의 피가 섞인 알위는 이 섬의 혼성 세계주의를 구현한 존재였다.[1] 그의 책《친구와 추방자: 육두구 섬들에 대한 비망록과 인도네시아 민족주의 운동(Friends and Exiles: A Memoir of the Nutmeg Isles and the Indonesian Nationalist Movement)》은 1930년대와 1940년대에 중국 커뮤니티 내에서만 "종류가 3개"나 될 정도로 인구가 다양했던 반다나이라의 성장에 관한 이야기다. 그러나 소

그림 5 론토르섬에서 바라본 구눙아피. 저자가 찍은 사진.

수 지배자는 유럽계 혈통의 소규모 농장주들로 이루어졌다. 하지만 그들은 배경이 어떻든 간에 "반다의 관습을 따르고 반다-말레이 방언을 구사하면 모두 반다인으로 간주되었다".[2]

알위의 설명에 따르면, 이 같은 반다인의 혼성 정체성에서 필수적인 요소는 포포(foe-foe), 즉 반다 마법과 "눈에 보이지 않는 반다의 수호자 오랑 할루스(orang halus: 유령)"[3]에 대한 믿음이었다. 알위는 그 외에는 반다제도의 보이지 않는 존재에 대해 달리 할 말이 없었는데, 이것은 안타까운 일이다. 그는 분명 재능 있는 스토리텔러였으니 말이다. 1940년대에 알위는 자카르타에서, 유명한 인도네시아 시인 하이릴 안와르(Chairil Anwar: 1922~1949)와 친해졌다. 그 시인은 알위의 이야기에 매료된 나머지 전설적인 말루쿠인 파티라드자와네(Pattiradjawane)의 입장이 되어서 시를 한 편 쓰기까지 했다.[4]

나는 육두구 숲을 지키는
파티라드자와네다.
나는 해안의 불이다.
해안에 다가오는 이는 누구든
내 이름을 세 번 불러야 한다.

조용한 밤이 오면
나의 드럼 소리에 맞춰
해초가 춤을 춘다.
육두구나무들은 처녀의 몸이 되어
동틀 무렵까지 그 모습으로 지낸다.

✦ ✦ ✦

데스 알위는 내가 반다나이라섬을 방문하기 6년 전인 2010년에 세상을 떠났다. 1621년 처형 이후 도륙당한 반다족 족장들의 유해를 안치한 우물로 나를 안내한 것은 볼이 불그레하고 유쾌한 그의 60대 딸 타냐(Tanya)였다. 거기에는 지금 데스 알위가 만든 소박한 기념비가 세워져 있다.

우물 뒤에 세운 벽에는 그날 살해된 이들의 이름을 적은 명판이 붙어 있었다. 비문은 이렇게 시작된다. "1621년 5월 8일 아침, 총독 얀 피테르스존 쿤의 명령에 따라 처형된 반다제도의 위대한 아들 40명이 여기 잠들어 있다. 모두 반다제도에 대한 육두구 독점권을 강요한 침략자에 저항하고 주권을 지키기 위해 싸운 애국자였다."

우물 속을 들여다보면 유령의 존재를 상상하지 않을 재간이 없다. 우물

그림 6 1621년 5월 8일 네덜란드인에게 처형당한 반다인 40명을 기리는 기념비. 저자가 찍은 사진.

안의 공기는 침묵당한 존재들의 목소리로 들끓고 있는 것 같다.

✦ ✦ ✦

또한 근처에는 그 우물에서 도보로 불과 몇 분 거리에 네덜란드 동인도회사의 관리들이 묵던 무질서하게 뻗어나간 기둥 있는 맨션들이 자리하고 있다. 그 역시 알위 재단이 복원해놓은 것이다.

그 맨션의 으리으리한 방들은 사람도 가구도 완전히 비어 있었다. 우리가 타일 깔린 무도회장 바닥을 걷자 발걸음 소리가 벽들 사이로 고적하게 메아리쳤다. 마치 덫에 걸린 새가 빠져나갈 방도를 찾고 있는 것처럼 말이다.

그 빈 건물과 그곳에 출몰하는 한투스(hantus: 정령) 및 오랑 할루스에 대해서는 수많은 이야기가 전해진다. 어느 맨션에는 창유리에 프랑스어 시가 새겨져 있는 방이 있다. 훗날 자살한 어느 네덜란드인 관리가 쓴 작품이라고 한다. 적힌 내용은 이러하다.

> 내 행복을 맛볼 수 있는 시간은 언제 올까?
> 조국의 해안을, 내가 사랑하고 축복하는 가족의 품을
> 다시 볼 수 있는 순간이 왔다고 말해줄
> 종소리는 과연 언제쯤 울릴까?[5]

그 저택의 거주자가 반다제도를 떠나고 싶어 한 까닭이 무엇인지는 어렵지 않게 짐작할 수 있다. 그 집에 살면 누구라도 살해된 반다족 족장들의 유골이 묻힌 우물에 자꾸만 눈이 갈 것이다.

나는 그 창문 밖을 내다보면서 네덜란드 동인도회사가 대체 무엇에 홀려서 지역 고위 관리의 거주지로 이런 섬뜩한 장소를 택했는지 궁금하지 않을 수 없었다. 내가 보기에 족장들을 해치운 것만으로는 충분치 않아서였던 것 같다. 유령마저 계속 감시해야 했던 것이다.

✦ ✦ ✦

그 글귀가 새겨진 창문을 내게 보여준 뒤 타냐 알위는 잠시 밖으로 나갔고, 나는 발걸음 소리가 울리는 빈 방에 홀로 남았다. 창유리에 새겨진 글귀를 사진에 담기 위해 몸을 구부렸을 때, 서늘한 산들바람이 불어오는 것을 느꼈다. 창문이 열려 있어서 그렇겠거니 생각했지만 주위를 둘러보고 그렇지 않다는 것을 알았다.

다시 창문 쪽으로 돌아서자마자, 거리를 걸을 때 낯선 누군가가 나를 빤히 쳐다보고 있다고 느껴서 고개를 돌리게 만드는 것 같은 그런 감정에 불현듯 휩싸였다. 어깨 너머로 쳐다보았지만 아무도 없었다. 하지만 나는 누군가가, 또는 어떤 것인가가, 즉 인간이지만 비인간인 어떤 것의 그림자 같은 존재가 그 방에 나와 함께 있다는 불가사의한 느낌에 사로잡혔다.

그 집을 떠날 때는 마치 홀린 것 같은 기분이었다. 한편으로 내가 만난 그 존재로 인해, 다른 한편으로 내가 막 나온 것과 같은 오래된 식민지 시대의 주택을 배경으로 삼은 어느 소설에 대한 흐릿한 기억으로 인해 말이다. 그런데 나는 곧바로 그 소설의 제목을 기억해낼 수가 없었다. 그 제목은 반다나이라를 떠나기 전날 밤, 요란한 소리가 갑자기 내 잠을 깨웠을 때에야 비로소 떠올랐다.

그날은 2016년 11월 9일이었다. 그것이 내 기억에 저장된 까닭은 비행기로 15시간 거리인 지구 반대편에서, 미국 대통령 선거 결과(도널드 트럼프 대통령의 당선—옮긴이)가 발표된 날이기 때문이다. 그런 정황을 고려해볼 때 내가 잠들 수 있었다니, 다소 의아한 일이긴 하다. 어쨌거나 나는 잠이 들었고, 갑자기 잠에서 깨어난 뒤 일어나 불을 켰다. 방을 둘러본 나는 침대로부터 멀지 않은 곳 바닥에서, 책상에 놓여 있던 램프가 떨어져 있는 걸 발견했다.

조각 난 파편들을 바라보고 있자니 불현듯 그 낡고 빈 집을 나서면서 떠올린 소설의 제목이 생각났다. 네덜란드 작가 루이 쿠페뤼스(Louis Couperus)가 쓴 《숨은 힘(The Hidden Force)》이었다.[6]

✦ ✦ ✦

루이 쿠페뤼스는 네덜란드 문학계에서 단연 걸출한 인물이며, 1900년에 출간된 《숨은 힘》은 많은 이들이 그의 최고작이자 고전으로 꼽는 작품이다. 내가 보기에 그것은 모든 유럽의 식민 소설 가운데 가장 통찰력 있는 작품이다.

《숨은 힘》의 주인공은 중년의 식민지 관리로, 자바섬에 있는 작은 마을을 관장하는 오토 판아우데이크(Otto Van Oudijk)다. 그는 근면하지만, 공상에 빠지는 버릇과는 거리가 먼 상상력이 부족하고 둔감한 남성이다. 말하자면, 식민 시대의 근대성을 가장 전형적으로 대표하는 인물이다. 하지만 아내의 불륜, 그리고 그 자신과 어느 자바 귀족의 충돌로 인해 공관 내부에서 일련의 불가사의한 현상이 빚어진다. 이상한 시간에 아이들의 울음소리와 신음 소리가 들린다. 확인 불가능한 출처에서 돌멩이들이 떨어져 내린다. 사람들은 핏물이 잔뜩 튀어 있는 자신의 모습을 발견하고 의아해한다.

판아우데이크는 처음에는 그냥 그런가 보다 하고 넘어간다. 어쨌거나 그는 정치적인 것이든 인식론적인 것이든 모종의 명령을 동인도에 부과해온 유럽 강대국의 대표 아닌가. "초자연적 사건을 믿는 것은 도무지 그의 천성에 맞지 않는 일이었고, 실제로 그는 그렇게 하지도 않았다. 그는 범인을 색출하거나 거기에 숨겨진 의미를 알아낼 수 없다는 사실에 속으로 분노했다. 하지만 그는 믿기를 거부했다. 자신의 침대가 더럽혀진 것을 발견하고서도 믿지 않았다. ……자신이 들어 올린 유리잔이 산산조각 났을 때도 믿지 않았다. 머리 위에서 계속되는 짜증나는 망치질 소리를 듣고서도 믿지 않았다."[7]

그러던 중 그런 일들이 시작된 것만큼이나 불가사의하게도 그 모든 현상이 일시에 그친다. 한동안 판아우데이크는 자신이 승리했다고 으스댄다. "관리이자 네덜란드인이자 인간으로서 순전한 기백 때문에 숨은 힘이 보기에는 내가 너무 버거웠구나"라고 빼기면서 말이다.

하지만 수수께끼 같은 일들은 "그 기묘한 비밀이 피워낸 악마의 꽃처럼 도처에서 증오가 일어나도록"[8] 부추긴다. 판아우데이크의 가정생활과 공적 생활이 파탄 난 것이다.

> 미신에는 도통 관심이 없던 사람. 영문을 알 길 없는 마법이 주위를 온통 에워싸고 있을 때도 고적한 집에서 냉정하고 침착하게 일하던 사람. 머리 위에서 계속 망치 소리가 들리고 유리잔의 위스키소다가 황톳빛으로 물드는 동안에도 보고서를 읽던 사람. 그런 판아우데이크가 난생처음으로 …… 미신에 빠져들었다. 어디 웅크리고 있는지도 모르는 숨은 힘을 믿게 된 것이다. ……그리고 그가 그 미신—즉, 실용적인 사람인 그로서는 전혀 새로운 어떤 것, 남성적 단순함을 지닌 평범한 사람인 그로서는 도무지 기묘하고 믿기 힘든 어떤 것—이 제 안에 있다는 것을 깨달았을 때, 그는 자신의 깊은 곳에 똬리 틀고 있음을 인식하기 시작한 그 어리석은 광기만큼이나 자기 자신이 두려웠다. ……그로서는 삶의 깊숙한 곳 어딘가에 인간의 의지와 지성의 힘보다 한층 더 강력한 어떤 것이 존재할지 모른다는 생각을 한 번도 해본 적이 없었다.[9]

판아우데이크의 위기는 비단 개인적인 데 그치지 않는다. 그렇다기보다 그는 식민주의의 **인식론적**(epistemic) 폭력에 맞서야 했다. 자신이 오래전에 정복당하고 질서가 잡힌 장소에 머물고 있다고 믿었던 그는 이제 스스로가 자신으로서는 통제할 수도 이해할 수도 없는 힘들을 다루어야 하는 상황에 놓여 있음을 깨닫는다. 그는 제아무리 노력해도 주위를 에워싸고 있는 목소리들을 잠재울 수 없다.

그 목소리들은 또 한 사람의 네덜란드 작가 마리아 데르마우트(Maria Dermoût: 1888~1962)가 1958년에 출간한 소설 《만 가지 것들(The Ten Thousand Things)》에서도 생생하게 살아 움직인다.[10] 쿠페뤼스보다 스물다섯 살 어린 데르마우트는 자바에서 태어났고, 유년 시절의 일부를 그곳에서 보냈다. 성인이 된 그녀는 말루쿠에서 얼마간 지냈는데, 《만 가지 것들》의 배경도 바로 거기다. 한 번도 이름이 언급되지는 않지만 아마 암본일 것이다. 그 소설의 주인공인 "이제 쉰이 넘은 노파" 펠리시아(Felicia)는 만에 연해 있는 향신료 정원에서 살아간다. 그 정원은 그녀가 "유구한 네덜란드인 향신료 재배자들의 마지막 계보"로서 물려받은 곳이다.

펠리시아의 정신적 스승은 다름 아니라 17세기의 자연주의자 룸피우스다. 인간과 비인간 등 만물의 목록화라는 유럽 프로젝트가 시작되도록 기여한 인물이다. 하지만 펠리시아의 관심은 룸피우스의 식물 분류가 아니라 그의 책 《암본의 골동품 진열장(Ambonese Curiosity Cabinet)》에 있다. 말루쿠 고유의 온갖 스펙트럼에 걸친 희귀한 것을 묘사해놓은 책이다. 룸피우스에게 영감을 받은 펠리시아는 그녀 자신의 골동품 진열장을 만들고, 그 물건들과 거기에 얽힌 이야기를 통해 사자(死者)의 영혼 등 자신을 둘러싼 모든 것의 생명력에 대해 서서히 인식하기에 이른다. 사자의 영혼 가운데 하나는 그녀의 아들인, 이웃 섬에서 살해된 식민지 군인의 것이다.

펠리시아는 한 달에 한 번씩 반드시 자신의 향신료 정원에 혼자만 남도록 조치한 다음, 그 시간에 그녀 아들과 살해당한 다른 사람들의 영혼이 자신을 찾아오길 기다린다. 이윽고 그들이 오면, 그녀는 자신의 골동품 진열장을 연다. 그러면 그들은 모두 합심해서 소설 제목처럼 만 가지 것들이 된다. "그들은 백 가지 것들이 아니라 그보다 훨씬 더 많다. 비단 그녀의 것만도 아니다. '백 가지 것들' 곱하기 백 가지가 나란히 있고, 서로 떨어져 있고, 만지고, 여기저기서 서로에게 흐르고, 어디에도 연결되어 있지 않고, 동시에 영원히 연결되어 있다."[11]

펠리시아의 세계에서는 모든 것이 정령이요, 영혼을 가지고 있다.[12]

✦ ✦ ✦

두 소설에서 배경의 생명력은 불가사의한 영역에서 식민 권력이 한계점에 부딪히는 변경으로 그 모습을 드러낸다. 측정할 수 없는 뭔가, 즉 질서를 부과하려는 식민지 지배자의 의지에 굴복하지 않는 심연이 가로놓인 한계점에 부딪히는 변경으로 말이다. 《숨은 힘》에서 판아우데이크는 그가 지닌 권력의 인식론적 한계점을 하는 수 없이 받아들인다. 반면 《만 가지 것들》에서 펠리시아는 그 한계점을 뛰어넘고 그 심연을 끌어안는다.

판아우데이크와 펠리시아는 모두 현대 세계에 속해 있다. 둘 다 총과 칼로 무장한 제국의 보병이 아니다. 그들의 경험은 수 세기에 걸친 역사가 종말을 향해 비척거리며 달려가는 후기 식민주의 단계의 것이다. 만약 그들이 땅의 숨은 힘을 받아들이거나 끌어안을 수 있다면, 그것은 그들이 그 힘들에 의해 직접적으로 위협받지 않기 때문일 것이다. 그들로서는 (존 메이슨, 존 언더힐, 그리고 얀 쿤과 그의 부하 마르테인 송크 같은 제국 전위대의 첫 번째 충동이었음이 거의 틀림없는) 어둠을 향해 총질하는 식의 반응이 가능하지도 필요하지도 않다.

그리고 그것이 아마도 1621년 4월 21일 밤 셀라몬에서, 송크와 그의 동료들이 기거하던 발레발레(회의장) 바닥에 램프가 떨어져서 부서진 그 운명의 순간에 일어난 일이었을 것이다. 송크는 분명 마을 주민들이 겉으로는 평온해 보이지만 속으로는 분노와 화로 들끓고 있음을 알아차렸을 것이다. 만약 어느 날 밤 숨은 힘이 그 땅에 몰래 접근한다면 필시 그것이라는 사실을 말이다.

이때는 많은 유럽인이 다들 이 같은 결론으로 뛰어들 채비가 되어 있는 시기였다. 당시 그들의 고향 대륙은 마녀 열풍에 휩싸여 있었다. 악천후에서 가축의 죽음에 이르는 모든 일이 마녀 탓으로 돌아갔다. 송크와 얀 쿤을 포함해 반다 원정에 나섰던 네덜란드인은 하나같이 마녀사냥의 절정기, 즉 1560~1630년에 성인이 되었을 것이다.[13] 쿤 자신은 다른 많은 네덜란드 도시들처럼 공적 '계량소(weigh house)'를 두고 있던 호른(Hoorn) 출신이었다. 마녀들은 비정상적으로 가볍다고 여겨졌는데, 계량소는 그 혐의자들도 정말 그런지 여부를 확인하기 위해 그들의 몸무게를 재던 곳이다. 고문서 기록에 따르면, 네덜란드인은 마녀 추적에서 이웃인 덴마크나 독일 국민보다는 덜 극성스러웠음을 알 수 있다. 하지만 반다 대학살이 일어나기 불과 8년 전인 1613년, 주로 네덜란드어를 사용하는 마을 루르몬트(Roermond)에서 63명의 여성과 1명의 남성이 화형을 당했다.[14] 이는 저지대 국가에서 일어난 것 가운데 최대 규모의 마녀 화형이었다. 소위 마녀로 알려진 그들은 600명의 어린이, 400명의 노인, 그리고 6000마리가 넘는 동물을 살해한 것으로 전해졌다.

20세기의 상당 기간에는 서구의 마녀사냥을 암흑시대의 잔재로, 계몽주의 및 합리성과 인본주의의 승리로 이어진 진보의 궤적에서 불거진 모종의 일탈 행위로 간주하는 것이 관례였다. 하지만 최근 연구는 그게 사실과는 거리가 멀다는 것을 실증적으로 보여주었다. 중세 시대에 유럽에서 대규모 마녀 화형은 없었다. 그것은 오히려 근대 초기 특유의 현상이었으며, 그 시대의 특징인 다른 수많은 것들, 즉 종교적 격변, 중앙 집권화한 국가의 형성, 인쇄된 문서의 유통, 새로운 형태의 가부장제 강화, 북·남미의 식민지화, 그리고 무엇보다 소빙기의 심각한 환경 파괴 등이 전개되는 과정에서 발생했다.[15] 교육받은 유럽의 엘리트들 사이에서, 마녀술에 대한 생각 등 새로운 사고 형태가 구체화하기 시작한 것은 바로 이처럼 여러 위기가 한꺼번에 불거지는 와중이었다.[16] 이러한 생각은 자연의 생명력이라는 소농적 관념과 교차했을 수도 있지만, 지극히 정교한 교리 체계를 형성했으며 당대의 주도적인 일부 지식인에 의해 표현되었다는 점에서 그것들과 달랐다. 역사학자 브라이언 P. 르박(Brian P. Levack: 1943~)이 지적했다. "마녀에 대한 신념은 …… 민중이 아니라 주로 박식한 지배 엘리트의 전유물이었다. ……강도 높은 마녀사냥이 일어나도록 하려면 지배 엘리트들이 그 범죄가 최고 수준의 것이고, 또한 대규모로, 그리고 음모적인 방식으로 자행되고 있다고 믿게 만들 필요가 있었다."[17] 쿤과 송크는 둘 다 교육받은 남성으로서 그 신념을 공유했거나 적어도 인식하고 있었을 것이다.

이런 배경은 그날 밤 셀라몬에서 일어난 사건에 또 하나의 수수께끼를 더해준다. 송크와 그의 고문들이 침대에서 벌떡 일어나 어둠을 향해 무차별 총질을 가했을 때, 그들이 진정으로 두려워한 것은 무엇이었을까? 송크는 왜 즉시 그 사건이 '음모'를 뜻하는 것이라고 단정 지었으며, 쿤은 어째서 그리 쉽게 그것이 사실이라고 확신했을까?[18] 왜 쿤은 그저 음모일 뿐인 문제에 대해 족장들을 고문할 뿐 아니라 몸을 훼손하는 섬뜩한 처형을 감행하는 식으로까지 그렇듯 지나치게 대처했을까?

'음모(conspiracy)'라는 개념이 그 질문의 해답에 단서를 제공해준다. 오늘날 사람들에게 그 단어는 인간 공모자들 사이의 계략을 의미한다. 하지만 17세기에 그 단어는 마녀술의 맥락에서 마녀와 악마 간의 약속을 지칭하는 데 쓰이기도 했다.[19] 마녀술 재판은 전형적으로 그 약속을 캐내는 데 초점을 맞추었고, 유럽의 다른 곳에서와 마찬가지로 네덜란드에서도 때로 그 약속에 대한 자백을 받아내기 위해 고문이 이루어졌다.[20] 마녀술 고발은 대체로 여성을 표적으로 삼았지만 여러 남성에게 가해지기도 했다. 게다가 네덜란드에서 남성 주술 혐의자는 여성과 달리 부유한 경향이 있었다. 오랑카야에 딱 들어맞는 부류였던 것이다.[21]

'말살'은 마녀술의 맥락에서 흔히 등장하는 또 하나의 단어다. 이 역시 당시 진행 중이던 식민화 과정과 관련이 있다. 유럽인이 부족 전체가 마녀일 수 있다고, 그리고 일제히 제거해야 한다고 믿게 된 것이 다름 아니라 북·남미에서였기 때문이다. 흔히 마녀 근절 요구는 그들이 사회에서뿐 아니라 기후 및 기타 생태적 환경에서도 무질서를 낳는 힘을 지녔다는 믿음을 전제로 했다.[22] 따라서 그 시대에 마녀사냥이 가장 맹렬했던 몇 곳 가운데 하나인 독일 도시 트리어(Trier)에서는 16세기 말의 연대기 작가가 이렇게 썼다. "모두가 대체로 수년에 걸친 흉작이 마녀와 악한들의 악마적 증오 탓에 빚어졌다고 믿었기에, 온 땅이 그들을 근절하기 위해 들고 일어났다."[23]

셀라몬에서 램프가 떨어진 사건이 이런 유의 연상을 불러일으켰을 가능성이 있을까? 쿤과 송크가 그 사건에 그토록 집착한 연유가 그게 자신들이 사회적이거나 정치적인 것뿐 아니라 자연적인—아니 오히려 비자연적인—무질서 형태에 직면해 있다고 그들에게 암시해주었기 때문일까? 그것은 틀림없이 소위 주동자라는 사람들뿐 아니라 모든 오랑카야에 대한 말살 의례를 정당화하기 위해 무슨 수를 써서라도 '음모'의 증거를 확보해야 할 필요성을 설명해줄 것이다.

오랑카야에 대한 고문 역시 많은 질문을 떠오르게 한다. 쿤이 이미 자기가 원하는 '자백'을 얻어내고 난 **뒤에** 그들을 고문했다는 사실은 놀랍다. 그가 증거를 손에 넣었을 때 처형은 분명 예견된 결론이었다. 그렇다면 그들을 고문함으로써 얻어낼 수 있었던 것은 무엇일까? 더군다나 족장 가운데 한 명이 도망쳐서 배 밖으로 몸을 던진 사실은 고문이 갑판 아래 드라혼호 깊숙한 곳이 아니라 상부 갑판에서 버젓이, 즉 모두가 볼 수 있도록 이루어졌음을 말해준다.[24] 이것은 또한 그때 일어난 일이 단지 고문에 그치는 게 아니라 고문 의식의 **공연**이었음을 말해준다.

캐럴린 머천트는 그녀의 중요한 책 《자연의 죽음(The Death of Nature)》(1980)에서 마녀에 대한 고문은, 자연을 기본적으로 여성적 무질서 영역으로서 그 비밀을 끌어내기 위해 정복하고 예속하고 고문해야 하는 대상으로 간주하는 과학철학의 부상을 강력하게 보여주는 은유였다고 주장했다.[25] 따라서 그녀는 많은 이들이 과학철학의 창시자로 믿고 있는 프랜시스 베이컨에 대해 이렇게 썼다. "그가 자신의 새로운 과학적 목적과 방법론을 기술하기 위해 사용한 이미지 대부분은 법정에서 가져온 것이다. 그리고 그것은 자연을 기계적 발명품에 의해 고문당해야 하는 여성으로 간주하는지라, 마녀 고문에 쓰인 기계 장치와 마녀 재판의 심문을 강력하게 시사한다."[26] 이것이 의미하는 바는 마녀의 몸에 대한 고문〔즉 '괴롭힘(vexing)'〕이 자연에 대한 기계론적 개념의 출현에 결정적 은유를 제공했다는 것이다.[27] 이는 다시 "천연자원의 수탈을 정당화했다".[28]

오랑카야가 고문당한 방식은 단순한 복수, 처벌, 또는 다른 어떤 실용적 목적보다 더 중요한 목적이 있었음을 말해준다. 족장들에게 가한 고통은 일군의 인간뿐 아니라 그들이 거주하는 풍경을 토벌하는 수단이었다. 마치 섬 자체를 퇴마(退魔)해서 장차 육두구를 생산하는 체제의 효율성을 방해할 만한 그 어떤 유령도 남아나지 않도록 조치했던 것 같다.

따라서 쿤은 반다제도에 대한 계획을 세우는 데에서 그가 살던 시대의 철학자들이 표명한 기계론적 철학에 의존한 것으로 보인다. 하지만 그의 계획에 기계론적 패러다임이 반영된 것은 분명 철학을 통해서가 아니었다. 그렇다기보다 그의 계획은 식민지화와 분쟁이라는 역사적 과정의 산물이었다.

기계론적 형이상학은 지리하고 고통스러운 산통을 거쳤음에도, 지배적 위치로 떠오름으로써 결국 오늘날 인류를 파멸로 내모는 네 기사[〈요한의 묵시록〉에 등장하는 4명의 기사. 역병(정복)의 백기사, 전쟁의 적기사, 기근의 흑기사, 죽음의 청기사—옮긴이] 가운데 최고 자리를 차지했다. 하지만 그 형이상학은 결코 자신의 식도에 영원히 걸려 있는 숙적인 생기론의 잔재를 완전히 삼킬 수 없었다.[29] 이 고통의 근원은 여전히 발작적인 폭력을 불러일으킬 수 있다. 따라서 공교롭게도 오늘날에조차 "물은 신성하다"나 "땅을 공경하라" 같은 단순한 외침이 송유관을 지키는 무장한 경비대를 분노하게 만들 수 있다.[30] 이러한 분노가 지상의 생명력에 대한 억압된 인식에서 비롯된 게 아니라면 대체 어디에서 온 것이겠는가?

이것의 전조 역시 반다제도에서 찾아볼 수 있다. 만약 램프가 떨어진 데 대한 네덜란드인의 반응이 정말로 오랑카야와 일부 비인간 힘들 간의 음모에 대한 의혹에서 촉발되었다면, 그것이야말로 그들이 가장 두려워한 일이란 풍경의 숨은 힘들이 자신들에게 반격해오는 사태임을 말해주는 게 아닐까? 모조리 없애버리겠다는 그들의 분노를 부채질한 것은 아마 반다제도의 생명력에 대한 공포에 절은 그들 자신의 인식이었을 것이다.

이러한 두려움으로부터 때때로 유럽 정착민을 괴롭힌 정복당한 풍경에 대한 불신과 의심이 피어났다.[31] 그러므로 정복당한 영토를 테라포밍하고, 그 땅에서 숨은 힘들을 없애고, 그곳을 길들여지고 친숙한 자원 저장고로 변모시켜야 할 필요성이 시급해진 것이다. 하지만 역설적이게도 그 같은 파멸적 충동 속에는 식민지 개척자들이 '명시적으로' 인정할 수 없는 어떤 것에 대한 '암묵적' 인식이 깔려 있었다. 즉, 토착민은 줄곧 옳았다는 것, 풍경은 비활성도 벙어리도 아니고 생명력으로 가득 차 있다는 것을 말이다.

✦ ✦ ✦

《숨은 힘》이 쓰여진 것은 유럽 제국들이 불멸인 것처럼 보이고, 영미 작가들이 식민주의를 찬미하느라 눈코 뜰 새 없이 바쁠 때였다. 반면 쿠페뤼스는 그 식민지 개척 프로젝트를 인식론적 실패로 묘사한다. 그리고 유럽 문학 정본의 경계를 정의한 사람들은 고사하고 존경받는 사람들 또한 한순간도 공개적으로 옹호하지 않을 주장을 함으로써 그 일을 한다. 그렇다면 쿠페뤼스와 동시대를 살아간 교육받은 네덜란드인들은 왜 그의 책에 찬사를 보냈을까? 그들은 어째서 그 책을 문학 고전의 반열에 올려놓았을까? 식민지 근대성이 누구도 막지 못할 기세로 의기양양해 보이던 순간에조차 네덜란드처럼 개신교적이고 자본주의적이고 기술적으로 자신만만한 사회에서도 근대성의 확실성에 대한 모든 합의의 이면에 종잡을 수 없는 무언가, 고요한 외양을 하고 있지만 결코 침묵당할 수 없는 무언가가 숨어 있다는 의심이 깔려 있었던 것은 아닐까?

어쨌든 판아우데이크의 곤경이 지구 위기에 직면한 모든 인류의 곤경을 상징한다는 것은 점차 분명해지고 있다. 오늘날 인류의 (대다수는 아니라 해도) 상당수는 과거의 식민주의자들처럼 살아가고 있다. 지구를 마치 주로 기술과 과학의 도움을 받아서 착취하고 이득을 취하기 위해 존재하는 비활성 존재인 양 여기면서 말이다. 하지만 오늘날에는 과학조차 전례 없고 불가사의한 폭력을 수반하는 기후 사건으로 모습을 드러내는 숨은 힘들과 보조를 맞추고자 안간힘을 쓰고 있다.

그리고 점차 심화하는 기후 사건은 다비 코페나와 같은 이들의 목소리, 즉 무자비한 종말론적 폭력에 직면해 비인간은 말할 수 있고 **말해야 한다**고 시종 고집스레 강변해온 목소리에 훨씬 더 큰 힘을 실어준다. 이제 지구적 대재앙의 가능성이 점점 더 가까워짐에 따라, 우리 이야기에서 그 같은 비인간의 목소리를 복원해내는 작업은 반드시 필요하다.

인간, 그리고 우리의 모든 친척들의 운명은 바로 거기에 달려 있다.

감사의 글

2016년 말루쿠를 여행할 수 있었던 것은 인도네시아 교육문화부의 '인도네시아 탐험(Explore Indonesia)' 프로그램 덕분이었다. 그 기회를 제공해준 데 대해 문화국장 Hilmar Farid 박사, 그리고 그의 동료 Nadjamuddin Ramly와 Restu Gunawan에게 감사드린다. 특히 말루쿠 여행에서 나와 동행해준 Directorate Heritage and Cultural Diplomacy의 I Gusti Gede Irawan Putra와 Gentur Adiutama에게 감사드린다. 두 분은 물류에 도움을 주었을 뿐 아니라 부지런하고 인내심 있고 유머 감각이 뛰어난 여행 동반자이자 통역자였다.

자카르타에 있는 Lontar Foundation의 John H. McGlynn은 오랫동안 지칠 줄 모르는 인도네시아 현대 문학의 옹호자였다. 나를 '인도네시아 탐험' 프로그램과 이어준 데 대해 특별히 감사의 말씀을 전한다. 자카르타의 많은 친구들이 조언과 지원을 아끼지 않았다. 특히 Goenawan Mohammad, Nirwan Dewanto, Leila Chudori에게 고마움을 전한다. 그녀 자신도 말루쿠인인 Nukila Amal은 종교에 관한 정보의 샘이었다. 그녀에게 진심으로 감사드린다. 당시 자카르타에 내 친구 Nengcha

Lhouvum과 Gautam Mukhopadhaya가 머물고 있었던 것은 행운이었다. 그들의 환대에 감사드린다. 반다나이라에서 Tanya Des Alwi는 내게 많은 시간을 할애해주었다. 깊은 감사를 표한다.

네덜란드어 자료에 도움을 준 레이던 대학교의 Dirk H. A. Kolff 교수에게 진심으로 감사드린다. 오랫동안 그의 작업을 동경해왔는데, 엄청나게 박식한 그의 도움을 받을 수 있어서 정말이지 운이 좋았다. 출처에 관해 도움을 준 Joseph R. Klein과 Jesse Rumsey-Merlan에게도 감사드린다.

이탈리아에서의 이주에 관한 연구를 도와준 Annalisa Camilli, Luca Ciabarri, Mauro Van Aken, Roberto Beneduce, Shail Jha, Stefano Liberti, Sara Scarafia, Antonio Fraschilla, Mara Matta, Fausto Melluso, Gianfranco Benello, Alessandro Triulzi, Paola Splendore, Shaul Bassi, 특히 Hasna Hena Mamataz에게 고마움을 전한다.

시카고 대학 출판부를 위해 원고를 검토해준 익명의 세 독자는 유용한 제안을 두루 들려주었다. 그들 모두에게 감사드린다. 오랜 친구 Chris(지금은 Sir Christopher) Clark는 몰두해야 할 다른 일이 많음에도 집중하고 공들여서 원고를 읽어주었다. 논평과 제안을 해준 그에게 깊은 고마움을 표한다.

대단히 운 좋게도 urbz.net의 Rahul Srivastava와 그가 이끄는 팀의 지원에 의지할 수 있었다. 특히 도움을 준 Partha Shrungarpure에게 감사드린다. 내 책의 편집자 Meru Gokhale과 Jocasta Hamilton은 유익한 제안을 많이 해주고 격려를 아끼지 않았다. 시카고 대학 출판부의 Alan Thomas는 언제나 기댈 수 있는 든든한 사람이었다. 그들 모두에게 고마움을 전한다.

옛 친구 새 친구를 막론한 많은 친구들과 대화함으로써 이 책의 내용이 한결 풍성해졌다. 그들 모두의 이름을 열거할 수야 없겠지만 Julia Adeney Thomas, Debjani Ganguly, Donna Haraway, James Clifford, Susan Harding, 그리고 Annu Jalais의 이름은 빼놓을 수 없다. 마지막으로 꼼꼼하게 원고를 읽어주고 변함없는 지지를 보내준 아내 데비에게 감사하다. 그녀의 지지가 없었더라면 전례 없는 상실, 불안, 불확실성으로 맘 졸인 해에 이 책을 쓰는 일은 불가능했을 것이다. 아내를 향한 고마움은 이루 측량할 길이 없다.

2020년 10월 26일

브루클린에서

주

01 램프가 떨어지다

1. '반다(Banda)'라는 이름은 항구 또는 큰 상점을 의미하는 페르시아어 'bandar'에서 유래한 것으로 여겨지고 있다. Roy Ellen, *On the Edge of the Banda Zone: Past and Present in the Social Organization of a Moluccan Trading Network* (Honolulu: University of Hawaii Press, 2003), 65를 참조하라

2. 이 섬의 이름은 때때로 'Lonthoir'라고 표기하기도 한다. Phillip Winn, "Graves, Groves and Gardens: Place and Identity—Central Maluku, Indonesia," *Asia-Pacific Journal of Anthropology* 2, no. 1 (2001): 24~44를 참조하라.

3. H. G. Aveling, "Seventeenth Century Bandanese Society in Fact and Fiction: 'Tambera' Assessed," *Bijdragen tet de Taal-, Land- en Volkenkunde* 123, no. 3 (1967): 351.

4. 이어지는 설명은 네덜란드 동인도회사의 문서에 기반을 두고 J. A. 판데르헤이스가 엮은 이야기 *De Vestiging van het Nederlandsche Gezag over de Banda-Eilanden (1599~1621)* (Batavia: Albrecht & Co., 1886)를 토대로 한 것이다. 영어로 작성된 자료는 Willard A. Hanna, *Indonesian Banda: Colonialism and Its Aftermath in the Nutmeg Islands* (reprint, Banda Naira: Yayasan Warisan da Budaya, 1991)가 유일하다. 해나의 설명도 판데르헤이스의 이야기에 주로 기대고 있는 것으로 보이지만, 두 내러티브는 여러 가지 차이를 드러낸다. 예컨대 해나

는 송크를 't Sonck라고 표기한다. 내용이 엇갈리는 경우에는 판데르헤이스를 따랐다. 이 섹션의 나머지와 다음 섹션은 전적으로 van der Chijs, *De Vestiging*, 139~143을 기반으로 했다.

5. Frans S. Watuseke, "The Name Moluccas, Maluku," *Asian Profile*, June 1977을 참조하라.
6. Leonard Y. Andaya, "Local Trade Networks in Maluku in the 16th, 17th, and 18th Centuries," *Cakalele* 2, no. 2 (1991): 79.
7. Thomas J. Zumbroich, "From Mouth Fresheners to Erotic Perfumes: The Evolving Socio-Cultural Significance of Nutmeg, Mace and Cloves in South Asia," *eJournal of Indian Medicine* 5 (2012): 37~97.
8. Ken Stark and Kyle Latinis, "The Response of Early Ambonese Foragers to the Maluku Spice Trade: The Archaeological Evidence," *Cakalele* 7 (1996): 51~67을 참조하라.
9. 이 무역 네트워크에 대한 간결한 설명으로는 Anthony Reid, *A History of Southeast Asia: Critical Crossroads* (Malden, MA: Blackwell, 2015), 62~63을 참조하라.
10. Ellen, *On the Edge of the Banda Zone*, 54를 참조하라.
11. George Masselman, *The Money Trees: The Spice Trade* (New York: McGraw-Hill, 1967), 36. Alison Games, *Inventing the English Massacre: Amboyna in History and Memory* (New York: Oxford University Press, 2020), 19도 참조하라.
12. Giles Milton, *Nathaniel's Nutmeg, or, the True and Incredible Adventures of the Spice Trader Who Changed the Course of History* (New York: Penguin, 1999), 1~8.
13. Giles Milton, *Nathaniel's Nutmeg, or, the True and Incredible Adventures of the Spice Trader Who Changed the Course of History* (New York: Penguin, 1999), 1~8을 참조하라.
14. Jean-Pierre Dupuy, *The Mark of the Sacred*, trans. M. B. DeBevoise (Stanford, CA: Stanford University Press, 2013), 153.
15. Reid, *A History of Southeast Asia*, 70을 참조하라.
16. Peter Hulme, *Colonial Encounters; Europe and the Native Caribbean, 1492~*

1797 (New York: Methuen, 1986), 35.

17. Timothy Morton, *The Poetics of Spice: Romantic Consumerism and the Exotic* (Cambridge: Cambridge University Press, 2000), 8을 참조하라.
18. Peter V. Lape, "Political Dynamics and Religious Change in the Late Pre-Colonial Banda Islands, Eastern Indonesia," *World Archaeology* 32, no. 1 (2000): 139.
19. Masselman, *The Money Trees*, 122.
20. C. R. Boxer, *The Dutch Seaborne Empire, 1600~1800* (London: Penguin, 1990), 110.
21. Harold J. Cook, *Matters of Exchange: Commerce, Medicine, and Science in the Dutch Golden Age* (New Haven, CT: Yale University Press, 2007), 182.
22. George Masselman, *The Cradle of Colonialism* (New Haven, CT: Yale University Press, 1963), 261.
23. Vincent C. Loth, "Pioneers and Perkeniers: The Banda Islands in the 17th Century," *Cakalele* 6 (1995): 17.
24. Vincent C. Loth, "Armed Incidents and Unpaid Bills: Anglo-Dutch Rivalry in the Banda Islands in the Seventeenth Century," *Modern Asian Studies* 29, no. 4 (October 1995): 711.
25. Andaya, "Local Trade Networks in Maluku," 82. Hans Derks, *History of the Opium Problem: The Assault on the East, ca. 1600~1950* (Leiden: Brill, 2012), chaps. 10, 12도 참조하라.
26. 향신료 무역에 독점권을 부과하고자 한 포르투갈인(그리고 유럽인)의 욕망에 관해서는 Jack Turner, *Spice: The History of a Temptation* (New York: Vintage Books, 2004), Kindle book, loc. 639 of 6701; Michael Krondl, *The Taste of Conquest: The Rise and Fall of the Three Great Cities of Spice* (New York: Ballantine, 2008), Kindle book, locs. 2051 and 2054 of 4689; *The Rise of Merchant Empires: Long Distance Trade in the Early Modern World*, ed. James D. Tracy (Cambridge: Cambridge University Press, 1990), 28을 참조하라. 무역에 대한 인도양의 상반된 접근에 대해서는 Reid, *A History of Southeast Asia*, 63,

136 (그리고 3장의 섹션 "The East Asian Trading System of 1280~1500," 65~69)을 참조하라.

27. Games, *Inventing the English Massacre*, 20.

28. Ellen, *On the Edge of the Banda Zone*, 64를 참조하라. "비록 대부분의 육두구는 반다에서 나왔지만, 반다 자체는 생존을 위해 그 주변에 의존했다."

29. 반다 무역 네트워크에 대한 가장 광범위한 연구는 Ellen, *On the Edge of the Banda Zone*이다.

30. Sudan, *The Alchemy of Empire*, 35를 참조하라.

31. Muridan Widjojo, *The Revolt of Prince Nuku: Cross-Cultural Alliance-Making in Maluku, c. 1780~1810* (Leiden: Brill, 2009), 29를 참조하라.

32. Adam Clulow, "The Art of Claiming: Possession and Resistance in Early Modern Asia," *American Historical Review* 121, no. 1 (February 2016): 27.

33. *Décadas da Ásia*에서 주앙 드 바후스(João de Barros)가 한 말. 이 인용문은 Albert S. Bickmore, *Travels in the East Indian Archipelago* (London: John Murray, 1868), 211에서 따왔는데, 그는 이 글귀를 Crawfurd, *Dictionary of the India Islands*에서 가져왔다.

34. Lape, "Political Dynamics and Religious Change in the Late Pre-Colonial Banda Islands," 147.

35. 초기 유럽 자료로부터 반다 사회에 관해 알게 된 사실에 대한 소상한 설명으로는 Aveling, "Seventeenth Century Bandanese Society in Fact and Fiction," 347~365를 참조하라.

36. Ellen, *On the Edge of the Banda Zone*, 78.

37. Timo Kaartinen, *Songs of Travel and Stories of Place: Poetics of Absence in an Eastern Indonesian Society* (Helsinki: Academia Scientiarum Fennica, 2010), 37; Widjojo, *The Revolt of Prince Nuku*, 16; Cook, *Matters of Exchange*, 182를 참조하라.

38. Andaya, "Local Trade Networks in Maluku," 80; Loth, "Armed Incidents and Unpaid Bills," 709.

39. Andaya, "Local Trade Networks in Maluku," 82; Gerrit J. Knaap, "Crisis

and Failure: War and Revolt in the Ambon Islands, 1636~1637," *Cakalele* 3 (1992): 2.

40. 반다인과 영국인의 관계에 대한 설명으로는 Loth, "Armed Incidents and Unpaid Bills," 705-740; and Clulow, "The Art of Claiming," 30~34를 참조하라.

41. Aveling, "Seventeenth Century Bandanese Society in Fact and Fiction," 352.

42. Loth, "Armed Incidents and Unpaid Bills," 710: "반다인들이 이 서구식 문서를 이해했는지 여부는 오늘날까지도 불분명한 채로 남아 있다." Clulow, "The Art of Claiming," 28~30도 참조하라.

43. Cook, *Matters of Exchange*, 182.

44. Donna Merwick, *The Shame and the Sorrow: Dutch-Amerindian Encounters in New Netherland* (Philadelphia: University of Pennsylvania Press, 2006), loc. 1537.

45. 해럴드 쿡은 이렇게 썼다. "1612년경, 쿤과 그 밖의 사람들은 그들에게 유리하게끔 치우친 조약에서 협의된 큰 이익을 추구하려면 재정적 비용이 든다 해도 군사력을 동원해 그 협상을 시행해야 한다는 점을 헤런 17세(Heren XVII)가 인식하도록 압박했다. 쿤은 네덜란드 동인도회사의 재정적 안정을 꾀하려면 향신료 무역에 대한 독점권을 확보하고 그것을 시행할 필요가 있다고, 그러기 위해서는 경쟁 상인, 때로 공급자에 대한 강압이 부득이하다고 굳게 믿었다." Harold Cook, *Matters of Exchange*, 183.

46. "영국인은 현장에 나타나서 어디든 네덜란드인을 따라다니는 경향이 있었지만, 그 어떤 전면적 전략을 꾀하고 있다는 조짐을 드러낸 적은 없었다." Widjojo, *The Revolt of Prince Nuku*, 13. 말루쿠에서 17세기에 영국과 네덜란드의 라이벌 관계에 대한 설명으로는 Masselman, *The Cradle of Colonialism*, 266~389와 Milton, *Nathaniel's Nutmeg*도 참조하라.

47. Lucas Kiers, *Coen Op Banda: Del Conqueste Getoest aan het Recht van den Tijd* (Utrecht: Oosthoek, 1943), 156. 내가 네덜란드 문건에서 직접 인용한 이 구절 및 기타 구절들을 번역해준 걸출한 역사학자 디르크 콜프에게 감사드린다.

48. Games, *Inventing the English Massacre*, 24.

49. 역사가 빈센트 로스는 이렇게 썼다. "반다는 기묘하게도 무시당해왔다. 이들 섬

의 역사가 완전히 외면당해왔다거나 그 역사가 오늘날까지 미지의 것으로 남아 있다고 말하는 것은 옳지 않다. 하지만 현대적 관점에서 출처에 대한 상세한 분석에 기초한 포괄적 역사는 아직껏 쓰이지 않았다." Vincent Loth, "Pioneers and Perkeniers," 13~35.

50. "Omstreeks middernacht van den 21sten op den 22sten April viel eene lamp in de bale-bale, waar Sonck met zijne raadslieden sliepen, welk onbeduidend voorval genoeg was om onder de overal en altijd verraad ziende Europeanen eene paniek te verwekken." Van der Chijs, *De Vestiging*, 140.

51. 이 정보에 대해 알려준 빈센트 로스에게 감사드린다. 개인적 교류에서 그는 이렇게 썼다. "우리가 현재 보유한 자료에 대해 말씀드리자면, 제 생각으로는 판데르헤이스가 여전히 그 정복에 대해 우리가 얻을 수 있는 가장 정확한 기록을 가진 것 같습니다. 거의 모든 작가들(당대 작가든 그 이후 작가든)은 그의 작품에 의존합니다. 군인으로 참여한 네덜란드 동인도회사 인사들의 목격자 증언이 몇 가지 있긴 하지만, 판데르헤이스의 경우와 달리 사건에 대해 개괄적인 이야기를 들려주지는 않습니다."

52. Juan Moreno Cruz and M. Scott Taylor, "A Spatial Approach to Energy Economics," Working Paper 18908, National Bureau of Economic Research, March 2013, 2, http://www.nber.org/papers/w18908을 참조하라.

02 "그들의 거주지를 싸그리 불살라라"

1. 일본 용병의 수에 대해서는 설이 분분하지만, 판데르헤이스는 각각 40명씩 2개 중대가 있었다고 명확하게 못 박고 있다. 당시 고국을 떠난 일본인은 귀환이 허락되지 않았기 때문에, 이 검객들은 모종의 사회 이탈자였을 가능성이 높다. 해적이었을 공산도 있다. (이런 생각을 들려준 Julia Adeney Thomas에게 감사드린다.)

2. Lucas Kiers, *Coen Op Banda: Del Conqueste Getoest aan het Recht van den Tijd* (Utrecht: Oosthoek, 1943), 157.

3. 말루쿠 방언으로는 'Tuan Derek Kalengbakar'이다. Nikodemus Yudho Sulistyo,

"The Half-Blood Hero in Y. B. Mangunwijaya's Ikan-Ikan Hiu, Ido, Homa and James Cameron's *Avatar*," *Spectral: Jurnal Ilmiah* 3, no. 2 (June 2017): 34를 참조하라.

4. J. A. van der Chijs, *De Vestiging van het Nederlandsche Gezag over de Banda-Eilanden (1599~1621)* (Batavia: Albrecht & Co., 1886), 147.
5. Van der Chijs, 148.
6. Vincent C. Loth, "Pioneers and Perkeniers: The Banda Islands in the 17th Century," *Cakalele* 6 (1995): 18.
7. Donna Merwick, *The Shame and the Sorrow: Dutch-Amerindian Encounters in New Netherland* (Philadelphia: University of Pennsylvania Press, 2006), loc. 1780을 참조하라.
8. Alison Games, *Inventing the English Massacre: Amboyna in History and Memory* (New York: Oxford University Press, 2020), 7.
9. Barry O'Connell, *On Our Own Ground: The Complete Writings of William Apess, a Pequot* (Amherst: University of Massachusetts Press, 1992), xxv.
10. Merwick, *The Shame and the Sorrow*, loc. 2240을 참조하라.
11. John Mason, *A Brief History of the Pequot War: Especially of the memorable Taking of their Fort at Mistick in Connecticut in 1637* (Boston, 1736), 8~9. 이 시기의 네덜란드 군대는 외국인 용병에 크게 기대고 있었다. C. R. Boxer, *The Dutch Seaborne Empire, 1600~1800* (London: Penguin, 1990), 88을 참조하라.
12. John Underhill, *Newes from America; or, A New and Experimentall Discoverie of New England* (1638), 34~36. 나는 이 구절과 다음 구절에 있는 철자 일부를 현대식으로 바꾸었다.
13. Neal Salisbury, *Manitou and Providence: Indians, Europeans and the Making of New England, 1500~1643* (New York: Oxford University Press, 1982), loc. 3381.
14. 피쿼트 전쟁을 종식시킨 하트포드 조약(Treaty of Hartford)의 조항 가운데 하나는 살아남은 피쿼트족 200명을 다른 부족에게 배분하라고, 그리고 "그들은 피쿼트족이 아니라 나라간세트족이나 모히건족〔Mohegan: 모히칸족(Mohican)의 다른 이

름—옮긴이〕이라고 불려야 한다"고 명시하고 있다. "The Hartford Treaty, 1638, Signifying the Close of the Pequot War," http://pequotwar.org/wp-content/uploads/2014/11/Grade-8-Treaty-of-Hartford-Guiding-Questions-Avery.pdf. Salisbury, Manitou and Providence, loc. 2284; and Katherine A. Grandjean, "The Long Wake of the Pequot War," *Early American Studies* 9, no. 2 (Spring 2011): 391도 참조하라.

15. O'Connell, *On Our Own Ground*, xxv.
16. Francis Bacon, *An Advertisement Touching an Holy War*, 30~33, https://sites.duke.edu/conversions/files/2014/09/Manion_Bacon-on-Holy-War.pdf.
17. Elizabeth A. Fenn, "Biological Warfare in Eighteenth-Century North America: Beyond Jeffery Amherst," *Journal of American History*, March 2000, 1574.
18. Peter Linebaugh and Marcus Rediker, *The Many-Headed Hydra: Sailors, Slaves, Commoners, and the Hidden History of the Revolutionary Atlantic* (Boston: Beacon Press, 2000), 40.
19. 쿤은 네덜란드가 점령하지 못한 유일한 섬은 풀라오룬(Pulao Run)이었다고 지적하기도 한다. "우리는 그 섬을 조용하던 본래 그대로 남겨두었다." 하지만 실제로 룬섬이 본래대로 남은 이유는 영국 기지가 그곳에 있었기 때문이다. Van der Chijs, *De Vestiging*, 149.
20. Harold J. Cook, *Matters of Exchange: Commerce, Medicine, and Science in the Dutch Golden Age* (New Haven, CT: Yale University Press, 2007), 188.
21. 로스는 족장이 48명 살해되었다고 말한다. Loth, "Pioneers and Perkeniers," 18. 그 밖의 다른 사람들은 40명이라고 보기도 한다. 나는 판데르헤이스가 제시한 수치 44명을 사용했다.
22. Loth, 18을 참조하라.
23. Adam Clulow, "The Art of Claiming: Possession and Resistance in Early Modern Asia," *American Historical Review* 121, no. 1 (February 2016): 36.

03 "육두구 열매가 죽었네"

1. Leonard Y. Andaya, "Centers and Peripheries in Maluku," *Cakalele* 4 (1993): 1~21을 참조하라.
2. Heather Builth et al., "Environmental and Cultural Change on the Mt. Eccles Lava-Flow Landscapes of Southwest Victoria, Australia," *Holocene* 18, no. 3 (2008): 413~424; Erin L. Matchan et al., "Early Human Occupation of Southeastern Australia: New Insights from 40Ar/39Ar Dating of Young Volcanoes," *Geology* 20, no. 20 (2019)을 참조하라.
3. Heather Builth, "Mt. Eccles Lava Flow and the Gunditjmara Connection: A Landform for All Seasons," *Proceedings of the Royal Society of Victoria*, November 2004, 168.
4. 그 화산의 분출 시기와 관련해서는 Matchan et al., "Early Human Occupation of Southeastern Australia"를 참조하라.
5. Colin Barras, "Is an Aboriginal Tale of an Ancient Volcano the Oldest Story Ever Told?" *Science*, February 11, 2020, https://www.sciencemag.org/news/2020/02/aboriginal-tale-ancient-volcano-oldest-story-ever-told. Duane W. Hamacher and Ray P. Norris, "Australian Aboriginal Geomythology: Eyewitness Accounts of Cosmic Impacts?" *Archaeoastronomy: The Journal of Astronomy in Culture*에 제출된 논문, September 22, 2010. https://arxiv.org/abs/1009.4251도 참조하라.
6. Jessica K. Weir, *The Gunditjmara Land Justice Story* (Australian Institute of Aboriginal and Torres Strait Islander Studies, 2009)를 참조하라.
7. Nils Bubandt, "Haunted Geologies: Spirits, Stones and the Necropolitics of the Anthropocene," in *Arts of Living on a Damaged Planet*, ed. Ana Tsing et al. (Minneapolis: University of Minnesota Press, 2017), 131.
8. Valentin R. Troll et al., "Ancient Oral Tradition Describes Volcano-Earthquake Interaction at Merapi Volcano, Indonesia," *Geografiska Annaler*: Series A, *Physical Geography* 97, no. 1 (2015): 140.
9. Troll et al., 141.
10. Nukila Amal, *The Original Dream*, trans. Linda Owens (Seattle: Amazon-

Crossing, 2017), 53.

11. 반다제도의 투르완단어는 오늘날 사용자가 주로 아이제도(Ai Islands)에 사는 수천 명에 그친다. Timo Kaartinen, *Songs of Travel and Stories of Place: Poetics of Absence in an Eastern Indonesian Society* (Helsinki: Academia Scientiarum Fennica, 2010), 13, 57.
12. Vine Deloria Jr., *God Is Red: A Native View of Religion* (Golden, CO: North American Press, 1992), loc. 2879. 다음 두 단락의 인용문도 이 책에서 따온 것이다(locs. 1341, 1677).
13. Keith H. Basso, *Wisdom Sits in Places: Landscape and Language among the Western Apache* (Albuquerque: University of New Mexico Press, 1996), loc. 723.
14. Roy Ellen, *On the Edge of the Banda Zone: Past and Present in the Social Organization of a Moluccan Trading Network* (Honolulu: University of Hawaii Press, 2003), 61.
15. Kaartinen, *Songs of Travel and Stories of Place*, 113~114.
16. Max Liboiron, *Pollution Is Colonialism* (Durham, NC: Duke University Press, 2021), 7.
17. 17세기 네덜란드에서 새로운 자연철학의 부상에 대한 포괄적 설명으로는 Harold J. Cook, *Matters of Exchange: Commerce, Medicine, and Science in the Dutch Golden Age* (New Haven, CT: Yale University Press, 2007)를 참조하라.
18. Akeel Bilgrami, *Secularism, Identity, and Enchantment* (Cambridge, MA: Harvard University Press, 2014), 296.
19. Carolyn Merchant, *The Death of Nature: Women, Ecology and the Scientific Revolution* (San Francisco: Harper and Row, 1983), 226.
20. Jesse Goldstein, "Terra Economica: Waste and the Production of Enclosed Nature," *Antipode* 45, no. 2 (2013): 357~375를 참조하라.
21. Roxanne Dunbar-Ortiz, *An Indigenous Peoples' History of the United States* (Boston: Beacon Press, 2014), 34를 참조하라.
22. Charles Zika, "Cannibalism and Witchcraft in Early Modern Europe: Reading

the Visual Images," *History Workshop Journal*, no. 44 (1997): 89.

23. W. Arens, *The Man-Eating Myth: Anthropology and Anthropophagy* (New York: xford University Press, 1979), 179. Zika, "Cannibalism and Witchcraft in Early Modern Europe," 101도 참조하라. "북·남미에서 기독교인의 비기독교인에 대한 잔학 행위가 점차 증가한 것처럼, 16세기 유럽에서 기독교인의 기독교인에 대한 잔학 행위가 점차 증가하면서, 그것은 기독교 사회의 과거, 그리고 최근 적들에게 더욱 집중적으로 투영되기 시작한다."

24. Bilgrami, *Secularism, Identity, and Enchantment*, 300을 참조하라.

25. 가령 풀리아(Puglia: 이탈리아 동남부에 있는 주—옮긴이)의 무도병〔tarantismo: 독거미의 일종인 타란툴라(tarantula)에 물리면 발병한다는 질병—옮긴이〕에 관한 이탈리아 인류학자 에르네스토 데 마르티노(Ernesto de Martino)의 연구, 또는 프랑스 북서부 마옌(Mayenne)의 농민들 사이에서 관찰되는 마녀술 관습에 대한 잔 파브레사다(Jeanne Favret-Saada)의 연구를 참조하라.

26. Jeffrey J. Kripal, *Authors of the Impossible: The Paranormal and the Sacred* (Chicago: University of Chicago Press, 2010), 28.

27. J. P. S. Uberoi, *The Other Mind of Europe: Goethe as a Scientist* (New Delhi: Oxford University Press, 1984)를 참조하라.

28. Ben Ehrenreich, *Desert Notebooks: A Road Map for the End of Time* (Berkeley, CA: Counterpoint, 2020), 76.

29. Masselman, *The Cradle of Colonialism* (New Haven, CT: Yale University Press, 1963), 437.

30. C. R. Boxer, *The Dutch Seaborne Empire, 1600~1800* (London: Penguin, 1990), 5.

31. Julie Berger Hochstrasser, "The Conquest of Spice and the Dutch Colonial Imaginary: Seen and Unseen in the Visual Culture of Trade," in *Colonial Botany: Science, Commerce, and Politics in the Early Modern World*, ed. Londa Schiebinger and Claudia Swan (Philadelphia: University of Pennsylvania Press, 2007), 171~172에 인용된 내용.

32. Boxer, *The Dutch Seaborne Empire*, 25. Hochstrasser, "The Conquest of

Spice and the Dutch Colonial Imaginary," 173도 참조하라.

33. Hochstrasser, "The Conquest of Spice and the Dutch Colonial Imaginary," 169.

34. Hochstrasser, 182.

35. Albert S. Bickmore, *Travels in the East Indian Archipelago* (London: John Murray, 1868), 217.

36. Vincent C. Loth, "Pioneers and Perkeniers: The Banda Islands in the 17th Century," *Cakalele* 6 (1995): 25를 참조하라.

37. Hochstrasser, "The Conquest of Spice and the Dutch Colonial Imaginary," 174에 인용된 내용.

38. 필립 윈은 약 1000명의 반다인이 살아남았다고 추산한다. Winn, "Graves, Groves and Gardens: Place and Identity—Central Maluku, Indonesia," *Asia-Pacific Journal of Anthropology* 2, no. 1 (2001): 25n5를 참조하라.

39. Donna Merwick, *The Shame and the Sorrow: Dutch-Amerindian Encounters in New Netherland* (Philadelphia: University of Pennsylvania Press, 2006), loc. 2403을 참조하라.

40. 미국인 조지 매슬먼은 쿤에 대해 이렇게 적고 있다. "국가를 다룬 역사 기술에서, 어느 국가적 인물이 그 자국민에 의해 책망받는 유사한 예는 찾아보기 어려울 것이다." George Masselman, *The Cradle of Colonialism* (New Haven, CT: Yale University Press, 1963), 421. 이 말이 분명하게 보여주듯 매슬먼은 쿤에 대한 책망이 옳았던 이유가 "(토착민이 그들의 자원을 착취하고자 적극적으로 애쓰는 국가들의 자기 부여 권리를 저지하는 스스로의 모습을 발견하곤 하는) 자본주의적 식민지주의 시대에 반다가 그와 유사한 수많은 일련의 사건 가운데 하나에 불과하기 때문"(422)만이었다곤 생각지 않았다.

41. Masselman, 421에 인용된 내용.

42. Bart Luttikhuis and A. Dirk Moses, "Mass Violence and the End of the Dutch Colonial Empire in Indonesia," *Journal of Genocide Research* 14, nos. 3~4 (2012).

43. Boxer, *The Dutch Seaborne Empire*, 107.

44. Russell Shorto, *The Island at the Center of the World* (New York: Vintage,

2005), 61을 참조하라.

45. Cook, *Matters of Exchange*, 187.

46. Giles Milton, *Nathaniel's Nutmeg, or, the True and Incredible Adventures of the Spice Trader Who Changed the Course of History* (New York: Penguin, 1999), locs. 4023~4314 of 5052의 11장은 암보이나 대학살에 대해 포괄적으로 설명하고 있다.

47. Cook, *Matters of Exchange*, 188.

48. Alison Games, *Inventing the English Massacre: Amboyna in History and Memory* (New York: Oxford University Press, 2020), 6. 이 섹션의 나머지에 나오는 인용구는 모두 이 책에서 가져왔다(85, 10, 3, 79, 111, 80, 6, 194, 190~191, 140, 6, 172, 194, 10).

49. Games, 3. 이하에서 게임스 인용문의 경우 본문에 쪽수를 표기했다.

50. Games, 10.

51. Jon Goss, "Understanding the 'Maluku Wars': Overview of Sources of Communal Conflict and Prospects for Peace," *Cakalele* 11 (2000): 7~39를 참조하라.

52. Amal, *The Original Dream*, loc. 3023.

04 테라포밍

1. Richard Drinnon, *Facing West: The Metaphysics of Indian-Hating and Empire-Building* (Minneapolis: University of Minnesota Press, 1980), 55.

2. Jennifer Nez Denetdale, *Reclaiming Diné History: The Legacies of Navajo Chief Manuelito and Juanita* (Tucson: University of Arizona Press, 2007), loc. 859.

3. 이 말은 내가 1988년에 쓰고 영국 문예지 〈그랜타(Granta)〉에 발표한 "포코너스(The Four Corners)"라는 제목의 글에서 가져왔다.

4. Robert S. McPherson, *Sacred Land, Sacred View: Navajo Perceptions of the Four Corner Region* (Salt Lake City, UT: Brigham Young University Press, 1992), 1~2.

5. 역사학자 로버트 맥퍼슨은 이렇게 썼다. "중세에 지은 대성당의 스테인드글라스 창

문이 문맹자에게 기독교 교리를 설파하는 그림책 역할을 했던 것처럼, 디네족에게는 지형이 마찬가지 구실을 한다. 땅은 기억을 재촉해 그와 관련한 사건과 교훈을 떠올리게 만드는 연상 기호 장치 노릇을 한다. ……다른 종교들에서 경전을 읽고 교회 및 사원에 가고 특정 장소에서 명상을 하면 영감을 얻거나 초자연적 도움을 받을 가능성이 커진다고 주장하듯이 나바호족에게는 땅이 그와 유사한 목적을 제공한다." Robert McPherson, 73.

6. Donna J. Haraway, *Staying with the Trouble: Making Kin in the Chthulucene* (Durham, NC: Duke University Press, 2016), 93.
7. Nick Estes, *Our History Is the Future: Standing Rock versus the Dakota Access Pipeline, and the Long Tradition of Indigenous Resistance* (New York: Verso, 2019), 102.
8. *Treaty Between the United States of America and the Navajo Tribe of Indians: With a Record of the Discussions That Led to Its Signing* (Flagstaff, AZ: K. C. Publications, 1968), 2.
9. 바인 들로리아 2세는 이렇게 썼다. "아메리카 인디언은 그들의 땅, 즉 장소를 지고(至高)의 의미를 지닌 것이라고 여기며, 이 점을 염두에 둔 채 모든 말을 한다." Deloria, *God Is Red: A Native View of Religion* (Golden, CO: North American Press, 1992), 60.
10. Deloria, loc. 1596.
11. Edwin L. Sabin, *Kit Carson Days, 1809~1868: "Adventures in the Path of Empire,"* vol. 2 (Lincoln: University of Nebraska Press, 1995), 656.
12. James W. M. Newlin, *Proposed Indian Policy* (1881), 43.
13. Alfred Crosby, *Ecological Imperialism: The Biological Expansion of Europe, 900~1900* (Cambridge: Cambridge University Press, 1986; e-book edition, 2015), loc. 97.
14. Simon L. Lewis and Mark A. Maslin, "Defining the Anthropocene," *Nature* 1519 (March 12, 2015): 175를 참조하라.
15. David S. Jones, "Virgin Soils Revisited," *William and Mary Quarterly* 60, no. 4 (October 2003): 703. David E. Stannard, *American Holocaust: The Conquest*

of the New World (Oxford: Oxford University Press, 1992), 72; Neal Salisbury, *Manitou and Providence: Indians, Europeans and the Making of New England, 1500~1643* (New York: Oxford University Press, 1982), locs. 95, 237, 1066; and Michael Williams, *Deforesting the Earth: From Prehistory to Global Crisis* (Chicago: University of Chicago Press, 2006), 194도 참조하라.

16. 비평 글로는 Dagomar Degroot, "Did Colonialism Cause Global Cooling? Revisiting an Old Controversy," *Historical Climatology*, February 22, 2019, https://www.historicalclimatology.com/features/did-colonialism-cause-global-cooling-revisiting-an-old-controversy를 참조하라.
17. Christopher M. Clark, "This Is a Reality, Not a Threat," *New York Review of Books*, November 22, 2018.
18. '정착형 식민주의'라는 개념은 로렌조 베라치니(Lorenzo Veracini)가 그의 책 《정착형 식민주의에 대한 이론적 개관(Settler Colonialism: A Theoretical Overview)》 (London: Palgrave Macmillan, 2010)에서 이론화했다. 베라치니는 "식민지화 프로젝트에 어울리도록 환경을 테라포밍하기"가 그것을 다른 형태의 식민주의와 구별 짓는 정착형 식민주의의 도드라진 특징이라고 말했다.(22)
19. Silvia Federici, *Caliban and the Witch: Women, the Body and Primitive Accumulation*, 2nd ed. (Brooklyn: Automedia, 2014), 219에 인용된 내용.
20. Alexis de Tocqueville, *Democracy in America and Two Essays on America*, trans, Gerald E. Bevan (New York: Penguin, 2003), 378~379.
21. John Grenier, *The First Way of War: American War Making on the Frontier, 1607~1814* (New York: Cambridge University Press, 2005), 12. 이어지는 세 문단의 인용문도 이 책 27, 28, 43쪽에서 가져왔다.
22. Grenier, 27~29
23. Jill Lepore, *The Name of War: King Philip's War and the Origins of American Identity* (New York: Vintage, 1998), loc. 148.
24. 록산느 던바오티즈는 이렇게 쓰고 있다. "(원주민의 마을과 논밭을 파괴하고, 민간인을 살해하고, 어슬렁거리며 돌아다니고, 두피 사냥을 하던) 식민지화 첫 세기에 구축된 이런 전쟁 방식은 19세기 말까지 미 대륙 전역에 걸쳐 토착민에 맞선

전쟁의 토대로 자리 잡았다." Roxanne Dunbar-Ortiz, *An Indigenous Peoples' History of the United States* (Boston: Beacon Press, 2014), 65.

25. Dunbar-Ortiz, loc. 226.
26. Dunbar-Ortiz, loc. 169.
27. Richard Grove, *Ecology, Climate and Empire: Colonialism and Global Environmental History, 1400~1940* (Cambridge: White Horse Press, 1997), 183.
28. Joyce E. Chaplin, *Subject Matter: Technology, the Body, and Science on the Anglo-American Frontier, 1500~1676* (Cambridge, MA: Harvard University Press, 2001), locs. 96~106.
29. Dunbar-Ortiz, *An Indigenous Peoples' History of the United States,* 39를 참조하라.
30. Jones, "Virgin Soils Revisited," 707.
31. Jones, 718. Paul Kelton, *Epidemics and Enslavement: Biological Catastrophe in the Native Southeast, 1492~1715* (Lincoln: University of Nebraska Press, 2007), 44도 참조하라.
32. Dunbar-Ortiz, *An Indigenous Peoples' History of the United States*, 40.
33. Sam White, *A Cold Welcome: The Little Ice Age and Europe's Encounter with North America* (Cambridge, MA: Harvard University Press, 2017), 110.
34. White, 742.
35. Kelton, *Epidemics and Enslavement*, xviii.
36. Jones, "Virgin Soils Revisited," 712.
37. Jones, 734.
38. Chaplin, *Subject Matter*, loc. 356. Kelton, *Epidemics and Enslavement*, 78도 참조하라.
39. Elizabeth A. Fenn, "Biological Warfare in Eighteenth-Century North America: Beyond Jeffery Amherst," *Journal of American History*, March 2000, 1566.
40. Fenn, 1567.
41. Crosby, *Ecological Imperialism*, loc. 3220.
42. Fenn, "Biological Warfare in Eighteenth-Century North America," 1557. 이어

지는 두 문단의 인용문도 이 논문에서 가져왔다(1555, 1556~1557, 1558, 1564).

43. Fenn, 1577~1579.

44. Estes, *Our History Is the Future*, 86에 인용된 내용.

05 "우리 모두는 머잖아 사라질 것이다"

1. Jill Lepore, *The Name of War: King Philip's War and the Origins of American Identity* (New York: Vintage, 1998), 76.

2. 이 원칙을 공식화한 것이 존 로크 같은 철학자들이었다. Jesse Goldstein, "Terra Economica: Waste and the Production of Enclosed Nature," *Antipode* 45, no. 2 (2013): 13을 참조하라.

3. Michael Williams, *Deforesting the Earth: From Prehistory to Global Crisis* (Chicago: University of Chicago Press, 2006), 147.

4. 윌리엄 크로논이 썼다. "만약 뉴잉글랜드를 방문한 영국인이 엄청난 천연자원을 지닌 풍경에서 인디언들이 극빈자처럼 살아가는 듯 보이는 게 모순이라고 생각한다면, 실제적인 인디언의 빈곤이 아니라 그 영국인의 시력이 문제인 것이다." Cronon, *Changes in the Land: Indians, Colonists and the Ecology of New England* (New York: Hill and Wang, 1983), 53~54.

5. Cronon, 51, 53.

6. Bron Taylor, *Dark Green Religion: Nature, Spirituality and the Planetary Future* (Berkeley: University of California Press, 2010), 43에 인용된 내용. Williams, *Deforesting the Earth*, 147도 참조하라.

7. Williams, *Deforesting the Earth*, 150~190을 참조하라.

8. Cronon, *Changes in the Land*, 5.

9. Thomas Yellowtail, *Yellowtail, Crow Medicine Man and Sun Dance Chief: An Autobiography*, Michael Oren Fitzgerald에게 들려준 이야기 (Norman: University of Oklahoma Press, 1991), 49.

10. Robin Wall Kimmerer, *Braiding Sweetgrass: Indigenous Wisdom, Scientific Knowledge, and the Teaching of Plants* (Minneapolis: Milkweed Editions,

2013), 7.

11. Cronon, *Changes in the Land*, 82.
12. Neal Salisbury, *Manitou and Providence: Indians, Europeans and the Making of New England, 1500~1643* (New York: Oxford University Press, 1982), loc. 128.
13. Virginia DeJohn Anderson, *Creatures of Empire: How Domestic Animals Transformed Early America* (New York: Oxford University Press, 2004), 5. 이하 인용도 같은 책에서 가져왔다(8, 9, 224). 유사한 논의로는 Williams, *Deforesting the Earth*, 195~196을 참조하라.
14. Anderson, *Creatures of Empire*, 206.
15. Salisbury, *Manitou and Providence*, loc. 148.
16. Lepore, *The Name of War*, 74.
17. Anderson, *Creatures of Empire*, 178.
18. Lepore, *The Name of War*, 71.
19. Anderson, *Creatures of Empire*, 236.
20. John Grenier, *The First Way of War: American War Making on the Frontier, 1607~1814* (New York: Cambridge University Press, 2005), 46. 다음 세 문단에 언급한 내용과 인용문도 같은 책에서 가져왔다(12, 27, 28, 43).
21. Davi Kopenawa and Bruce Albert, *The Falling Sky: Words of a Yanomami Shaman*, trans. Nicholas Elliott and Alison Dundy (Cambridge, MA: Belknap Press, 2013), 307~308.
22. Roxanne Dunbar-Ortiz, *An Indigenous Peoples' History of the United States* (Boston: Beacon Press, 2014), 142.
23. Nick Estes, *Our History Is the Future: Standing Rock versus the Dakota Access Pipeline, and the Long Tradition of Indigenous Resistance* (New York: Verso, 2019), 110.
24. Peter Nabokov, *Native American Testimony: An Anthology of Indian and White Relations, First Encounter to Dispossession* (New York: Harper and Row, 1978), 221.

25. Dina Gilio-Whitaker, *As Long as Grass Grows: The Indigenous Fight for Environmental Justice, from Colonization to Standing Rock* (Boston: Beacon, 2019), 48.

26. Estes, *Our History Is the Future*, 133~138.

27. Estes, 139에 인용된 내용.

28. Patrick Wolfe, "Settler Colonialism and the Elimination of the Native," *Journal of Genocide Research* 8, no. 4 (2006): 387~409, DOI:10.1080/14623520601056240.

29. Gregory Hooks and Chad L. Smith, "The Treadmill of Destruction: National Sacrifice Areas and Native Americans," *American Sociological Review* 69 (2004): 565.

30. LaDuke, Winona, *All Our Relations: Native Struggles for Land and Life*, Chicago: Haymarket Books, 1999, 2.

31. Gregory Hooks and Chad L. Smith, "Treadmills of Production and Destruction: Threats to the Environment Posed by Militarism," *Organization & Environment* 18, no. 1 (March 2005): 26.

32. Doug Brugge, Timothy Benally, and Esther Yazzie-Lewis, eds., *The Navajo People and Uranium Mining* (Albuquerque: University of New Mexico Press, 2006), xv.

33. Leslie Marmon Silko, *The Turquoise Ledge* (New York: Viking, 2010), 69.

34. Hooks and Smith, "The Treadmill of Destruction," 560.

35. Cody Nelson, "Navajo Nation Faces Twin Threats as Wildfires Spread during Pandemic," *Guardian*, July 6, 2020, https://www.theguardian.com/us-news/2020/jul/06/arizona-wildfires-coronavirus-navajo-nation을 참조하라.

36. Nabokov, *Native American Testimony*, 108.

37. Nabokov, 232.

06 대지의 속박

1. Jason W. Moore, "The Rise of Cheap Nature," in *Anthropocene or Capitalocene?*

Nature, History and the Crisis of Capitalism, ed. Jason W. Moore (Oakland, CA: PM Press, 2016)를 참조하라.

2. 좀더 자세한 내용을 알고 싶으면 Thomas Walter Laqueur, *Solitary Sex: A Cultural History of Masturbation* (New York: Zone Books, 2003)을 참조하라.
3. Timothy Morton, *The Poetics of Spice: Romantic Consumerism and the Exotic* (Cambridge: Cambridge University Press, 2000), 95.
4. Leonard Y. Andaya, *The World of Maluku: Eastern Indonesia in the Early Modern Period* (Honolulu: University of Hawaii Press, 1993), 201.
5. Roy Ellen, *On the Edge of the Banda Zone: Past and Present in the Social Organization of a Moluccan Trading Network* (Honolulu: University of Hawaii Press, 2003), 87을 참조하라.
6. Andaya, *The World of Maluku*, 167.
7. Muridan Widjojo, *The Revolt of Prince Nuku: Cross-Cultural Alliance-Making in Maluku, c. 1780~1810* (Leiden: Brill, 2009), 44.
8. Andaya, *The World of Maluku*, 203~204.
9. Vincent C. Loth, "Armed Incidents and Unpaid Bills: Anglo-Dutch Rivalry in the Banda Islands in the Seventeenth Century," *Modern Asian Studies* 29, no. 4 (October 1995): 707.
10. Pedro de Cieza de León, The Incas, quoted in David E. Stannard, *American Holocaust: The Conquest of the New World* (Oxford: Oxford University Press, 1992), 87.
11. Andaya, *The World of Maluku*, 208.
12. Leo Akveld and Els M. Jacobs, eds., *The Colourful World of the VOC: National Anniversary Book, VOC 1602~2002* (Bussum, Neth.: THOTH Publishers, 2002), 22; Widjojo, *The Revolt of Prince Nuku*, 37; George Masselman, *The Cradle of Colonialism* (New Haven, CT: Yale University Press, 1963), 460~472; C. R. Boxer, *The Dutch Seaborne Empire, 1600~1800* (London: Penguin, 1990), 315~331을 참조하라.
13. Greg Grandin, *The End of the Myth: From the Frontier to the Border Wall in*

the Mind of America (New York: Metropolitan Books, 2019), 40.

14. Rupa Marya and Raj Patel, *Inflamed: Deep Medicine and the Anatomy of Injustice* (New York: Farrar, Straus and Giroux, 2021), 247을 참조하라.
15. Charles Darwin, *The Descent of Man and Selection in Relation to Sex* (New York, 1871), 193.
16. Suman Seth, "Darwin and the Ethnologists: Liberal Racialism and the Geological Analogy," *Historical Studies in the Natural Sciences* 46, no. 4 (2016): 526.
17. 바누 수브라마니암이 썼다. "다윈 자신은 그가 살던 시대의 국가·젠더·인종 개념에 깊이 젖어 있었으며, 다윈주의는 진화론적 생물학과 진화론의 발전을 사회적 다윈주의의 강력한 힘과 19세기 영국의 젠더·인종·계급·국가·섹슈얼리티의 정치학에 개방했다." Banu Subramaniam, *Ghost Stories for Darwin: The Science of Variation and the Politics of Diversity* (Urbana: University of Illinois Press, 2014), 12~13.
18. 수먼 세스가 지적하다시피 "이 부분에서 얻을 수 있는 가장 기본적인 사항은 인종본질주의(racialism: 나는 이 사람들 모두가 인종을 인류 문명과 인류 발전을 이해하기 위한 의미 있는 분석 범주로 여기고 있음을 보여주기 위해 이 용어를 사용한다)가 정치 스펙트럼 전반에서 공유된 입장이라는 사실이다. 너무 흔하게도, 과학적 인종본질주의는 혐오스러운 정치적·사회적 견해를 위한 간편한 가림막으로서, 그리고/또는 그것의 예시로서 해석되어왔다. 한층 더 문제가 되는 것은, 이러한 연관성이 더러 은연중에 반대로 해석되곤 해서 그 같은 역겨운 견해를 가진 사람들만이 인종본질주의자일 수 있다고 암시하는 것이다. 따라서 다윈의 노예폐지론은 그의 연구 곳곳에 흩어져 있는 인종본질주의적 견해를 좀더 면밀히 다루지 못하도록 막아주는 예방 접종으로서 의미를 지닌다". Suman Seth, 495n12.
19. 엘리자베스 스트라코시와 앨리사 마쿤이 말한 대로, 식민주의는 시간이 되어 일어난 데 그치는 게 아니라 시간에 대한 그 자신의 내러티브를 창출한다. Elizabeth Strakosch and Alissa Macoun, "The Vanishing Endpoint of Settler Colonialism," *Arena Journal*, nos. 37/38 (2012): 49.
20. Benjamin Noys, *Malign Velocities: Accelerationism and Capitalism* (Washington, DC: Zero Books, 2014), 63.

21. Bron Taylor, *Dark Green Religion: Nature, Spirituality and the Planetary Future* (Berkeley: University of California Press, 2010), 153~154을 참조하라. Melissa Nursey-Bray et al., "Old Ways for New Days: Australian Indigenous Peoples and Climate Change," *Local Environment* 24, no. 5 (2019): 479; Max Liboiron, *Pollution Is Colonialism* (Durham, NC: Duke University Press, 2021), 53n46도 참조하라.

07 괴물 같은 가이아

1. James Lovelock, "What Is Gaia?" https:/www.ecolo.org/lovelock/what_is_Gaia.html.
2. 종교학자 브론 테일러는 애니미즘을 "자연적 존재, 힘, 비인간 생명체가 영혼, 활기찬 생명력, 정령, 개성(정서적 삶과 개인적 의도), 그리고 의식 중 하나 이상을 가지고 있다는 (하지만 늘 특정한 영적 지능을 가지는 것은 아니라는) 인식"이라고 정의한다. Bron Taylor, *Dark Green Religion: Nature, Spirituality and the Planetary Future* (Berkeley: University of California Press, 2010), 15.
3. "As an inanimate object of inquiry": Joyce E. Chaplin, *Subject Matter: Technology, the Body, and Science on the Anglo-American Frontier, 1500~1676* (Cambridge, MA: Harvard University Press, 2001), loc. 3635. 앨곤퀸 부족의 '초자연력(Manitou)' 개념에 대해서는 Neal Salisbury, *Manitou and Providence: Indians, Europeans and the Making of New England, 1500~1643* (New York: Oxford University Press, 1982), loc. 398도 참조하라.
4. Chaplin, *Subject Matter*, locs. 3644, 3654.
5. Ben Ehrenreich, *Desert Notebooks: A Road Map for the End of Time* (Berkeley, CA: Counterpoint, 2020), 76.
6. Tamara Pico, "The Darker Side of John Wesley Powell," *Scientific American*, September 9, 2019, https://blogs.scientificamerican.com/voices/the-darker-side-of-john-wesley-powell/.
7. Dennis Zotigh, "Native Perspectives on the 40th Anniversary of the American

Indian Religious Freedom Act," *Smithsonian Magazine*, November 30, 2018을 참조하라.

8. Nick Estes, *Our History Is the Future: Standing Rock versus the Dakota Access Pipeline, and the Long Tradition of Indigenous Resistance* (New York: Verso, 2019), 18.
9. 러브록의 생기론을 상세히 다룬 자료로는 Taylor, *Dark Green Religion*, 35~41을 참조하라.
10. José Gualinga and Bethany Pitts, "The Border of Life: A Response to the Pandemic from the Amazon," *Resilience*, May 18, 2020, https://www.resilience.org/stories/2020-05-18/the-border-of-life-a-response-to-the-pandemic-from-the-amazon/을 참조하라.
11. 그 그리스어는 *πελώρη*, pelore, 'monstrous'이다. 이와 관련해 도움을 준 시카고 대학의 조너선 홀(Jonathan Hall)에게 감사드린다.
12. 이 말과 이어지는 모든 인용문은 윌리엄 블레이크 타이렐(William Blake Tyrell)이 번역한 《신들의 계보》에서 가져왔다.
13. Bartolomé Leonardo de Argensola, *The Discovery and Conquest of the Molucca and Philippine Islands &c.*, trans. John Stevens (London, 1708).
14. Hans Derks, *History of the Opium Problem: The Assault on the East, ca. 1600~1950* (Leiden: Brill, 2012), 248.
15. 네덜란드 치하의 말루쿠에서는 아편 사용이 급증했다. "19세기 중엽 아편 흡입은 심각한 사회 문제로 떠올랐으며 …… 몰루카에서의 아편 무역은 대단히 중요해졌다. 1851년 테르나테섬에서 아편 무역의 가치는 다른 모든 재화 범주의 가치를 앞질렀다. ……그것은 반다에서뿐 아니라 고롬(Gorom)에서도 널리 퍼져나갔다." Roy Ellen, *On the Edge of the Banda Zone: Past and Present in the Social Organization of a Moluccan Trading Network* (Honolulu: University of Hawaii Press, 2003), 115.
16. 예컨대 Jacques M. Downs and Frederic D. Grant Jr., *The Golden Ghetto: The American Commercial Community at Canton and the Shaping of American China Policy, 1784~1844* (Hong Kong: Hong Kong University Press, 2014)를

참조하라.

17. 이것은 약리학 교수 앤디 쿱(Andy Coop)의 말로, Sam Quinones, *Dreamland: The True Tale of America's Opiate Epidemic* (New York: Bloomsbury, 2015), 39에 인용된 내용이다.

18. Robin Wall Kimmerer, *Braiding Sweetgrass: Indigenous Wisdom, Scientific Knowledge, and the Teaching of Plants* (Minneapolis, MN: Milkweed Editions, 2013), 208.

19. Harold J. Cook, *Matters of Exchange: Commerce, Medicine, and Science in the Dutch Golden Age* (New Haven, CT: Yale University Press, 2007), 413. '과학자'라는 단어는 1834년이 되어서야 생겨났다. Banu Subramaniam, *Ghost Stories for Darwin: The Science of Variation and the Politics of Diversity* (Urbana: University of Illinois Press, 2014), 19.

20. Antonio Lafuente and Nuria Valverde, "Linnaean Botany and Spanish Imperial Biopolitics," in *Colonial Botany: Science, Commerce, and Politics in the Early Modern World*, ed. Londa Schiebinger and Claudia Swan (Philadelphia: University of Pennsylvania Press, 2007), 134.

21. Pieter Baas and Jan Frits Veldkamp, "Dutch Pre-Colonial Botany and Rumphius's Ambonese Herbal," *Allertonia* 13 (January 2014): 9~19를 참조하라.

22. Cook, *Matters of Exchange*, 329~332.

23. Anthony Reid, *A History of Southeast Asia: Critical Crossroads* (Malden, MA: Blackwell, 2015), 129. Cook, *Matters of Exchange*, 176, 202~204도 참조하라.

24. Baas and Veldkamp, "Dutch Pre-Colonial Botany and Rumphius's Ambonese Herbal," 12.

25. Baas and Veldkamp, 13.

26. E. M. Beekman, ed. and trans., *The Poison Tree: Selected Writings of Rumphius on the Natural History of the Indies* (Amherst: University of Massachusetts Press, 1981), 8을 참조하라.

27. Baas and Veldkamp, "Dutch Pre-Colonial Botany and Rumphius's Ambonese Herbal," 12.

28. Bradley C. Bennett, "Thoughts on Rumphius and His Plants: Parallels with Neotropical Ethnobotany," *Allertonia* 13 (January 2014): 72~80.

29. Beekman, *The Poison Tree*, 16.

30. Lafuente and Valverde, "Linnaean Botany and Spanish Imperial Biopolitics"를 참조하라.

31. Lafuente and Valverde, 135.

32. Cook, *Matters of Exchange*, 412를 참조하라. Rupa Marya and Raj Patel, *Inflamed: Deep Medicine and the Anatomy of Injustice* (New York: Farrar, Straus and Giroux, 2021), 136도 참조하라.

33. Ellen, *On the Edge of the Banda Zone*, 64.

34. E. C. Spary, "Of Nutmegs and Botanists: The Colonial Cultivation of Botanical Identity," in *Colonial Botany: Science, Commerce, and Politics in the Early Modern World*, ed. Londa Schiebinger and Claudia Swan (Philadelphia: University of Pennsylvania Press, 2007), 187~203을 참조하라.

35. Dorit Brixius, "A Hard Nut to Crack: Nutmeg Cultivation and the Application of Natural History between the Maluku Islands and Isle de France (1750s~1780s)," *British Journal for the History of Science* 51, Special Issue 4 (Science and Islands in Indo-Pacific Worlds) (December 2018): 585~606을 참조하라.

36. Ashis Nandy, *Alternative Sciences: Creativity and Authenticity in Two Indian Scientists* (New Delhi: Oxford University Press, 1995), 99.

37. Kimmerer, *Braiding Sweetgrass*, 43.

38. Kimmerer, 345.

39. Kimmerer, 6. 이어지는 문단의 인용문은 같은 출처의 9쪽에서 가져왔다.

40. Thomas J. Zumbroich, "From Mouth Fresheners to Erotic Perfumes: The Evolving Socio-Cultural Significance of Nutmeg, Mace and Cloves in South Asia," *eJournal of Indian Medicine* 5 (2012): 39.

08 화석화한 숲

1. Naomi Oreskes and Eric Conway, *Merchants of Doubt: The Denial of Global Warming* (New York: Bloomsbury, 2010)을 참조하라.
2. Nathaniel Rich, *Losing Earth: A Recent History* (New York: Farrar, Straus and Giroux, 2019)를 참조하라.
3. Naomi Klein, *This Changes Everything: Capitalism vs. the Climate* (New York: Knopf, 2014), 64~95를 참조하라.
4. Andreas Malm, *Fossil Capital: The Rise of Steam Power and the Roots of Global Warming* (London: Verso, 2016), 66.
5. Timothy Mitchell, *Carbon Democracy: Political Power in the Age of Oil* (London: Verso, 2011)을 참조하라.
6. Malm, *Fossil Capital*, 12.
7. Malm,, 55.
8. 이 말은 Louis C. Hunter's *A History of Industrial Power in the United States, 1780~1930*, vol. 1에 나오는 것으로, Malm, *Fossil Capital*, 64에 인용된 내용이다.
9. Malm, 63에 인용된 Hunter.
10. Malm, 63.

09 초크 포인트

1. Andreas Malm, *Fossil Capital: The Rise of Steam Power and the Roots of Global Warming* (London: Verso, 2016), 543.
2. Malm, 539.
3. W. G. Jensen, "The Importance of Energy in the First and Second World Wars," *Historical Journal* 11, no. 3 (1968): 552. Eric Dean Wilson, *After Cooling: On Freon, Global Warming, and the Terrible Cost of Comfort* (New York: Simon and Schuster, 2021), 156도 참조하라.
4. James Bradley, *The China Mirage: The Hidden History of American Disaster in Asia* (New York: Little, Brown, 2015), 208~210.

5. Elizabeth DeLoughrey, "Toward a Critical Ocean Studies for the Anthropocene," *English Language Notes* 57, no. 1 (April 2019): 24.

6. Michael T. Klare, "Garrisoning the Global Gas Station," *TomDispatch*, June 12, 2008, https://www.globalpolicy.org/component/content/article/154-general/25938.html.

7. William R. Clark, *Petrodollar Warfare: Oil, Iraq and the Future of the Dollar* (Gabriola Island, British Columbia: New Society Publishers, 2005), 28; and David E. Spiro, *The Hidden Hand of American Hegemony: Petrodollar Recycling and Interna-tional Markets* (Ithaca, NY: Cornell University Press, 1999). 별도의 표시가 없을 경우, 다음 두 문단에 언급한 내용도 이 책에서 가져온 것들이다(107, 147).

8. Clark, *Petrodollar Warfare*, 28.

9. Daniel Yergin, *The Quest: Energy, Security and the Remaking of the Modern World* (New York: Penguin, 2012), 286.

10. 이 용어는 찰머스 존슨(Chalmers Johnson)이 사용한 것으로, Clark, *Petrodollar Warfare*, 13에 인용되었다.

11. 중국의 '믈라카〔Melaka: 말레이반도 남서부에 있는 주. 말라카(Malacca)라고도 한다—옮긴이〕 딜레마'에 대해 살펴보려면 Sunil S. Amrith, *Crossing the Bay of Bengal: The Furies of Nature and the Fortunes of Migrants* (Cambridge, MA: Harvard University Press, 2015), 255를 참조하라.

12. Timothy Morton, *The Poetics of Spice: Romantic Consumerism and the Exotic* (Cambridge: Cambridge University Press, 2000), 51.

13. 작은 테르나테섬은 그 둘레에 14개의 요새가 점점이 박혀 있다. Muridan Widjojo, *The Revolt of Prince Nuku: Cross-Cultural Alliance-Making in Maluku, c. 1780~1810* (Leiden: Brill, 2009), map 3을 참조하라.

14. Zorawar Daulet Singh, *Powershift: India-China Relations in a Multipolar World* (New Delhi: Macmillan, 2020), 231.

15. Deborah Cowen, *The Deadly Life of Logistics: Mapping Violence in Global Trade* (Minneapolis: University of Minnesota Press, 2014). 이어지는 문단에 나

오는 인용문과 수치는 모두 이 책의 디지털 버전에서 가져왔다(locs. 1133, 1392, 3069~3118, 1337, 2331).

16. 예컨대 Armed Conflict Location & Event Data Project (ACLED), "Global Conflict and Disorder Patterns, 2020," https://acleddata.com/2020/02/14/global-conflict-and-disorder-patterns-2020/을 참조하라.
17. Jean-Pierre Dupuy, *Economy and the Future: A Crisis of Faith*, trans. M. B. DeBevoise (East Lansing: Michigan State University Press, 2014), loc. 213.
18. Déborah Danowski and Eduardo Viveiros de Castro, *The Ends of the World,* trans. Rodrigo Nunes (New York: Polity Press, 2017), loc. 2692.
19. Priya Satia, *Empire of Guns: The Violent Making of the Industrial Revolution* (Stanford, CA: Stanford University Press, 2019), 154.
20. Satia, 2.
21. Satia, 12.
22. Cedric J. Robinson, *Black Marxism: The Making of the Black Radical Tradition* (Chapel Hill: University of North Carolina Press, 1983), 116.
23. Cedric J. Robinson, ed. H. L. T. Quan, *On Racial Capitalism, Black Internationalism, and Cultures of Resistance*, by Cedric J. Robinson, ed. H. L. T. Quan (London: Pluto Press, 2019)에 루스 윌슨 길모어(Ruth Wilson Gilmore)가 쓴 서문을 참조하라.
24. George Masselman, *The Cradle of Colonialism* (New Haven, CT: Yale University Press, 1963), 148.
25. Vincent C. Loth, "Pioneers and Perkeniers: The Banda Islands in the 17th Century," *Cakalele* 6 (1995): 32.
26. 하지만 반다제도에서는 노예제가 금지되고 한참이 지난 뒤까지도 많은 사람이 사실상 노예 상태에 놓여 있었다. Hanna Rambé, *Mirah of Banda*, trans. Toni Pollard (Jakarta: Lontar, 2010)를 참조하라.
27. Robinson, *Black Marxism*, 68, 308.
28. "다른 모든 것은 그로부터 파생되는 것 같다. (이 점에서 서구 급진주의가 하나의 제도로서 자본주의에 집착한 것은 같은 목적에 봉사했다…….)"

29. 대개 문학비평가 프레더릭 제임슨(Fredric Jameson)이 한 말이라고 알려져 있다.

10 모든 것의 아버지

1. Andrew K. Jorgenson, Brett Clark, and Jennifer E. Givens, "The Environmental Impacts of Militarization in Comparative Perspective: An Overlooked Relationship," *Nature and Culture* 7, no. 3 (2012): 314~337을 참조하라.
2. W. G. Jensen, "The Importance of Energy in the First and Second World Wars," *Historical Journal* 11, no. 3 (1968): 538.
3. Michael T. Klare, *Rising Powers, Shrinking Planet: The New Geopolitics of Energy* (New York: Metropolitan Books, 2008), 11.
4. Andrew K. Jorgenson, Brett Clark, and Jeffrey Kentor, "Militarization and the Environment: A Panel Study of Carbon Dioxide Emissions and the Ecological Footprints of Nations, 1970~2000," *Global Environmental Politics* 10, no. 1 (February 2010): 11.
5. Andrew K. Jorgenson and Brett Clark, "The Temporal Stability and Developmental Differences in the Environmental Impacts of Militarism: The Treadmill of Destruction and Consumption-Based Carbon Emissions," *Sustainability Science* 11 (2016): 507.
6. Joseph Masco, *The Theater of Operations: National Security Affect from the Cold War to the War on Terror* (Durham, NC: Duke University Press, 2014), 28; Brett Clark, Andrew K. Jorgenson, and Jeffrey Kentor, "Militarization and Energy Consumption: A Test of Treadmill of Destruction Theory in Comparative Perspective," *International Journal of Sociology* 40, no. 2 (Summer 2010): 27.
7. V. Smil, "Energy in the Twentieth Century: Resources, Conversions, Costs, Uses, and Consequences," *Annual Review of Energy and the Environment* 25 (2000): 38, Jorgenson, Clark, and Givens, "Environmental Impacts," 314~337에 인용된 내용.

8. Jorgenson, Clark, and Kentor, "Militarization and the Environment," 9.
9. Jorgenson and Clark, "The Temporal Stability and Developmental Differences in the Environmental Impacts of Militarism," 507.
10. Sophie Yeo, "Where Climate Cash Is Flowing and Why It's Not Enough," *Nature*, October 19, 2019, https://www.nature.com/articles/d41586-01902712-3.
11. Stockholm International Peace Research Institute, "Global Military Expenditure Sees Largest Annual Increase in a Decade—Says SIPRI—Reaching$1917 Billion in 2019," April 27, 2020, https://www.sipri.org/media/press-release/2020/global-military-expenditure-sees-largest-annual-increase-decade-says-sipri-reaching-1917-billion.
12. Neta C. Crawford, "United States Budgetary Costs and Obligations of Post-9/11 Wars through FY2020: $6.4 Trillion," Watson Institute, Brown University, November 13, 2019.
13. Kenneth A. Gould, "The Ecological Costs of Militarization," *Peace Review: A Journal of Social Justice 19* (2007): 331.
14. Jorgenson, Clark, and Kentor, "Militarization and the Environment," 8.
15. 가령 Jorgenson and Clark's article "The Temporal Stability and Developmental Differences in the Environmental Impacts of Militarism"을 참조하라.
16. 조겐슨과 클라크는 "경제와 군사는 상호 연결되어 있기는 하지만 '파괴의 트레드밀' 사회학파 소속 학자들은 후자가 환경 문제에 기여하는 그만의 독립적인 확장적 역학을 지닌다"고 썼다. Jorgenson and Clark, "The Temporal Stability and Developmental Differences in the Environmental Impacts of Militarism," 506. 이 학파에 속한 다른 2명의 학자는 이렇게 말했다. "우리는 지금 '파괴의 트레드밀'이 지배적 트레드밀이라고 주장하고 있는 게 아니며, 파괴의 트레드밀이 생산의 트레드밀과 분리되어 있다고 믿지도 않는다. 반면 우리는 무기 경쟁과 전시 동원은 상업 활동에서 작용하는 트레드밀 역학과는 근원적으로 다르다고 생각한다." Gregory Hooks and Chad L. Smith, "Treadmills of Production and Destruction: Threats to the Environment Posed by Militarism," *Organization & Environment* 18, no. 1 (March 2005): 23.

17. Jairus Grove, *Savage Ecologies: War and Geopolitics at the End of the World* (Durham, NC: Duke University Press, 2019), loc. 200; "1992 World Scientists' Warning to Humanity," July 16, 1992, Union of Concerned Scientists, https://www.ucsusa.org/about/1992-world-scientists.html; "World Scientists' Warning to Humanity: A Second Notice," https://scientistswarning.forestry.oregonstate.edu/sites/sw/files/Warning_article_with_supp_11-13-17.pdf.
18. 이와 같은 보고서와 평가의 목록을 살펴보려면 Emily Gilbert, "The Militarization of Climate Change," *ACME: An International Journal for Critical Geographies* 11, no. 1 (2012): 2를 참조하라.
19. Joseph Masco, "Bad Weather: The Time of Planetary Crisis," in *Times of Security, Ethnographies of Fear: Protest and the Future*, ed. Martin Holbraad and Morten Axel Pedersen (London: Routledge, 2013), 171~172.
20. Klare, *Rising Powers, Shrinking Planet*, 184. 이 수치들과 이어지는 문단의 인용문도 같은 책에서 가져왔다(197, 187).
21. Neta C. Crawford, "Pentagon Fuel Use, Climate Change, and the Costs of War," Watson Institute, Brown University, updated and revised November 13, 2019, 27~28.
22. Crawford, 8.
23. George Kennan, document PPS 23, in *Foreign Relations of the United States*, 1948, vol. 1, 509~529, William R. Clark, *Petrodollar Warfare: Oil, Iraq and the Future of the Dollar* (Gabriola Island, British Columbia: New Society Publishers, 2005), 24에 인용된 내용.
24. Joseph Masco, "The Crisis in Crisis," *Current Anthropology* 58, supp. 15 (February 2017): 566. Simon Dalby, "The Geopolitics of Climate Change," *Political Geography* 37 (2013): 41도 참조하라.
25. Jorgenson, Clark, and Kentor, "Militarization and the Environment," 9.
26. 예컨대 Kurt M. Campbell et al., *The Age of Consequences: The Foreign Policy and National Security Implications of Global Climate Change* (Washington, DC: Center for Strategic and International Studies, 2007); CNA Corporation,

National Security and the Threat of Climate Change, 2007, https://www.cna.org/cna_files/pdf/national%20security%20and%20the%20threat%20of%20climate%20change.pdf; Department of Defense, *National Security Implications of Climate-Related Risks and a Changing Climate*, 2015, https://archive.defense.gov/pubs/150724-congressional-report-on-national-implications-of-climate-change.pdf도 참조하라.

27. François Gemenne et al., "Climate and Security: Evidence, Emerging Risks, and a New Agenda," *Climatic Change* 123 (2014): 1~9; and Solomon M. Hsiang and Marshall Burke, "Climate, Conflict, and Social Stability: What Does the Evidence Say?," *Climatic Change* 123 (2014): 39~55를 참조하라.
28. Sanjay Chaturvedi and Timothy Doyle, *Climate Terror: A Critical Geopolitics of Climate Change* (London: Palgrave Macmillan, 2015), 148.
29. 이를테면 Kathy E. Ferguson, "The Sublime Object of Militarism," *New Political Science* 31, no. 4 (December 2009)를 참조하라.
30. Joseph Masco, "Bad Weather: The Time of Planetary Crisis," in *Times of Security, Ethnographies of Fear: Protest and the Future*, ed. Martin Holbraad and Morten Axel Pedersen (London: Routledge, 2013), 186~187.

11 취약성

1. K. Jones et al., "Global Trends in Emerging Infectious Diseases," *Nature* 451 (2008): 990~993, https://doi.org/10.1038/nature06536을 참조하라.
2. "GDP per Capita," Worldometer, https://www.worldometers.info/gdp/gdpper-capita/.
3. Indi Samarajiva, "COVID Underdogs: Sri Lanka; Like New Zealand Except Better," *Medium*, June 24, 2020, https://medium.com/indica/covid-underdogs-sri-lanka-db6eca164a35.
4. Norimitsu Onishi and Constant Méheut, "Pandemic Shakes France's Faith in a Cornerstone: Strong Central Government," *New York Times*, April 29, 2020,

https://www.nytimes.com/2020/04/29/world/europe/coronavirus-france-masks.html. 2020년 7월, 〈뉴욕 타임스〉는 유럽과 미국에서 오만과 자만이 어떻게 그 팬데믹에 대한 잘못된 대처로 이어졌는지 소상하게 다룬 기사를 실었다. 제목은 "유럽은 자신이 팬데믹에 준비되어 있다고 말했다. 유럽이 몰락한 원인은 자부심이었다(Europe Said It Was Pandemic Ready. Pride Was Its Downfall)"였다. 하지만 '자부심'은 필시 완곡어법이었을 것이다. David D. Kirkpatrick, Matt Apuzzo, and Selam Gebrekidan, "Europe Said It Was Pandemic Ready: Pride Was Its Downfall," *New York Times*, July 20, 2020.

5. Anuradha Sengupta, "Tired of Running from the River: Adapting to Climate Change on India's Disappearing Islands," *Yes!*, June 2, 2016, https://www.yesmagazine.org/environment/2016/06/02/tired-of-running-from-the-river-adapting-to-climate-change-on-indias-disappearing-islands/.
6. Mitra Srijana Das, "Over-Consumption Underlies Cyclone Amphan and Covid-19," *Times of India*, May 22, 2020, https://timesofindia.indiatimes.com/over-consumption-underlies-cyclone-amphan-and-covid-19/articleshow/75880597.cms를 참조하라.
7. Annu Jalais and Amites Mukhopadhyay, "Of Pandemics and Storms in the Sundarbans," in "Intersecting Crises," ed. Calynn Dowler, *American Ethnologist*, October 12, 2020, https://americanethnologist.org/features/pandemic-diaries/introduction-intersecting-crises/of-pandemics-and-storms-in-the-sundarbans.
8. 〈포린 폴리시〉의 '코로나19 글로벌 반응 지수(Covid-19 Global Response Index)'는 세네갈을 전 세계에서 두 번째로 꼽았다. FP Analytics, "Covid-19 Global Response Index," *Foreign Policy*, September 4, 2020.
9. Caleb Okereke and Kelsey Nielsen, "The Problem with Predicting Coronavirus Apocalypse in Africa," *Al Jazeera*, May 7, 2020, https://www.aljazeera.com/indepth/opinion/problem-predicting-coronavirus-apocalypse-africa-200505103847843.html.
10. Simon Dalby, "Anthropocene Geopolitics: Globalisation, Empire, Environment and Critique," *Geography Compass* 1, no. 1 (2007): 104, 109를 참조하라.

11. "Racial Data Dashboard," Covid Tracking Project, https://covidtracking.com/race/dashboard.
12. Ibram X. Kendi, "We're Still Living and Dying in the Slaveholders' Republic," *Atlantic*, May 4, 2020.
13. Julian Brave NoiseCat, "How to Survive an Apocalypse and Keep Dreaming," *Nation*, June 2, 2020, https://www.thenation.com/article/society/native-american-postapocalypse/.
14. NoiseCat.
15. Creede Newton, "Why Has Navajo Nation Been Hit So Hard by the Coronavirus?," *Al Jazeera*, May 27, 2020, https://www.aljazeera.com/news/2020/05/navajo-nation-hit-hard-coronavirus-200526171504037.html을 참조하라.
16. Adam Serwer, "The Coronavirus Was an Emergency until Trump Found Out Who Was Dying," *Atlantic*, May 8, 2020, https://www.theatlantic.com/ideas/archive/2020/05/americas-racial-contract-showing/611389/.
17. Serwer.
18. Maggie McGrath, "63% of Americans Don't Have Enough Savings to Cover a $500 Emergency," *Forbes*, January 6, 2016, https://www.forbes.com/sites/maggiemcgrath/2016/01/06/63-of-americans-dont-have-enough-savings-to-cover-a-500-emergency/.
19. Naomi Klein, *Battle for Paradise: Puerto Rico Takes on the Disaster Capitalists* (Chicago: Haymarket, 2018)를 참조하라.
20. Stefano Liberti, *Terra Bruciata: Come la crisi ambientale sta cambiando l'Italia e la nostra vita* (Rome: Rizzoli, 2020), 166.
21. Steve Horn, "Arizona Reels as Three of the Biggest Wildfires in Its History Ravage State," *Guardian*, July 2, 2020, https://amp.theguardian.com/environment/2020/jul/02/arizona-wildfires.
22. *Global Health and Security Index*, Center for Health and Security, Bloomberg School of Public Health, Johns Hopkins University, 2019, https://www.ghsindex.org/wp-content/uploads/2020/04/2019-Global-Health-Security-

Index.pdf. David Elliott, "These Are the Countries Best Prepared for Health Emergencies," *World Economic Forum*, February 12, 2020, https://www.weforum.org/agenda/2020/02/these-are-the-countries-best-prepared-for-health-emergencies/도 참조하라.

23. Joseph Masco, "The Crisis in Crisis," *Current Anthropology* 58, supp. 15 (February 2017): 565.

12 숫자의 모호함

1. Joseph Masco, *The Theater of Operations: National Security Affect from the Cold War to the War on Terror* (Durham, NC: Duke University Press, 2014), 199.
2. Neta C. Crawford, "Pentagon Fuel Use, Climate Change, and the Costs of War," Watson Institute, Brown University, updated and revised, November 13, 2019, 12.
3. Geoffrey Parker, *Global Crisis: War, Climate Change and Catastrophe in the Seventeenth Century* (New Haven, CT: Yale University Press, 2013), chap. 16: "Getting It Right: Early Tokugawa Japan." Julia Adeney Thomas, "Practicing Hope in Anthropocene History," AHR Anthropocene Workshop, Position Paper, April 28, 2019도 참조하라.
4. Parker, *Global Crisis*, loc. 782에 인용된 내용.
5. Melissa Nursey-Bray et al., "Old Ways for New Days: Australian Indigenous Peoples and Climate Change," *Local Environment* 24, no. 5 (2019): 478.
6. Keith H. Basso, *Wisdom Sits in Places: Landscape and Language among the Western Apache* (Albuquerque: University of New Mexico Press, 1996), loc. 377.
7. Basso, loc. 395.
8. G. Supran and Naomi Oreskes, 개인적 교류; Julie Doyle, "Where Has All the Oil Gone? BP Branding and the Discursive Elimination of Climate Change Risk," January 2011, https://www.researchgate.net/publication/305209345_

Where_has_all_the_oil_gone_BP_branding_and_the_discursive_elimination_of_climate_change_risk도 참조하라.

9. Paul Sabin, "'The Ultimate Environmental Dilemma': Making a Place for Historians in the Climate Change and Energy Debates," *Environmental History* 15, no. 1 (2010): 78.
10. 이를테면 Parker, *Global Crisis*의 맺음말을 참조하라.
11. Jan Zalasiewicz et al., "A Formal Anthropocene Is Compatible with but Distinct from Its Diachronous Anthropogenic Counterparts: A Response to W. F. Ruddiman's 'Three-Flaws in Defining a Formal Anthropocene,'" *Progress in Physical Geography* (2019): 1~15를 참조하라.
12. UNHCR, "Refugees and Migrants Arrivals to Europe in 2017."
13. Kaushik Basu, "Why Is Bangladesh Booming?" *Project Syndicate*, April 23, 2018, https://www.project-syndicate.org/commentary/bangladesh-sources-of-economic-growth-by-kaushik-basu-2018-04.
14. Stefano Liberti, *Terra Bruciata: Come la crisi ambientale sta cambiando l'Italia e la nostra vita* (Rome: Rizzoli, 2020), 75.
15. Sunil S. Amrith, *Crossing the Bay of Bengal: The Furies of Nature and the Fortunes of Migrants* (Cambridge, MA: Harvard University Press, 2015), 265.
16. Thomas J. Zumbroich, "From Mouth Fresheners to Erotic Perfumes: The Evolving Socio-Cultural Significance of Nutmeg, Mace and Cloves in South Asia," *eJournal of Indian Medicine* 5 (2012): 39.

13 또 다른 이름의 전쟁

1. *Prothom Alo*, "26 Bangladeshis Killed in Libya," May 28, 2020, https://en.prothomalo.com/bangladesh/bangladesh-in-world-media/26-bangladeshis-killed-in-libya.
2. Shehab Sumon, "Human Traffickers Kill 26 Bangladeshis in Libya," *Arab News*, May 30, 2020, https://www.arabnews.com/node/1681906/world.

3. GlobalSecurity.org, "Libyan Civil War 2020," https://www.globalsecurity.org/military/world/war/libya-civil-war-2020.htm.
4. Emina Osmandzikovic, "How Conflicts Turned the Middle East into an Organ-Trafficking Hotspot," *Arab News*, July 8, 2020, https://www.arabnews.com/node/1701871/middle-east를 참조하라.
5. 나는 '느린 폭력'이라는 표현을 사용한 롭 닉슨을 따르고 있다. Rob Nixon, *Slow Violence and the Environmentalism of the Poor* (Cambridge, MA: Harvard University Press, 2013)를 참조하라.
6. Alexis de Tocqueville, *Democracy in America and Two Essays on America, trans.* Gerald E. Bevan (New York: Penguin, 2003), 378.
7. Virginia DeJohn Anderson, *Creatures of Empire: How Domestic Animals Transformed Early America* (New York: Oxford University Press, 2004), 80.
8. David S. Jones, "Virgin Soils Revisited," *William and Mary Quarterly* 60, no. 4 (October 2003): 737.
9. 예컨대 Roxanne Dunbar-Ortiz, "What White Supremacists Know," *Boston Review*, November 20, 2020을 참조하라.
10. Julian Brave NoiseCat, "How to Survive an Apocalypse and Keep Dreaming," *Nation*, June 2, 2020, https://www.thenation.com/article/society/native-american-postapocalypse/.
11. 일례로 오스트레일리아 총리 스콧 모리슨(Scott Morrison)은 대규모 산불에 대해 "'아이들의 우려를 키우지 말라고 경고하는 식으로" 반응했다. "그리고 11월에 뉴사우스웨일스(New South Wales)와 퀸즐랜드(Queensland)에서 산불이 발생해 수백 채의 가옥이 파괴되고 4명이 숨졌을 때, 그는 ABC에서 오스트레일리아의 탄소 배출이 거기에 어떤 역할을 했다는 '증거는 없다'고, 그리고 기후 변화를 해결하기 위해 '우리 본분을 다하고 있다'고 말했다." James Plested, "How the Rich Plan to Rule a Burning Planet," *The Bullet*, December 23, 2019, https://socialistproject.ca/bullet/about/. 그리고 트럼프 행정부는 심지어 기후 협약에서조차 화석 연료를 장려했다. Lisa Friedman, "Trump Team to Promote Fossil Fuels and Nuclear Power at Bonn Climate Talks," *New York Times*, November 2,

2017, https://www.nytimes.com/2017/11/02/climate/trump-coal-cop23-bonn.html.

12. Joyce E. Chaplin, *Subject Matter: Technology, the Body, and Science on the Anglo-American Frontier, 1500~1676* (Cambridge, MA: Harvard University Press, 2001), loc. 118.
13. Chaplin, loc. 96.
14. Chaplin, loc. 103.
15. J. T. Walton, "The Comparative Mortality of the White and Colored Races in the South," *Charlotte Medical Journal* 10 (1897): 291~294, Jim Downs, *Sick from Freedom: African-American Illness and Suffering during the Civil War and Reconstruction* (New York: Oxford University Press, 2012), 102에 인용된 내용.
16. 역사학자 짐 다운스는 이렇게 썼다. "의료 당국, 언론인, 심지어 나중에 전후 시기 동안의 높은 치명률을 조사한 연구자들조차 일관되게 인종 간 생물학적 차이에 관한 논쟁을 많은 수의 자유민이 죽음에 이른 상황을 설명하는 데 사용했다." Jim Downs, *Sick from Freedom*, 102.
17. Downs, 102.
18. Dipesh Chakrabarty, "The Politics of Climate Change Is More than the Politics of Capitalism," *Theory, Culture & Society*, Special Issue: Geosocial Formations and the Anthropocene (2017): d6을 참조하라.

14 "성스러운 불만의 천사"

1. Douglas Rushkoff, "Survival of the Richest: The Wealthy Are Plotting to Leave Us Behind," *Medium*, July 5, 2018, https://onezero.medium.com/survival-of-the-richest-9ef6cddd0cc1을 참조하라.
2. Benjamin Noys, *Malign Velocities: Accelerationism and Capitalism* (Washington, DC: Zero Books, 2014), 63을 참조하라.
3. 1880년 미국 인디언감독관위원회(US Board of Indian Commissioners)는 "진정

한 문명인 가운데 야만인에게 수치심을 안겨주는 말살론을 지지하는 이들의 목소리는 더 이상 들을 수 없다"고 적었다. Francis Paul Prucha, ed., *Americanizing the American Indians: Writings by the "Friends of the Indian"* (Lincoln: University of Nebraska Press, 1978), 193에 재게재된 *Twelfth Annual Report of the Board of Indian Commissioners* (1880), 7~9에서 가져왔다.

4. Roxanne Dunbar-Ortiz, *An Indigenous Peoples' History of the United States* (Boston: Beacon Press, 2014), 9.
5. "L. Frank Baum's Editorials on the Sioux Nation," https://warwick.ac.uk/fac/arts/english/currentstudents/undergraduate/modules/fulllist/second/en213/term1/l_frank_baum.pdf를 참조하라.
6. Merrill E. Gates, "Addresses at the Mohonk Conferences." Prucha, *Americanizing the American Indians*, 334에 재게재된 *Proceedings of the Fourteenth Annual Meeting of the Lake Mohonk Conferences of Friends of the Indian*에서 가져왔다.
7. Naomi Klein, *On Fire: The (Burning) Case for a Green New Deal* (New York: Simon and Schuster, 2019), 47.
8. Garrett Hardin, "Living on a Lifeboat: A Reprint from *Bioscience*, October 1974," *Social Contract*, Fall 2001, 36.
9. Hardin, 37.
10. Hardin, 38. Garrett Hardin, "The Tragedy of the Commons," *Science* 162 (1968): 1243~1248을 참조하라.
11. Carolyn Merchant, *The Death of Nature: Women, Ecology and the Scientific Revolution* (San Francisco: Harper and Row, 1983), 47.
12. 이를테면 David Sloan Wilson, "The Tragedy of the Commons: How Elinor Ostrom Solved One of Life's Greatest Dilemmas," *Evonomics*, October 29, 2016, https://evonomics.com/tragedy-of-the-commons-elinor-ostrom/; 그리고 Mukul Sharma, *Caste and Nature: Dalits and Indian Environmental Politics* (New Delhi: Oxford University Press, 2018), 204~216을 참조하라. 협력의 진화적 이점을 살펴보려면, Roberto Cazzolla Gatti, "A Conceptual Model of New Hypothesis on the Evolution of Biodiversity," *Biologia* 71, no. 3 (2016)을 참조

하라.

13. Robert H. Frank, Thomas Gilovich, and Dennis T. Regan, "Does Studying Economics Inhibit Cooperation?," *Journal of Economic Perspectives* 7, no. 2 (Spring 1993): 159~171. 이 논문을 알려준 데 대해 원고를 읽어준 익명의 독자에게 감사드린다.

14. Rutger Bregman, "The Real Lord of the Flies: What Happened When Six Boys Were Shipwrecked for 15 Months," *Guardian*, May 9, 2020, https://www.theguardian.com/books/2020/may/09/the-real-lord-of-the-flies-what-happened-when-six-boys-were-shipwrecked-for-15-months.

15. 내가 쓴 책 《고대의 땅에서(In an Antique Land)》(1992)는 12세기에 인도 말라바르 해안에서 근 20년을 보냈으며, 심지어 거기에 가족까지 두고 있던 북아프리카 출신 유대인 상인이 결국 카이로로 돌아가는 여정에 관한 이야기다. Sebouh Aslanian, "'The Salt in a Merchant's Letter': The Culture of Julfan Correspondence in the Indian Ocean and the Mediterranean," *Journal of World History* 19, no. 2 (2008): 127~188도 참조하라.

16. 순환 이주와 순환 도시화(circulatory urbanism) 개념은 라훌 스리바스타바와 마티아스 에카노브의 글을 통해 알게 되었다. Rahul Srivastava and Matias Echanove, "The Misunderstood Paradigm: Circulatory Urbanism in India," *Uncube*, July 2015, https://www.uncubemagazine.com/blog/15799893; Echanove and Srivastava, "Circulatory Urbanism," *Broken Nature*, 2019, http://www.brokennature.org/circulatory-urbanism/을 참조하라. 하지만 오늘날에는 그 주제를 다룬 문헌이 다수 나와 있다. 가령 Cadmus, European University Institute Research Repository, http://hdl.handle.net/1814/16209에서 가져온 Patrick Weil, "Circulatory Migration vs. Sedentary Immigration," Migration Policy Centre, CARIM-South, CARIM Analytic and Synthetic Notes, 2011/36, https://cadmus.eui.eu/handle/1814/16209; Klaus F. Zimmermann, "Circular Migration: Why Restricting Labor Mobility Can Be Counterproductive," *IZA World of Labor* (2014), DOI:10.15185/izawol.1 | wol.iza.org를 참조하라.

17. Zimmermann, "Circular Migration."

18. Sven Lindqvist, *"Exterminate All the Brutes": One Man's Odyssey into the Heart of Darkness and the Origins of European Genocide* (New York: New Press, 1992), 8.

15 야수들

1. Sven Lindqvist, Terra Nullius: *A Journey through No One's Land* (London: Granta, 2007).
2. Lindqvist, 83.
3. Sven Lindqvist, *"Exterminate All the Brutes": One Man's Odyssey into the Heart of Darkness and the Origins of European Genocide* (New York: New Press, 1992), 26.
4. Lindqvist, 62.
5. Lindqvist, 132.
6. Lindqvist, 140.
7. Thaddeus Mason Harris, "A Discourse Delivered at Plymouth, December 22d 1808, at the ANNIVERSARY COMMEMORATION of the Landing of Our Ancestors at that Place" (Boston, 1808), 25.
8. Underhill Society of America의 웹사이트(https://underhillsociety.org/cpage.php?pt=15), 그리고 위키피디아에 수록된 "Underhill Burying Ground" (https://en.wikipedia.org/wiki/Underhill_Burying_Ground), "John Underhill (Captain)" (https://en.wikipedia.org/wiki/John_Underhill_(captain))을 참조하라. 그 입양에 대해 알아보려면, E. Tuck and K. W. Yang, "Decolonization Is Not a Metaphor," *Decolonization: Indigeneity, Education and Society* 1, no. 1 (2012): 14를 참조하라.
9. Elizabeth A. Fenn, "Biological Warfare in Eighteenth-Century North America: Beyond Jeffery Amherst," *Journal of American History*, March 2000, 1579.
10. Lindqvist, "*Exterminate All the Brutes*," 9
11. Chin ua Achebe, "An Image of Africa: Racism in Conrad's Heart of Darkness,"

in *Hopes and Impediments: Selected Essays* (New York: Doubleday, 1988)를 참조하라.

12. Déborah Danowski and Eduardo Viveiros de Castro, *The Ends of the World*, trans. Rodrigo Nunes (New York: Polity Press, 2017), loc. 2692.

13. Danowski and Viveiros de Castro, 9.

14. Immanuel Wallerstein, "The Albatross of Racism," *London Review of Books* 22, no. 10 (May 18, 2000).

15. Julia Adeney Thomas, "The Present Climate of Economics and History," in *Economic Development and Environmental History in the Anthropocene: Perspectives on Asia and Africa*, ed. Gareth Austin (London: Bloomsbury, 2017), 291.

16. Charlotte H. Bruner, "The Meaning of Caliban in Black Literature Today," *Comparative Literature Studies* 13, no. 3 (1976): 242. Peter Hulme, *Colonial Encounters: Europe and the Native Caribbean, 1492~1797* (New York: Methuen, 1986), 107도 참조하라.

17. Hulme, *Colonial Encounters*, 19. 카리브 부족들에게 식인 풍습이 존재했을 가능성은 희박하다는 주장에 대해 살펴보려면, W. Arens, *The Man-Eating Myth: Anthropology and Anthropophagy* (New York: Oxford University Press, 1979)를 참조하라.

18. William Shakespeare, *The Works of William Shakespeare*, ed. William George Clark and John Glover, vol. 1 (Cambridge: Macmillan, 1863), 19.

19. Akeel Bilgrami, *Secularism, Identity, and Enchantment* (Cambridge, MA: Harvard University Press, 2014), 152.

20. David E. Stannard, *American Holocaust: The Conquest of the New World* (Oxford: Oxford University Press, 1992), 69.

21. Stannard, 69.

22. Stannard, 69~70.

23. Daniel Nass, "Shootings Are a Glaring Exception to the Coronavirus Crime Drop," *The Trace*, April 29, 2020, https://www.thetrace.org/2020/04/coronavirus-

gun-violence-stay-at-home-orders/.

24. Nayanika Mathur, "What I Learned at the 'Rhodes Must Fall' Protest at Oxford," *The Wire*, May 11, 2020, https://thewire.in/world/cecil-rhodes-oxford-protest-george-floyd.
25. George W. Hartmann, "The 'Black Hole' of Calcutta: Fact or Fiction?," *Journal of Social Psychology* 27 (1948): 21.
26. Partha Chatterjee, *The Black Hole of Empire: History of a Global Practice of Power* (Ranikhet: Permanent Black, 2012), 160을 참조하라.
27. Hartmann, "The 'Black Hole' of Calcutta," 17.
28. Chatterjee, *The Black Hole of Empire*, 268.
29. Chatterjee, 335.
30. Priya Satia, *Time's Monster: How History Makes History* (Cambridge, MA: Harvard University Press, 2020), 6.
31. 예를 들어, 인종에 관한 가정은 경제학 교수법에 깊이 붙박여 있다. Matthew Watson, "Crusoe, Friday and the Raced Market Frame of Orthodox Economics Textbooks," *New Political Economy* 23, no. 5 (2018): 544~559를 참조하라. Banu Subramaniam, *Ghost Stories for Darwin: The Science of Variation and the Politics of Diversity* (Urbana: University of Illinois Press, 2014), 55도 참조하라. "우생학 교리에 관한 과학적 '진실'이 경제학을 주도하자, 경제학은 인간은 동질적이라는 고전주의 시대의 가정에서, 인종들 간에 그리고 인종들 내에 근원적인 차이가 존재한다는 후기 고전주의 시대의 사상으로 옮아갔다."
32. Malavika Gupta and Felix Padel, "Confronting a Pedagogy of Assimilation: The Evolution of Large-Scale Schools for Tribal Children in India," *Journal of the Anthropological Society of Oxford*, n.s., 10, no. 1 (2018)도 참조하라.
33. 고래와 소통하기 위한 노력을 살펴보려면, Alexandra Morton, *Listening to hales: What the Orcas Have Taught Us* (New York: Ballantine, 2002), 22~32를 참조하라. Bron Taylor, Dark *Green Religion: Nature, Spirituality and the Planetary Future* (Berkeley: University of California Press, 2010), 23도 참조하라. "생물음향학자 케이티 페인(Katy Payne)은 코끼리의 의사소통을 면밀히 조사한 끝에, 주

의력 깊은 인간은 코끼리와 교류할 수 있다고 결론 내렸다. 점점 더 많은 과학자들이 인간과 기타 동물들 간에 의사소통 및 정서의 유사성을 밝혀내면서 비슷한 결론에 도달하고 있다."

34. Taylor, *Dark Green Religion*, 25에 인용된 내용.
35. Subramaniam, *Ghost Stories*, 38.
36. Robin Wall Kimmerer, *Braiding Sweetgrass: Indigenous Wisdom, Scientific Knowledge, and the Teaching of Plants* (Minneapolis, MN: Milkweed Editions, 2013), 19.
37. Donna J. Haraway, *Staying with the Trouble: Making Kin in the Chthulucene* (Durham, NC: Duke University Press, 2016), 67.
38. Julia Adeney Thomas, "History and Biology in the Anthropocene: Problems of Scale, Problems of Value," AHR Roundtable, *American Historical Review* (2014): 1594. Rupa Marya and Raj Patel, *Inflamed: Deep Medicine and the Anatomy of Injustice* (New York: Farrar, Straus and Giroux, 2021), 114~115도 참조하라.
39. Ana Tsing, *The Mushroom at the End of the World: On the Possibility of Life in Capitalist Ruins* (Princeton, NJ: Princeton University Press, 2015), 141에 인용된 내용.
40. Haraway, *Staying with the Trouble*, 66.
41. Dalai Lama, XIVth (Bhikshu Tenzin Gyatso), *The Sheltering Tree of Interdependence: A Buddhist Monk's Reflections on Ecological Responsibility*, Amit Jayaram (transcreated in English), 1993.
42. William Cronon, "A Place for Stories: Nature, History, and Narrative," *Journal of American History* 78, no. 4 (1992): 1367.
43. Morton, *Listening to Whales*, 308을 참조하라.
44. Thom van Dooren and Deborah Bird Rose, "Storied-Places in a Multispecies City," *Humanimalia* 3, no. 2 (2012): 3.
45. Eileen Crist, *Images of Animals: Anthropomorphism and Animal Mind* (Philadelphia: Temple University Press, 1999), 203~204.

46. Haraway, *Staying with the Trouble*, 39.
47. Thom van Dooren, *Flightways: Life and Loss at the Edge of Extinction* (New York: Columbia University Press, 2014), 78. van Dooren and Rose, "Storied-Places in a Multispecies City"도 참조하라.
48. Leslie Marmon Silko, *The Turquoise Ledge* (New York: Viking, 2010), 43. Leslie Marmon Silko, "Landscape, History, and the Pueblo Imagination," in *The Ecocriticism Reader: Landmarks in Literary Ecology*, ed. Cheryll Glotfelty and Harold Fromm (Athens: University of Georgia Press, 1996), 268도 참조하라.

16 "하늘의 추락"

1. 여기에 나오는 코페나와의 초반 삶에 대한 설명은 Davi Kopenawa and Bruce Albert, *The Falling Sky: Words of a Yanomami Shaman*, trans. Nicholas Elliott and Alison Dundy (Cambridge, MA: Belknap Press, 2013), 2~4를 기반으로 했다.
2. Kopenawa and Albert, 152.
3. Jean-Pierre Leroy, "Markets or the Commons? The Role of Indigenous Peoples, Traditional Communities and Sectors of the Peasantry in the Environmental Crisis," in *Brazil in the Anthropocene: Conflicts between Predatory Development and Environmental Politics*, ed. Liz-Rejane Issberner and Philippe Léna (New York: Routledge, 2017), 105를 참조하라.
4. José Augusto Padua, "Brazil in the History of the Anthropocene," in *Brazil in the Anthropocene: Conflicts between Predatory Development and Environmental Politics*, ed. Liz-Rejane Issberner and Philippe Léna (New York: Routledge, 2017), 37; Pablo Correa, "Brazil Drives Increase in Worldwide Forest Loss," *SciDevNet*, June 12, 2020, https://www.scidev.net/global/news/brazil-drives-increase-in-worldwide-forest-loss/를 참조하라.
5. Casper Hallmann et al., "More than 75 Percent Decline over 27 Years in Total Flying Insect Biomass in Protected Areas," *PLOS One*, October 18, 2017,

https://doi.org/10.1371/journal.pone.0185809.

6. Kopenawa and Albert, *The Falling Sky*, 370~371.

7. Bron Taylor, *Dark Green Religion: Nature, Spirituality and the Planetary Future* (Berkeley: University of California Press, 2010), 25에 인용된 내용.

8. David Abram, *The Spell of the Sensuous: Perception and Language in a More-than-Human World* (New York: Vintage, 1997). 이어지는 인용문은 이 책의 전자책 판에서 가져왔다(locs. 2026, 1921, 1941, 2107).

9. Jesse Goldstein, "Terra Economica: Waste and the Production of Enclosed Nature," *Antipode* 45, no. 2 (2013): 3. Silvia Federici, "The Great Witch Hunt," *Maine Scholar* 1 (1988): 31도 참조하라.

10. 이것을 자세히 다룬 자료로는 Bithika Mukerji, *Neo-Vedanta and Modernity* (Varanasi: Ashutosh Prakashan Sansthan, 1983)를 참조하라.

11. Kopenawa and Albert, *The Falling Sky*, 352.

12. "Democracy Now," December 4, 2019, https://www.youtube.com/watch?v=u0qkzNPzYag.

13. Fiona Watson, "Bolsonaro's Election Is Catastrophic News for Brazil's Indigenous Tribes," *Guardian*, October 31, 2018.

14. Survival International, "Brazil's Indians," https://www.survivalinternational.org/tribes/brazilian.

15. Philippe Léna and Liz-Rejane Issberner, "Anthropocene in Brazil: An Inquiry into Development Obsession and Policy Limits," in *Brazil in the Anthropocene*, ed. Issberner and Léna, 8을 참조하라.

16. Ernesto Londoño and Letícia Casado, "As Bolsonaro Keeps Amazon Vows, Brazil's Indigenous Fear 'Ethnocide,'" *New York Times*, April 19, 2020.

17. Shanna Hanbury, "'The Tipping Point Is Here, It Is Now,' Top Amazon Scientists Warn," *Mongabay*, December 20, 2019, https://news.mongabay.com/2019/12/the-tipping-point-is-here-it-is-now-top-amazon-scientists-warn/.

18. Issberner and Léna, eds., *Brazil in the Anthropocene*.

19. Elian Brum, "Hay indicios significativos para que autoridades brasileñas,

incluido Bolsonaro, sean investigadas por genocidio," *El Pais*, July 25, 2020, https://elpais.com/internacional/2020-07-25/hay-indicios-significativos-para-que-autoridades-brasilenas-incluido-bolsonaro-sean-nvestigadas-por-genocidio.html.

20. "달리 손쓰지 않은 자동적 제노사이드"라는 표현은 아마도 수상(受賞) 실적이 있는 예일대 전염병학자 그레그 곤살베스(Gregg Gonsalves)가 2020년 5월 6일 트위터를 통해 처음 사용한 것 같다. "이것은 '달리 손쓰지 않은 자동적 제노사이드'에 몹시 가까워지고 있다. 당신은 공공 정책에 의한 대량 학살을 그것 말고 달리 뭐라 부르겠는가?" Lee Moran, "Epidemiologist Slams U.S. Coronavirus Response: 'Close to Genocide by Default,'" *Huffpost*, May 6, 2020, https://www.huffpost.com/entry/epidemiologist-coronavirus-genocide-by-default_n_5eb2a5ebc5b63e6bd96f5d81을 참조하라.

21. Open Democracy, "As the Pandemic Continues to Accelerate, So Does the Deforestation of the Amazon," June 1, 2020, https://www.opendemocracy.net/en/democraciaabierta/se-acelera-la-pandemia-y-se-acelera-la-deforestacion-del-amazonas-en/.

22. Open Democracy.

23. Open Democracy, "The Survival of the Amazon Is at Stake," July 24, 2020, https://www.opendemocracy.net/en/democraciaabierta/survival-amazon-stake/.

24. Hanbury, "'The Tipping Point Is Here, It Is Now.'"

25. Hanbury.

26. Thomas E. Lovejoy and Carlos Nobre, "Amazon Tipping Point: Last Chance for Action," *Science Advances* 5, no. 12 (December 20, 2019).

17 유토피아

1. Vincent C. Loth, "Pioneers and Perkeniers: The Banda Islands in the 17th Century," *Cakalele* 6 (1995): 30.

2. "반다제도의 육두구 농장은 …… 동남아시아의 노예 생산 방식과 농업적 맥락에서 그 유일한 사례를 분명하게 보여주는 드문 경우다." Phillip Winn, "Slavery and Cultural Creativity in the Banda Islands," *Journal of Southeast Asian Studies* 41, no. 3 (2020): 365.
3. Harold J. Cook, *Matters of Exchange: Commerce, Medicine, and Science in the Dutch Golden Age* (New Haven, CT: Yale University Press, 2007), 187.
4. Loth, "Pioneers and Perkeniers," 24.
5. Winn, "Slavery and Cultural Creativity in the Banda Islands," 371.
6. Loth, "Pioneers and Perkeniers," 24.
7. Winn, "Slavery and Cultural Creativity in the Banda Islands," 385; Alison Games, *Inventing the English Massacre: Amboyna in History and Memory* (New York: Oxford University Press, 2020), 56.
8. Winn, "Slavery and Cultural Creativity in the Banda Islands," 371.
9. Phillip Winn, "'Banda Is the Blessed Land': Sacred Practice and Identity in the Banda Islands, Maluku," *Antropologi Indonesia* 57 (1998): 73. Winn, "Slavery and Cultural Creativity in the Banda Islands," 20도 참조하라.
10. Phillip Winn, "'Everyone Searches, Everyone Finds': Moral Discourse and Resource Use in an Indonesian Muslim Community," *Oceania* 72 (2002): 278. Phillip Winn Graves, "Graves, Groves and Gardens: Place and Identity—Central Maluku, Indonesia," *Asia-Pacific Journal of Anthropology* 2, no. 1 (2001): 28도 참조하라.
11. Winn, "'Everyone Searches, Everyone Finds'," 278.
12. Winn, "Slavery and Cultural Creativity in the Banda Islands," 383.
13. Philip Winn, "Tanah Berkat (Blessed Land): The Source of the Local in the Banda Islands, Central Maluku," in *Sharing the Earth, Dividing the land: Land and Territory in the Austronesian World*, ed. Thomas Reuter (Canberra: ANU Press, 2006), 125를 참조하라.
14. Winn, "'Everyone Searches, Everyone Finds,'" 278.
15. Joyce E. Chaplin, *Subject Matter: Technology, the Body, and Science on the*

Anglo-American Frontier, 1500~1676 (Cambridge, MA: Harvard University Press, 2001), loc. 1944에 인용된 내용.

16. 윈은 이렇게 썼다. "오늘날의 반다인이 그들의 환경에 대한 당대적 개념화와 읽기를 통해 장소에 전적으로 생기를 불어넣고 있다고 주장하는 것도 가능할 수 있겠다. 하지만 이런 식으로 행위 주체성을 순전히 개별 인간에 속한 것으로 표현하는 것은 지역적 관점에 대한 심각한 왜곡이다. 지역적 관점은 장소에 대해 그 자체로 일상생활의 관행에 영향을 끼침으로써 행위 주체성을 발휘하는 존재로 인식하며, 특히 섬들에 대해서는 활발한 토착 영적 존재들이 기거하는 '신성한 영토'로 받아들인다." Winn, "Graves, Groves and Gardens," 26.
17. Julie Berger Hochstrasser, "The Bones in Banda: Vision, Art, and Memory in Maluku," *Midwestern Arcadia: Essays in Honor of Alison Kettering* (2015): 157, DOI:10.18277/makf.2015.14.
18. Winn, "Slavery and Cultural Creativity in the Banda Islands," 383n114.
19. 이와 같은 오늘날의 통신 기술과 인간 간 상호 작용에 관해 더 많은 것을 알고 싶으면, N. Katherine Hayles, "Cognitive Assemblages: Technical Agency and Human Interactions," *Critical Inquiry* 43 (Autumn 2016): 32~55를 참조하라. 내가 이 논문에 관심을 갖도록 도와준 데브자니 강굴리(Debjani Ganguly)에게 감사드린다.
20. Janet Biehl and Peter Staudenmaier, *Ecofascism Revisited: Lessons from the German Experience* (Porsgrunn, Norway: New Compass Press, 1995). 이어지는 다섯 문단에서 참고한 내용과 인용문도 이 책에서 가져왔다(7, 11, 12, 12~13, 14~15, 16, 21~22).
21. Alex Fox, "Sierra Club Grapples with Founder John Muir's Racism," *Smithsonian Magazine*, July 24, 2020, https://www.smithsonianmag.com/smart-news/sierra-club-grapples-founder-john-muirs-racism-180975404/을 참조하라. Rupa Marya and Raj Patel, *Inflamed: Deep Medicine and the Anatomy of Injustice* (New York: Farrar, Straus and Giroux, 2021), 176도 참조하라.
22. Nils Gilman, "The Coming Avocado Politics: What Happens When the Ethno-Nationalist Right Gets Serious about the Climate Emergency?," *Breakthrough*

Institute, February 7, 2020, https://thebreakthrough.org/journal/no-12-winter-2020/avocado-politics.

23. Michael Brune, "Pulling Down Our Monuments," *Sierra*, July 22, 2020, https://www.sierraclub.org/michael-brune/2020/07/john-muir-early-history-sierra-club. Hop Hopkins, "Racism Is Killing the Planet," *Sierra*, June 8, 2020, https://www.sierraclub.org/sierra/racism-killing-planet도 참조하라.

24. 이 주제를 자세히 다룬 자료로는 Raymond Bonner, *At the Hand of Man: Peril and Hope for Africa's Wildlife* (New York: Vintage, 1993)를 참조하라. 라마찬드라 구하 또한 이 주제를 수많은 저술을 통해 본격적으로 다루어왔다. 두 가지 예로 "Radical American Environmentalism and Wilderness Preservation: A Third World Critique," *Environmental Ethics* 11, no.1 (1989): 71~83; "Toward a Cross-Cultural Environmental Ethic," *Alternatives* 15 (1990): 431~447을 참조하라.

25. Ramachandra Guha and J. Martinez-Alier, eds., *Varieties of Environmentalism: Essays North and South* (London: Earthscan, 1997), xvi.

26. Survival International, "WWF's Secret War," October 7, 2020, https://www.sixdegreesnews.org/archives/29331/leaked-report-us-halts-funding-to-wwf-wcs-and-other-conservation-ngos-over-abuses.

27. 예를 들면 Alex Amend, "Blood and Vanishing Topsoil: American Ecofascism Past, Present, and in the Coming Climate Crisis," *Political Research Associates*, July 9, 2020, http://politicalresearch.org/2020/07/09/blood-and-vanishing-topsoil; Kate Aronoff, "The European Far Right's Environmental Turn," *Dissent*, May 31, 2019, https://www.dissentmagazine.org/online_articles/the-european-far-rights-environmental-turn; Eric Levitz, "Far-Right Climate Denial Is Scary: Far-Right Climate Acceptance Might Be Scarier," *New York Magazine*, March 6, 2019, https://nymag.com/intelligencer/2019/03/climate-science-invites-liberal-solutions-or-fascist-ones.html을 참조하라.

28. Stephen Corry, "It's Time to Clean Ecofascism Out of Environmentalism," *Counterpunch*, April 2, 2020, https://www.counterpunch.org/2020/04/02/

its-time-to-clean-ecofascism-out-of-environmentalism/. Marya and Patel, *Inflamed*, 169도 참조하라.

29. Naomi Klein, "Only a Green New Deal Can Douse the Fires of Eco-Fascism," *The Intercept*, September 16, 2019.

30. Banu Subramaniam, *Ghost Stories for Darwin: The Science of Variation and the Politics of Diversity* (Urbana: University of Illinois Press, 2014), 4에 인용된 낸시 스테판(Nancy Stepan)의 말.

31. 맥스 리보이론은 이렇게 썼다. "심지어 지배적인 과학 내에조차 반식민주의적 과학은 수없이 존재한다. 퀴어 과학, 노예폐지론 과학, 사파티스타 과학(Zapatista는 반세계화를 지향하는 아나키즘 무장 단체—옮긴이), 페미니즘 과학, 아나키즘 과학, 느린 과학, 반자본주의·공산사회주의 과학, 아래로부터의 과학 등이 그 예다." Max Liboiron, *Pollution Is Colonialism* (Durham, NC: Duke University Press, 2021), 130~131.

32. 오늘날에는 유럽 제국이 과학을 지지하고 과학에 의해 지지받는 다양한 방식을 다룬 문헌이 많이 나와 있다. 예를 들어 Rohan Deb Roy, *Malarial Subjects: Empire, Medicine and Nonhumans in British India, 1820~1909* (Cambridge: Cambridge University Press, 2017); Subramaniam, *Ghost Stories*, 18을 참조하라. Marya and Patel, *Inflamed*, 241도 참조하라.

33. Simon Dalby, "Anthropocene Geopolitics: Globalisation, Empire, Environment and Critique," *Geography Compass* 1, no. 1 (2007): 103~118; N. Clark, "Geo-Politics and the Disaster of the Anthropocene," *Sociological Review* 62, no. 1 suppl. (2014): 19~37.

34. Mukul Sharma, *Green and Saffron: Hindu Nationalism and Indian Environmental Politics* (Ranikhet: Permanent Black, 2012), 17.

35. Mukul Sharma, *Caste and Nature: Dalits and Indian Environmental Politics* (New Delhi: Oxford University Press, 2018), 75.

36. Sharma, *Green and Saffron*, 20.

37. 팬데믹 기간에 인도인민당이 취한 환경적 조치를 설명한 자료로는 Ashish Kothari, "India Needs a Rainbow Recovery Plan," *The Hindu*, October 6, 2020; Ashish

Kothari, "No Atma, Lots of Nirbharta: The Socio-Ecological Bankruptcy of Modi's Self-Reliance Stimulus," *The Wire*, September 28, 2020, https://m.thewire.in/article/government/india-atmanirbhar-economic-package-environment-coal-mining/amp?__twitter_impression=true&s=03; Akshay Deshmane, "Docu-ments Show How Javadekar and Harsh Vardhan Diluted India's Green Law," *Huffpost*, July 3, 2020, https://www.huffingtonpost.in/entry/environment-news-india-narendra-modigovernment_in_5efe08c6c5b6acab284cf0a1을 참조하라.

38. 1995년 라마찬드라 구하는 간디가 1928년에 한 유명한 말을 인용하면서 이렇게 언급했다. "지난 수십 년 동안 우리는 정확히 '인도를 잉글랜드나 미국처럼 만들기 위해' 노력해왔지만, 신은 인도가 그 같은 서구적 방식으로 산업화에 착수하지 못하도록 금지시키셨다. 인도는 영미가 산업화를 시작할 때 구가하던 자원과 시장에 접근할 수 없었으므로, 부득이 자국의 국민과 환경을 착취하는 데 의존할 수밖에 없었다." Guha, "Mahatma Gandhi and the Environmental Movement in India," *Capitalism Nature Socialism* 6, no. 3 (1995): 49.

39. Liboiron, *Pollution Is Colonialism*, 10.

40. 아디바시와 기숙 학교에 관해 더 많은 것을 알고 싶으면, Malavika Gupta and Felix Padel, "Confronting a Pedagogy of Assimilation: The Evolution of Large-Scale Schools for Tribal Children in India," *Journal of the Anthropological Society of Oxford*, n.s., 10, no. 1 (2018), https://www.anthro.ox.ac.uk/files/jaso1012018pdf를 참조하라. 아디바시의 생활 양식과 섭식을 법률로 금한 조치에 관한 자료로는 Madhu Ramnath, *Woodsmoke and Leafcups* (New Delhi: HarperCollins, 2015)를 참조하라.

41. 인도 중부의 전쟁에 대한 권위 있는 설명으로는 Nandini Sundar, *The Burning Forest: India's War in Bastar* (New Delhi: Juggernaut, 2016)를 참조하라.

42. 칩코 운동에 관한 문헌은 방대하다. 그 주제를 가장 철저히 다룬 자료는 Ramachandra Guha, *The Unquiet Woods: Ecological Change and Peasant Resistance in the Himalaya* (New Delhi: Oxford University Press, 1989)다. Vandana Shiva and J. Bandyopadhyay, "The Evolution, Structure, and Impact of the Chipko

Movement," *Mountain Research and Development* 6, no. 2 (May 1986): 133~142도 참조하라.

43. 이 운동에 대해 소상히 파헤친 자료로는 Samarendra Das and Felix Padel, *Out of This Earth: East India Adivasis and the Aluminium Cartel* (Hyderabad: OrientBlackSwan, 2010), esp. chapters 20 and 212를 참조하라.

44. Sharma, *Green and Saffron*, 262.

18 생기론적 정치

1. Ashis Nandy, "From Outside the Imperium: Gandhi's Cultural Critique of the 'West,'" *Alternatives: Global, Local, Political* 7 (1981): 171, http://alt.sagepub.com/content/7/2/171을 참조하라.

2. Nathan Wachtel, *The Vision of the Vanquished: The Spanish Conquest of Peru through Indian Eyes, 1530~1570*, trans. Ben and Siân Reynolds (Sussex: Harvester Press, 1977), 180~182.

3. Wachtel, 186.

4. Roxanne Dunbar-Ortiz, *An Indigenous Peoples' History of the United States* (Boston: Beacon Press, 2014), 152~154를 참조하라. Nick Estes, *Our History Is the Future: Standing Rock versus the Dakota Access Pipeline, and the Long Tradition of Indigenous Resistance* (New York: Verso, 2019), 122~125도 참조하라.

5. Cedric J. Robinson, *Black Marxism: The Making of the Black Radical Tradition* (Chapel Hill: University of North Carolina Press, 1983), 309. 이어지는 문단들의 인용문은 모두 이 책에서 가져왔다(310, 308, 240, 240, 237, 275, 239).

6. 바인 들로리아 2세는 말했다. "'우리의 모든 친척들'은 의식을 거행하는 인디언들이 수시로 언급하는 문구다. 그 문구는 모든 다른 생명 형태를 참석하도록 초대하는데, 또한 의식이 그들을 위해 행해지고 있다는 것을 그들에게 알리는 데 사용된다." Deloria, *God Is Red: A Native View of Religion* (Golden, CO: North American Press, 1992), 83.

7. Winona LaDuke, *All Our Relations: Native Struggles for Land and Life* (Chicago: Haymarket Books, 1999), 4.
8. Beth Pitts, "Voice of the Living Forest: Interview with Indigenous Resistance Leader José Gualinga," *Extinction Rebellion*, October 8, 2020, https://writersrebel.com/voice-of-the-living-forest-interview-with-indigenousresistance-leader-jose-gualinga/.
9. Eleanor Ainge Roy, "New Zealand River Granted Same Legal Rights as Human Being," *Guardian*, March 16, 2017, https://www.theguardian.com/world/2017/mar/16/new-zealand-river-granted-same-legal-rights-as-human-being.
10. 킴 톨베어는 "억압받는 토착민과 우리 비인간 친척들의 운명이 스탠딩록 운동 및 '허튼짓 이제 그만(Idle No More: 잃어버린 권리를 찾고 환경을 보호하자는 인디언의 시위—옮긴이)' 운동을 뒷받침하는 핵심 윤리다"라고 말한다. Kim TallBear, "Badass Indigenous Women Caretake Relations: #Standingrock, #Idlenomore, #BlackLivesMatter," in *Standing with Standing Rock: Voices from the #noDAPL Movement*, ed. Nick Estes and Jaskiran Dhillon (Minneapolis: University of Minnesota Press, 2019), 30.
11. 닉 에스테스와 재스키런 딜런은 "#NoDAPL(다코타 송유관 반대—옮긴이) 투쟁은 인디언 절멸 전쟁의 연속선상에 놓여 있다"고 썼다. Nick Estes and Jaskiran Dhillon, eds., *Standing with Standing Rock*, 13.
12. Edward Valandra, "Mni Wiconi; Water Is 〔More Than〕 Life," in *Standing with Standing Rock*, ed. Estes and Dhillon, 104.
13. Elizabeth Ellis, "Centering Sovereignty: How Standing Rock Changed the Conversation," in *Standing with Standing Rock*, ed. Estes and Dhillon, 245.
14. Sandy Grande et al., "Red Praxis: Lessons from Mashantucket to Standing Rock," in *Standing with Standing Rock*, ed. Estes and Dhillon, loc. 5892.
15. Nick Estes, "Traditional Leadership and the Oceti Sakowin: An Interview with Lewis Grassrope," in *Standing with Standing Rock*, ed. Estes and Dhillon, 51~52.
16. 비인간에게 '스토리 창출' 능력이 있음을 말해주는 증거는 꽤나 많다. 도나 해러

웨이가 말한 것처럼 "스토리 창출은 이제 인간예외주의의 상자 속에 들어갈 수 없다". Haraway, *Staying with the Trouble: Making Kin in the Chthulucene* (Durham, NC: Duke University Press, 2016), 39.

17. 원주민의 관점에 선 비평으로는 E. Tuck and K. W. Yang, "Decolonization Is Not a Metaphor," *Decolonization: Indigeneity, Education and Society* 1, no. 1 (2012): 23~35를 참조하라.
18. Asher Moses, "'Collapse of Civilisation Is the Most Likely Outcome': Top Climate Scientists," *Resilience*, June 8, 2020, https://www.resilience.org/stories/2020-06-08/collapse-of-civilisation-is-the-most-likely-outcome-top-climate-scientists/. Marlowe Hood, "Scientists Warn Multiple Overlapping Crises Could Trigger 'Global Systemic Collapse,'" *ScienceAlert*, February 5, 2020, https://www.sciencealert.com/hundreds-of-top-scientists-warn-combined-environmental-crises-will-cause-global-collapse도 참조하라.
19. Jean-Pierre Dupuy, *Economy and the Future: A Crisis of Faith*, trans. M. B. DeBevoise (East Lansing: Michigan State University Press), 65. 다음 인용문은 같은 책 333쪽에서 가져왔다.
20. Prasenjit Duara, *The Crisis of Global Modernity: Asian Traditions and a Sustainable Future* (Cambridge: Cambridge University Press, 2015), 287, 280.
21. Bron Taylor, *Dark Green Religion: Nature, Spirituality and the Planetary Future* (Berkeley: University of California Press, 2010), 207, 208.

19 숨은 힘들

1. Des Alwi, *Friends and Exiles: A Memoir of the Nutmeg Isles and the Indonesian Nationalist Movement*, ed. Barbara S. Harvey, Southeast Asia Program Publications (Ithaca, NY: Cornell University Press, 2008), 2에 실린 바버라 S. 하비(Barbara S. Harvey)의 서문.
2. Des Alwi, *Friends and Exiles*, 9~10.
3. Alwi, 9~10.

4. Alwi, 128.

5. 이 행들은 Julie Berger Hochstrasser, "The Bones in Banda: Vision, Art, and Memory in Maluku," *Midwestern Arcadia: Essays in Honor of Alison Kettering* (2015), DOI:10.18277/makf.2015.14에서 가져왔다.

6. Louis Couperus, *The Hidden Force*, trans. Alexander Teixeira De Mattos, ed. E. M. Beekman, Paperback Library of the Indies English (Amherst: University of Massachusetts Press, 1990).

7. Couperus, 187.

8. Couperus, 198.

9. Couperus, 198~200.

10. Maria Dermoût, *The Ten Thousand Things*, trans. Hans Koning (New York: New York Review Books, 2002).

11. Dermoût, 208.

12. 이 소설의 역자 한스 코닝(Hans Koning)은 '옮긴이의 글'에서 이렇게 썼다. "펠리시아의 세계에서는 그 안에 거하는 모든 사람, 모든 것이 역할을 가지고 운명을 가지며, 어떤 의미에서 그 자신의 영혼을 가진다." Dermoût, ix.

13. 1570~1630년은 유럽에서 마녀사냥이 최고조에 달한 기간이다. Brian P. Levack, *The Witch-Hunt in Early Modern Europe* (New York: Routledge, 2016), 207~209를 참조하라. Wolfgang Behringer, "Weather, Hunger and Fear: Origins of the European Witch-Hunts in Climate, Society and Mentality," in *The Witchcraft Reader*, ed. Darrin Oldridge (New York: Routledge, 2019), 71도 참조하라. Robin Briggs, "'Many Reasons Why': Witchcraft and the Problem of Multiple Explanation," in *Witchcraft in Early Modern Europe: Studies in Culture and Belief*, ed. Jonathan Barry, Marianne Hester, and Gareth Roberts (Cambridge: Cambridge University Press, 1996), 54도 참조하라.

14. Willem de Blécourt, "The Making of the Female Witch: Reflections on Witchcraft and Gender in the Early Modern Period," *Gender and History* 12, no. 2 (2000): 296. 마녀술에 대한 네덜란드인의 관용에 대해서는 Levack, *The Witch-Hunt in Early Modern Europe*, 196을 참조하라.

15. 로빈 브리그스(Robin Briggs)는 그녀의 논문 "'Many Reasons Why': Witchcraft and the Problem of Multiple Explanation"에서 마녀술에 대한 서로 다른 '설명 방식'을 논의했다. *Witchcraft in Early Modern Europe*, ed. Barry, Hester, and Roberts, 96~117에서 Behringer, "Weather, Hunger and Fear"는 마녀사냥과 기후의 관련성을 살펴보았고, Brian P. Levack in "State-Building and Witch Hunting in Early Modern Europe"은 마녀사냥과 국가 건설의 관련성을 분석했다. 마녀술과 가부장제를 다룬 문헌은 광범위하다. 일례로 Christina Larner, *Enemies of God: The Witch Hunt in Scotland* (Baltimore, MD: Johns Hopkins University Press, 1981)를 참조하라.

16. Behringer, "Weather, Hunger and Fear," 82. Jonathan Barry, "Introduction," in *Witchcraft in Early Modern Europe*, ed. Barry, Hester, and Roberts, 15도 참조하라.

17. Levack, *The Witch-Hunt in Early Modern Europe*, 28~29.

18. 린들 로퍼가 말했다. "근대 초기 세계에서 일어난 모든 현상은 (자연적인 것이든 환상적인 것이든) 모종의 초현실적 중요성을 띠었다. 그 현상들이 개인에게 어떤 의미가 있는지, 그리고 인과 관계와 운명에 대해 무엇을 말해주는지 알아내기 위해 환경적 세부 사항에 대한 집중적인 조사가 이루어졌다." Lyndal Roper, "Witchcraft and Fantasy in Early Modern Germany," in *Witchcraft in Early Modern Europe*, ed. Barry, Hester, and Roberts, 211.

19. 마녀술과 관련한 악마적 음모의 개념에 대해 살펴보려면, Levack, *The Witch-Hunt in Early Modern Europe*, 67, 224; Gary K. Waite, "'Man Is a Devil to Himself': David Joris and the Rise of a Sceptical Tradition towards the Devil in the Early Modern Netherlands, 1540~1600," *Dutch Review of Church History* 75, no. 1 (1995): 2를 참조하라.

20. 브라이언 르박은 "어느 면에서 고문이 마녀술을 '창조했다'는 주장은 타당성이 있다"고 밝혔다. Levack, *The Witch-Hunt in Early Modern Europe*, 15. Blécourt, "The Making of the Female Witch," 301도 참조하라. 스코틀랜드의 제임스 6세(훗날 잉글랜드의 제임스 1세) 왕이 마녀 고문에 손수 참여한 사건을 살펴보려면, Carolyn Merchant, "The Scientific Revolution and *The Death of Nature*," *Isis*

97 (2006): 522~523을 참조하라.

21. Blécourt, "The Making of the Female Witch," 298, 300. 또한 Wolfgang Behringer, "Witchcraft Studies in Austria, Germany and Switzerland," in *Witchcraft in Early Modern Europe*, ed. Barry, Hester, and Roberts, 94도 참조하라.

22. "공동체 전체가 관여한 중요한 마녀 박해에서는 하나같이 '날씨 마술'이 적어도 촉매제 역할을 했다." Behringer, "Witchcraft Studies in Austria, Germany and Switzerland," 92.

23. Behringer, "Weather, Hunger and Fear," 71.

24. 마녀사냥의 고문 사용에 대해서는 Roper, "Witchcraft and Fantasy in Early Modern Germany," 213~218을 참조하라.

25. Merchant, *The Death of Nature*, 168. 머천트는 이 주제들에 대해 그녀의 2006년 논문 "The Scientific Revolution and *The Death of Nature*"에서 좀더 철저히 다루었다.

26. Merchant, *The Death of Nature*, 168.

27. 이와 관련한 맥락에서 '괴롭힘(vexation)'이라는 단어의 좀더 미묘한 뉘앙스를 알아보려면, Merchant, "The Scientific Revolution and *The Death of Nature*," 528~529를 참조하라.

28. Merchant, *The Death of Nature*, 189.

29. 유럽의 생기론에 관한 설명으로는 Merchant, 99~148을 참조하라.

30. Elizabeth Ellis, "Centering Sovereignty: How Standing Rock Changed the Conversation," in *Standing with Standing Rock: Voices from the #noDAPL Movement*, ed. Nick Estes and Jaskiran Dhillon (Minneapolis: University of Minnesota Press, 2019), loc. 4290.

31. Francis Jennings, *The Invasion of America; Indians, Colonialism and the Cant of Conquest* (New York: Norton, 1975), 33; Jill Lepore, *The Name of War: King Philip's War and the Origins of American Identity* (New York: Vintage, 1998), 85~86; Bron Taylor, *Dark Green Religion: Nature, Spirituality and the Planetary Future* (Berkeley: University of California Press, 2010), 43을 참조하라.

참고문헌

Abram, David. *The Spell of the Sensuous: Perception and Language in a More-than-Human World*. New York: Vintage, 1997.

Achebe, Chinua. "An Image of Africa: Racism in Conrad's Heart of Darkness." In *Hopes and Impediments: Selected Essays*. New York: Doubleday, 1988.

Akveld, Leo, and Els M. Jacobs, eds. *The Colourful World of the VOC: National Anniversary Book, VOC 1602-2002*. Bussum, Neth.: THOTH Publishers, 2002.

Albert, Bruce. "Covid-19: Lessons from the Yanomami." *New York Times*, April 27, 2020.

Alwi, Des. *Friends and Exiles: A Memoir of the Nutmeg Isles and the Indonesian Nationalist Movement*. Edited by Barbara S. Harvey. Southeast Asia Program Publications. Ithaca, NY: Cornell University Press, 2008.

Amal, Nukila. *The Original Dream*. Translated by Linda Owens. Seattle: AmazonCrossing, 2017.

Amend, Alex. "Blood and Vanishing Topsoil: American Ecofascism Past, Present, and in the Coming Climate Crisis." *Political Research Associates*, July 9, 2020. http://politicalresearch.org/2020/07/09/blood-and-vanishing-topsoil.

Amrith, Sunil S. *Crossing the Bay of Bengal: The Furies of Nature and the Fortunes of Migrants*. Cambridge, MA: Harvard University Press, 2015.

Andaya, Leonard Y. "Centers and Peripheries in Maluku." *Cakalele* 4 (1993): 1-21.

Andaya, Leonard Y. "Local Trade Networks in Maluku in the 16th, 17th, and 18th Centuries." *Cakalele* 2, no. 2 (1991): 71-96.

Andaya, Leonard Y. *The World of Maluku: Eastern Indonesia in the Early Modern Period*. Honolulu: University of Hawaii Press, 1993.

Anderson, Virginia DeJohn. *Creatures of Empire: How Domestic Animals Transformed Early America*. New York: Oxford University Press, 2004.

Arens, W. *The Man-Eating Myth: Anthropology and Anthropophagy*. New York: Oxford University Press, 1979.

Argensola, Bartolome Leonardo de. *The Discovery and Conquest of the Molucca and Philippine Islands &c.* Translated by John Stevens. London, 1708.

Armed Conflict Location & Event Data Project (ACLED). "Global Conflict and Disorder Patterns, 2020." https://acleddata.com/2020/02/14/global-conflict-and-disorder-patterns-2020/.

Aronoff, Kate. "The European Far Right's Environmental Turn." *Dissent*, May 31, 2019. https://www.dissentmagazine.org/online_articles/the-european-far-rights-environmental-turn.

Aslanian, Sebouh. "'The Salt in a Merchant's Letter': The Culture of Julfan Correspondence in the Indian Ocean and the Mediterranean." *Journal of World History* 19, no. 2 (2008): 127-88.

Aveling, H. G. "Seventeenth Century Bandanese Society in Fact and Fiction: 'Tambera' Assessed." *Bijdragen tet de Taal-, Land- en Volkenkunde* 123, no. 3 (1967): 347-65.

Baas, Pieter, and Jan Frits Veldkamp. "Dutch Pre-Colonial Botany and Rumphius's Ambonese Herbal." *Allertonia* 13 (January 2014): 9-19.

Bacon, Francis. *An Advertisement Touching an Holy War.* https://sites.duke.edu/conversions/files/2014/09/Manion_Bacon-on-Holy-War.pdf.

Barras, Colin. "Is an Aboriginal Tale of an Ancient Volcano the Oldest Story Ever

Told?" *Science*, February 11, 2020. https://www.sciencemag.org/news/2020/02/aboriginal-tale-ancient-volcano-oldest-story-ever-told.

Barry, Jonathan. "Introduction." In *Witchcraft in Early Modern Europe: Studies in Culture and Belief*, edited by Jonathan Barry, Marianne Hester, and Gareth Roberts. Cambridge: Cambridge University Press, 1996.

Barry, Jonathan, Marianne Hester, and Gareth Roberts, eds. *Witchcraft in Early Modern Europe: Studies in Culture and Belief*. Cambridge: Cambridge University Press, 1996.

Basso, Keith H. *Wisdom Sits in Places: Landscape and Language among the Western Apache*. Albuquerque: University of New Mexico Press, 1996.

Basu, Kaushik. "Why Is Bangladesh Booming?" *Project Syndicate*, April 23, 2018. https://www.project-syndicate.org/commentary/bangladesh-sources-of-economic-growth-by-kaushik-basu-2018-04?barrier=accesspaylog.

Basu, Miharika. "Arctic Circle May Have Recorded Its Highest-Ever Temperature as Siberian Town Hits 100.4℉." Meaww.com. https://meaww.com/arctic-circle-highest-temperature-100-degree-siberian-town-verkhoyansk-may-hottest-month.

BBC News Report. "Amazon Fires Increase by 84% in One Year." October 21, 2019. https://www.bbc.com/news/world-latin-america-49415973.

Beekman, E. M., ed. and trans. *The Poison Tree: Selected Writings of Rumphius on the Natural History of the Indies*. Amherst: University of Massachusetts Press, 1981.

Behringer, Wolfgang. "Witchcraft Studies in Austria, Germany and Switzerland." In *Witchcraft in Early Modern Europe: Studies in Culture and Belief*, edited by Jonathan Barry, Marianne Hester, and Gareth Roberts, 64-95. Cambridge: Cambridge University Press, 1996.

Behringer, Wolfgang. "Weather, Hunger and Fear: Origins of the European Witch-Hunts in Climate, Society and Mentality." In *The Witchcraft Reader*, edited by Darrin Oldridge. New York: Routledge, 2019.

Bennett, Bradley C. "Thoughts on Rumphius and His Plants: Parallels with Neotropical Ethnobotany." *Allertonia* 13 (January 2014): 72-80.

Bennett, Jane. *Vibrant Matter: A Political Ecology of Things*. Durham, NC: Duke University Press, 2010.

Benzoni, Girolamo. *History of the New World; Shewing His Travels in America from A.D. 1541 to 1556, with Some Particulars of the Island of Canary*. Translated by W. H. Smyth. London: Hakluyt Society, 1857.

Bickmore, Albert S. *Travels in the East Indian Archipelago*. London: John Murray, 1868.

Biehl, Janet, and Peter Staudenmaier. *Ecofascism Revisited: Lessons from the German Experience.* Porsgrunn, Norway: New Compass Press, 1995.

Bilgrami, Akeel. *Secularism, Identity, and Enchantment*. Cambridge, MA: Harvard University Press, 2014.

Blécourt, Willem de. "The Making of the Female Witch: Reflections on Witchcraft and Gender in the Early Modern Period." *Gender and History* 12, no. 2 (2000): 287-309.

Bonner, Raymond. *At the Hand of Man: Peril and Hope for Africa's Wildlife*. New York: Vintage, 1993.

Boxer, C. R. *The Dutch Seaborne Empire, 1600-1800*. London: Penguin, 1990.

Bradley, James. *The China Mirage: The Hidden History of American Disaster in Asia*. New York: Little, Brown, 2015.

Bregman, Rutger. "The Real Lord of the Flies: What Happened When Six Boys Were Shipwrecked for 15 Months." *Guardian*, May 9, 2020. https://www.theguardian.com/books/2020/may/09/the-real-lord-of-the-flies-what-happened-when-six-boys-were-shipwrecked-f or-15-months.

Briggs, Robin. "'Many Reasons Why': Witchcraft and the Problem of Multiple Explanation." In *Witchcraft in Early Modern Europe: Studies in Culture and Belief*, edited by Jonathan Barry, Marianne Hester, and Gareth Roberts, 49-63. Cambridge: Cambridge University Press, 1996.

Brixius, Dorit. "A Hard Nut to Crack: Nutmeg Cultivation and the Application of Natural History between the Maluku islands and Isle de France (1750s-1780s)." *British Journal for the History of Science* 51, Special Issue 4 (Science and Islands in Indo-Pacific Worlds) (December 2018): 585-606. doi:10.1017/S0007087418000754.

Brugge, Doug, Timothy Benally, and Esther Yazzie-Lewis, eds. *The Navajo People and Uranium Mining*. Albuquerque: University of New Mexico Press, 2006.

Brum, Elian. "Hay indicios significativos para que autoridades brasileñas, incluido Bolsonaro, sean investigadas por genocidio." *El Pais*, July 25, 2020. https://elpais.com/internacional/2020-07-25/hay-indicios-significativos-para-que-autoridades-brasilenas-incluido-bolsonaro-sean-investigadas-por-genocidio.html.

Brune, Michael. "Pulling Down Our Monuments." *Sierra*, July 22, 2020. https://www.sierraclub.org/michael-brune/2020/07/john-muir-early-history-sierra-club.

Bruner, Charlotte H. "The Meaning of Caliban in Black Literature Today." *Comparative Literature Studies* 13, no. 3 (1976): 240-53.

Bubandt, Nils. "Haunted Geologies: Spirits, Stones and the Necropolitics of the Anthropocene." In *Arts of Living on a Damaged Planet*, edited by Ana Tsing et al. Minneapolis: University of Minnesota Press, 2017.

Builth, Heather. "Mt. Eccles Lava Flow and the Gunditjmara Connection: A Landform for All Seasons." *Proceedings of the Royal Society of Victoria*, November 2004, 165-84.

Builth, Heather, Peter Kershaw, Chris White, Anna Roach, Lee Hartney, Merna McKenzie, Tara Lewis, and Geraldine Jacobsen. "Environmental and Cultural Change on the Mt. Eccles Lava-Flow Landscapes of Southwest Victoria, Australia." *Holocene* 18, no. 3 (2008): 413-24.

Campbell, Kurt M., Jay Gulledge, J. R. McNeill, John Podesta, Peter Ogden,

Leon Fuerth, R. James Woolsey, Alexander T. J. Lennon, Julianne Smith, Richard Weitz, and Derek Mix. *The Age of Consequences: The Foreign Policy and National Security Implications of Global Climate Change.* Washington, DC: Center for Strategic and International Studies, 2007.

Cederlöf, Gunnel, and K. Sivaramakrishnan, eds. *Ecological Nationalisms: Nature, Livelihoods, and Identities in South Asia*. Ranikhet: Permanent Black, 2006.

Chakrabarty, Dipesh. "Climate and Capital: On Conjoined Histories." *Critical Inquiry* 41, no. 1 (2014): 1-23.

Chakrabarty, Dipesh. "The Politics of Climate Change Is More than the Politics of Capitalism." *Theory, Culture & Society*, Special Issue: Geosocial Formations and the Anthropocene (2017).

Chaplin, Joyce E. *Subject Matter: Technology, the Body, and Science on the Anglo-American Frontier, 1500-1676*. Cambridge, MA: Harvard University Press, 2001.

Chatterjee, Partha. *The Black Hole of Empire: History of a Global Practice of Power*. Ranikhet: Permanent Black, 2012.

Chaturvedi, Sanjay, and Timothy Doyle. *Climate Terror: A Critical Geopolitics of Climate Change.* London: Palgrave Macmillan, 2015.

Chuter, Andrew. "UK to Boost Defense Budget by $21.9 Billion." *Defense-News*, November 11, 2020. https://www.defensenews.com/global/europe/2020/11/19/uk-to-boost-defense-budget-by-219-billion-heres-who-benefits-and-loses-out/.

Clark, Brett, Andrew K. Jorgenson, and Jeffrey Kentor. "Militarization and Energy Consumption: A Test of Treadmill of Destruction Theory in Comparative Perspective." *International Journal of Sociology* 40, no. 2 (Summer 2010): 23-43.

Clark, Christopher M. "This Is a Reality, Not a Threat." *New York Review of Books*, November 22, 2018.

Clark, N. "Geo-Politics and the Disaster of the Anthropocene." *Sociological Review* 62, no. 1 suppl. (2014): 19-37. doi:10.1111/1467-954X.12122.

Clark, William R. *Petrodollar Warfare: Oil, Iraq and the Future of the Dollar*.

Gabriola Island, British Columbia: New Society Publishers, 2005.

Clement, Charles R., et al. "The Domestication of Amazonia before European Conquest." *Proceedings of the Royal Society B: Biological Sciences* 282, no. 1812 (August 7, 2015). https://www.ncbi.nlm.nih.gov/pmc/articles/PMC4528512/.

Clulow, Adam. "The Art of Claiming: Possession and Resistance in Early Modern Asia." *American Historical Review* 121, no. 1 (February 2016): 17-38. https://doi.org/10.1093/ahr/121.1.17.

CNA Corporation. *National Security and the Threat of Climate Change*. 2007. https://www.cna.org/cna_files/pdf/national%20security%20and%20the%20threat%20of%20climate%20change.pdf.

Cook, Harold J. *Matters of Exchange: Commerce, Medicine, and Science in the Dutch Golden Age*. New Haven, CT: Yale University Press, 2007.

Correa, Pablo. "Brazil Drives Increase in Worldwide Forest Loss." *SciDevNet*, June 12, 2020. https://www.scidev.net/global/news/brazil-drives-increase-in-worldwide-forest-loss/.

Corry, Stephen. "It's Time to Clean Ecofascism Out of Environmentalism." *Counterpunch*, April 2, 2020. https://www.counterpunch.org/2020/04/02/its-time-to-clean-ecofascism-out-of-environmentalism/.

Couperus, Louis. *The Hidden Force*. Edited by E. M. Beekman. Translated by Alexander Teixeira De Mattos. Paperback Library of the Indies English. Amherst: University of Massachusetts Press, 1990.

Cowen, Deborah. *The Deadly Life of Logistics: Mapping Violence in Global Trade*. Minneapolis: University of Minnesota Press, 2014.

Crawford, Neta C. "Pentagon Fuel Use, Climate Change, and the Costs of War." Watson Institute, Brown University, updated and revised, November 13, 2019.

Crawford, Neta C., "United States Budgetary Costs and Obligations of Post-9/11 Wars through FY2020: $6.4 Trillion." Watson Institute, Brown University,

November 13, 2019.

Crist, Eileen. *Images of Animals: Anthropomorphism and Animal Mind*. Philadelphia: Temple University Press, 1999.

Cronon, William. *Changes in the Land: Indians, Colonists and the Ecology of New England*. New York: Hill and Wang, 1983.

Cronon, William. "A Place for Stories: Nature, History, and Narrative." *Journal of American History* 78, no. 4 (1992): 1347-76.

Crosby, Alfred. *Ecological Imperialism: The Biological Expansion of Europe, 900-1900*. Cambridge: Cambridge University Press, 1986; e-book edition, 2015.

Cruz, Juan Moreno, and M. Scott Taylor. "A Spatial Approach to Energy Economics." Working Paper 18908, National Bureau of Economic Research, March 2013. http://www.nber.org/papers/w18908.

Dalai Lama, XIVth (Bhikshu Tenzin Gyatso). *The Sheltering Tree of Interdependence: A Buddhist Monk's Reflections on Ecological Responsibility*. Transcreated in English by Amit Jayaram. New York: Tibet House, 1993.

Dalby, Simon. "Anthropocene Geopolitics: Globalisation, Empire, Environment and Critique." *Geography Compass* 1, no. 1 (2007): 103-18.

Dalby, Simon. "The Geopolitics of Climate Change." *Political Geography* 37 (2013): 38-47.

Danowski, Déborah, and Eduardo Viveiros de Castro. *The Ends of the World*. Translated by Rodrigo Nunes. New York: Polity Press, 2017.

Darwin, Charles. *The Descent of Man and Selection in Relation to Sex*. New York, 1871.

Das, Mitra Srijana. "Over-Consumption Underlies Cyclone Amphan and Covid-19." *Times of India*, May 22, 2020. https://timesofindia.indiatimes.com/over-consumption-underlies-cyclone-amphan-and-covid-19/articleshow/75880597.cms.

Das, Samarendra, and Felix Padel. *Out of This Earth: East India Adivasis and the Aluminium Cartel*. Hyderabad: OrientBlackSwan, 2010.

Deb Roy, Rohan. *Malarial Subjects: Empire, Medicine and Nonhumans in British India, 1820-1909*. Cambridge: Cambridge University Press, 2017.

Degroot, Dagomar. "Did Colonialism Cause Global Cooling? Revisiting an Old Controversy." *Historical Climatology*, February 22, 2019. https://www.historicalclimatology.com/features/did-colonialism-cause-global-cooling-revisiting-an-old-controversy.

Deloria, Vine, Jr. *God Is Red: A Native View of Religion*. Golden, CO: North American Press, 1992.

DeLoughrey, Elizabeth. "Toward a Critical Ocean Studies for the Anthropocene." *English Language Notes* 57, no. 1 (April 2019).

Denetdale, Jennifer Nez. *Reclaiming Diné History: The Legacies of Navajo Chief Manuelito and Juanita*. Tucson: University of Arizona Press, 2007.

Department of Defense. *National Security Implications of Climate-Related Risks and a Changing Climate*. 2015. https://archive.defense.gov/pubs/150724-congressional-report-on-national-implications-of-climate-change.pdf.

Derks, Hans. *History of the Opium Problem: The Assault on the East, ca. 1600-1950*. Leiden: Brill, 2012.

Dermoût, Maria. *The Ten Thousand Things*. Translated by Hans Koning. New York: New York Review Books, 2002.

Deshmane, Akshay. "Documents Show How Javadekar and Harsh Vardhan Diluted India's Green Law." *Huffpost*, July 3, 2020. https://www.huffingtonpost.in/entry/environment-news-india-narendra-modi-government_in_5efe08c6c5b6acab284cf0a1.

Diniz Alves, José Eustáquio, and George Martine. "Population, Development and Environmental degradation in Brazil." In *Brazil in the Anthropocene: Conflicts between Predatory Development and Environmental Politics*, edited by Liz-Rejane Issberner and Philippe Léna. New York: Routledge, 2017.

Downs, Jacques M., and Frederic D. Grant, Jr. *The Golden Ghetto: The American Commercial Community at Canton and the Shaping of American China Policy,*

1784-1844. Hong Kong: Hong Kong University Press, 2014.

Downs, Jim. *Sick from Freedom: African-American Illness and Suffering during the Civil War and Reconstruction*. New York: Oxford University Press, 2012.

Doyle, Julie. "Where Has All the Oil Gone? BP Branding and the Discursive Elimination of Climate Change Risk." January 2011. https://www.researchgate.net/publication/305209345_Where_has_all_the_oil_gone_BP_branding_and_the_discursive_elimination_of_climate_change_risk.

Drinnon, Richard. *Facing West: The Metaphysics of Indian-Hating and Empire-Building*. Minneapolis: University of Minnesota Press, 1980.

Dryden, John. *Amboyna: The State of Innocence*. In *The Works of John Dryden*, Vol. 5, edited by Walter Scott; EBook #16208, 2005.

Duara, Prasenjit. *The Crisis of Global Modernity: Asian Traditions and a Sustainable Future*. Cambridge: Cambridge University Press, 2015.

Dunbar-Ortiz, Roxanne. *An Indigenous Peoples' History of the United States*. Boston: Beacon Press, 2014.

Dunbar-Ortiz, Roxanne. "What White Supremacists Know." *Boston Review*, November 20, 2020.

Dupuy, Jeans-Pierre. *The Mark of the Sacred*. Translated by M. B. DeBevoise. Stanford, CA: Stanford University Press, 2013.

Dupuy, Jean-Pierre. *Economy and the Future: A Crisis of Faith*. Translated by M. B. DeBevoise. East Lansing: Michigan State University Press, 2014.

Echanove, Matias, and Rahul Srivastava. "Circulatory Urbanism." *Broken Nature*, 2019. http://www.brokennature.org/circulatory-urbanism/.

Ehrenreich, Ben. *Desert Notebooks: A Road Map for the End of Time*. Berkeley, CA: Counterpoint, 2020.

Ellen, Roy. *On the Edge of the Banda Zone: Past and Present in the Social Organization of a Moluccan Trading Network*. Honolulu: University of Hawaii Press, 2003.

Elliott, David. "These Are the Countries Best Prepared for Health Emergencies."

World Economic Forum, February 12, 2020. https://www.weforum.org/agenda/2020/02/these-are-the-countries-best-prepared-for-health-emergencies/.
Ellis, Elizabeth. "Centering Sovereignty: How Standing Rock Changed the Conversation." In *Standing with Standing Rock: Voices from the #noDAPL Movement*, edited by Nick Estes and Jaskiran Dhillon. Minneapolis: University of Minnesota Press, 2019.
Estes, Nick. *Our History Is the Future: Standing Rock versus the Dakota Access Pipeline, and the Long Tradition of Indigenous Resistance.* New York: Verso, 2019.
Estes, Nick. "'They Took Our Footprint Out of the Ground': An Interview with Ladonna Bravebull Allard." In *Standing with Standing Rock: Voices from the #noDAPL Movement*, edited by Nick Estes and Jaskiran Dhillon. Minneapolis: University of Minnesota Press, 2019.
Estes, Nick. "Traditional Leadership and the Oceti Sakowin: An Interview with Lewis Grassrope." In *Standing with Standing Rock: Voices from the #noDAPL Movement*, edited by Nick Estes and Jaskiran Dhillon. Minneapolis: University of Minnesota Press, 2019.
Estes, Nick, and Jaskiran Dhillon, eds. *Standing with Standing Rock: Voices from the #noDAPL Movement*. Minneapolis: University of Minnesota Press, 2019.
Federici, Silvia. *Caliban and the Witch: Women, the Body and Primitive Accumulation*. 2nd ed. Brooklyn: Automedia, 2014.
Federici, Silvia. "The Great Witch Hunt." *Maine Scholar* 1 (1988): 31-52.
Fearnside, Philip. "How a Dam Building Boom Is Transforming the Brazilian Amazon." *Yale Environment 360*, September 26, 2017. https://e360.yale.edu/features/how-a-dam-building-boom-is-transforming-the-brazilian-amazon.
Fenn, Elizabeth A. "Biological Warfare in Eighteenth-Century North America: Beyond Jeffery Amherst." *Journal of American History*, March 2000, 1552-80.
Ferguson, Kathy E. "The Sublime Object of Militarism." *New Political Science* 31, no. 4 (December 2009).

Figueiredo, Patrícia. "Number of Deaths of Indigenous Leaders in 2019 Is the Highest in at Least 11 Years, Says Pastoral da Terra." Globo.com, October 12, 2019. https://g1.globo.com/natureza/noticia/2019/12/10/mortes-de-liderancas-indigenas-batem-recorde-em-2019-diz-pastoral-da-terra.ghtml.

Fox, Alex. "Sierra Club Grapples with Founder John Muir's Racism." *Smithsonian Magazine*, July 24, 2020. https://www.smithsonianmag.com/smart-news/sierra-club-grapples-founder-john-muirs-racism-180975404/.

Fox, Justin. "Why the Missouri River Is Just Going to Keep on Flooding: Viewpoint." *Insurance Journal*, April 30, 2019.

FP Analytics. "Covid-19 Global Response Index." *Foreign Policy*, September 4, 2020.

Frank, Robert H., Thomas Gilovich, and Dennis T. Regan. "Does Studying Economics Inhibit Cooperation?" *Journal of Economic Perspectives* 7, no. 2 (Spring 1993): 159-71.

Friedman, Lisa. "Trump Team to Promote Fossil Fuels and Nuclear Power at Bonn Climate Talks." *New York Times*, November 2, 2017. https://www.nytimes.com/2017/11/02/climate/trump-coal-cop23-bonn.html?_r=0.

Games, Alison. *Inventing the English Massacre: Amboyna in History and Memory*. New York: Oxford University Press, 2020.

Garcia, Claude A., and J.-P. Pascal. "Sacred Forests of Kodagu: Ecological Value and Social Role." In *Ecological Nationalisms: Nature, Livelihoods, and Identities in South Asia*, edited by Gunnel Cederlöf and K. Sivaramakrishnan, 199-229. Ranikhet: Permanent Black, 2006.

Gatti, Roberto Cazzolla. "A Conceptual Model of New Hypothesis on the Evolution of Biodiversity." *Biologia* 71, no. 3 (2016). DOI:10.1515/biolog-2016-0032.

Gemenne, François, Jon Barnett, W. Neil Adger, and Geoffrey D. Dabelko. "Climate and Security: Evidence, Emerging Risks, and a New Agenda." *Climatic Change* 123 (2014): 1-9.

Gilbert, Emily. "The Militarization of Climate Change." *ACME: An International*

Journal for Critical Geographies 11, no. 1 (2012): 1-14.

Gilio-Whitaker, Dina. *As Long as Grass Grows: The Indigenous Fight for Environmental Justice, from Colonization to Standing Rock*. Boston: Beacon Press, 2019.

Gilman, Nils. "The Coming Avocado Politics: What Happens When the Ethno-Nationalist Right Gets Serious about the Climate Emergency?" *Breakthrough Institute*, February 7, 2020. https://thebreakthrough.org/journal/no-12-winter-2020/avocado-politics.

Gilmore, Ruth Wilson. Foreword to *On Racial Capitalism, Black Internationalism, and Cultures of Resistance*, by Cedric J. Robinson, edited by H. L. T. Quan. London: Pluto Press, 2019.

Global Health and Security Index. Center for Health and Security, Bloomberg School of Public Health, Johns Hopkins University, 2019. https://www.ghsindex.org/wp-content/uploads/2020/04/2019-Global-Health-Security-Index.pdf.

Global Security.org. "Libyan Civil War 2020." https://www.globalsecurity.org/military/world/war/libya-civil-war-2020.htm.

Glotfelty, Cheryll, and Harold Fromm, eds. *The Ecocriticism Reader: Landmarks in Literary Ecology*. Athens: University of Georgia Press, 1996.

Goldstein, Jesse. "Terra Economica: Waste and the Production of Enclosed Nature." *Antipode* 45, no. 2 (2013): 357-75.

Goss, Jon. "Understanding the 'Maluku Wars': Overview of Sources of Communal Conflict and Prospects for Peace." *Cakalele* 11 (2000): 7-39.

Gould, Kenneth A. "The Ecological Costs of Militarization." *Peace Review: A Journal of Social Justice* 19 (2007): 331-34.

Grande, Sandy, et al. "Red Praxis: Lessons from Mashantucket to Standing Rock." In *Standing with Standing Rock: Voices from the #noDAPL Movement*, edited by Nick Estes and Jaskiran Dhillon. Minneapolis: University of Minnesota Press, 2019.

Grandin, Greg. *The End of the Myth: From the Frontier to the Border Wall in the Mind of America*. New York: Metropolitan, 2019.

Grandjean, Katherine A. "The Long Wake of the Pequot War." *Early American Studies* 9, no. 2 (Spring 2011): 379-411.

Grenier, John. *The First Way of War: American War Making on the Frontier, 1607-1814*. New York: Cambridge University Press, 2005.

Grove, Jairus. *Savage Ecologies: War and Geopolitics at the End of the World*. Durham, NC: Duke University Press, 2019.

Grove, Richard. *Ecology, Climate and Empire: Colonialism and Global Environmental History, 1400-1940*. Cambridge: White Horse Press, 1997.

Gualinga, José, and Bethany Pitts. "The Border of Life: A Response to the Pandemic from the Amazon." *Resilience*, May 18, 2020. https://www.resilience.org/stories/2020-05-18/the-border-of-life-a-response-to-the-pandemic-from-the-amazon/.

Guha, Ramachandra. "Mahatma Gandhi and the Environmental Movement in India." *Capitalism Nature Socialism* 6, no. 3 (1995): 47-61. DOI:10.1080/10455759509358641.

Guha, Ramachandra. "Radical American Environmentalism and Wilderness Preservation: A Third World Critique." *Environmental Ethics* 11, no. 1 (1989): 71-83.

Guha, Ramachandra. "Toward a Cross-Cultural Environmental Ethic." *Alternatives* 25 (1990): 431-47.

Guha, Ramachandra. *The Unquiet Woods: Ecological Change and Peasant Resistance in the Himalaya*. New Delhi: Oxford University Press, 1989.

Guha, Ramachandra, and J. Martinez-Alier, eds. *Varieties of Environmentalism: Essays North and South*. London: Earthscan, 1997.

Gupta, Malavika, and Felix Padel. "Confronting a Pedagogy of Assimilation: The Evolution of Large-Scale Schools for Tribal Children in India." *Journal of the Anthropological Society of Oxford*, n.s., 10, no. 1 (2018). https://www.

anthro.ox.ac.uk/files/jaso1012018pdf.

Hallmann, Caspar A., et al. "More than 75 Percent Decline over 27 Years in Total Flying Insect Biomass in Protected Areas." *PLOS One*, October 18, 2017. https://doi.org/10.1371/journal.pone.0185809.

Hamacher, Duane W., and Ray P. Norris. "Australian Aboriginal Geomythology: Eyewitness Accounts of Cosmic Impacts?" Paper submitted to *Archaeoastronomy: The Journal of Astronomy in Culture*, September 22, 2010. https://arxiv.org/abs/1009.4251.

Hanbury, Shanna. "'The Tipping Point Is Here, It Is Now,' Top Amazon Scientists Warn." *Mongabay*, December 20, 2019. https://news.mongabay.com/2019/12/the-tipping-point-is-here-it-is-now-top-amazon-scientists-warn/.

Hanna, Willard A. *Indonesian Banda: Colonialism and Its Aftermath in the Nutmeg Islands*. Reprint, Banda Naira: Yayasan Warisan da Budaya, 1991.

Haraway, Donna J. *Staying with the Trouble: Making Kin in the Chthulucene*. Durham, NC: Duke University Press, 2016.

Hardin, Garrett. "Living on a Lifeboat: A Reprint from *Bioscience*, October 1974." *Social Contract*, Fall 2001, 36-47.

Hardin, Garrett. "The Tragedy of the Commons." *Science* 162 (1968): 1243-48.

Harris, Thaddeus Mason. "A Discourse Delivered at Plymouth, December 22d 1808, at the ANNIVERSARY COMMEMORATION of the Landing of Our Ancestors at that Place." Boston, 1808.

"The Hartford Treaty, 1638, Signifying the Close of the Pequot War." http://pequotwar.org/wp-content/uploads/2014/11/Grade-8-Treaty-of-Hartford-Guiding-Questions-Avery.pdf.

Hartmann, George W. "The 'Black Hole' of Calcutta: Fact or Fiction?" *Journal of Social Psychology* 27 (1948): 17-35.

Hayles, N. Katherine. "Cognitive Assemblages: Technical Agency and Human Interactions." *Critical Inquiry* 43 (Autumn 2016): 32-55.

Hochstrasser, Julie Berger. "The Bones in Banda: Vision, Art, and Memory in

Maluku." *Midwestern Arcadia: Essays in Honor of Alison Kettering*. 2015. DOI:10.18277/makf.2015.14.

Hochstrasser, Julie Berger. "The Conquest of Spice and the Dutch Colonial Imaginary: Seen and Unseen in the Visual Culture of Trade." In *Colonial Botany: Science, Commerce, and Politics in the Early Modern World*, edited by Londa Schiebinger and Claudia Swan, 169-86. Philadelphia: University of Pennsylvania Press, 2007.

Hood, Marlowe. "Scientists Warn Multiple Overlapping Crises Could Trigger 'Global Systemic Collapse.'" *ScienceAlert*, February 5, 2020. https://www.sciencealert.com/hundreds-of-top-scientists-warn-combined-environmental-crises-will-cause-global-collapse.

Hooks, Gregory, and Chad L. Smith. "The Treadmill of Destruction: National Sacrifice Areas and Native Americans." *American Sociological Review* 69 (2004): 558-75.

Hooks, Gregory, and Chad L. Smith. "Treadmills of Production and Destruction: Threats to the Environment Posed by Militarism." *Organization & Environment* 18, no. 1 (March 2005): 19-37.

Hopkins, Hop. "Racism Is Killing the Planet." *Sierra*, June 8, 2020. https://www.sierraclub.org/sierra/racism-killing-planet?amp&_twitter_impression=true.

Horn, Steve. "Arizona Reels as Three of the Biggest Wildfires in Its History Ravage State." *Guardian*, July 2, 2020. https://amp.theguardian.com/environment/2020/jul/02/arizona-wildfires?_twitter_impression=true.

Horne, Gerald. *The Apocalypse of Settler Colonialism: The Roots of Slavery, White Supremacy, and Capitalism in Seventeenth-Century North America and the Caribbean*. New York: Monthly Review Press, 2017.

Hsiang, Solomon M., and Marshall Burke. "Climate, Conflict, and Social Stability: What Does the Evidence Say?" *Climatic Change* 123 (2014): 39-55.

Hulme, Peter. *Colonial Encounters: Europe and the Native Caribbean, 1492-1797*. New York: Methuen, 1986.

Issberner, Liz-Rejane, and Philippe Léna, eds. *Brazil in the Anthropocene: Conflicts between Predatory Development and Environmental Politics*. New York: Routledge, 2017.

Jalais, Annu, and Amites Mukhopadhyay. "Of Pandemics and Storms in the Sundarbans." In "Intersecting Crises," edited by Calynn Dowler. Special issue, *American Ethnologist*, October 12, 2020. https://americanethnologist.org/features/pandemic-diaries/introduction-intersecting-crises/of-pandemics-and-storms-in-the-sundarbans.

Jennings, Francis. *The Invasion of America: Indians, Colonialism and the Cant of Conquest*. New York: Norton, 1975.

Jensen, W. G. "The Importance of Energy in the First and Second World Wars." *Historical Journal* 11, no. 3 (1968): 538-54.

Jones, David S. "Virgin Soils Revisited." *William and Mary Quarterly* 60, no. 4 (October 2003): 703-42.

Jones, K., N. Patel, M. Levy et al. "Global Trends in Emerging Infectious Diseases." *Nature* 451 (2008): 990-93. https://doi.org/10.1038/nature06536.

Jorgenson, Andrew K., and Brett Clark. "The Temporal Stability and Developmental Differences in the Environmental Impacts of Militarism: The Treadmill of Destruction and Consumption-Based Carbon Emissions." *Sustainability Science* 11 (2016): 505-14.

Jorgenson, Andrew K., Brett Clark, and Jennifer E. Givens. "The Environmental Impacts of Militarization in Comparative Perspective: An Overlooked Relationship." *Nature and Culture* 7, no. 3 (2012): 314-37.

Jorgenson, Andrew K., Brett Clark, and Jeffrey Kentor. "Militarization and the Environment: A Panel Study of Carbon Dioxide Emissions and the Ecological Footprints of Nations, 1970-2000." *Global Environmental Politics* 10, no. 1 (February 2010): 7-29.

Kaartinen, Timo. *Songs of Travel and Stories of Place: Poetics of Absence in an Eastern Indonesian Society*. Helsinki: Academia Scientiarum Fennica, 2010.

Kelton, Paul. *Epidemics and Enslavement: Biological Catastrophe in the Native Southeast, 1492-1715*. Lincoln: University of Nebraska Press, 2007.

Kendi, Ibram X. "We're Still Living and Dying in the Slaveholders' Republic." *Atlantic*, May 4, 2020.

Kiers, Lucas. *Coen Op Banda: Del Conqueste Getoest aan het Recht van den Tijd*. Utrecht: Oosthoek, 1943.

Kimmerer, Robin Wall. *Braiding Sweetgrass: Indigenous Wisdom, Scientific Knowledge, and the Teaching of Plants*. Minneapolis: Milkweed Editions, 2013.

Kirkpatrick, David D., Matt Apuzzo, and Selam Gebrekidan. "Europe Said It Was Pandemic Ready: Pride Was Its Downfall." *New York Times*, July 20, 2020.

Klare, Michael T. "Garrisoning the Global Gas Station." *TomDispatch*, June 12, 2008. https://www.globalpolicy.org/component/content/article/154-general/25938.html.

Klare, Michael T. *Rising Powers, Shrinking Planet: The New Geopolitics of Energy*. New York: Metropolitan Books, 2008.

Klein, Naomi. *Battle for Paradise: Puerto Rico Takes on the Disaster Capitalists*. Chicago: Haymarket Books, 2018.

Klein, Naomi. *On Fire: The (Burning) Case for a Green New Deal*. New York: Simon and Schuster, 2019.

Klein, Naomi. "Only a Green New Deal Can Douse the Fires of Eco-Fascism." *The Intercept*, September 16, 2019.

Klein, Naomi. *This Changes Everything: Capitalism vs. the Climate*. New York: Knopf, 2014.

Knaap, Gerrit J. "Crisis and Failure: War and Revolt in the Ambon Islands, 1636-1637." *Cakalele* 3 (1992): 1-26.

Kopenawa, Davi, and Bruce Albert. *The Falling Sky: Words of a Yanomami Shaman*. Translated by Nicholas Elliott and Alison Dundy. Cambridge, MA: Belknap Press, 2013.

Kothari, Ashish. "India Needs a Rainbow Recovery Plan." *The Hindu*, October 6, 2020.

Kothari, Ashish. "No Atma, Lots of Nirbharta: The Socio-Ecological Bankruptcy of Modi's Self-Reliance Stimulus." *The Wire*, September 28, 2020. https://m.thewire.in/article/government/india-atmanirbhar-economic-package-environment-coal-mining/amp?_twitter_impression=true&s=03.

Kripal, Jeffrey J. *Authors of the Impossible: The Paranormal and the Sacred*. Chicago: University of Chicago Press, 2010.

Krondl, Michael. *The Taste of Conquest: The Rise and Fall of the Three Great Cities of Spice*. New York: Ballantine, 2008.

LaDuke, Winona. *All Our Relations: Native Struggles for Land and Life*. Chicago: Haymarket Books, 1999.

Lafuente, Antonio, and Nuria Valverde. "Linnaean Botany and Spanish Imperial Biopolitics." In *Colonial Botany: Science, Commerce, and Politics in the Early Modern World*, edited by Londa Schiebinger and Claudia Swan. Philadelphia: University of Pennsylvania Press, 2007.

Lape, Peter V. "Political Dynamics and Religious Change in the Late Pre-Colonial Banda Islands, Eastern Indonesia." *World Archaeology* 32, no. 1 (2000): 138-55.

Laqueur, Thomas Walter. *Solitary Sex: A Cultural History of Masturbation*. New York: Zone Books, 2003.

Larner, Christina. *Enemies of God: The Witch Hunt in Scotland*. Baltimore, MD: Johns Hopkins University Press, 1981.

Léna, Philippe, and Liz-Rejane Issberner. "Anthropocene in Brazil: An Inquiry into Development Obsession and Policy Limits." In *Brazil in the Anthropocene: Conflicts between Predatory Development and Environmental Politics*, edited by Liz-Rejane Issberner and Philippe Léna. New York: Routledge, 2017.

Lem, Stanislaw. *Solaris*. Translated by Joanna Kilmartin and Steve Cox. 1970. Reprint, New York: Faber & Faber, 2016.

Lepore, Jill. *The Name of War: King Philip's War and the Origins of American*

Identity. New York: Vintage, 1998.

Leroy, Jean-Pierre. "Markets or the Commons? The Role of Indigenous Peoples, Traditional Communities and Sectors of the Peasantry in the Environmental Crisis." In *Brazil in the Anthropocene: Conflicts between Predatory Development and Environmental Politics*, edited by Liz-Rejane Issberner and Philippe Léna. New York: Routledge, 2017.

Levack, Brian P. "State-Building and Witch Hunting in Early Modern Europe." In *Witchcraft in Early Modern Europe: Studies in Culture and Belief*, edited by Jonathan Barry, Marianne Hester, and Gareth Roberts, 96-117. Cambridge: Cambridge University Press, 1996.

Levack, Brian P. *The Witch-Hunt in Early Modern Europe*. New York: Routledge, 2016.

Levitz, Eric. "Far-Right Climate Denial Is Scary: Far-Right Climate Acceptance Might Be Scarier." *New York Magazine*, March 6, 2019. https://nymag.com/intelligencer/2019/03/climate-science-invites-liberal-solutions-or-fascist-ones.html.

Lewis, Simon L., and Mark A. Maslin. "Defining the Anthropocene." *Nature* 1519 (March 12, 2015).

Liberti, Stefano. *Terra Bruciata: Come la crisi ambientale sta cambiando l'Italia e la nostra vita*. Rome: Rizzoli, 2020.

Liboiron, Max. *Pollution Is Colonialism*. Durham, NC: Duke University Press, 2021.

Lindqvist, Sven. *"Exterminate All the Brutes": One Man's Odyssey into the Heart of Darkness and the Origins of European Genocide*. New York: New Press, 1992.

Lindqvist, Sven. *Terra Nullius: A Journey through No One's Land*. London: Granta, 2007.

Linebaugh, Peter, and Marcus Rediker. *The Many-Headed Hydra: Sailors, Slaves, Commoners, and the Hidden History of the Revolutionary Atlantic*. Boston:

Beacon Press, 2000.

Londoño, Ernesto, and Letícia Casado. "As Bolsonaro Keeps Amazon Vows, Brazil's Indigenous Fear 'Ethnocide.'" *New York Times*, April 19, 2020.

Loth, Vincent C. "Armed Incidents and Unpaid Bills: Anglo-Dutch Rivalry in the Banda Islands in the Seventeenth Century." *Modern Asian Studies* 29, no. 4 (October 1995): 705-40.

Loth, Vincent C. "Pioneers and Perkeniers: The Banda Islands in the 17th Century." *Cakalele* 6 (1995): 13-35.

Loureiro, Violeta Refkalefsky. "The Amazon before the Brazilian Environmental Issue." In *Brazil in the Anthropocene: Conflicts between Predatory Development and Environmental Politics*, edited by Liz-Rejane Issberner and Philippe Léna. New York: Routledge, 2017.

Lovejoy, Thomas E., and Carlos Nobre. "Amazon Tipping Point: Last Chance for Action." *Science Advances* 5, no. 12 (December 20, 2019).

Lovelock, James. "What Is Gaia?" ecolo.org/lovelock/what_is_Gaia.html.

Luttikhuis, Bart, and A. Dirk Moses. "Mass Violence and the End of the Dutch Colonial Empire in Indonesia." *Journal of Genocide Research* 14, nos. 3-4 (2012).

Malm, Andreas. *Fossil Capital: The Rise of Steam Power and the Roots of Global Warming*. London: Verso, 2016.

Marya, Rupa, and Raj Patel. *Inflamed: Deep Medicine and the Anatomy of Injustice*. New York: Farrar, Straus and Giroux, 2021.

Masco, Joseph. "Bad Weather: The Time of Planetary Crisis." In *Times of Security, Ethnographies of Fear: Protest and the Future*, edited by Martin Holbraad and Morten Axel Pedersen, 163-97. London: Routledge, 2013.

Masco, Joseph, "The Crisis in Crisis." *Current Anthropology* 58, supp. 15 (February 2017): 565-76.

Masco, Joseph. *The Theater of Operations: National Security Affect from the Cold War to the War on Terror*. Durham, NC: Duke University Press, 2014.

Mason, John. *A Brief History of the Pequot War: Especially of the memorable Taking of their Fort at Mistick in Connecticut in 1637*. Boston, 1736.

Masselman, George. *The Cradle of Colonialism*. New Haven, CT: Yale University Press, 1963.

Masselman, George. *The Money Trees: The Spice Trade*. New York: McGraw-Hill, 1967.

Matchan, Erin L., David Phillips, Fred Jourdan, and Korien Oostingh. "Early Human Occupation of Southeastern Australia: New Insights from 40Ar/39Ar Dating of Young Volcanoes." *Geology* 20, no. 20 (2019).

Mathur, Nayanika. "What I Learned at the 'Rhodes Must Fall' Protest at Oxford." *The Wire*, May 11, 2020. https://thewire.in/world/cecil-rhodes-oxford-protest-george-floyd.

Mbembe, Achille. *Necropolitics*. Translated by Steven Corcoran. Durham, NC: Duke University Press, 2019.

McGreal, Chris. *American Overdose: The Opioid Tragedy in Three Acts*. New York: Public Affairs, 2018.

McGrath, Maggie. "63% of Americans Don't Have Enough Savings to Cover a $500 Emergency." *Forbes*, January 6, 2016. https://www.forbes.com/sites/maggiemcgrath/2016/01/06/63-of-americans-dont-have-enough-savings-to-cover-a-500-emergency/?sh=787dadfb4e0d.

McPherson, Robert S. *Sacred Land, Sacred View: Navajo Perceptions of the Four Corner Region*. Salt Lake City, UT: Brigham Young University Press, 1992.

Merchant, Carolyn. *The Death of Nature: Women, Ecology and the Scientific Revolution*. San Francisco: Harper and Row, 1983.

Merchant, Carolyn. "The Scientific Revolution and *The Death of Nature*." *Isis* 97 (2006): 513-33.

Merchant, Carolyn. "'The Violence of Impediments': Francis Bacon and the Origins of Experimentation." *Isis* 99 (2008): 731-60.

Merwick, Donna. *The Shame and the Sorrow: Dutch-Amerindian Encounters in*

New Netherland. Philadelphia: University of Pennsylvania Press, 2006.
Milton, Giles. *Nathaniel's Nutmeg, or, the True and Incredible Adventures of the Spice Trader Who Changed the Course of History*. New York: Penguin, 1999.
Mitchell, Timothy. *Carbon Democracy: Political Power in the Age of Oil*. London: Verso, 2011.
Moran, Lee. "Epidemiologist Slams U.S. Coronavirus Response: 'Close to Genocide by Default.'" *Huffpost*, May 6, 2020. https://www.huffpost.com/entry/epidemiologist-coronavirus-genocide-by-default_n_5eb2a5ebc5b63e6bd96f5d81.
Moore, Jason W. "The Rise of Cheap Nature." In *Anthropocene or Capitalocene? Nature, History and the Crisis of Capitalism*, edited by Jason W. Moore, 78-115. Oakland: PM Press, 2016.
Morton, Alexandra. *Listening to Whales: What the Orcas Have Taught Us*. New York: Ballantine, 2002.
Morton, Timothy. *The Poetics of Spice: Romantic Consumerism and the Exotic*. Cambridge: Cambridge University Press, 2000.
Moses, Asher. "'Collapse of Civilisation Is the Most Likely Outcome': Top Climate Scientists." *Resilience*, June 8, 2020. https://www.resilience.org/stories/2020-06-08/collapse-of-civilisation-is-the-most-likely-outcome-top-climate-scientists/.
Mukerji, Bithika. *Neo-Vedanta and Modernity*. Varanasi: Ashutosh Prakashan Sansthan, 1983.
Muneta, Ben. "The American Global Frontiers: Tribal Armies and Herbicides." *Akwesasne Notes* (Early Summer 1974): 26-28.
Nabokov, Peter. *Native American Testimony: An Anthology of Indian and White Relations, First Encounter to Dispossession*. New York: Harper and Row, 1978.
Naipaul, V. S. *The Overcrowded Barracoon and Other Articles*. New York: Knopf, 1973.
Nandy, Ashis. *Alternative Sciences: Creativity and Authenticity in Two Indian Scientists*. New Delhi: Oxford University Press, 1995.

Nandy, Ashis. "From Outside the Imperium: Gandhi's Cultural Critique of the 'West.'" *Alternatives: Global, Local, Political* 7 (1981): 171. http://alt.sagepub.com/content/7/2/171.

Nass, Daniel. "Shootings Are a Glaring Exception to the Coronavirus Crime Drop." *The Trace*, April 29, 2020. https://www.thetrace.org/2020/04/coronavirus-gun-violence-stay-at-home-orders/.

Neihardt, John G. *Black Elk Speaks: The Complete Edition*. Lincoln: University of Nebraska Press, 2014.

Nelson, Cody. "Navajo Nation Faces Twin Threats as Wildfires Spread during Pandemic." *Guardian*, July 6, 2020. https://www.theguardian.com/us-news/2020/jul/06/arizona-wildfires-coronavirus-navajo-nation.

Newlin, James W. M. *Proposed Indian Policy*. 1881.

Newton, Creede. "Why Has Navajo Nation Been Hit So Hard by the Coronavirus?" *Al Jazeera*, May 27, 2020. https://www.aljazeera.com/news/2020/05/navajo-nation-hit-hard-coronavirus-200526171504037.html.

Nixon, Rob. *Slow Violence and the Environmentalism of the Poor*. Cambridge, MA: Harvard University Press, 2013.

NoiseCat, Julian Brave. "How to Survive an Apocalypse and Keep Dreaming." *Nation*, June 2, 2020. https://www.thenation.com/article/society/native-american-postapocalypse/.

Noys, Benjamin. *Malign Velocities: Accelerationism and Capitalism*. Washington, DC: Zero Books, 2014.

Nursey-Bray, Melissa, R. Palmer, T. F. Smith, and P. Rist. "Old Ways for New Days: Australian Indigenous Peoples and Climate Change." *Local Environment* 24, no. 5 (2019): 473-86.

O'Connell, Barry. *On Our Own Ground: The Complete Writings of William Apess, a Pequot*. Amherst: University of Massachusetts Press, 1992.

Okereke, Caleb, and Kelsey Nielsen. "The Problem with Predicting Coronavirus Apocalypse in Africa." *Al Jazeera*, May 7, 2020. https://www.aljazeera.com/

indepth/opinion/problem-predicting-coronavirus-apocalypse-africa-20050510 3847843.html.

Onishi, Norimitsu, and Constant Méheut. "Pandemic Shakes France's Faith in a Cornerstone: Strong Central Government." *New York Times*, April 29, 2020. https://www.nytimes.com/2020/04/29/world/europe/coronavirus-france-masks.html?action=click&module=Top%20Stories&pgtype=Homepage.

Open Democracy. "Covid-19 Has Already Affected 93 Different Indigenous Nations." June 12, 2020. https://www.opendemocracy.net/en/democraciaabierta/la-covid-19-ya-afecta-a-93-nacionalidades-indigenas-en/.

Open Democracy. "As the Pandemic Continues to Accelerate, So Does the Deforestation of the Amazon." June 1, 2020. https://www.opendemocracy.net/en/democraciaabierta/se-acelera-la-pandemia-y-se-acelera-la-deforestacion-del-amazonas-en/?source=in-article-related-story.

Open Democracy. "The Survival of the Amazon Is at Stake." July 24, 2020. https://www.opendemocracy.net/en/democraciaabierta/survival-amazon-stake/.

Oreskes, Naomi, and Eric Conway. *Merchants of Doubt: The Denial of Global Warming*. New York: Bloomsbury, 2010.

Osmandzikovic, Emina. "How Conflicts Turned the Middle East into an Organ-Trafficking Hotspot." *Arab News*, July 8, 2020. https://www.arabnews.com/node/1701871/middle-east.

Ostler, Jeffrey. "The Shameful Final Grievance of the Declaration of Independence." *Atlantic*, February 8, 2020.

Padua, José Augusto. "Brazil in the History of the Anthropocene." In *Brazil in the Anthropocene: Conflicts between Predatory Development and Environmental Politics*, edited by Liz-Rejane Issberner and Philippe Léna. New York: Routledge, 2017.

Parker, Geoffrey. *Global Crisis: War, Climate Change and Catastrophe in the Seventeenth Century*. New Haven, CT: Yale University Press, 2013.

Pico, Tamara. "The Darker Side of John Wesley Powell." *Scientific American*,

September 9, 2019. https://blogs.scientificamerican.com/voices/the-darker-side-of-john-wesley-powell/.

Pitts, Beth. "Voice of the Living Forest: Interview with Indigenous Resistance Leader José Gualinga." *Extinction Rebellion*, October 8, 2020. https://writersrebel.com/voice-of-the-living-forest-interview-with-indigenous-resistance-leader-jose-gualinga/.

Plested, James. "How the Rich Plan to Rule a Burning Planet." *The Bullet*, December 23, 2019. https://socialistproject.ca/bullet/about/.

Prothom Alo. "26 Bangladeshis Killed in Libya." May 28, 2020. https://en.prothomalo.com/bangladesh/bangladesh-in-world-media/26-bangladeshis-killed-in-libya.

Prucha, Francis Paul, ed. *Americanizing the American Indians: Writings by the "Friends of the Indian."* Lincoln: University of Nebraska Press, 1978.

Quinones, Sam. *Dreamland: The True Tale of America's Opiate Epidemic*. New York: Bloomsbury, 2015.

Ramanujan, A. K. "Is There an Indian Way of Thinking? An Informal Essay." *Contributions to Indian Sociology* 23, no. 1 (1989): 41-58.

Rambé, Hanna. *Mirah of Banda*. Trans. Toni Pollard. Jakarta: Lontar, 2010.

Ramnath, Madhu. *Woodsmoke and Leafcups*. New Delhi: HarperCollins, 2015.

Reid, Anthony. *A History of Southeast Asia: Critical Crossroads*. Malden, MA: Blackwell, 2015.

Rich, Nathaniel. *Losing Earth: A Recent History*. New York: Farrar, Straus and Giroux, 2019.

Robinson, Cedric J. *Black Marxism: The Making of the Black Radical Tradition*. Chapel Hill: University of North Carolina Press, 1983.

Robinson, Cedric J. *On Racial Capitalism, Black Internationalism, and Cultures of Resistance*. Edited by H. L. T. Quan. London: Pluto Press, 2019.

Roper, Lyndal. "Witchcraft and Fantasy in Early Modern Germany." In *Witchcraft in Early Modern Europe: Studies in Culture and Belief*, edited by Jonathan Barry, Marianne Hester, and Gareth Roberts, 207-35. Cambridge: Cambridge

University Press, 1996.

Roy, Eleanor Ainge. "New Zealand River Granted Same Legal Rights as Human Being." *Guardian*, March 16, 2017. https://www.theguardian.com/world/2017/mar/16/new-zealand-river-granted-same-legal-rights-as-human-being.

"Rules Governing the Court of Indian Offenses." Department of the Interior, Office of Indian Affairs, Washington, DC, March 30, 1883. https://rclinton.files.wordpress.com/2007/11/code-of-indian-offenses.pdf.

Rushkoff, Douglas. "Survival of the Richest: The Wealthy Are Plotting to Leave Us Behind." *Medium*, July 5, 2018. https://onezero.medium.com/survival-of-the-richest-9ef6cddd0cc1.

Sabin, Edwin L. *Kit Carson Days, 1809-1868, "Adventures in the Path of Empire."* Vol. 2. Lincoln: University of Nebraska Press, 1995.

Sabin, Paul. "'The Ultimate Environmental Dilemma': Making a Place for Historians in the Climate Change and Energy Debates." *Environmental History* 15, no. 1 (2010): 76-93.

Salisbury, Neal. *Manitou and Providence: Indians, Europeans and the Making of New England, 1500-1643*. New York: Oxford University Press, 1982.

Samarajiva, Indi. "COVID Underdogs: Sri Lanka: Like New Zealand Except Better." *Medium*, June 24, 2020. https://medium.com/indica/covid-underdogs-sri-lanka-db6eca164a35.

Satia, Priya. *Empire of Guns: The Violent Making of the Industrial Revolution*. Stanford, CA: Stanford University Press, 2019.

Satia, Priya. *Time's Monster: How History Makes History*. Cambridge, MA: Harvard University Press, 2020.

Schiebinger, Londa, and Claudia Swan, eds. *Colonial Botany: Science, Commerce, and Politics in the Early Modern World*. Philadelphia: University of Pennsylvania Press, 2007.

Sengupta, Anuradha. "Tired of Running from the River: Adapting to Climate Change on India's Disappearing Islands." *Yes!*, June 2, 2016. https://www.

yesmagazine.org/environment/2016/06/02/tired-of-running-from-the-river-adapting-to-climate-change-on-indias-disappearing-islands/?utm_content=bufferd7286&utm_medium=social&utm_source=twitter.com&utm_campaign=buffer.

Serwer, Adam. "The Coronavirus Was an Emergency until Trump Found Out Who Was Dying." *Atlantic*, May 8, 2020. https://www.theatlantic.com/ideas/archive/2020/05/americas-racial-contract-showing/611389/.

Seth, Suman. "Darwin and the Ethnologists: Liberal Racialism and the Geological Analogy." *Historical Studies in the Natural Sciences* 46, no. 4 (2016): 490-527.

Shakespeare, William. *The Works of William Shakespeare*. Edited by William George Clark and John Glover. Vol. 1. Cambridge: Macmillan and Co., 1863.

Shiva, Vandana, and J. Bandyopadhyay. "The Evolution, Structure, and Impact of the Chipko Movement." *Mountain Research and Development* 6, no. 2 (May 1986): 133-42.

Silko, Leslie Marmon. "Landscape, History, and the Pueblo Imagination." In *The Ecocriticism Reader: Landmarks in Literary Ecology*, edited by Cheryll Glotfelty and Harold Fromm, 264-75. Athens: University of Georgia Press, 1996.

Silko, Leslie Marmon. *The Turquoise Ledge*. New York: Viking, 2010.

Singh, Zorawar Daulet. *Powershift: India-China Relations in a Multipolar World*. New Delhi: Macmillan, 2020.

Sharma, Mukul. *Caste and Nature: Dalits and Indian Environmental Politics*. New Delhi: Oxford University Press, 2018.

Sharma, Mukul. *Green and Saffron: Hindu Nationalism and Indian Environmental Politics*. Ranikhet: Permanent Black, 2012.

Shorto, Russell. *The Island at the Center of the World*. New York: Vintage, 2005.

Skafish, Peter. "The Metaphysics of Extra-Moderns: On the Decolonization of Thought: A Conversation with Eduardo Viveiros de Castro." *Common Knowledge* 22, no. 3 (2016).

Spary, E. C. "Of Nutmegs and Botanists: The Colonial Cultivation of Botanical

Identity." In *Colonial Botany: Science, Commerce, and Politics in the Early Modern World*, edited by Londa Schiebinger and Claudia Swan, 187-203. Philadelphia: University of Pennsylvania Press, 2007.

Spiro, David E. *The Hidden Hand of American Hegemony: Petrodollar Recycling and International Markets*. Ithaca, NY: Cornell University Press, 1999.

Srivastava, Rahul, and Matias Echanove. "The Misunderstood Paradigm: Circulatory Urbanism in India." *Uncube*, July 2015. https://www.uncubemagazine.com/blog/15799893.

Stannard, David E. *American Holocaust: The Conquest of the New World*. Oxford: Oxford University Press, 1992.

Stark, Ken, and Kyle Latinis. "The Response of Early Ambonese Foragers to the Maluku Spice Trade: The Archaeological Evidence." *Cakalele* 7 (1996): 51-67.

Stockholm International Peace Research Institute. "Global Military Expenditure Sees Largest Annual Increase in a Decade—Says SIPRI—Reaching $1917 Billion in 2019." April 27, 2020. https://www.sipri.org/media/press-release/2020/global-military-expenditure-sees-largest-annual-increase-decade-says-sipri-reaching-1917-billion.

Strakosch, Elizabeth, and Alissa Macoun. "The Vanishing Endpoint of Settler Colonialism." *Arena Journal* nos. 37/38 (2012).

Subramaniam, Banu. *Ghost Stories for Darwin: The Science of Variation and the Politics of Diversity*. Urbana: University of Illinois Press, 2014.

Sudan, Rajani. *The Alchemy of Empire: Abject Materials and the Technologies of Colonialism*. New York: Fordham University Press, 2016.

Sulistyo, Nikodemus Yudho. "The Half-Blood Hero in Y. B. Mangunwijaya's *Ikan-Ikan Hiu, Ido, Homa* and James Cameron's *Avatar*." *Spectral: Jurnal Ilmiah* 3, no. 2 (June 2017).

Sumon, Shehab. "Human Traffickers Kill 26 Bangladeshis in Libya." *Arab News*, May 30, 2020. https://www.arabnews.com/node/1681906/world.

Sundar, Nandini. *The Burning Forest: India's War in Bastar*. New Delhi: Juggernaut,

2016.

Survival International. "Brazil's Indians." https://www.survivalinternational.org/tribes/brazilian.

Survival International. "WWF's Secret War." October 7, 2020. https://www.sixdegreesnews.org/archives/29331/leaked-report-us-halts-funding-to-wwf-wcs-and-other-conservation-ngos-over-abuses.

Takaki, Ronald. "The Tempest in the Wilderness: The Racialization of Savagery." *Journal of American History* 79, no. 3 (December 1992): 892-912.

TallBear, Kim. "Badass Indigenous Women Caretake Relations: #Standingrock, #Idlenomore, #BlackLivesMatter." In *Standing with Standing Rock: Voices from the #noDAPL Movement*, edited by Nick Estes and Jaskiran Dhillon. Minneapolis: University of Minnesota Press, 2019.

Taylor, Bron. *Dark Green Religion: Nature, Spirituality and the Planetary Future*. Berkeley: University of California Press, 2010.

Thomas, Julia Adeney. "The Cage of Nature: Modernity's History in Japan." *History and Theory* 40, no. 1. (February 2001): 16-36.

Thomas, Julia Adeney. "History and Biology in the Anthropocene: Problems of Scale, Problems of Value." AHR Roundtable, *American Historical Review*, 2014.

Thomas, Julia Adeney. "Practicing Hope in Anthropocene History." AHR Anthropocene Workshop, Position Paper, April 28, 2019.

Thomas, Julia Adeney. "The Present Climate of Economics and History." In *Economic Development and Environmental History in the Anthropocene: Perspectives on Asia and Africa*, edited by Gareth Austin, 291-312. London: Bloomsbury, 2017.

Tocqueville, Alexis de. *Democracy in America and Two Essays on America*. Translated by Gerald E. Bevan. New York: Penguin, 2003.

Tracy, James D., ed. *The Rise of Merchant Empires: Long Distance Trade in the Early Modern World*. Cambridge: Cambridge University Press, 1990.

Treaty Between the United States of America and the Navajo Tribe of Indians: With a Record of the Discussions That Led to Its Signing. K. C. Publications, 1968.

Troll, Valentin R., Frances M. Deegan, Ester M. Jolis, David A. Budd, Börje Dahren, and Lothar M. Schwarzkopf. "Ancient Oral Tradition Describes Volcano-Earthquake Interaction at Merapi Volcano, Indonesia." *Geografiska Annaler*: Series A, *Physical Geography* 97, no. 1 (2015): 137-66. DOI:10.1111/geoa.12099.

Tsing, Ana. *The Mushroom at the End of the World: On the Possibility of Life in Capitalist Ruins*. Princeton, NJ: Princeton University Press, 2015.

Tuck, E., and K. W. Yang. "Decolonization Is Not a Metaphor." *Decolonization: Indigeneity, Education and Society* 1, no. 1 (2012): 1-40.

Turner, Jack. *Spice: The History of a Temptation*. New York: Vintage Books, 2004.

Tyrrell, Wm. Blake. *Theogony*. https://msu.edu/~tyrrell/theogon.pdf.

Uberoi, J. P. S. *The Other Mind of Europe: Goethe as a Scientist*. New Delhi: Oxford University Press, 1984.

Underhill, John. *Newes from America; or, A New and Experimentall Discoverie of New England* (1638). Edited by Paul Royster. DigitalCommons@University of Nebraska-Lincoln; Electronic Texts in American Studies, 37.

UNHCR. "Refugees and Migrants Arrivals to Europe in 2017."

United Nations. *Review of Maritime Transport 2019*. https://unctad.org/en/PublicationsLibrary/rmt2019_en.pdf.

Valandra, Edward. "Mni Wiconi: Water Is [More Than] Life." In *Standing with Standing Rock: Voices from the #noDAPL Movement*, edited by Nick Estes and Jaskiran Dhillon. Minneapolis: University of Minnesota Press, 2019.

van der Chijs, J. A. *De Vestiging van het Nederlandsche Gezag over de Banda-Eilanden (1599-1621)*. Batavia: Albrecht & Co., 1886.

van Dooren, Thom. *Flightways: Life and Loss at the Edge of Extinction*. New York: Columbia University Press, 2014.

van Dooren, Thom, and Deborah Bird Rose. "Storied-Places in a Multispecies City." *Humanimalia* 3, no. 2 (2012).

Veracini, Lorenzo. *Settler Colonialism: A Theoretical Overview*. London: Palgrave Macmillan, 2010.

Villiers, John. "Trade and Society in the Banda Islands in the Sixteenth Century." *Modern Asian Studies* 15, no. 4 (1981): 723-50.

Wachtel, Nathan. *The Vision of the Vanquished: The Spanish Conquest of Peru through Indian Eyes, 1530-1570*. Translated by Ben and Siân Reynolds. Sussex: Harvester Press, 1977.

Waite, Gary K. "'Man Is a Devil to Himself': David Joris and the Rise of a Sceptical Tradition towards the Devil in the Early Modern Netherlands, 1540-1600." *Dutch Review of Church History* 75, no. 1 (1995): 1-30.

Wallace, Alfred Russel. *The Malay Archipelago: The Land of the Orang-Utan and the Bird of Paradise: A Narrative of Travel with Studies of Man and Nature*. London: Macmillan, 1890.

Wallerstein, Immanuel. "The Albatross of Racism." *London Review of Books* 22, no. 10 (May 18, 2000).

Watson, Fiona. "Bolsonaro's Election Is Catastrophic News for Brazil's Indigenous Tribes." *Guardian*, October 31, 2018.

Watson, Matthew. "Crusoe, Friday and the Raced Market Frame of Orthodox Economics Textbooks." *New Political Economy* 23, no. 5 (2018): 544-59.

Watuseke, Frans S. "The Name Moluccas, Maluku." *Asian Profile*, June 1977.

Weil, Patrick. "Circulatory Migration vs. Sedentary Immigration." Migration Policy Centre, CARIM-South, CARIM Analytic and Synthetic Notes, 2011/36. https://cadmus.eui.eu/handle/1814/16209. Retrieved from Cadmus, European University Institute Research Repository, http://hdl.handle.net/1814/16209.

Weir, Jessica K. *The Gunditjmara Land Justice Story*. Australian Institute of Aboriginal and Torres Strait Islander Studies, 2009.

White, Sam. *A Cold Welcome: The Little Ice Age and Europe's Encounter with*

North America. Cambridge, MA: Harvard University Press, 2017.

Widjojo, Muridan. *The Revolt of Prince Nuku: Cross-Cultural Alliance-Making in Maluku, c. 1780-1810*. Leiden: Brill, 2009.

Williams, Michael. *Deforesting the Earth: From Prehistory to Global Crisis*. Chicago: University of Chicago Press, 2006.

Wilson, David Sloan. "The Tragedy of the Commons: How Elinor Ostrom Solved One of Life's Greatest Dilemmas." *Evonomics*, October 29, 2016. https://evonomics.com/tragedy-of-the-commons-elinor-ostrom/.

Wilson, Eric Dean. *After Cooling: On Freon, Global Warming, and the Terrible Cost of Comfort*. New York: Simon and Schuster, 2021.

Winn, Phillip. "'Banda Is the Blessed Land': Sacred Practice and Identity in the Banda Islands, Maluku." *Antropologi Indonesia* 57 (1998): 71-79.

Winn, Phillip. "'Everyone Searches, Everyone Finds': Moral Discourse and Resource Use in an Indonesia Muslim Community." *Oceania* 72, no. 4 (June 2002).

Winn, Phillip. "Graves, Groves and Gardens: Place and Identity—Central Maluku, Indonesia." *Asia-Pacific Journal of Anthropology* 2, no. 1 (2001): 24-44.

Winn, Phillip. "Slavery and Cultural Creativity in the Banda Islands." *Journal of Southeast Asian Studies* 41, no. 3 (2020): 365-89.

Winn, Phillip. "Tanah Berkat (Blessed Land): The Source of the Local in the Banda Islands, Central Maluku." In *Sharing the Earth, Dividing the Land: Land and Territory in the Austronesian World*, edited by Thomas Reuter. Canberra: ANU Press, 2006.

Winter, Brian. "Jair Bolsonaro's Guru." *Americas Quarterly*, December 17, 2018. https://www.americasquarterly.org/article/jair-bolsonaros-guru/.

Wolfe, Patrick. "Settler Colonialism and the Elimination of the Native." *Journal of Genocide Research* 8, no. 4 (2006): 387-409. DOI:10.1080/14623520601056240.

Yellowtail, Thomas. *Yellowtail, Crow Medicine Man and Sun Dance Chief: An Autobiography*. As told to Michael Oren Fitzgerald. Norman: University of Oklahoma Press, 1991.

Yeo, Sophie. "Where Climate Cash Is Flowing and Why It's Not Enough." *Nature*, October 19, 2019. https://www.nature.com/articles/d41586-019-02712-3.

Yergin, Daniel. *The Quest: Energy, Security and the Remaking of the Modern World*. New York: Penguin, 2012.

Zalasiewicz, Jan, et al. "A Formal Anthropocene Is Compatible with but Distinct from Its Diachronous Anthropogenic Counterparts: A Response to W. F. Ruddiman's 'Three-Flaws in Defining a Formal Anthropocene.'" *Progress in Physical Geography* (2019): 1-15.

Zika, Charles. "Cannibalism and Witchcraft in Early Modern Europe: Reading the Visual Images." *History Workshop Journal* no. 44 (1997): 77-105.

Zimmermann, Klaus F. "Circular Migration: Why Restricting Labor Mobility Can Be Counterproductive." *IZA World of Labor* (2014). DOI:10.15185/izawol.1 | https://wol.iza.org/articles/circular-migration/long.

Zotigh, Dennis. "Native Perspectives on the 40th Anniversary of the American Indian Religious Freedom Act." *Smithsonian Magazine*, November 30, 2018.

Zumbroich, Thomas J. "From Mouth Fresheners to Erotic Perfumes: The Evolving Socio-Cultural Significance of Nutmeg, Mace and Cloves in South Asia." *eJournal of Indian Medicine* 5 (2012): 37-97.

옮긴이의 글

지구 위기의 기원을 찾아서: 다시 '기계론'에서 '생기론'으로

《대혼란의 시대》의 야심 찬 후속작 《육두구의 저주》에서 저자 아미타브 고시는 오늘날 기후 위기의 기원을 인간의 삶과 자연환경에 대한 서구 제국주의의 폭력적 착취에서 찾는다. 저자는 전작 《대혼란의 시대》에서 "자본주의에 대한 비판에 치여 제국 및 제국주의가 기후 변화에 주는 함의를 도외시하는" 논의의 기조를 비판한 바 있는데, 이 책은 그 비판을 뒷받침하는 본격적인 탐구서인 셈이다.

역사·에세이·증언·논쟁을 한데 버무린 강력한 이 책에서, 저자는 오늘날 지구 위기의 뿌리를 찾기 위해 신대륙 발견과 인도양 항해로까지 거슬러 올라간다. 이러한 여정을 거치면서 그는 오늘날 기후 변화의 역학이 서구 식민주의가 구축한 수백 년 역사의 지정학적 질서에 기원을 두고 있다고 주장한다. 이 책의 주인공인 육두구 이야기는 저자의 작가적 상상력에 힘입어 환경 위기에 대한 은유로 거듭난다. 그는 육두구의 역사를 통해 인류 역사가 언제나 향신료, 차, 사탕수수, 아편, 화석 연료 같은 지구 물질과 얽혀왔음을 보여준다.

저자는 이 책에서 백인의 역사가 기본적으로 자본주의적 부를 쥐어짜는 기계에 필요한 자원을 추출하고 통제하기 위해 '권리를 박탈당한 자들'을 착취하는 소수 특권층의 역사라는 것을 보여준다. 그것을 위해 책 앞머리에서 1621년 인도네시아 반다제도에서 일어난 일련의 사건으로 독자를 안내한다. 그 사건이 일어난 것은 반다제도가 (그 거주민에게는 축복인지 저주인지 몰라도) 1600년대에 세계를 반쯤 미치게 만든 향신료인 육두구의 유일한 생산지였기 때문인데, 그 악마적 사건은 이어지는 수백 년 동안 지배적 세계 질서로 부상하는 유럽 식민주의의 전조였다. 저자는 오로지 기업적 이윤에만 사로잡혀서 지구를 정복하고 재형성하려는 인류의 발자취에 내재된 욕망과 탐욕을 발가벗긴다. 또한 식민주의, 토착민과 원주민에 대한 제노사이드, 노예제, 인종 차별적 자본주의 같은 더 큰 주제로 나아간다. 그러면서 그것들이 결국 오늘의 기후 위기로 귀결되는 과정을 보여준다.

코로나19 팬데믹과 '흑인 목숨도 소중하다' 시위가 한창이던 와중에 책을 집필한 고시는 우리가 공유하고 있는 식민주의 역사와 오늘날 우리 주변에서 보는 심각한 불평등을 연결 짓는 식으로 여러 역사 이야기를 다룬다. 저자는 세계 석유 무역사, 이주 위기, 전 세계 원주민 공동체의 애니미즘적 영성 등에 대한 논의를 아우름으로써 서구 사회를 날카롭게 비판하고 인류 역사가 비인간 힘들에 의해 형성되는 놀라운 방식에 대해 들려준다.

우리는 많은 논의의 세례를 거치면서 현재의 기후 위기가 산업혁명보다 훨씬 뒤인 최근 몇십 년 사이에 생겨난 일이라고 믿게 되었다. 물론 최근 몇십 년 사이의 '거대한 가속(great acceleration)'이 오늘의 기후 위기를 한층 빠른 속도로 부채질한 것은 틀림없는 사실이다. 하지만 저자는 실상 그 위기의 씨앗은 인류가 '물질적 안녕'이 좋은 삶의 최고봉이라고 믿도록 세뇌당한 오래전에 이미 뿌려졌다고 주장한다. 저자가 초기에 이 같은 유럽의 제국주의 교리를 구축한 인물로 지목한 이는 서구의 위대한 정신으로 꼽히는 영국의 프랜시스 베이컨이다.

"반다 대학살이 자행될 무렵 …… 출간한 책 《성전에 관한 광고》에서 베이컨은 기독교를 믿는 유럽인에 의한 특정 집단의 존재 말살이 왜 합법적이라고 생각하는지 그 이유를 소상히 늘어놓았다. '일부 국가에서 민법에 의해 불법화되고 금지된 특정인이 존재하듯 자연의 법 및 여러 국가의 법에 의해, 또는 하나님의 계명에 의해 불법화되거나 금지된 국가들도 있게 마련이다.' 베이컨의 주장에 따르면, 이런 방탕한 국가는 기실 국가도 아니요, 그저 자연법칙에 비추어볼 때 완전히 뒤떨어진 '불온한 사람들의 떼거리'일 따름이다. 그런 연유로 '시민정신이 투철하고 치안이 잘 갖춰진 국가가 …… 그들을 이 지구상에서 제거하는 것은 합법적일뿐더러 신의 뜻에도 부합하는 일이다.' ……이 주장은 사실상 기독교를 믿는 유럽인에게 그들 눈에 잘못되었거나 괴물처럼 보이는 민족을 공격하고 말살할 수 있는 천부적 권리를 부여했다."

저자는 이런 발상의 지원을 받은 식민주의와 경제 성장을 주축으로 하는 서구 문명을 비판하는 한편, 기후 변화가 식민화와 함께 시작되어 토착민의 낙원과 그들의 환경을 파괴한 자원 추출 방식의 직접적 결과라고 주장한다. 그는 이것을 '테라포밍'이라는 용어로 표현하는데, 테라포밍은 식민지 개척자들이 장소 이름을 새로 바꾸고 가축을 도입하고 농경지를 일구고 공유지를 사유지로 변경하고 이동식 거주 형태를 영구 거주 형태로 바꾸는 등 모든 것에 영향을 미쳤다.

그의 주장에 따르면, 이 같은 제국주의적 지배를 강력하게 뒷받침한 것이 다름 아니라 지구에 대한 '기계론'적 관점이다. 자연은 행위 주체성과 의미로 가득 찬 자체의 힘이 아니라 인간이 그 자신의 목적을 위해 사용하고 정복할 수 있는 자원으로만 존재한다는 관점 말이다. 그리고 그 자연에는 가난한 사람, 토착민 등 서구 백인 이외의 인류 다수도 포함된다. 이런 사고가 지구 위기의 근본 원인인 식민지화와 테라포밍으로 이어졌다는 것이다. 저자는 기후 변화를, 지구에 대한 광범위한 테라포밍이라는 도전을 향한 지구 자신의 응전으로 해석한다.

서구 엘리트들은 스스로가 선택받은 존재로서 역사적으로 겪어온 숱한 전염병에서도 살아남았듯이 오늘날의 기후 위기도 무사히 피해갈 수 있으리라는 낙관적 가정 아래, 토착민이나 가난한 사람에 대한 '무행동'으로 그들을 곤경에 빠뜨려왔다. 저자에 따르면, 그러나 괴물 같은 가이아는 종전에는 역사의 승자 편에 서주었을지 몰라도 더는 누구 편도 들지 않기로 작정한 듯하다. 서구의 엘리트들과 비서구의 그 상대역들이 살아가는 곳이 공교롭게도 가장 테라포밍의 간섭을 많이 받은 지역이고, 그런 장소들이 가장 집중적으로 기후 위기에 노출되어 있는 것으로 보아 그렇다는 것이다. 아닌 게 아니라 지구는 마치 서구 엘리트들이 문명을 일구었을 때 가정한 기계론이 틀렸음을 입증하기라도 하려는 듯 산불·폭우·가뭄·폭염 같은 이상 기후의 모습을 한 채 더는 고분고분 당하고만 있는 말 없는 비활성 실체가 아님을 연일 증명해 보이고 있다.

이러한 저자의 진단에 따라 자연히 그가 내놓은 지구 위기 해법은, 지구도 행위 주체성을 지닌 살아 있는 실체라는 '생기론'적 사고를 회복하는 것이다. 그리고 그들이 들려주는 이야기에 귀 기울이는 것이다. 하지만 이제 우리는 불과 몇백 년 전까지만 해도 우리가 지니고 있었고 누려왔던 그들과의 소통법을 잃어버렸다. 그 감각을 되살려줄 수 있는 사람들은 여전히 생기론적 사고를 간직한 채 살아가는 토착민, 문명의 이기를 누리지 못하고 자연법칙에 순응하면서 살아가는 문명 속의 가난한 사람들이다. 저자에 의하면, 그들이 양자의 대화를 이어줄 통역관 노릇을 할 테고, 우리는 그들에 힘입어 자연의 소리에 귀 기울일 때에만 비로소 지금의 기후 위기를 풀어나갈 수 있다. 저자는 "인간, 그리고 우리의 모든 친척들의 운명은 바로 거기에 달려 있다"고 글을 맺는다.

저자에 따르면, 공식적 근대성이 지워버린 비인간 목소리를 본연의 장소로 되돌려놓기 위해서는 무엇보다 스토리를 복원해야 하는데, 이것은 바로 오늘날의 작가·예술가·영화 제작자 등 스토리텔링에 종사하는 이들이 떠안아야 할 임무다. 그는 이 임무가 미학적임과 동시에 정치적 과업이라고 주장한다. 이로 보아 그는 정치 자체의 힘보다는 스토리텔링으로 정치를 변화시키는 스토리텔러의 힘을 더욱 신뢰하는 듯하다.

"지난 수십 년 동안 강화된 세계적 연결성은 많은 파괴적이고 분열적인 결과를 초래했지만, 다른 한편 광범위하고 포괄적인 대륙 간 연합을 통해 지구 위기를 본격적으로 다룰 수 있는 새로운 기회를 열어주기도 했다. 이 점은 무척이나 중요하다. 지구 위기의 규모는 하도 커서 어떤 한 나라, 또는 심지어 '서구' 같은 여러 국가로 이루어진 느슨한 집단이 다룰 수 없기 때문이다. 또한 이제 탄소 경제의 궤도를 좌우하는 것은 더 이상 서구가 아니다. 서구가 지구 온난화에 상당한 책임이 있는 거야 어김없는 사실이지만, 그것이 서구가 세계 인구 절대 다수의 적극적이고 자발적인 참여 없이도 지구 위기를 제대로 다룰 수 있다, 심지어 해결할 수 있다는 의미는 결코 아니다. 해법을 찾기 위한 첫걸음은 공통의 표현 양식과 공유된 이야기를 모색하는 것이다. 인간이 인간들끼리뿐 아니라 '우리의 모든 친척들'과 서로 의존하면서 살아간다는 것을 인정하는 겸손의 내러티브를 말이다."

나는 이 책 자체가 그가 중시하는 공감 능력과 스토리텔링의 힘을 잘 보여주는 훌륭한 귀감이라고 생각한다. 다양한 가닥들을 설득력 있게 엮어내는 데 탁월한 재주가 있는 저자는 알려주고, 참여하고, 경고하는 스토리텔러다. 아마존닷컴을 통해 대부분의 호평 속에서 별 하나의 별점 테러를 가한 논평을 만났다. 그는 "1750년 이후 인구는 기하급수적으로 늘어났고, 유목민 생활이나 초기 농업 경작 방식으로는 그러한 인구를 먹여 살릴 수 없다" 그리고 "돌, 식물, 새, 화산, 산과 강 등 모든 존재와 조화를 이루는 고시의 천진난만한 낙원은 지상의 왕국이 아니라 그저 이념적 구성물일 따름이다"라며 서구 문명을 비판하는 저자의 논의를 거북살스러워했다. 하지만 나는 이것이 과거의 성찰에 대한 고집스러운 거부이며, 저자의 주장에 대한 악의적 반론이라고 보았다. 저자는 서구 문명 자체를 부정하기보다 그 속에 붙박인 비서구인에 대한 억압과 착취, 인종 차별, 불평등과 불공정, 그리고 비인간 존재의 대상화를 문제 삼고 있기 때문이다.

나는 뼛속 깊이 세뇌된 우리의 서구 문명 중심적 사고를 질릴 정도로 비판하면서 우리가 새로운 관점에 서도록 안내하는 저자의 노고와 통찰력에 크게 감동받았다. 시종일관 가난한 자, 쫓겨난 자, 고난받는 자, 차별받는 자의 입장에 서고자 하는 그의 도덕적 헌신에도 숙연한 마음이 들었다. 작업하는 내내 작가의 상상력은 정말이지 특별하고, 역사적 사실을 해석하는 데에도 남다른 위력을 발휘한다는 것을 새삼스레 깨달았다.

저자의 전작 《대혼란의 시대》와 더불어 이 책 《육두구의 저주》까지 옮기게 된 것을 역자로서 기쁘고 영광스럽게 생각하며, 그렇게 할 수 있도록 기회를 주신 에코리브르에 진심으로 감사드린다. 책을 옮기는 동안 '이거 한 줌이면 집 한 채, 배 한 척을 살 수 있던 시절도 있었단 말이지?'

혼자 구시렁거리면서 단돈 5800원에 구입한 한 통의 육두구를 책상 위에 올려놓고 수시로 바라보곤 했다. 그 시간을 거치면서 육두구는 내 마음속에도 특별한 존재로 자리 잡았다.

2022년 11월

김홍옥

찾아보기

가말라마산 50
가이아 121, 123~124, 126~128, 144, 151, 155~156, 226, 238, 245, 285, 294, 308, 338
황금 사과 129~131
가톨릭교회 339
간디, 마하트마 320, 327, 334, 414(38)
갈라파고스제도 315
'감옥선 순교자' 기념물 268
백인 영국인의 희생에 관한 이야기 270
강대국 220~221
개인주의 244~246
거대 석탄 기업 145
거대한 신비 93
걸프전 174
게임스, 앨리슨 64~65
경찰
-에 반대하던 시위 266
-의 야수성 264
계몽주의 57, 351
〈고공비행〉(머기) 111~113
고롬 385(15)
고아, 인도 156, 159~160
고타마, 싯다르타 276
곤살베스, 그레그 409(20)
골딩, 윌리엄 123~124, 245~246
공감 243, 267, 333
이야기에 의해 길러지는 - 334, 339~340
과학
과학적 생태학 317
과학주의 317
단어로서 과학자 386(19)
반식민주의적 - 413(31)
괌 156
광저우 249
괴테, 요한 볼프강 폰 57
교토의정서 205

구능아피 16~17, 51, 121, 334, 341
구달, 제인 273, 293
구알링가, 돈 사비노 331
구하, 라마찬드라 325, 414(38)
국가사회주의 313
국경없는의사회 182
국립우주연구소 297
국민회의당 322
군국주의 182
-와 식민주의 318
군디츠마라족 48~49
군사화
생태계를 가장 크게 파괴하는 인간 활동 176
파괴의 트레드밀 사회학파 176~177
그랜딘, 그레그 110
그랜트, 매디슨 314
그레니에이, 존 81, 97
그리넉, 스코틀랜드 148
그리니치, 잉글랜드 73
그리스 214, 260
그린 에너지 148
그린파크 요새 268
그린 활동주의 321
근대성 32, 57, 125, 167, 169, 173, 232, 273, 304, 319, 328, 335, 338, 356
글레이셔 국립공원 314
글로벌 노스 206
글로벌 사우스 223
기계론적 철학 55
기계론적 패러다임 355
기업 도시 165
기후 교란 79, 200, 208, 252
기후 난민 215
기후 변화 145, 176, 200~201, 205~208, 213, 215, 218~219, 233, 237, 310, 399(11)
개인적 책임 211
미군의 - 이해 177~178
미래 위협으로서 - 211, 220
세계적인 힘의 분배 220~221
안보 위협으로서 이주자와 난민 181~182
-에 관한 전 지구적 연구 180
-에 대한 군사 기관의 평가 203
-에 대한 부인 84, 180, 237
온실가스 배출 181, 232
-와 자본주의 166
-와 취약성 201
위협 승수로서 - 효과 181, 194
유관한 현상으로서 - 188, 219
전쟁으로서 - 229
지구 위기 219
탄소 경제의 방어 180
탄소 발자국 211
테라포밍 201
기후 이주 213, 215~216, 218~220
기후 재난 234
기후 정의 213, 220
길리오휘터커, 디나 99

나라간세트족 95, 369(14)
나바호 네이션 101, 197
나바호족 73~74
나우루 230
나치주의 313
나폴레옹 268
난민 181, 214, 227~230
기후 - 215
-의 전치 220
남말루쿠공화국 68
남미 76, 328
남부파이우트족 100
남아프리카공화국 156
내전, 리비아 228
냉전 153, 177~178, 180
네덜란드 35~37, 58~60, 62~63, 260, 298, 351, 353, 355~356
네덜란드 동인도회사(VOC) 22, 25, 30, 54, 60~63, 105, 133, 135, 169~170, 305, 344~345, 367(45)
물고문 사용 42
암보이나 음모 63~64
육두구 나무의 절멸 정책 106~108
-의 붕괴 109
자본주의의 선도자로서 - 108, 169
17인의 신사 58
네덜란드령 동인도 152, 169
네덜란드 제국 135
네덜란드 황금기 59
네메시스(전함) 174
네바다주 101
네오유럽 78, 119, 341
용어로서 - 75~76
지구공학 234~235
테라포밍된 - 234~235, 296
네오파시즘 311
넬슨, 호레이쇼 174
노동 운동과 석탄 147
노브레, 카를로스 299
노스다코타주 332
노예(제) 39, 55, 247, 264~265
노예 수용소 228
노예 요새 165
-에 대한 저항 328~329
육두구 농장에서의 - 304~305
-의 금지 169
자본주의의 중요한 기틀로서 - 168~169
노이즈캣, 줄리언 브레이브 197
노퍽, 버지니아주 178
누킬라 159
→라이나 부키 라자도 참조
뉴델리 190, 193
뉴런던, 코네티컷주 71
뉴멕시코주 72, 74
뉴암스테르담 37, 45, 63, 66
뉴욕시 28~29, 45, 88, 197, 225, 240, 295
맨해튼 37, 45, 63, 66
브루클린 26~28, 30, 196, 270, 300
센트럴파크의 탐조객 사건 195

뉴욕주 295
뉴잉글랜드 37, 66, 71, 82, 92, 95, 97, 379(4)
뉴질랜드 75, 188, 239, 331
느린 폭력 229~230
닉슨, 롭: 느린 폭력 399(5)
닉슨, 리처드 M. 153
닐슨, 켈시 194~195

다운스, 짐 400(16)
다윈, 찰스 113, 115, 312, 383(17~18)
다윈 재단 315
다코타 액세스 파이프라인 331~332
달라이 라마 276
달리트 공동체 320~321
담배 132, 168
대공황 170
대규모 총격에 의한 살해 266
대만 155, 188
대영제국 64, 67, 173, 313
대죽음 84, 86, 235, 239
  지구 위기의 유일한 해법으로서 - 240
대평원 97
  물소 떼의 몰살 98~99, 102
  -의 테라포밍 99
대학살
  단어로서 - 65
  종교적 순교 65
  종파 갈등에 따른 대량 학살 65
더라워터르, 미힐 174
던바오티즈, 록산느 377(24)
데넷데일, 제니퍼 네츠 72
데르마우트, 마리아 349
데카르트, 르네 55
데커르, 에뒤아르트 다우어스 62
덴마크 351
독립전쟁 89
독일 188, 257, 260, 351
  -에서의 네오파시즘 부상 311
  에코파시즘 313
  -의 석유 부족 151~152
  피와 땅 311
동류의식(유사성, 친족 관계) 27, 117, 253, 330
《동물의 이미지: 의인화와 동물의 마음》(크리스트) 281
동상 전복 265~266
동인도 22, 25, 58, 62, 133, 136
두렝, 톰 반 281
두바이 217
두바이 물류 도시 164
두아라, 프라센지트 338~339
뒤퓌, 장 166, 336~337
듀보이스, W. E. B 168, 330
드라우파디 131
드라이든, 존 65
드라흔호(전함) 35, 42, 354
드레이크, 프랜시스 174
들러리, 엘리자베스 152
들로리아, 바인 2세 51~52, 99, 376(9),

415(6)
디네족 72, 75, 121, 307, 375(5)
삶터에 대한 -의 애착 73~74
디네타 72, 121
디드로, 드니 58~59
디에고가르시아 156, 178
디포, 대니얼 65
딜런, 재스키런 416(11)
땅 140
야만적인 -이라는 개념 91
유럽인과 인디언의 -에 대한 개념 차이 92
-의 소유권 91

라구나족 101, 282
라돈 130
라듀크, 위노나 100, 330
라마, 샤를 138, 141
라마누잔, 스리니바사 138
《라마야나》 280
라이, 사티야지트 250
라이나 부키 라자 159
→누킬라도 참조
라이엘, 찰스 113
라인보, 피터 40
라코타족 230
라코타족-샤이엔족-아라파호족 연맹 98
라틴아메리카 329, 338
람페두사섬, 이탈리아 217
랜터파 327
랭글리, 버지니아주 178
러브록, 제임스 123~126, 293
러브조이, 토머스 299
러시아 176
→소련도 참조
레나페족 88
레디커, 마커스 40
레반트 19
레아 128
레오폴드 2세 256
레이건, 로널드 112
렘, 스타니슬라프 120
렘킨, 파라엘 61
로마 260
로빈슨, 세드릭 J. 168, 328~329
로스, 빈센트 C. 304, 367(49), 368(51)
로스앤젤레스 200
로즈, 세실 266
'로즈 동상 철거' 운동 266
로크, 존 244, 379(2)
로퍼, 린들 419(18)
론토르섬 13~14, 19, 21, 33~35, 41, 44, 306
루스벨트, 시어도어 256
루이스와 클라크 탐험대 89
루이지애나주 101
《루지아드스》(카몽이스) 160
룬섬 25, 45, 60
룸프, 게오르크 에버하르트 → 룸피우스

참조
룸프, 수산나 136
룸피우스 135~138, 349
르박, 브라이언 P. 352, 419(20)
르포어, 질 82
리베르티, 스테파노 200
리보이론, 막스 54, 413(31)
리비아 217, 227~229
리치, 너새니얼 145
린네, 칼 114, 137
린네의 체제 136, 141, 290
진실에 관한 독점권으로서 - 139
린드크비스트, 스벤 253~255, 257~258, 263

마굴리스, 린 124, 293
마나도 159
마녀술 373(25)
-과 고문 352~354, 419(20)
-과 기후 419(15)
-과 말살 353
-과 여성 294
날씨 마술 420(22)
마녀사냥 56, 418(13)
마녀 열풍 67
마녀 화형 56, 351
음모와 관련된 - 352~353
마르크스, 카를 329
마르티노, 에르네스토 데 373(25)
마술적 사고 340
마오리 부족 331
마이애미, 플로리다주 200~201
마젤란, 페르디난드 23
마카사르 159
마카오 156
마쿤, 앨리사 383(19)
《마하바라타》 131~132
《막스 하벨라르》(물타툴리) 62
만, 마이클 C. 144
《만 가지 것들》(데르마우트) 349
만유기계론 281
말라바르 해안 133
말라카 155~157
말레이반도 156
말레이시아 249
말루쿠 17~18, 23, 45, 47~48, 50, 53, 60, 63, 66, 68, 105~106, 109~110, 131, 135~138, 155, 159~160, 165, 305, 308, 319, 349, 385(15)
말름, 안드레아스 146, 148
말살 전쟁 60, 77, 83
말살 정책 239, 257, 294, 400(3)
-과 마녀술 353
서구 엘리트 문화의 중심으로서 - 255
말살주의 317
매스코, 조지프 202, 205
매슬먼, 조지 374(40)
맥퍼슨, 로버트 S. 375(5)
맨더빌, 버나드 55

머기, 존 길레스피 111, 116
머천트, 캐럴린 244, 354
메넬라오스 131
메라피산 50
메이스 17~18, 20, 23~25, 34, 47, 132
메이슨, 존 37~38, 71, 256, 350
멕시코 230
멸종 126
멸종 저항 223
《모든 야수를 말살하라》(린드크비스트) 253~254
모디, 나렌드라 189
모리셔스 138
모리스, 윌리엄 57
모리슨, 스콧 399(11)
모히칸족 369(14)
몬톡족 95
몰루카제도 159
물고문 42
물류
- 도시 164~165
- 혁명 163
물질성
석유가 지닌 - 149
아편의 - 134
-의 한 가지 특징으로서 야수성 259, 273
자연의 - 273
물타툴리 → 데커르, 에뒤아르트 다우어스 참조
뭄바이 190, 193, 200~201
뮤어, 존 314
므누신, 스티븐 197
미개간지 이론 85~86
미국 36, 45, 68, 81, 83, 99~100, 151~152, 157, 165, 178~179, 182~185, 188, 200, 203, 205, 225, 229, 235~236, 242, 260, 267, 296~297, 314, 318, 328~329, 394(4), 414(38)
격차 상태를 유지하고자 하는 - 180
군사 기지의 제국 157
"드릴, 베이비, 드릴!" 슬로건 234
석유달러 153~155
에너지 정책의 군사화 152, 174~175
-에서의 대규모 총격 266
-에서의 시위 196
유해 폐기물과 미국의 화학사 175
-의 불평등 199
-의 오피오이드 위기 134
-의 현대 경찰 활동과 노예 순찰대 간의 관련성 196
점령하라 운동 334~335
초크 포인트에 대한 -의 감시 156~157
코로나19 202, 266
테러와의 전쟁 164
화석 연료의 자급자족 153
환경 기관 180
9·11테러 이후 전쟁에 쏟아부은 군사비 176
미국 독립 혁명 256

미 국방부 175~177, 179
기후 변화 178
지구 온난화 178
《미국의 민주주의》(토크빌) 80
미국 중서부 120, 296
미군
사제 폭발물(IED) 179
지구 온난화 178
탄소 발자국 185
해수면 상승 178
화석 연료에의 의존 179
미 내무부, 인디언 범죄법 126
미니애폴리스 196
미스틱, 코네티컷주 37
미시시피주 196~197
미안토노미 95, 97
미 육군 98
미주리강 201
미주리주 99
미주인권재판소 331
미즈바, 리비아 227~228
미첼, 티머시 147
미 해군 183
민족주의 329
외국인 혐오적 - 312
인종 차별적 - 312
자원 착취적 - 322
민족주의 운동 312
바르본시토 73
바르톨로메 데 라스 카사스 259
바베이도스, 육두구 섬으로서 109~110
바소, 키스 H. 52, 209
바스라 물류 도시 164~165
바스쿠 다가마 19
바움, L. 프랭크 240
바텔, 에메르 드 40
반다나이라 21~22, 43, 309
네오유럽으로서 - 341
반다 대학살 40~41, 51, 62, 65~66, 135, 168, 303, 343, 351
-의 생존자 59~60, 374(38)
반다제도 17, 21~24, 31~32, 34, 37~39, 48, 51, 63, 74, 105~106, 121, 168~169, 221, 303~304, 334, 345, 351, 355, 363(1), 366(28), 367(49), 374(40), 385(15), 411(16)
강제 추방 33
떨어진 램프 13, 16, 26~27, 29, 41~45
-로부터의 제거 44~45, 47, 58, 62~63
- 불사르기 35, 41, 62
-에게도 원예와 상업의 대상이었던 육두구 53
-에서의 소요 308~309
-와 풍경 54
원로 살해 58
육두구 343, 354
육두구 농장의 조성 304~305, 410(2)
육두구 생산 공장으로서 - 54~55

육두구와 잃어버린 땅 109~110
육두구의 저주 309
음모 42~43
-의 노래와 이야기 53~54, 253
-의 말살 60, 62, 75
-의 인구 재확충 304~308
-의 파괴 41, 61~62
인종 차별적 자본주의 169
저항 40, 44
제노사이드 59~61, 264
- 주민에 대한 추방 작업 33
- 주민의 노예화 36, 41
반데르피겔 운동 312~313
발란드라, 에드워드 332
발칸 214
방갈로르 190
방글라데시 175, 182, 192, 214~218, 227, 242
백인 신체의 생물학적 우월성에 대한 믿음 235
백인우월주의 224, 316
보존 집단 314
밴쿠버, 브리티시컬럼비아주 164
버지니아의 아마시족 96~97
버지니아주 67, 85, 87, 96, 181, 264
베네수엘라 154
베네치아 19, 168
베라치니, 로렌조 377(18)
베링거, 볼프강 419(15)
베이커, 데버라(데비) 28, 224~225, 300
베이커, 바버라 28
베이컨, 프랜시스 39~40, 55, 259, 303~304, 354
베트남 188, 199
벤조니, 지롤라모 79
벨기에 188, 256
벵골 192~193, 214~216, 250
보스, 자그디시 찬드라 273
보스턴 브라민 133
보우소나루, 자이르 237, 296~298
보일, 로버트 55
보존 단체
백인우월주의 314
-의 반토착민적 편견 314
볼턴, 매튜 167
봉쇄 지대 230
희생 지대로서 - 100
부분핵실험금지조약 180~181
부시, 조지 W. 183
부즈빔 48~49
부처 276
부켓, 헨리 88
부헨발트 257
북·남미 65, 75~76, 89, 91, 166, 168~169, 234, 323~324, 328, 373(23)
- 대륙에의 인플루엔자 전파 265
마녀로서의 부족 353
-에서의 노예제에 대한 저항 328~329
-의 대죽음 56
-의 모든 것을 파괴하고자 하는 충동

108
-의 식민지화 231, 352
-의 인구 재배치 55
-의 재형성 72
-의 정복 258
-의 정착형 식민주의 295, 298
-의 테라포밍 97
북미 51, 76, 79, 110, 155, 164, 251~252, 260, 296, 316, 323
독일의 환경적 사고가 -에 미친 영향 314
두피 사냥 82
민간인 살해 82
샤먼이 이끄는 봉기 328
식민지 시대 이전의 의례화한 분쟁 81
인디언 기숙 학교 323
북아프리카 215, 230
북유럽 사가 280
브라질 97, 234, 295
아마조나스주 286
-의 불평등 198~199
-의 삼림 벌채 297
-의 테라포밍 299
-의 토착민 287, 296
코로나19의 치명률 298
브란츠-하팅언(불에 의한 파괴) 36
브레다 조약 45
브롱크스 동물원 314
브루나이 149
브리그스, 로빈 419(15)
브리스톨, 잉글랜드 265
브리튼 전투 152
블레이크, 윌리엄 57
비마 131
비인간 83~84, 94, 98, 325, 357
-과 인간의 의사소통 57, 273~274, 405(33)
스토리를 창출하는 - 416(16)
의미를 생산하는 비인간 278~281
-의 행위 주체성과 스토리텔링 283
지구 위기 289
비정규 전쟁 81, 324
빅모어, 앨버트 59~60, 75
빈곤(가난) 85, 99, 190, 228, 235, 243, 271
빌, 자넷 311, 313, 316~318
빌그라미, 아킬 263
빌스, 헤더 49
빛나는 세계 72, 74, 121

사라야쿠족 330~331
사막화 230
사우디아라비아 149, 153~154, 165, 176, 184
사우스다코타주 332
사우스캐롤라이나주 197
사이먼, 윌리엄 153
사이클론 암판 191~193, 198
사탕수수 132
사티아, 프리야 167, 270

사회 운동
  군사 기획자들의 - 언어와 전술 채택 182
사회적 다원주의 317, 383(17)
  -와 생태적 사고 간의 관련성 312
사회 회칙(프란치스코 교황) 223~224
산불 101, 120, 178, 200~201, 296, 310
산업농 169
산업혁명 166
  증기 기관 146, 148, 167
살롱가 국립공원 315
삼림 벌채(삼림 파괴) 97, 297~298
《새로운 아틀란티스》(베이컨) 303
생기론 56~57, 125, 137, 151, 320~321, 324~325, 330~331, 335, 338
  -과 식민주의 125
  상호 배타적인 -과 문명 126
생기론적 정치 311, 327, 331
  -와 스토리텔링 334
  저항 운동 324
생물정치적 전쟁 83~84, 230, 264
  식민지화를 위한 - 237
  -의 난민 229~230
생태학 318
  용어로서 - 312
샤르마, 무쿨 321, 324
샤머니즘 286, 325, 328
샬러츠빌, 버지니아주 224
서바이벌 인터내셔널 315
서벵골 192
서부쇼숀족 100
서워, 애덤 198
《서유기》(오승은) 280
석유 147, 149, 151~152
  -달러 체제 154~155, 184
  불균일하게 분배된 - 155
  -의 지정학적 구조 153
  초크 포인트 155~156
석유 국가(산유국) 149, 249
석탄 146~149, 151~152
선적 컨테이너의 발명 163
설탕 168
《섬의 공주》(플레처) 159
성 바르톨로메오 축일의 대학살 65
《성전에 관한 광고》(베이컨) 40
성 프란시스코 사비에르 159
세계자연기금(WWF) 315
세계 지정학 159
  -과 석유 152
  -에서 인도양이 차지하는 중요성 161, 163, 165~166
세계화, 지구 위기 232~233
세네갈 194
세람섬 44
세스, 수먼 383(18)
셀라몬 13~15, 33~35, 352
  - 램프의 의미 26~27, 350, 353, 355
셔먼, 윌리엄 T. 240
셰익스피어, 윌리엄 261
셸른후버, 한스 요하임 336

셸리, 퍼시 비시 57, 106
소련 152
→ 러시아도 참조
소로, 헨리 데이비드 57
소말리아 195, 214, 229
소벨, 애덤 189
소비지상주의 338
소빙기 74~77, 208, 352
소코트라 156
솔라리스 238, 275
《솔라리스》(렘) 120
솔즈베리 경 255
송크, 마르테인 13~16, 19, 21, 27, 29, 33~34, 42, 44, 55, 350~353
쇼펜하우어, 아르투르 57
수단 214
수브라마니암, 바누 274, 383(17)
수족 89, 100, 240
수평파 327
순다르반 190, 192~193
순환 도시화 402(16)
술라웨시 159
《숨은 힘》(쿠페뤼스) 346~347, 350, 356
스리랑카 36, 188
스리바스타바, 라훌 402(16)
스미스, 애덤 19
스베덴보리, 에마누엘 57
스웨덴 260, 335
스위프트, 그레이엄 279
스위프트, 조너선 65
스코틀랜드의 제임스 6세(훗날 잉글랜드의 제임스 1세) 419(20)
스타우든마이어, 피터 311, 313, 316~318
스탈린그라드 152
스탠딩록 수족 보호 구역 332, 334, 416(10)
'기도 캠프'로서 - 333
스탠딩 베어 93
스테펜, 윌 336
스토리 창출 281~282
비인간의 - 416(16)
스토리텔링 279, 282
-과 공감 능력 334, 339~340
내러티브 능력 282~283
생기론적 정치 334
스트라코시, 엘리자베스 383(19)
스필버그, 스티븐 250
시공 51, 280
시리아 214
시애틀, 족장 102
시에라 클럽 314
시칠리아 217
식민주의 62, 76, 78~79, 261, 266, 295~296, 332, 356, 377(18)
야수화 271~272
-와 군국주의 318
-와 땅 322~323
-와 생기론 125
-와 자본주의 168
-와 질병 86
- 위에 건설된 산업적 근대성 167

-의 동반자 장르로서 유토피아 303
-의 인식론적 폭력 348
식민지화 31, 78~79, 83, 94, 125, 223, 233, 235, 320, 377(24)
- 과정으로서의 예속 263
북·남미의 - 84, 231, 352
-의 생물정치적 전쟁 237
지구 위기 264
《신기관》(베이컨) 259
신낭만주의 312
《신들의 계보》(헤시오도스) 127
신비주의 311~313, 316~317, 322, 325
《신세계의 역사》(벤조니) 79
신자유주의 145, 199, 233
신장 233
실코, 레슬리 마몬 101, 282
싱가포르 156, 165, 249

아감벤, 조르조 160
아덴 156
아디바시 공동체 320~321, 323~324
아랍에미리트 184
아르헨숄라, 바르톨로메 레오나르도 데 130
아른트, 에른스트 모리츠 311~312
아리아니즘 322
아마존 286~287, 297~299
-의 삼림 파괴 97
아마존강 유역 287, 291, 297
-의 미개간지 인구 85
아말, 누킬라 50, 68
아메리카 원주민 74, 83, 126, 139, 241, 267, 288, 314
-과 불균형한 유행병의 효과 235
군사적 전통으로서 -에 대한 살해 81
땅을 돌보는 -의 방식 92
미개간지 이론 85~86
- 사이에서 발생한 대죽음 235
-에 대한 체계적 무시 197
- 영토의 유럽화 95~96
저항 운동 330
전쟁 무기로서 질병 87, 89
코로나19와 - 196~197
풍요로운 지구 93~94
하늘 여인과 이브의 이야기 93~94
핵실험 장소로 전락한 -의 영토 100~101
아메리카 인디언 56, 76, 85~86, 102, 168, 170, 230, 259, 261, 328, 376(9)
-에 대한 제노사이드 166
아메리카 인디언 신앙자유법 126
아부 그라이브 164
아시시의 성 프란체스코 277
아시아 30, 45, 59, 63, 83, 130, 156~157, 165, 169, 188, 199, 214~216, 248~249, 251, 288, 305, 314, 329, 338~339, 410(2)
아이오와주 197
아이제도 372(11)
아이티 261

아일랜드 79, 168
아테나 130
아파치족 52, 209
아편 132~133, 385(15)
–의 물질성 134
아프가니스탄 174, 179, 214, 229
아프로디테 130
아프리카 18, 83, 155~156, 168, 170, 199, 202, 214, 249, 260, 288, 308, 323, 329, 338
'코로나19 종말론'에 대한 예견 194
아프리카계 미국인 267, 314, 328
불균형한 수의 –을 숨지게 만든 유행병 235
–의 저항 328~329
안다야, 레너드 109
안와르, 하이릴 342
알베르, 브뤼스 286~288
알위, 데스 26, 241~243
알위, 타냐 345
암보이나(말루쿠) 269
기업 도시로서 – 63
–를 상대로 한 영국인의 음모 63~67
– 신화(전설), 그리고 가짜 뉴스 66~67
일본 낭인 63~64, 66
→암본도 참조
《암보이나: 결백 상태》(드라이든) 65
암본(말루쿠) 63, 67~68, 135~136, 309, 348
→암보이나도 참조
암스테르담 107
암흑시대 351
애니미즘 125, 384(2)
애리조나 52, 72, 126, 200~201, 209
애머스트, 매사추세츠 257
애머스트, 제프리 88, 256~257
애머스트 칼리지 257
앨곤퀸 부족 37, 95~96
앨라배마주 196
야노마미족 286~288, 290, 294~295
야만성 81, 95, 126, 241, 329
야수화
단어로서 – 264
비서구 중산층의 야수의 굴레 벗어던지기 271
'야수' 대 인간 270, 282
–와 비백인 273
–의 의미 형성 281~282
《어둠의 심연》(콘래드) 254
–에 나오는 문장, "모든 야수를 말살하라" 254, 263
–에 대한 비판 257
언더힐, 존 37~38, 256, 350
에너지 31~32, 145~147
온실가스 배출 205
–의 전환 184, 186
재생 – 143~145, 149, 157~158
에런라이히, 벤 58
에리스 130

에리트레아 214
에번, 리처드 307
에스테스, 닉 98, 230, 416(11)
에스파냐 188, 200, 260
에스파냐 제국 137
에어하트, 어밀리아 256
에이브럼, 데이비드 293
에카노브, 마티아스 402(16)
에코사이드 118
에코파시즘 119, 313, 318, 325
-과 과학주의 317
-과 신비주의 316~317
피와 땅 333
에콰도르 330~331
역온실가스 효과 76
영국 66~67, 146, 151~152, 188, 200, 202, 229, 260, 283(17)
→ 잉글랜드도 참조
영국과 네덜란드의 경쟁 관계 39, 45
영국 동인도회사 58
영국의 식민지화 94~97
-와 자연 83~84
-의 우월성 235
영어권 국가들(세계) 62, 66, 158, 184, 241~242
오글랄라 라코타 부족 93
오논다가족 295
《오디세이》(호머) 280
오랑카야(부유한 남성) 24, 34, 36, 42
-에 대한 고문 353~354
-의 음모에 대한 의혹 355
오랑 캄푸르(뒤섞인 사람들) 306
오랑 할루스(유령) 342, 344
오레스케스, 나오미 144
오리건주 74
오마하족 102
오만 165
오세티 사코윈 부족(수족) 100
오스번, 헨리 페어필드 314
오스트레일리아 48, 75, 120, 181, 201, 208, 230, 234, 242, 253, 323~324, 331
-에서의 산불 399(11)
-의 수송(강제 이주) 정책 248
오스트롬, 엘리너 244
오지브와족 87
오케레케, 칼렙 194
오클랜드, 캘리포니아주 164~165
오피오이드 위기 134, 202
《옥색 바위》(실코) 101, 282
옥스팜 182
옥스퍼드 266
옴니사이드 108, 118, 233, 263, 265
와이오밍주 197
와칸다(위대한 영혼) 131
와트, 제임스 146, 167
요새: 예외 상태 160
욤 키푸르 전쟁 153
우두 89
우라노스 127~128
우생학 312, 314, 317

경제학에서의 우생학 405(31)
〈우주 전쟁〉(영화) 250
《우주 전쟁》(웰스) 77~78
말살 전쟁 77~78
우한 197
운디드니 대학살 100
울프, 패트릭 100
움카스르, 이라크 164
워보카(예언자) 328
워싱턴, 조지 268
워싱턴 합의 233
《워터랜드》(스위프트) 279
《원래의 꿈》(아말) 50
월드워치 연구소 100
월러스, 앨프리드 러셀 255
월러스틴, 이매뉴얼 260, 267
웰스, H. G. 77~78
웰즈, 오손 112
위스콘신주 198
위협 승수로서 팬데믹 194
→유행병; 코로나19 팬데믹도 참조
윅스퀼, 야코프 폰 281
윈, 필립 306, 309, 374(38), 411(16)
윈스럽, 존 91
윌리엄슨, 잭 77
유대인 56, 312
유라시아 18
유럽 18~19, 39, 54~58, 75~76, 82~83, 92, 119~120, 130, 135, 155~156, 159, 166~171, 242, 244, 250, 257, 271, 287, 291~292, 294, 303, 313, 329, 373(23), 394(4)
마녀 351~353, 418(13)
성생활에 대한 우려 106
-의 정복 이데올로기 92
이주 위기 214
-인본주의 260
환경의 적절한 사용 92
유럽연합(EU) 242, 251~252
유럽의 식민지화 85, 233, 263
생태적 개입 91~92, 94, 98
유럽의 북·남미 식민지화 239, 247
-의 구조적 폭력 85
-의 규모와 속도 79
-의 유산 110
협력자로서 병원균 87~88
유령의 춤 대중 운동 328
유엔 206
-그린기후자금 176
-기후정상회의 176
-제노사이드 협약 61
유타주 72, 126
유토피아 303~304
유행병 85~87, 235
→위협 승수로서 팬데믹; 코로나19 팬데믹도 참조
육두구 17~18, 20~21, 23~25, 31, 34, 47~48, 58, 140~141, 149, 156, 158, 221, 343, 354, 366(28), 410(2)
노예 304~305

맹목적 숭배의 대상으로서 - 19
사치의 상징으로서 - 18~19
상품으로서 - 132
-에 관한 노래와 이야기 109~110, 142
원예와 상업의 대상으로서 - 53
-의 의료적 특성 18
-의 저주 53, 141, 309
육두구나무 47
-의 말살 106
-의 학명 137~138
육상 풍경 76
의인화 281
이라크 164, 174, 179, 214, 229
이라크 전쟁 153, 164, 175
이로쿼이족 97
이름 바꾸기의 의미론적·상징적 폭력 71
이름 짓기(명명) 135, 140
이스라엘 153
이주(이동) 242
강압적 - 247
국내 - 248~250
국제적 노동 - 251
- 선전 248
순환 - 249, 251, 402(16)
-와 수송 248
- 위기 216
이주자 181, 190, 193
일자리와 관련한 이유 251
정착형 식민주의 247
이집트 19, 260
나일강 삼각주 294
이탈리아 188, 195, 200, 217~219, 226~227, 250, 260
기후 난민 215
"사이클론의 중심" 200
풀리아 373(25)
인간예외주의 281, 416(16)
-에 대한 믿음 117
《인간의 유래와 성 선택》(다윈) 115
인도 18, 69, 83, 133, 156~158, 163, 165, 176, 182, 189~190, 215~216, 223, 230, 233, 252, 268~269, 271, 327, 331, 414(38)
국내 이주자 249
자원 착취적 경제로의 변화 322
저항 운동 324
카스트 제도 199, 320~321
인도공산당(CPI) 322
인도네시아 49~50, 68, 159, 165, 222~223, 230, 233
파푸아인 272
인디언
소 떼와의 갈등 96~97
-의 미국인화 241
"인디언의 문제"는 "물소의 문제" 98
→**아메리카 원주민**도 참조
인디언감독관위원회 400(3)
〈인디펜던스 데이〉(영화) 250
인류세 166, 213, 297
《인 메모리엄》(테니슨) 113

최고 종족 115~117
인본주의 257, 260, 351
인쇄술 67
인종본질주의 383(18)
인종차별주의 171, 267, 329
야수 260
제도화한 - 314
인종 청소 198, 323
《일리아드》(호머) 334
일본 152, 155, 157, 208, 368(1)
잉글랜드 18, 93, 168, 248, 256, 414(38)
-에서의 인클로저 244
→ 영국도 참조

자바 36, 50, 60
자본주의 144~145, 206, 310, 336~337
기후 변화 166
신자유주의적 - 199
-와 식민주의 167
-와 지정학 169~171
-의 신화 167~168
-의 중심에 놓인 지구 위기 171, 199, 222
-의 출현해 크게 기여한 식민지 정복, 노예제, 그리고 인종 168~170
인종 차별적 - 168~169, 304
자원 착취적 - 288, 336
자유 무역 169~170
전쟁 경제로서 - 170
자연 137, 258, 290~291
거대한 신비 93
-과 식물 273
나무의 의사소통 273~274
비활성 존재로서 - 57~59, 273
아메리카 원주민들과의 분쟁에서 -이 맡은 역할 83~84
-에 대한 권력을 획득하고자 한 정착민들의 시도 110
여성적 무질서 영역으로서 - 354
-의 물질성 273
-의 야수성 260, 262~263, 273
정복의 대상이자 싸구려인 - 105
황무지(황야)로서 - 93, 110
자연법칙 115
자연재해 189~190
긴급구조대로서 군대 인력 182
불평등이 -에 미치는 영향 198~199
-의 군사화 183
자연 종교 338
자원으로서 세계 105, 108
의미의 상실 110
추출 과정으로서 정복 110
자위데르제이(전함) 42
자유민 조직들 236
자유주의적 개입주의
'선택에 의한 전쟁'을 정당화하기 위한 - 41
자유주의적 세계 질서 220
자카르타 159, 308, 342

자피리(정령) 289~292
잔 다르크 336
잠비아 255
재난 구조 182~183
저지대 국가 36, 351
저항 운동, 거주 양식 334
전국인디언재단(FUNAI) 297
전이 241~242
전치 84, 100, 215~216, 229~230
난민의 - 220
점령하라 운동 223, 334
-의 유산 335
정복 55~57, 110
-과 자본주의 167~170
북·남미의 - 258
역사의 도구로서 - 267
- 이데올로기 57, 92
자원으로서의 세계 110
정부간기후변화위원회(IPCC) 205, 212
정착형 식민주의 78~79, 83, 89, 232~234, 272, 288, 295, 298, 322~323
가축 94~97
개념으로서 - 377(18)
나무 자르기 94
땅의 개선 92, 94
땅의 유럽화 96
불균형의 원천으로서 - 94
-와 이주 247~248
-와 지구 위기 간의 관련성 196
-의 생태적 개입 94
-의 테라포밍 91, 119
인디언들과의 갈등 95~96
정향 18, 48, 106~107, 131~132, 149, 156, 158, 161, 221~222
-의 위력 160
제국주의 62~63, 171
제국적 시각 196
제국주의 교리
'야만인'의 말살 39~40
제노바 19, 168
제노사이드 37, 53, 59~60, 63, 108, 118, 198, 263~264, 298
단어로서 - 60
달리 손쓰지 않은 자동적 제노사이드 409(20)
-와 신성 40
- 위에 건설된 산업적 근대성 167
제우스 128, 130
제임스타운, 버지니아주 85
제퍼슨, 토머스 67
제1차 세계대전 151~152, 171, 229
제1차 아편전쟁 170, 173
제2차 세계대전 61, 67~68, 111, 152, 163, 171, 174, 188, 229
조겐슨, 앤드루 K. 392(16)
존스, 데이비드 85~86
존슨, 에드워드 93
종간 조우 277
종교 전쟁 39
《종의 기원》(다윈) 115

좋은 삶 223~224
주장강 156
《주제》(채플린) 235
중국 17~18, 133, 155, 157~158, 163, 165, 173~174, 176, 188, 197, 202, 222, 230, 233, 249, 338
위구르족 272
중국 제국 79
중동 153, 156, 175, 184, 249
중미 76, 230, 328
중세 18, 32, 260, 351, 375(5)
지구 126, 131~132, 201, 207~208, 239, 272~273, 285, 294~295, 327~328, 330
고갈된 - 110~111
무거운 짐으로서 - 118
비활성의 - 55, 119, 338
살아 있는 - 16
살아 있는 실체로서 - 121, 123~124
생명 없는 - 56
풍요로운 - 93~94
지구공학 234~235, 318
지구 온난화 178, 180~181, 206~207, 212, 215~216, 218, 237, 337
지구 위기 98, 180, 187~188, 199, 228, 252, 285~286, 310, 316, 319, 325, 334, 337~339, 356
과거에 깊이 뿌리내리고 있는 - 267
기후 변화 219
대죽음 240
비인간의 눈으로 본 - 289
생태적 변화의 세계화에 대한 지구의 반격 232~233
-와 식민지화 264
-와 자본주의 171, 223
위계질서를 보호하는 - 180
-의 주요 무대로서 인도양 유역 166
-의 중심으로서 야수 대 인간 270
정착형 식민주의와 -간의 관련성 196
체계적 불평등 193~194, 196
코로나19 246
테라포밍 201, 299
희생 지대 101, 237
지도에서의 생태적·지형적 변화 75
'뉴'의 용도 75
지정학 159~160, 163, 166, 179~180, 184~186, 223
-과 자본주의 169~171
《지혜는 장소에 깃든다》(바소) 209
진정수평파 327
진화 113, 115~117
-론 115, 312
질병
"보이지 않는 탄환"으로서 - 87
전쟁 무기로서 - 87, 89
질병통제예방센터(CDC) 202

차베스, 우고 154
차테르지, 파르타 269
《찬미받으소서》(프란치스코 교황) 325

찰스, 마크 197
참여과학자모임 177
채플린, 조이스 83, 96, 235
챌린저호(우주 왕복선) 112
천연두 87~88
관련 사실을 부인할 수 있는 이점 89
전쟁 무기로서 - 89
청교도 71
청 제국 173
초크 포인트 156~157
-와 석유 155
치머만, 클라우스 F. 251
칠레 16
칩코 운동 324, 414(42)

카나리아제도 75, 79
카를 5세 258~259
카리브 부족 261
카리브해 지역 67, 265
카몽이스, 루이스 드 160
카슈미르 233
카스텔라 요새 159~160
카슨, 키트 73~74
카이섬 53
카이유스족 74
카타르 184
칼렌바커르, 용커르 디르크 34~35, 42~43
칼튼, 제임스 H. 74
캐나다 234, 331
캘리포니아주 120, 201
캘커타 67, 225
→콜카타도 참조
캘커타의 블랙홀 66, 268~269
캠프 부카 164
커즌 경 269
케넌, 조지 180
케이섬 44
켈튼, 폴 86
코네티컷주 37, 39, 71, 256
육두구의 주로서 - 109~110
코로나바이러스 26, 30
→코로나19 팬데믹도 참조
코로나19 인종 데이터 추적자 196
코로나19 팬데믹 26~27, 101, 191, 200, 202, 219, 225, 227, 244, 300
- 기간 동안의 총기 폭력 증가 266
'달리 손쓰지 않은 자동적 제노사이드'로서 - 298
록다운 완화 198
소요와 폭력 195~196
-에 대한 잘못된 대처 394(4)
유관한 현상으로서 - 188
육류 포장 공장 198
인종적 격차 198, 236
지구 위기 246
히스패닉, 흑인, 아메리카 원주민 인구 사이에서 터무니없이 불균형한 수의 희생자를 낳은 - 196
→코로나바이러스도 참조

코페나와, 다비 286~288, 290~293, 295~296, 311, 319, 328, 357
'영적 존재' 290
콘래드, 조지프 254, 257~258
콘웨이, 에릭 144
콜럼버스, 크리스토퍼 19, 261, 265
콜럼버스, 페르난도 265
콜로라도주 72, 197
콜카타 189~191, 300
→캘커타도 참조
콜프, 디르크 30, 367(47)
콩고민주공화국 315
쿠바 199~200, 261
쿠페뤼스, 루이 346~347, 349, 356
쿡, 해럴드 367(45)
쿤, 얀 피터르스존 21~22, 25, 33~36, 41~44, 54~55, 58, 61~63, 135, 165, 167, 169, 256, 265, 303~304, 343, 350~353, 355, 367(45), 370(19), 374(40)
쿱, 앤디 386(17)
크레나크, 아이우통 97
크로노스 128
크로논, 윌리엄 92, 279, 379(4)
크로즈비, 앨프리드 75~76, 119
크리스트, 아일린 281
크리스트처치, 뉴질랜드 316
클라인, 나오미 145, 242, 316
클라크, 브렛 392(16)
클라크, 크리스토퍼 M. 78
클레어, 마이클 152~153
키머러, 로빈 월 93, 135, 139~140
키어, 제임스 167
키오와족 87, 99

타이타닉호 243
타키 온고 운동 328
탄소 발자국 173, 182, 185~186, 211, 240
탈출(조직) 216
태즈메이니아섬 77~78
태평양 섬 거주민 251
태풍 하이옌 183
테네시주 197
테니슨, 앨프리드 경 113~116, 118
최고 종족에 대한 시각 233
《테라 눌리우스》(린드크비스트) 253
테라포밍 77, 102, 119, 355
강의 방향 전환과 댐 건설 99
기후 변화 201
네오유럽 234, 296
소 떼를 둘러싼 갈등 97
스트라토-포밍 234
식민지 시대 역사를 기반으로 추론한 - 78
유럽 모델과 흡사하게 재설계 79, 94
은유로서 고갈 110
자원으로서의 세계 105
전쟁 유형으로서 - 79
정착민의 신분 증명으로서 - 91
정착형 식민주의 경험에 깊이 뿌리내리

고 있는 - 78
정착형 식민주의 주민 119
지구공학 234~235, 238
지구 위기 201, 299
폭력적 과정으로서 - 234
테러와의 전쟁 164
테르나테섬 47~48, 50, 107, 158~161, 221~222, 385(15), 389(13)
테르나테섬의 술탄(왕) 107, 160
테일러, 브론 338~340, 384(2)
테크(TEK) 121
테티스 130
《**템페스트**》(셰익스피어) 261
식민주의의 우화로서 - 261
토착민 51, 78, 96~97, 102, 125, 139, 208, 231, 282, 285, 287, 294, 296, 313, 315, 320~321, 323, 330, 356, 374(40), 377(24), 416(10)
-과 보존 집단 314
-과 봉쇄 지대 100
-과 산업적 개입 100
- 삶의 파괴 97, 99
-에게 제공되지 않는 의료 89
-의 대죽음 84~86
-의 말살 296
-의 생태계에 대한 이해 120~121
-의 전치 100, 230
-의 추방 323
전쟁 무기로서 질병 89
정착형 식민주의의 -에 대한 대우 272
코로나19가 -에게 미친 영향 298
풍경이 -에게 지니는 중요성 52
항구적 전쟁 상태에 놓인 - 83
→ **아메리카 원주민; 인디언; 개별 부족** 도 참조
토크빌, 알렉시 드 80~81, 231
톨베어, 킴 416(10)
톰, 로버트 148
통가인 246
투팍 아마루 328
투피남바족 56
툰베리, 그레타 335~336
튀르키예 176, 228
트럼프, 도널드 177, 202, 237, 297, 399(11)
트레버로퍼, 휴 260
트렌트, 윌리엄 88
트로이 130~131
트로이의 헬레네 130~131
트로이 전쟁 130
트리어, 독일 353
티도레섬 48, 158~159
틴들 공군 기지 178

파괴의 트레드밀 392(16)
파라셀수스 57
파르마, 이탈리아 216, 218
《**파리 대왕**》(골딩) 123, 245~246
파리스(신화) 130
파리 협정 340

파브레사다, 잔 373(25)
파워(-력, 권력) 148~149, 160
-의 두 가지 의미 147
파이잘 왕 154
파인리지 보호 구역 100
파젠데이루(무단 점유한 농민) 97
파키스탄 229
파티라드자와네 342~343
파푸아 233
판데르헤이스, J. A. 28~30, 62, 368(51, 1)
퍼처스, 새뮤얼 248
페루 328
페르시아 260
페인, 케이티 405(33)
펜, 엘리자베스 88~89
펠레우스 130
펭귄 281
포르투갈 156, 168, 296
포웰, 존 웨슬리 126
포웰호 126
포코너스 기념물 72, 307
포코른단(역사) 51
포타와토미 부족 87
포틀랜드, 오리건주 310
폰티액의 난 88
푸에르토리코 183, 199~200
풀라오룬섬 370(19)
풍경(지역) 55~57, 67, 86, 96, 119~120, 148, 200~202, 253~254, 263, 325, 354
공장으로서 - 105
-과 행위 주체성 52
문학에서의 - 묘사 279
사는 공간으로서 - 332
살아 있는 - 52, 74
신성한 - 332
육상 - 76
-의 생명력(활기) 306~308, 356
-의 의미 73, 307
-의 형이상학적 중요성 72
테라포밍된 - 238
프란치스코 교황 223~224, 325, 339
프랑스 65, 151~152, 188, 260, 373(25)
프리스틀리, 조지프 167
프리아모스 130
플레처, 존 159
플로리다주 120, 178
플로이드, 조지 195
피닉스, 애리조나주 200~201
피어스, 프랭클린 102
피와 땅 333
-의 신비 316
피쿼트 전쟁 39~40, 81, 369(14)
제노사이드 전쟁으로서 - 37
피쿼트족 37, 39, 71, 75, 256, 369(14)
피트 요새, 펜실베이니아주 88
픽-슬론 플랜 99
필리핀 183
필립 왕 전쟁 82
가축을 표적으로 삼은 - 96
-의 야만성 95

-이 지닌 환경적 측면 96

하누마나 132
《하늘의 추락: 야노마미 샤먼의 말씀》(코페나와) 285~286, 288~290
하딘, 개럿
구명정의 윤리 은유 242~243, 246~247
하우타윈, 마르티뉘스 138
하트만, 조지 W. 269
하트포드 조약 369(14)
한국 155, 188
합리성 108, 311
경제적 - 169
-과 인본주의 351
신비주의적 비합리성 317
항구적 전쟁 83, 229
해나, 윌러드 A. 26~27
해러웨이, 도나 281
해클루트, 리처드 248
행위 주체성
-과 무행동 232
-과 장소 411(16)
인간의 - 형태와 비인간의 - 형태 26, 85, 115, 231~232, 278, 282~283
풍경의 - 52
향신료 18~19, 105~106, 133
-를 얻기 위한 경쟁 160
미술 작품에서 중요한 부분을 차지한 - 59
-에 따른 금전적 이득 59
인체에 해로운 - 106
향신료 섬 159
허리케인 마리아 183, 198~199
허리케인 마이클 178
허리케인 카트리나 182~183
허버드, 윌리엄 82
'허튼짓 이제 그만' 운동 416(10)
헤라 130
헤라클레이토스 167
헤르메스 130
헤스페리데스 130
헤시오도스 127, 129
헤이어, 헤더 224
헤켈, 에른스트 312, 316~317
헨리, 찰스 209
헨첼, 빌리발트 317
호르무즈 155~157
호머 127
호모 사피엔스 114, 276
호크스트래서, 줄리 버거 59, 309
홀, 조너선 385(11)
홍수(물난리) 99, 178, 181, 191, 200~201, 208, 215~216, 229~230
홍콩 156
화산 49~50, 54, 57, 158, 221
인도네시아인의 - 숭배 50
화석 연료 31, 143~149, 151, 153, 234, 399(11)
-가 전쟁 수행에서 맡는 역할 173~176,

179
영어권 국가들의 전략적 패권 158
화성 110, 239, 337, 340
환경 운동 145, 338
사회적 대유행 339
지구 중심의 대중 운동으로서 - 339
환경주의 314, 321
생계형 - 325
외국인 혐오적 민족주의 312
환경 교란 218, 231
환경 정의 운동 318
환경 탈규제 297
황금 사과 129~130
선악과 131
횔덜린, J. C. F. 57
후세인, 사담 154
후추 156, 158
휘트먼, 월트 57
휴거 119
휴스턴, 텍사스주 201
-에서의 물난리 200
흄, 피터 261
흑인 급진적 전통 168
흑인 목숨도 소중하다 224, 236, 266~268, 310, 314, 335
경찰의 야수성 264
희생 지대 100~101, 237
히믈러, 하인리히 313
히스파니올라섬 265
히틀러, 아돌프 313

#NoDAPL(다코타 송유관 반대) 투쟁 416(11)
100마리째 원숭이 우화 339~340
30년 전쟁 36
BP 211
〈E.T.〉(영화) 250